동아시아의 귀환

중국의 근대성을 묻는다

동아시아의 귀환

중국의 근대성을 묻는다

백영서 지음

창비

책을 펴내며

지난 5월 7일 갑자기 세상을 떠나신 민두기 선생의 유저 『시간과의 경쟁: 동아시아근현대사론』(근간)의 교정작업을 하다가 선생의 육필 「출판후기」를 읽고는 눈시울을 적시고 말았다. 삶이 얼마 남지 않았다는 사실을 통고받고 이미 출판사에 보낸 「후기」를 다시 고쳐쓴 글이었다.

"잠시 동안이나마 살다간 흔적이라도 남길 수 있게 해주신 하나님께 감사드리며 담담한 마음으로 이 출판후기를 쓴다"라는 마지막 구절이 적힌 원고지의 옆 여백에는 한 줄이 덧붙여져 있다. "그러나 「호적과 장개석: 전통문화관의 차이」의 마지막에 인용한 호적의 말을 다시금 반추하고 싶은 심정은 있다"라고 선생이 언급한 후 스(胡適)의 말을 찾아보니 이런 내용이었다. "만약 어떤 노력이 사상적으로 깊이 생각한 끝에 이루어지는 것이라면 그것은 (언젠가는) 효과를 발생할 것입니다.…우리의 노력의 결과는 왕왕 우리가 예상했던 것보다 클 수가 있습니다."

유언이나 다름없는 문장에 끝내 삽입하시고자 했던 선생의 뜻은 학자로서 깊은 사상적 모색 가운데 평생 쌓아올린 노력이 어떤 효과를 보기를 간곡히 바라신 것이라 짐작된다. 그렇다면 선생이 기대하신 효과는 무엇일까? 아마도 남은 사람들 저마다 그 몫은 다를 것이다. 필자가 분명하게 말할 수 있는 사실은, 중국사연구자로서 엄격하고 금욕적인 학문자세를 견지하여 세계적 수준의 성취를 이루신 선생께서 직접적인 사회변화를 기대하지는 않았다는 점이다. 치열하게 학문에 정진하는 과정에 자족한 선생이 학문적 성취의 단기적 효용을 비관하면서도 학문의 근원적인 효과에 대한 믿음의 불씨를 품었다는 사실은 진한 감동을 준다.

다른 지면에 소개한 적이 있는 이 일화가 먼저 떠오르는 이유는, 그간 발표한 글을 엮어 펴내기 위해 묵은 원고들을 깁고 다듬으면서 느꼈던 자괴감이 컸기 때문이다. 박사학위를 제출한 1993년부터 남들의 요구에 응해 쓴 글들이 대부분인데 이제 다시 들춰보니 서로 겹치는 부분도 흉하지만 개별 글들의 주제에 대한 성근 주장이 몹시 마음에 걸린다. 정말 "사상적으로 깊이 생각한 끝에" 한 작업일까 자문하지 않을 수 없다. 그럼에도 불구하고 서로 연결되는 12편의 글을 골라 책으로 펴내는 것은, 단순히 조급한 성취감에 휘둘린 탓만은 아니다. 중국현대사 연구자로서 애써 한 공부가 독자의 수고를 덜어줄 수 있지 않을까, 그래서 생각을 가다듬는 데 조금이라도 도움이 될 수 있지 않을까 하는 기대가 한켠에 있기 때문이다.

이 책을 펼쳐보면 곧 알아차리겠지만 필자는 동시대 한국현실 속의 쟁점을 통해 20세기 중국사를 파악하고 그로써 오늘 우리의 삶을 다시 보는 안목을 키워보려 했다. 그러다 보니 글의 소재가 다양해졌고, 중국사에 관한 자료나 연구성과물은 물론 중국 안팎의 현장관찰도 소홀히할 수 없었다. 이런 작업이 '정통적인' 중국사연구자의 일이 아니라고 여길 분이 혹 있을지도 모른다. 그러나 동아시아에서 근대를 산 사람들의 구체적 경험을 분석하는 일에 좀더 충실하기 위해서는 기존 학문의 경계를 넘어설 필요도 있다고 본다. 그 정당성은 중국근현대사 속에서 동아시아를 읽으려는 필자의 의도가 제대로 실현되었는가에 달린 것이다.

사실, 책제목 '동아시아의 귀환: 중국의 근대성을 묻는다'는 필자의 의견이 아니라 이 책의 첫 독자인 편집실무자의 제안에 따른 것이다. 처음엔 제목이 내용에 비해 너무 앞서 간 것이 아닌가 해서 주저되고 부제가 오히려 제목으로 적합하지 않나 생각되었지만, 필자의 숨겨진 의도를 간파하고 더 나아가 앞으로의 공부방향을 잡아주는 독자 몫의 요구일지도 모른다는 느낌에 그대로 정하기로 했다.

20세기를 전후해 '서양'이란 거울에 비춰 창안된 개념인 '아시아'를 통해 아시아인들은 연대를 꿈꾸고 대안적인 문명과 질서를 희망한 적이 있다. 이 '아시아'란 말은 그후 국민국가의 틀 속에 갇혀 오염되거나 역사의 물밑으로 가라앉고 말았지만 20세기 끝 무렵부터 여러가지 이유로 다시 떠오르고 있다. 특히 한반도 남쪽에선 90년대 이래 '동아시아'가 유행담론을 형성했다 해도 지나친 말이 아니다. 그간 집필자로서 또 편집기획자로서 동아시아논의에 간여한 필자의 그런 사정이 이 책에 실린 글들을 연결시켜주는 가장 중요한 고리로 작용한다.

필자의 동아시아에 대한 관심은 중국사를 공부하는 한국인으로서의 정체성 모색에서 비롯되었다. 1990~91년 미국에 머물 때 해외 학계와 경쟁할 수 있는 독창성을 고민하면서 동아시아에 착안하게 된 개인적 관심이 7,80년대 민족민중운동의 재평가작업과 맞물리면서 점점 폭이 넓어지고 구체화된 것이 필자의 동아시아에 대한 구상인데, 이 책에 실린 글 가운데 가장 시기적으로 앞선 「한국에서의 중국현대사연구의 의미」에서 '동아시아적 시각'을 거론한 게 그 단초였다. 지금으로서는 「중국에 '아시아'가 있는가?」에서 제기한 '지적 실험(또는 프로젝트)으로서의 (동)아시아'로 일단 생각을 정리한 상태이다. 공통의 문화유산과 역사적으로 지속되어온 일정한 지역적 교류라는 실체에 기반을 둔 이 발상이 세계시장 논리가 주도하는 현실을 변화시키는 힘으로 어떻게 작동할 수 있는지가 앞으로 더 깊이 따져봐야 할 과제이다.

동아시아와 더불어 중요한 또다른 고리는 '근대적응과 근대극복의 이중과제'란 발상이다. 계간 『창작과비평』의 이론작업의 일단이 반영된 것인데, 억압과 해방의 양면성이 있는 근대의 핵심을 잘 짚어내면서 특히 지난 100여년간 압축적으로 근대를 경험한 동아시아인의 역사적 과제를 부각시키는 데 적절한 지적 도구라고 생각한다. 이것을 필자는 동아시아인에게 근대성의 핵심 징표로 여겨진 국민국가에 적용해 국민국가를 감당하면서 극복하는 '이중과제'의 형태로 구체화시켜보았다.

마지막 고리는 중간집단의 역할에 대한 관심이다. 필자는 중국사, 특히 현대사의 기점으로 간주되어온 격동의 1920년대(5·4운동기와 국민혁명기)를 연구하면서 (직능별) 자율적 결집체의 정치적 역할을 주목하게 되었다. 개인과 국가의 이분법적 시각에서 벗어나 매개항으로 자율적 결집체인 중간집단을 설정함으로써 동아시아 근대성의 역동적인 면모가 더 잘 드러날 수 있다고 본다. 국가와 중간집단 간의 견제와 균형을 통해 개인의 자유를 제도적으로 확보할 수 있을 뿐만 아니라 민주주의에 대한 좀더 깊이있는 이해도 가능하지 않을까 한다. 이 관심은 1990년대초에 비해 약해진 편이지만 앞으로 더 궁구해볼 작정이다.

이 세 고리가 12편의 글들에 깔려 있는 주된 흐름이라는 뜻이지 바로이 책의 구성을 결정한 것은 아니다. 이 책의 세 부는 어디까지나 편의적으로 구성했다. 1부에는 중국의 (국민)국가와 (민간)사회의 역사적 궤적을 탐색하고 한·중(·일)의 국민국가를 동아시아적 문맥에서 파악한 글들을 거두었다. 2부에는 20세기 한국인이 중국에서 무엇을 보았는지(또는 보고자 했는지)를 규명한 글들을 담았다. 이 주제야말로 지속적으로 다뤄 적당한 때 한권의 책을 지을 심산이다. 3부에는 5·4운동, 대학교육, 인권 및 홍콩반환이라는 소재를 통해 중국의 근대성을 재조명한 글들을 실었다. 어떤 대상이든 적어도 20세기 전체상황 속에 위치시켜 파악하려고 역사와 현실의 세계를 동시에 오가는 방법을 종종 구사해보았다.

이제 이 책이 나오기까지 도움을 주신 분들에게 감사드릴 때가 되어 기쁘다. 먼저 이 글들을 쓰도록 기회를 베푼 (뒤의 「원문출처」에 나오는) 연구기관과 매체들에 고마움을 표하고 싶다. 그들이 필자에게 건 기대를 제대로 충족 못 시킨 자책은 있지만 그런 여건이 없었다면 각각의 주제에 대한 생각을 글로 표현하기 힘들었을 것이다. 그 다음으로 1994년 봄부터 근무해온 신촌 캠퍼스의 동료 교수들과 필자의 강의를 수강한 학생들에게 감사드린다. 동료들이 보내는 은근한 기대와 (이 책에 실린 글들의 일부를 이미 과제물로 읽기도 한) 학생들의 정성어린 반응은 연구자이자 교육자인 필자에게 큰 격려가 된다. 그리고 새 원고를 쓸 때마다 먼저 읽고 문장을 다듬어주면서 적절한 논평을 곁들이는 아내를 비롯한 가족에게 감사한다. 그들이 있으므로 필자의 일상은 메마르지 않다. 특히 내년이면 대학생이 될 큰딸이 이 책의 독자가 되어 어떤 반응을 보일지 궁금하기까지 하다. 끝으로 이 책에 담긴 기본발상을 함께 나누면서 좀더 명료하게 정리하도록 돕는 백낙청 선생님과 최원식 선배를 비롯한 창비편집진 여러분의 두터운 연대의식을 소중히 떠올린다. 그 누구보다 이 책을 출간하자고 제의해주었을뿐더러 편집자의 뛰어난 안목과 참을성을 발휘해 구성의 짜임새를 더해준 인문사회팀의 김정혜·김미정 씨와 같이 일한 경험은 유쾌한 추억으로 남을 것이다.

이 책을 민두기 선생의 영전에 바친다. 내 안에서 선생이 되살아나기를 고대한다.

2000년 늦가을
필자 적음

차
례

1부

국민국가의 안과 밖

20세기형 동아시아문명과 국민국가를 넘어서

한민족공동체의 선택

1. 동아시아문명과 국민국가의 미래사

새로운 세기와 새 천년의 시작으로 기려지는 2000년을 맞아 지구촌에서는 각종 기념행사가 행해지고 있다. 그런데 바로 100년 전 20세기로 넘어올 때도 이렇듯 요란스런 일들이 벌어졌을까. 태양력에 익숙한 구미권에서 20세기의 진입을 어떤 식으로든 기념했을 것은 쉽게 짐작되지만,[1] 동아시아에서도 과연 세기전환에 대한 인식이 있었을까.

일본의 케이오 기쥬꾸(慶應義塾) 학생들이 1900년 섣달 그믐밤부터 새해 첫날 새벽에 걸쳐 19,20세기 송영회를 개최했다는 일화가 있다. 양력을 일찍 받아들인 일본에서는 20세기에 대한 인식이 있었기에 가능했던 일일 텐데, 그들에게겐 좀더 각별한 감회가 있었던 것 같다. 청일전쟁에서 승리한 지 얼마 안된 일본인들은 신세기를 구미열강과 어깨를 겨룰 동양의 유일한 신흥국 국민이 만들어갈 새로운 시대로 맞이했던 모양이다.[2]

---

1) 20세기를 기념하면서 세기의 시작을 1900년으로 잡은 대중문화와 1901년으로 정한 고급문화 사이의 대립이 이미 19세기말에 있었다고 한다. 차하순 「21세기는 어느 해에 시작하는가?」, 『歷史學報』 제161집(1999.3).
2) 西川長夫·渡邊公三 편 『世紀轉換期의 國際秩序와 國民文化의 形成』, 東京: 柏書房 1999, 10면.

이같은 민족주의의 유행이 가져올 암울한 상황을 예감한 코오또꾸 슈우스이(幸德秋水)는 1901년 20세기를 '괴물 제국주의'가 '요원의 불'처럼 세계로 확산될 시대로 규정했다. 그리고 그 추세를 페스트 전염에 비유하면서 애국심을 그 병균으로, 군국주의를 전염의 매개로 간주했다.[3]

중국에서도 근대성의 통속화된 슬로건인 '부강'이란 목표는 조급하게 추구되었다. 대표적 개혁사상가 량 치챠오(梁啓超)에게서 '강국에의 꿈〔强國夢〕'이 진하게 느껴진다. 그는 지금 시각에서 보면 인종주의란 혐의를 받을 정도로 황인종을 제외한 유색인종을 게으른 인종이라 노골적으로 멸시했다. 그의 황인종우월론은 황인종만이 백인종과 경쟁할 수 있다는 점을 '과학적'으로 입증하기 위한 것이었고, 나아가 중국이야말로 남미나 아프리카를 식민지로 삼아 경영할 능력이 있다는 주장을 하기 위한 것이었다. 그는 중국이 백인과 어깨를 나란히해 식민지 쟁탈에 나서는 날이 올 것으로 확신했다. 그래서 "20세기의 중국이 필히 전세계에서 웅비할 것"이로되 "그 시기는 수십년 이후가 될 것"이라는 강대국에 대한 전망을 품고 20세기로 들어섰다.[4]

이런 사고가 당시 중국의 개혁가에게만 나타난 것은 아니다. 조선의 급진개화파가 간행한 『독립신문』에도 유사한 담론이 실려 있다. 중국이 청일전쟁 후 삼국간섭에 의해 분열지배〔瓜分〕의 위기에 처한 것을 지켜보면서 조선이 문명개화를 이룬 뒤 그 분열지배에 동참할 수 있기를 간절히 바랐다.[5] 이보다 좀 뒤늦은 1910년 신채호(申采浩)는 국민을 원동력으로 한 국가경쟁의 시대로 20세기를 전망하면서, 우리 동포가 "20세기의 신국민의 이상과 기력을 불러일으켜 국민적 국가의 기초를 굳게 하여 실력을 기르며, 세계대세의 풍조에 잘 대응하여 문명을 넓히면…가히 세계무대에 뛰어올라 문명의 깃발을 휘날릴" 것이라 보고 이런 날이 오기를 고

---

3) 幸德秋水「十世紀之怪物帝國主義」,『幸德秋水全集』제3권, 東京: 明治文獻 1968, 114~16, 194~96면.
4) 졸고「世紀之交再思東亞」,『讀書』1999년 제8기.
5) 이 책에 실린「대한제국기 한국언론의 중국인식」참조.

대했다.[6]

이렇듯 20세기를 맞이한 동아시아인 대다수에게 국민국가의 형성(과 그 대외적 확충)은 절대적인 관심사였고, 그뒤 줄곧 그들은 그에 휘둘려왔다. 그렇다면 21세기에는 그로부터 자유로울 수 있을까? 국민국가를 인간본성의 원천을 오염시키는 독약으로 본 인도의 시인 타고르는 "국민이라는 미명 아래 저지른 핏빛 발자국들을 지우며 아침해가 인간 본연을 향한 길을 따라 비추"는 문명의 시대가 20세기에 도래할 것이라 예언했지만,[7] 20세기 마지막 해까지의 현실은 그의 꿈으로부터 한참 먼 듯하다.

일본은 올해(1999년) 6월 미국의 전쟁수행에 참가하는 신가이드라인(미일방위협력지침) 관련법과 '주변사태법'을, 8월에는 '히노마루'와 '키미가요'를 국기·국가로 제정하는 법 등을 국회에서 통과시키고, '자유주의사관' 그룹이 집필한『국민의 역사』 간행에 폭발적 반향이 예상되는 데서도 드러나듯이, 지난 1백여년의 역사를 재평가하면서 국민국가의 역할을 다시금 강조하는 추세가 점점 더 거세지고 있다. 중국에서는 5·4운동 80주년을 맞은 지난 5월에 당과 정부에 의해 드높여진 애국주의가 건국 50주년을 맞은 10월 행사에서 절정을 이루었다. "20세기의 중국이 필히 전세계에서 웅비"하리라는 량 치챠오의 예언이 오래지 않아 실현될 것임을 확신하는 당대 지식인의 글[8]에서 느껴지듯이 민간인 사이에서도 강국에 대한 꿈은 강한 마력을 발휘하고 있다.

사실 동아시아 국민국가들의 형성경로만 봐도 국가(왕조) 관료기구의 효율성과 반제민족운동의 영향으로 '강한 국가'의 기억이 작용하고 있으니 동아시아에서 (국민)국가의 역할이 큰 것은 불가피한 현상일지 모른다. 그런데 일반적으로 국민국가는 인민주권을 대표하는 동시에 법과 교육을 통해 그 시민을 규율하는 이중성을 띠고 있다. 달리 말하면 해방과

---

6) 신채호 「20세기 新國民」(1910),『申采浩歷史論說集』, 현대실학사 1995, 324면.
7) R. Tagore, *Nationalism*, Delhi: Macmilan India Ltd. 1950, 28면.
8) 閻小波「梁啓超的世紀情懷」,『二十一世紀』1999년 제2기 31면.

억압의 이중적 역할을 수행한다는 것이다. 이렇게 볼 때, 20세기는 '국민의 역사'인 동시에 '국민강제의 역사'였다. 따라서 21세기는 국민국가의 강제성을 획기적으로 제약하면서 해방적 기능을 활성화할 새로운 국가 구상이 절실한 시기일 것이다. 필자는 국민국가를 감당하면서 그것을 극복하는 이중과제[9]를 동시에 수행하려는 의지가 그 구상을 제대로 실현할 기초라고 생각한다. 그리고 이중과제를 구체화하는 실마리는 다름아닌 '복합국가'(compound state)[10]란 기획에서 찾을 수 있지 않을까 한다.

그런데 복합국가가 국민국가의 단순한 변형(내지 확충)에 머물지 않고 개별 국가나 민족을 넘어 일정한 보편성을 가지려면, 그 주체나 제도적 성격도 밝혀져야 하지만, 그와 더불어 인간다운 삶에 대한 지향을 장기적이고 거시적으로 생각하는 데 긴요한 문명적 시각이 거기에 결합되어야 한다는 것이 필자의 또하나의 문제의식이다.

civilization의 번역어라 할 근대적 문명 개념은 그것을 발생시킨 서구에서부터 국민적이자 초국민적인 것이란 이중성을 안고 있었다. 서구 민족의 자아의식을 표현하는 것이었지만 종종 국경을 넘어 보편성이 주장되기도 한 것이다.[11] 특히 비서구세계인 20세기 동아시아에서 문명은, 위기에 처한 개별 사회가 집단적 주체인 '국민'을 창출하여 개혁을 추진함으로써 국민국가를 세워나가기 위한 목표이자 방편이었으며, 근대국가인가 아닌가를 판정하는 기준이었다. 즉 국제관계 속에서 근대적 국민국가의 형성은 다른 근대적 국민국가와 동일한 원리를 공유하는 것을 뜻했고, 그 원리가 바로 '보편적인 문명'이었다. 그런데 이 점만을 보면 문명이 개

---

9) 이 발상은 백낙청(白樂晴)의 '근대적응과 근대극복의 이중과제'(the double project of adapting to and overcoming modernity)를 필자가 국민국가의 문제에 적용해본 것이다. '이중과제'에 대한 좀더 상세한 설명은 백낙청 「한반도에서의 식민성 문제와 근대 한국의 이중과제」, 『창작과비평』 1999년 가을호 참조.
10) 한반도의 분단체제를 극복하려 할 때 부딪치는 주권 문제를 창의적으로 해결하기 위한 실천적 제안인 '복합국가'에 대해서는 백낙청 『흔들리는 분단체제』, 창작과비평사 1998, 172~208면 참조.
11) 노르베르트 엘리아스 『문명화과정』 1, 한길사 1996, 제1장.

별 국가에 흡인된 면만 드러날 뿐, 문명으로 하여금 그런 구실을 할 수 있게 한 추동력인 보편적 경향은 무시된다. 따라서 필자는 근대적 문명의 양면성이 20세기 동아시아에 어떻게 수용되어 나타나는지 추적하면서 21세기의 새로운 문명의 가능성을 한민족공동체의 역할에 초점을 맞추어 전망해보려고 한다.

2. 동아시아의 국민국가에 흡인당한 문명론: 20세기 전반기[12]

동아시아 전통사회에서 문명은 '위무(威武)'에 대립되는 말로서 문치(文治)로 인간사회의 풍속을 밝게 하고 발양한다는 뜻으로 쓰였다.[13] 이처럼 윤리·도덕에 의해 인류 이상을 구현한다는 전통적 문명관에서 문(文)이 유교적 이념체계를 가리킴은 두말할 나위도 없는데, 그것은 순환적인 시간관과 중화질서(곧 조공체제)라는 공간관으로 구성되어 있었다고 이해된다. 그런데 중화제국의 급속한 쇠퇴와 대비되는 메이지(明治) 일본의 급속한 융성은 전통적인 문명을 하나의 '문명적 유산'으로 축소·전락시키고 근대적 문명을 '보편적 문명'으로 자리잡게 했다. 20세기로 들어서면서 동아시아문명관의 대전환이 일단락된 셈이다.

그러나 새로운 문명론은 제국주의에 저항하되 이 저항의 정당성을 서구문명에서 구하는 역설을 안고 있을 수밖에 없었다. 그러다 보니 서구의

---

12) 이 절은 1999년 8월 14~15일 열린 역사학회 여름 씸포지엄('역사적 입장에서 본 문명권별 가치관의 특수성과 보편성')에서 발표한 필자의 「동아시아에서의 문명론과 국민국가: 20세기 전반의 담론구조 재검토」(미간행)를 압축한 것이다. 또한 이 책에 실린 「중국에 '아시아'가 있는가?: 한국인의 시각」과 「한국인의 역사적 경험 속의 '동양': 20세기 전반」의 해당 대목을 발췌한 것이기도 하다. 따라서 특별한 경우를 제외하고는 따로 전거를 밝히지 않는다.

13) 동아시아에서 문명이란 어휘가 어떻게 변천했는지에 대해서는 임형택 「한국문화에 대한 역사인식」, 『창작과비평』 1998년 가을호: 鈴木修次 『文明のことば』, 廣島: 文化評論出版社 1981 참조.

'문명'과 동일한 요소를 전통문명에서 발견하든지 아니면 서구에 대립되는 요소를 발굴해 부각시키다가 어느정도 서구와 대등하다는 자신감이 생기면 그 양자를 융합한 제3의 문명을 상상해 민족의 정체성을 확보함과 동시에 제국주의 문명에 대한 저항에 권위를 부여하는 양상을 띠게 되었다.

물론 이러한 양상이 20세기 전반기 동아시아의 한·중·일에서 똑같이 나타난 것은 아니다. 일본은 국민국가 건설과 팽창에 상당한 성과를 거둔 만큼 동서문명을 융합해 독자적인 문명론을 창안하는 데 적극적이었고 그것의 세계사적 보편성을 주장하기 위해 '근대초극'이란 발상까지 내세웠지만 그것이 아시아주의로 귀결된 데서 드러나듯이, 일본이 내세운 문명이란 서양근대적 원리로부터 일본적 원리로 탈바꿈한 데 불과했다. 중국과 조선은 기본적으로 일본문명론의 영향 속에서 그에 대응하며 자신의 문명론을 펼쳤다. 중국은 제약이 심한 상태에서나마 국민국가를 건설하는 데 일정한 성과를 올리면서 동서문명 융합에 지속적인 관심을 갖고 담론의 다양한 변주를 보였지만, 국내 개혁방향에 한정된 논의였지 국경을 넘어 설득력을 얻을 문명론을 제시하는 데 적극적이지는 않았다. 식민지배에 처한 조선에서는 문명론 자체가 현실감있는 주제가 되기 힘들었다. 이제 그 사정을 중국과 조선의 주요 담론을 통해 확인해보자.

중국의 동서문화논쟁

20세기 중국인의 문명에 대한 인식의 구조는 1910년대와 20년대에 이루어진 두 차례의 동서문화논쟁에 가장 잘 드러난다고 할 수 있다. 이 일련의 논쟁에서 먼저 주목해야 할 것은 일본 논단의 영향이다.

일본에서는 청일전쟁과 러일전쟁을 거치면서 자국 문화에 대한 자신감이 솟아났다. 세계 보편의 원리인 '문명개화'는 더이상 매력의 대상이 되지 못했고, 그대신 독일에서 수용된 개별적·민족적 어감을 지닌 '문화'가 새로이 유행하기 시작했다. 여기에 1차대전의 영향으로 서양문명을 비관적으로 보던 서구 지식인들——대표적 사례가 슈펭글러(O. Spengler)의 『서구의 몰락』(Der Untergang des Abendlandes)인데 일역판이 1914년에 간행됨——의 동향도 중첩적으로 작용했다. 그리하여 타이쇼오기(大正期)에 문명론은 인기 테마였고, 대중적 인기를 누리던 논객 카야하라 카잔(茅原華山)은 그런 조류를 잘 짚어낸 대표적 인물이었다. 그는 동양문명을 정(靜)·직관(直觀)·영(靈)의 특징을 갖는 제1문명으로, 서양문명을 동(動)·이지(理智)·육(肉)의 제2문명으로 파악한 뒤 양자의 합류로 제3문명이 탄생할 것으로 기대했다.

이같은 일본의 담론은 그후 동아시아의 상투적인 문명관 형성에 깊은 영향을 끼쳤다. 예를 든다면, 1910년대에 『뚱꽝짜즈(東方雜誌)』 지상에서 동양문명을 옹호하던 뚜 야취안(杜亞泉)의 문명관은 다름아니라 경쟁·투쟁을 일삼는 '동(動)'의 서양문명이 안정과 평화를 추구하는 '정(靜)'의 동양문명에 의해 치유되는 때가 온다는 것이었다. 이런 유의 주장은 서양문명 위기론에 힘입어 동양문명을 재평가하는 중국인의 민족적 자부심을 부추겨 일정한 반향을 일으켰지만, 동시에 반발도 불러일으켰으니 신문화운동을 전개하던 『신칭녠(新靑年)』 그룹이 그 대표적인 논진이었다. 그 무렵 위안 스카이(袁世凱)가 황제제도의 부활을 추진하면서 유교를 국교화하려는 움직임과 맞물려 "이름은 문명론이지만 실은 정치시사적 논쟁"이 되어버린 제1차 동서문화논쟁이 바로 그들간의 논란이었다.

일본 담론의 영향은 여전했지만, 1920년대에 벌어진 두번째의 동서문화논쟁은 직접적으로는 량 치챠오의 서양문명관의 변화로 촉발되었다. 량 치챠오에게 근대적 문명관을 받아들이도록 강제한 것은 1895년 청일전쟁 패배와 1898년 개혁운동의 좌절로 더욱 심각해진 망국의 위기의식이었다. 그는 이제 중국이 천하의 중심이기는커녕 서구인으로부터 멸시당하고 금수처럼 야만시되기는 아프리카국가나 매일반인 처지에 놓였다고 보았다. 그래서 서구가 그 정점에 있고 중국이 그곳을 향해 줄달음쳐야 할 위계질서를 지닌 일직선적인 발전관 내지 '보편적인' 문명관을 갖게 되었다. 그런데 그의 이런 문명관은 그가 1차대전 직후 상흔에 시달리는 유럽을 돌아보면서 흔들렸다. 그는 당시 서양문명을 비판적으로 보던 서구 지식인들에게 자극받아, 서양문명에 대한 열등감에서 벗어나 동서문명의 융합을 내세우되 그 융합에 기여할 동양문화의 역할을 강조하는 글을 발표했다. 물론 이런 주장에 대한 반발도 있어 중국에서 다시 한번 동서문화논쟁이 벌어졌다.

이 두 차례의 논쟁에서 무엇보다 두드러진 점은 일본 논의와의 공통성이다. 논쟁 전체에서 동서이분법이란 사고틀이 지배적이었다. 동서의 차이는 지리적·환경적 요인에 좌우되는 문명간의 차이로 설명되었다. 그리고 두 문명이 서로 융합됨으로써 진보·발전을 계속할 수 있는데, 이때 동양문명이 문명발전에 적극적 기여를 할 수 있다고, 바꿔 말하면 구세적(救世的) 역할을 할 수 있다고 전망된 것이다.

이같은 공통성만으로 보면 동양문명이 적어도 동아시아지역에서는 새롭게 보편성을 획득하고 있었던 듯하다. 그런데 사실 중국과 일본의 문명론에는 동서문명을 종합하는 자격이 누구에게 있는가를 두고 중요한 차이가 있었다. 일본에서는 일본이 동서문명 융합을 주도하고 그 과정에서 형성될 신문명체제를 아시아에 확산시키려는 지향, 곧 아시아주의로 귀결되었다. 중국에서도 동양문명은 곧 중국문명이라는 사고(즉 東=中)를 벗어나지 못했으니 문명융합의 주체가 중국인일 수밖에 없었다. 그렇지만 일본만큼 자기 자신을 동양문명의 창조적 주체로 강조할 수는 없었다.

중국에서 벌어진 동서문화논쟁에서 동양의 범위가 중국에 한정되었다는 사실은 동서문화논쟁의 대표적인 세 논객의 논리구조만 검토해도 충분히 드러난다. 먼저 량 치챠오가 내세운 동양문화는 다름아닌 중국문화였는데, 그리하여 그는 '인류 전체의 문화'에 기여할 중국문화의 에쎈스[國粹]를 과학적 방법으로 탐구하면서 '국학대사(國學大師)'로서 여생을 마쳤다. 그와 달리 '정치형 문화'요 '권력형 문화'인 유교를 혹독하게 비판한 것은 후 스(胡適)였다. 그가 '전반서화론(全般西化論)'을 제창한 것은 잘 알려져 있지만, 이런 주장을 하게 된 것은 전통문화의 타성이랄까 관성이 너무 강력해 설사 전반서화를 추구해도 결과는 자연히 절충·조화될 터라고 보았기 때문이다. 이렇듯 중국문명의 재창조를 기본전제로 하였기에 서구문화의 수용을 '전도사처럼' 전파한 그였지만 중국 전통문화——유교만이 아닌 모든 것——를 역사진화적 관점에서 객관적으로 재평가하여 중국문명의 창조에 활용하려는〔國故整理〕 운동을 실천했던 것이다.

후 스에 대립해 동양문명을 중시한 량 슈밍(梁漱溟)은 중국문화와 더불어 인도문화를 포함시킨 특징을 보였다. 그는 인류문화가 서양문화→중국문화→인도문화의 순서로 발전단계를 밟는다고 보았다. 그런데 조화와 중용을 근본정신으로 삼는 중국문화와 금욕적인 인도문화는 진취적인 서양문화라는 첫단계를 충분히 소화하지 못한 채 너무 일찍 고도의 문화로 들어간 것이니, 중국인은 당장에는 먼 미래에 발달할 인도문화를 배척하고 서구문화를 철저히 수용하되 중국문화의 기본정신에 부합하는 방향으로 나아가야 한다고 보았다. 그리하여 만년으로 갈수록 서양문화에서 멀어진 그는 중국의 전통에서 중국의 위기를 해결할 길을 찾아 그 기반 위에서 새로운 사회를 건설하는 쪽으로 기울어져, '예치(禮治)사회주의' 또는 '유교적 근대화'를 실현하고자 한 것으로 평가되는 향촌건설운동을 이끌었다.

결국, 이 세 인물의 동양문명론은 모두 부강한 국민국가로서의 중국을 추구하는 개혁작업의 지적 소산으로서, 단지 실현방법에서 서구문화와 중국문화 가운데 어느 쪽을 더 강조하느냐의 차이를 보였을 따름이므로, 국경을 넘어서 동아시아인들로부터 공감을 얻을 그런 포괄적인 문명론이었다고 보기는 힘들다.

일제하 동서문명론의 구도

중국과 마찬가지로 조선에서 문명론이 관심을 끈 것은 19세기 후반부터였다. 대체로 동아시아의 전통과 서구문명의 '우성접합'이란 방식으로 문명을 개조하자는 것이 문명론의 기본방향이었지만, 이런 절충적 방식은 사회적 합의를 얻기 힘들 뿐만 아니라 현실적으로 우세한 일본모델의 문명론에 압도당하기 쉬웠다. 실제로 20세기 들어서 일본의 성공사례를 따르다가 급기야는 직접 지도를 받아 문명을 개조한다는 친일적 개화론에 지배적 담론의 자리를 내주고 말았다. 따라서 일본의 조선강점 이후는 이러한 유의 문명담론이 지배적이었을 터이므로 문명론 자체가 큰 관심을 끌지 못한 것이 당연하다 하겠다. 그런데 3·1운동으로 민족에 대한 각성이 이루어지고 새로운 문화운동에 관심이 생기면서 동시대 중국과 일본 지식인사회의 동서문명론의 영향 아래 문명론이 다시 부각되었다.

1920년대 잡지에 발표된 몇 안되는 문명론 가운데 비교적 체계적인 것이 필명 북여동곡(北旅東谷)의 글이다(「동서의 문화를 비판하야 우리 문화운동을 논함」, 『開闢』 1922년 11월호). "3·1운동이 일어난 후 우리 전민족의 공통한 각성"이 급속히 확산되는 분위기에서 펼친 그의 문명론의 주요 논지는 량 슈밍의 주장을 따르는 데서 드러나듯이 동아시아 논의의 영향 속에 있다. 이 글에서 그는 중국과 일본의 동서문명론에 대해 논평하면서 중국지식인은 동양문화에 반감을 갖고 있지만, 일본지식인은 서양인과 동등하다고 느낄 수 있어 동양문화에 대해 어느정도 호감을 갖게 되므로 동양문화옹호론을 전개하는 것이라고 설명한다. 이러한 반응은 그가 일원적인 문명론에 입각해 문명은 단계적으로 일직선적인 발전을 한다는 관점을 지녔기에 가능했던 것이다. 때문에 그는 량 치챠오의 동서문명융합론도 '객기'에 불과한 것으로 비판하면서, 조선은 안분과 금욕의 동양문화를 배척하고 합리적인 서양문화를 이어받아야 마땅하며 서양문화 수용운동이 어느정도 결실을 이루었을 때나 동서문명 융합을 논의할 수 있을 것이라고 주장했다.

필명만으로는 그의 사상적 성향이나 당시 조선의 지적 지형도 내의 위치를 가늠할 길 없지만,[11] 이 글에 의존해 무리하게나마 판단한다면, 1920

년대 한국의 문명론에서는 일본과는 비교가 안되겠지만 중국보다 전통문화에 대한 관심이 적은 대신 서양문화의 수용을 통한 신문명 창안에 관심을 가졌던 것 같다. 그런데 후 스의 서양문화수용론이 중국 내부개혁의 구체안과 맞물려 제기된 데 비해, 이 글에서는 그런 면이 보이지 않는다. 근대문명에 압도당한 나머지 그것을 추진하는 주체인 국민국가의 역할을 제대로 보지 못한 것이다.

그후 조선에서 동서문명론은 별 관심을 못 끌다가, 1940년대초에 분출되었다. 그 가운데 비교적 치밀한 주장을 펴 눈길을 끄는 이가 한치진(韓稚振)으로, 그는 이전의 동서문명론, 특히 1차대전 직후 고조된 동아시아의 동서문명론은 대개 "반동적 검토에 불과"하였다 비판했다. 흔히 동서문명을 대립적인 것으로 파악하지만 그것은 "문화발달의 정도·형식·방향"의 차이를 오해한 데 지나지 않으니 "본질적으로 대동소이"한 인간성이 "환경자극에 의하여 일치 혹은 상위하게 발전된다"는 것이다. 또 그렇기 때문에 동양문화의 특색을 교통발달로 가까워진 세계 속에서 개방적으로 발전시켜야 장래가 보장될 것으로 전망하였다(『朝光』 1940년 3월호). 그가 동서문명 이분법을 극복하겠다는 문제의식을 갖고 동양문화의 특색을 '세계적 연관' 속에서 전망하면서도 여전히 동서문명 이분법의 틀 안에 머물며 절충론에 안주한 이유는 무엇일까. 이 의문을 풀 수 있는 단서를 맑스주의 철학자 신남철(申南澈)의 동양문명론에서 찾을 수 있을 듯하다(『朝光』 1942년 5월호).

신남철은 동양문화라는 것은 "있는 것같이 보이면서도 실상은 그 자신으로서 우리 동양인의 생활 속에 살고 있는 구체적 힘으로서 파악되는 것이 아니라 인위적으로 추후(追後)하여 추출한 것"이라고 보았다. 동양문

---

14) 서구문화 수용을 조선이 세워야 할 새 문명의 주요 과제로 삼는 李晟煥의 글(「조선의 청년아 조선적 신문명을 창설하자」, 『朝鮮農民』 1924년 9월호)도 있다. 당시 문명론이 관심을 끌었는데, 특히 정신문명과 물질문명을 구분하는 발상이 유행이었던 듯하다. 「물질문명과 정신문명」, 『朝鮮日報』 1920.8.11~8.13 참조. 북여동곡이 중국의 동서문화논쟁을 좀더 상세히 소개한 글은 「新東洋文化의 樹立」, 『開闢』 1922년 12월호.

화란 본질적인 것, 고정된 것이 아니라 역사적으로 만들어진 것이란 주장이다. 그렇다면 누가 왜 그것을 필요로 했는가가 중요해진다. 이에 대해 그는 서양문화가 위기에 직면했기 때문에 동양문화가 당위적으로 요청되나, "동양은 문화공동체로서의 운명을 역사적으로 부하(負荷)되고 있으면서도 아직 그것이 현실적으로 완성되어 있지 않고 있"다고 설명한다.

그의 글에서 동양문화가 왜 '역사적으로 부하'되었는지, 또 그렇게 한 주체가 누구인지 제대로 밝혀지지 않지만, 우리는 그 까닭을 쉽사리 알아차릴 수 있다. 그의 논의는 조선의 내재적 요구, 일상생활상의 요구에 의해 제기된 것이 아니라, 동양문화를 다시 중시하는 아시아주의가 일본의 팽창을 정당화하는 이념으로서 대두한 것과 관련있던 것이다. 동서문명 융합의 결과 형성될 새로운 문명을 아시아에서 확립하는 일, 곧 아시아주의를 실현할 자격은 일본에 있지 식민지 조선에 있을 리 없으니, 일본의 이념적 자기장 속에 처해 있는 그로서는 동양문명론의 주체 문제를 본격적으로 거론하지 못한 것도 당연하다 하겠다.

따지고 보면 동서문명론은 애초부터 지극히 정치적인 성격을 띠고 있었다. 동서문명이 도대체 무엇인가 하는 근원적 물음은 바로 동아시아 각국이 취해야 할 개혁노선이 어떠해야 하며 그것을 추진할 자격이 누구에게 있는가 하는 물음과 직결된 것이었다. 문명개화의 주체인 국민으로서의 자격을 상실한 조선의 지식인들이 문명의 융합을 현실감있게 논의한다는 것은 결코 쉬운 일이 아니었다.

3. 국민국가를 다시 보는 동아시아: 20세기 후반

물론 20세기초부터 민간 차원의 아시아지역 연대를 위한 구상과 활동은 나타났고, '구세적 초국가주의'(redemptive transnationalism)로 간주될 법한 그 자취는 더 발굴해낼 여지가 많다.[15] 그러나 대부분이 단명하고 말았으니, 주된 이유는 일반민중의 일상생활의 실감과 거리가 있었기 때문이다. 20세기 동아시아인에게 국민국가 형성이란 근대에 적응하는 길이었으며 그렇지 못할 때 망국·망종(亡種)의 위기에 처할 만큼 절실한 과제였다. 그러나 국민국가를 추구하는 데 그친다면 근대에 적응하다 그에 매몰되어 더이상 문명의 보편성을 키워나가지 못하기 십상이다. 국민국가를 추구하던 나머지 식민지배와 전쟁이라는 (문명에 반하는) 야만의 상태로 얼룩진 20세기 동아시아의 역사가 그 적나라한 증거이다.

특히 20세기 후반 동아시아에 냉전질서가 확립되어 각 국가가 양진영으로 수렴되면서 문명론은 별반 관심을 끌지 못했다. 한반도만 놓고 보더라도 탈식민지의 공간에서 문명과 동아시아지역에 대해 독자적 담론의 주체가 형성되었음직도 하나, 국민국가 건설의 방향을 둘러싸고 남과 북이 갈등하다 분단되어 온전한 국민국가를 수립하지 못한 채 냉전질서에 말려들고 말았다. 그러니 국가를 넘어선 지역과 문명을 주체적으로 사고하는 것은 쉬운 일이 아니었다. 일본과 (타이완해협 양안의) 중국 역시 양진영으로 갈라져 사회주의문명과 미국이 주도한 자본주의문명을 제각기 추구하며 국가가 주도한 산업화(또는 개발주의)에 몰입한 것은 매한가지였다.

그러나 탈냉전으로 새로운 국면을 맞이한 동아시아가 이제 21세기로 진입하며 새로운 문명이 떠오르기를 바란다면 20세기형 문명의 주체였던 국민국가를 다시 보려는 자세를 견지하지 않으면 안된다. 말하자면 국민국가의 역사성을 일정하게 평가하되 그것을 우상처럼 섬기지 않는 방안이 요구된다 하겠는데, 사실 이런 지향은——자신들이 의식했든 못했든——20세기의 마지막 시기에 동아시아인들의 국민국가에 대한 비판적 논의에서 이미 제기되었고 최근 첨예한 결단의 문제로 다가오고 있다.

먼저 창당 초기부터 국제주의를 표방하면서도 그와 모순되게 민족주

---

15) 지역연대에 대한 좀더 상세한 논의는 뒤에 실린 「중국에 '아시아'가 있는가?: 한국인의 시각」 참조.

의를 실천한 듯이 보이는 중국공산당정권이 지금 표방하고 있는 '사회주의 정신문명'부터 검토해보자. 일찍이 1920년대 맑스주의자들은 동서문화논쟁에 대해 동방문화는 봉건잔재요 서양문명은 자산계급의 문명이라 해서 양자를 넘어설 제3의 문명으로 사회주의문명을 내세운 바 있었다. 중국공산당은 1980년대 이후 개혁개방이 가져다준 물질문명의 폐해를 막기 위해 물질문명과 더불어 (사회주의) 정신문명[16] 건설에 힘을 쏟고 있다. 그런데 이 '정신문명'은 애국주의와 나란히 강조되는 데서도 알 수 있듯이 당-정부의 노선을 정당화하고 나아가 강국에의 꿈을 부채질할 뿐 동아시아인에게 공감을 얻을 수 없음은 명확하다. 그 꿈은 당-정부가 추진하는 관변문화에서는 물론이고 지식인문화와 대중문화의 영역에서도 일정한 반향을 일으키고 있다. 특히 1990년대 들어 동구권 붕괴와 대비되는 중국의 경제성장과 안정은 천안문사태를 겪은 탈냉전기의 중국지식인들로 하여금 민족적 자부심과 문화적 정체성을 각성케 했다. 다양한 동기에서 여러 사회집단이 표출하는 최근의 민족주의는 통일된 이념적 입장을 갖지는 않지만 강한 도덕적·윤리적 호소력이 있고 어떠한 가치체계와도 결합할 수 있는 것인데, 최근 당-정부는 애국주의와 물질적 부의 추구를 결합하고 있다.

이러한 조류에 비판적인 소리가 없는 것은 아니다. 국가의 부강 대신 인민의 복지를 추구하도록 촉구하며 국가 소멸까지 주장하는 해외망명가들도 있지만, 필자는 뻬이징중심의 국민국가에 대한 대안적 정치체제로 대륙 밖에서 서서히 떠오르는 연방제의 다양한 제안을 주목하고 싶다. 망명중인 천 이쯔(陳一諮)는 이미 대륙에서 추진되는 지방으로의 권한이행

---

16) 그 내용은 '5강4미(五講四美)' 즉 위생·문명·예모·질서·도덕에 힘쓰고 말씨·영혼·환경·행동을 아름답게 하자는 것이고 실천방법은 모범적인 개인과 단체를 선발해 '문명단위'란 칭호를 주고 따르게 하는 대중동원방식이다. 이 운동이 전개되는 현장을 조사한 김광억은 문화민주주의를 주창함으로써 국가주도적으로 민족의 영광스런 과거를 재현함과 동시에 민족을 개혁하는 이중의 의도를 가진 것으로 평가한다(「현대중국의 민속부활과 사회주의 정신문명화운동」, 『비교문화 연구』 창간호, 1993).

을 전면적으로 제도화한 '공식화된 탈중앙집중화'야말로 통일과 민주주의를 달성할 수 있는 실현가능한 선택이라고 주장한다.[17] 이보다 더 적극적인 제안은 해외 민주화운동가 옌 쟈치(嚴家其)로부터 나왔다. 대륙을 경제적 기능 혹은 민족적·지리적 특징에 따라 10여개 단위로 나누고 여기에 홍콩·마카오·타이완을 연결하는 연방제 구상을 제안한다.[18] 타이완의 쩌우 양산(周陽山)은 지방자치를 최하층에 두고 그 위에 기존의 민족자치구를 구성원으로 하는 민족자치, 다시 그 위에 홍콩·마카오(澳門)·티벳·신쟝(新疆)을 포함한 연방제, 맨 위에 대륙·타이완·싱가포르·몽골로 이루어진 국협제(國協制, commonwealth)의 4층구조로 구성되는 동아시아의 '구역국가'(region-state)로서 '중화국협(中華國協)'을 구성하자는 의견을 제시했다.[19] 이처럼 복합적인 국가에 대한 다기한 관심이 정작 실험된다면, 그 과정에서 거대한 영역을 통합한 공산당의 역할이 바뀔지도 모르며, 그에 따라 이는 일시적으로는 통상적 의미의 국민국가가 분해되는 위기로 비칠 수도 있다. 또한 타이완·티벳(또는 신쟝의 위구르족을 비롯한 소수민족들)이 반발할 가능성이 있으며 주변국가들은 '중국위협론'의 실체로 여길 수도 있다. 그러나 민주주의의 확충이란 원칙에 기반한 이해당사자들이 협상을 통해 탄력적으로 운용할 수만 있다면 국민국가의 한계를 극복하는 지역적 기구로서 동아시아의 평화에 기여하는 방안일지도 모른다.

이와 관련해 중국인 해외이주민인 화교(華僑)·화인(華人)의 역할도 중요하다. 최근 홍콩과 타이완은 물론이고 동남아를 포괄하는 '대중화권'(Greater China)이란 말이 등장할 정도로 그들은 지금 비상한 주목을 받고 있다. 더욱이 가히 "초국가주의의 생생한 실체"[20]라 할 만한 해외이

---

17) Chen Yizi, "A Realistic Alternative For China's Development and Reform Strategy: Formalized Decentralization," *The Journal of Contemporary China*, No. 10 (Spring 1995).

18) 嚴家其 『聯邦中國構想』, 香港: 明報出版社 1992.

19) 周陽山 「'中華國協'的新構想」 『當代中國硏究』 1995년 제6기.

주민들의 정체성 형성의 기준이 고정되지 않고 탄력적이어서 한층 흥미롭다. 민족의 기준으로 곧잘 중시되는 언어를 포함한 인종적·문화적 특징을 상실했다 해도 부나 사회적 지위에 따라 '중국인'으로 인정되는 경우가 적지 않다는 것이다. 요컨대 해외중국인의 중국지향 정체성은 해외중국지식인과 공동체엘리뜨, 그리고 중국정부——국민당이든 공산당이든——가 중요하다고 인정하는 한 지속적으로 만들어진다는 뜻이다.[21] 이로부터 '다국적 민족공동체'의 형성에 모국의 민족주의의 부침이 일정한 영향을 끼쳤다는 사실을 간취할 수 있다. 그러나 이와 동시에 '변경'(의 중국인들)이 '중심'(의 중국인들)에 영향을 끼치는 역의 방향,[22] 예컨대 '홍콩의 중국화'가 아닌 '중국의 홍콩화'라든가 타이완 독립에 대한 관심이 높아지는 가운데 대두한 '신타이완인(新臺灣人)'론 같은 것도 무시할 수 없다. 결국 누가 중국인인가는 역사적 상황의 변화 속에서 만들어지는 셈인데, 이같은 중국인 정체성 형성의 역동적 과정 자체가 통상적인 국민국가나 민족문화의 한계를 드러내는 데 일정한 기여를 하는 것이 분명하다.

사실 중국의 긴 역사에서 단일한 정치구성체가 줄곧 지속되었던 것은 아니다. 현실을 지배하던 집권론과 이를 견제하던 분권론의 경쟁이라든가 '중화'의 기준이 문화(또는 문명)인가 종족인가의 논쟁도 긴 역사적 연원을 갖고 상황에 따라 변형되어왔다. 특히 20세기 초반 국민국가 형성과정에서 누가 국민국가를 주도할 것인가를 놓고 종족문제가 한때 다시 불거진 적도 있고('소민족주의'와 '대민족주의'의 대립) 중앙집권적 국민국가에 대항해 연방제 모델이라든가 지역자치운동과 직능별 자치운동이 활

---

20) P. Duara, "Transnationalism and the Predicament of Sovereignty: China, 1900~1945," *American Historical Review* (Oct. 1997) 1043면.

21) *Daedalus*(1991년 봄호)의 특집 'The Changing Meaning of Being Chinese Today' 특히 David Yen-ho Wu의 "The Construction of Chinese and Non-Chinese Identities" 참조.

22) 같은 특집에 실린 Tu Wei-ming의 "Cultural China: The Periphery as the Center."

력을 얻은 적도 있었다. 모두 현실정치 속에서 침몰했지만, 역사적 기억의 일부로 자리잡았다가 새삼 되살아나는 것이다.[23]

이같은 역사적 구도가 일본에서는 '대국주의'와 '소국주의'의 경쟁이라는 한층 더 또렷이 대비된 양상으로 포착될 수 있다.[24] 메이지유신 직후 일본에 적합한 국민국가 모델을 찾기 위해 구미순방에 나선 이와꾸라(岩倉)사절단이 보고서를 낼 시점만 해도 대국주의냐 소국주의냐의 노선은 아직 결정되지 않은 선택지였다. '메이지 14년의 정변'(1881)을 계기로 대국주의노선으로 전환되고 대일본제국헌법(1889)과 교육칙어(1890)의 제정을 통해 천황제의 틀과 이념이 갖추어졌으나 그때까지만 해도 대국주의는 민중 차원에서 정착되지 않았다. 그러다가 청일전쟁과 러일전쟁을 거쳐 산업혁명이 진행되면서 대국주의는 확고히 뿌리내려 급기야 침략적인 군국주의로 치달았다. 그러나 이러한 대국주의의 전개과정마다 이에 비판적인 소국주의의 흐름이 자유민권운동이나 타이쇼오(大正)민주주의의 형태를 취하면서 지속적으로 유지되었다. 자유민권운동을 대표하는 우에끼 에모리(植木枝盛)는 연방제를 골자로 하는 소국주의를 제기했는데, 그는 안으로는 철저히 기본인권을 규정함으로써 자유·평등을 실현하고자 하는 한편, 밖으로는 세계정부와 세계헌법을 제정함으로써 평화를 지키고 군비 축소 내지 폐지를 지향한 국가형태를 구상했다. 타이쇼오민주주의 시기에 '소일본주의'를 제기한 이시바시 탄잔(石橋湛山)은 식민지포기론을 주장했을 뿐만 아니라 국민주권론에 기반한 관료세력 비판과 민중의 정치적·시민적 자유 확대를 위한 정치혁신을 요구했다.

물론 소국주의는 20세기 전반기 대국주의에 의해 억압당하고 말았지만, 이 구도는 20세기를 보내는 마지막 해에도 여전히 쟁점이 되고 있는 '개헌/호헌'의 대립에까지 이어진다고도 볼 수 있다. 1946년에 제정된 평화헌법이 개헌파에게는 미점령군에 의해 강요된 것으로 '보통국가'가 되

---

23) 이 책에 실린 「중국의 국민국가와 민족문제: 형성과 변형」 참조.
24) 이하 개관은 田中彰 『小國主義』, 東京: 岩波書店 1999에 근거함.

기 위해 바뀌어야 할 대상이지만, 호헌파에게는 내재적인 소국주의 이념이 '외압을 매개로 결집된' 헌법이니 마땅히 유지되어야 할 것이다.

개헌/호헌의 대립구도는 국민국가 논의에서도 변주된다.[25] 호헌을 주장하는 혁신세력이 국민국가의 강제성을 부각하면서 국민국가의 해체〔脫構築〕를 요구한다면 개헌을 주장하는 보수세력은 국민국가의 재구성〔再構築〕을 추구하는 셈이다. 아주 치열하고 치밀하게 진행되는 이 논쟁의 세부를 따라갈 능력이 없기도 하지만, 이 글의 주제와 관련된 쟁점만을 주목하고 싶다. 필자가 말하는 '복합국가' 모형은 기본적으로 소국주의와 친화적이므로 소국주의의 역사적 기억을 계승한 혁신파에 관심을 갖게 되고, 따라서 그들에게 가해진 비판과 그들의 극복 노력을 참조하지 않을 수 없다. 우선 국민국가를 해체하고 국민을 기피한 나머지 개인으로 분해시키는 데 그침으로써 사회의 공공적 공간의 존재 자체를 회의하는 듯이 보인다는 지적이 있다.[26] 국민국가론의 대표적 이론가 니시까와 나가오(西川長夫)는 국가를 대신한 '국민이란 괴물'로부터 벗어나기 위해 국가로 향하는 무수한 회로로부터 거꾸로 빠져나와 '비국민화·탈국민화' 하려는 노력이 중요하다고 하지만,[27] 그와 동시에 국민을 대신할 새로운 공공적 공간을 형성하지 못하고 '방법론적 개인주의'에 안주하고 만다면 일반인에 대한 설득력은 약할 수밖에 없다. 이 한계를 간파한 보수파는 안으로는 '상징천황제'를 핵으로 한 여러가지 국가상징을 이용해 국민을 재구축하는 데 힘을 얻고, 밖으로는 '이중의 탈아'──탈(중국중심의)아시아와 탈아메리카──란 도약을 통해 다도해네트워크를 만들어 '태평양문

---

25) 이에 대한 소개는 이연숙 「'전쟁'이라는 덫: 현대일본의 정신 토양」, 『당대비평』 1999년 봄호; 임성모 「기억의 내전: 세기말 일본의 자화상」, 『당대비평』 1999년 가을호.

26) 大門正克 「歷史意識の現在問う」, 『日本史研究』 No. 440(1999.4) 90~91면. 거슬러 올라가면 미군점령기에 혁신파가 황국사관(皇國史觀) 비판에 몰두한 나머지 그 토대인 민족 관념의 재정립이라는 과제를 소홀히한 채 보편주의에 기댄 결과가 초래된 것일 수도 있다. 함동주 「전후일본의 역사학과 민족문제: 점령기(1945~1952)를 중심으로」, 『동양사학연구』 제68집(1999.10).

27) 西川長夫 『國民國家論の射程』, 東京: 柏書房 1998, 276면.

명'을 형성할 21세기 비전을 꿈꾸게 된다.[28] 혁신파의 이러한 약점은 국민국가에 대한 비판이 일반인들의 일상적 실천 속에서 뿌리내리지 못한다는 지적과도 관련이 있다. 국가에 대한 지식인의 비판의 소리가 일본사회의 침묵하는 다수의 피부감각으로부터 유리되어 있다고 꼬집는 중국인 일본문학연구자의 지적[29]에 필자도 공감이 간다. 결국 개혁파가 힘을 얻기 위해서는 보수/혁신의 대립구도를 넘어서 새로운 지평을 열어야 할 것이 아닌가 한다.

그간 대립구도의 어느 쪽에도 서지 않던 카또오 노리히로(加藤典洋)가 바로 이 과제를 마치 제3의 시각에서 접근한 듯해 상당한 반향을 불러일으킨 바 있다. 그가 국가적 국민을 내부로부터 해체하여 '열린 국민' '공동성(共同性)'이 아닌 '공공성(公共性)'을 모색하는 주체를 설정하고 나섬으로써, 찬반의 엇갈린 반응 속에 이른바 '역사주체논쟁'이 벌어졌다. 국민과 시민 사이에서 위태로운 지적 곡예를 하고 있는 듯한 그가 과연 보수파의 논리를 정면돌파하여 현실적 기반을 확보할 수 있을지 아니면 보수주의적 경향으로 굴절되고 말지는 더 두고봐야 알 일이다. 단, 한가지 강조하고 싶은 것은 그가 말하는 '열린 국민'이 진정 새로운 공동체로서 의미를 가지려면 일본성을 긍정하더라도 '일본 속의 아시아'와 '아시아 속의 일본'을 동시에 파악하는 시각을 견지해야 한다는 점이다.[30]

이 지점에서 중국인의 국민국가에 대한 새로운 접근도 떠올려보게 되지만 한민족공동체가 추구하는 '이중과제'의 의의도 새삼 깨닫게 된다.

---

28) 川勝平太「アジア海洋史觀」,『アジア學のみかた』No. 33, 朝日新聞社 1998.
29) 孫歌・小森陽一 對談「近代天皇制タブ―の構圖」,『世界』1999년 10월호 66면.
30) 카또오 이론의 의의와 한계에 대한 상세한 지적은 임성모「현대 일본의 정체성을 묻는다」,『창작과비평』1999년 봄호 참조. 카또오의 저술로 우리말로 옮겨진 것은『사죄와 망언 사이에서』, 창작과비평사 1998.

4. 한민족공동체, 복합국가론 그리고 21세기 동아시아문명

국민국가를 극복하는 과제에 대한 관심이 우리 사회 일각에서도 미약하나마 일어나고 있다. 한 예를 들면 하영선(河英善)은 21세기로 들어서는 지금 우리에게 '탈근대 복합국가로의 변형'이 필요함을 강조한다. 그의 복합국가론은 20세기처럼 부국강병을 목표로 삼는 것이 아니라 '새로운 형태의 복합목표'—— 평화화·번영화·첨단과학기술화·정보화·복합문화화·생태균형화·고급인력화·민주화—— 를 수행하자는 제안이다. 그런데 그 자신도 이들 8개 목표간의 구조적 연관이나 작동방식에 대해 더 생각해봐야 한다고 미뤄두고 있긴 하지만, 어쨌든 이 정도의 내용만으로는 21세기 국민국가에 필요한 과제의 나열 이상일 수 없다. 그러다 보니 근대의 연장으로서 결국 부국강병을 위한 '수단의 복합화'가 아니냐고 비난받기 십상이다.[31]

국민국가를 극복하는 일이 실질적 내용을 갖추기 위해서는 먼저 '대국주의와 소국주의의 긴장'[32]이란 발상을 견지해 부국강병을 추구하는 패권주의 즉 대국주의를 해체하는 작업이 필요하다. 글머리에서 『독립신문』의 팽창주의적 경향을 지적했지만, 재일 한국사연구자 조경달(趙景達)에 의하면, 19세기말 조선에서는 대국주의와 소국주의의 갈등이 존재했고, 개량적 개화파에 의한 소국주의의 실현가능성이 열강의 세력균형 시기 (1885~94)에 실재했다고 한다. 그가 말하는 소국주의란 세계에 '신의(信義)'를 묻는 유교형 이상주의에 입각하면서 부국책을 앞세우고 강병책을 뒤로 한 것이다. 물론 이 노선은 '미발(未發)의 계기'에 불과했다. 그러나

---

31) 하영선 「21세기의 『西遊見聞』」, 『지성의 현장』 제8권 2호(1998). 이 발표문에 대한 비판은 151면. 김동춘도 「20세기 한국에서의 '국민'」(『창작과비평』 1999년 겨울호)에서 국민이라는 공동체의 상대성과 한계가 도처에서 드러나고 있으니 새로운 인간공동체, 새로운 정치단위의 모색이 필요하다고 강조한다.
32) 최원식 「세계체제의 바깥은 없다」, 『창작과비평』 1998년 여름호 20~27면.

식민지로 전락한 조선에서는 대국주의 또한 '미발의 계기'였으니, "유교의 전통적 사상에 기반해 왕도론을 높이 부르짖고 그로써 패도에 도전하는 것이야말로 조선에서 한층 현실적이고 유일한 길이자 가치있는 사상"이었다는 그의 발언은 귀기울일 만하다.[33] 그의 주장 자체에 동의하든 않든 적어도 우리의 20세기 역사에서 단일한 국민국가에 대한 구상만이 존재한 것이 아닐뿐더러 소국주의에 대한 역사적 기억이 동시에 복류하고 있음을 알 수 있다.

한국과 일본 등 동아시아 20세기 역사 속의 소국주의 유산, 즉 패권주의를 반대하고 이를 뒷받침할 내정개혁을 추구하는 노선을 창조적으로 되살릴 필요가 있다. 그렇지만 국민국가를 극복한다는 것이 단순한 소국주의 자체에 머물지 않으려면 그것을 추진할 주체 형성이 전제되어야 한다. 그것은 단일한 민족이나 국민이 아닌 새로운 공동체일 수밖에 없다.

분단체제의 한반도에서는 두 개의 '국민'이 엄존할 뿐만 아니라 일본·중국 등에 흩어져 거주하는(상당수는 정주국 국적을 보유한) 동포들과의 교류가 활발해지고 경제성장의 결과 다른 지역 민족들이 흘러들어옴에 따라 그들 일부에 대한 지방선거권 부여가 추진될 정도로 다국적공동체이자 다민족공동체인 새로운 한민족공동체 형성에 대한 관심이 생기기 시작했다.[34] 김명섭(金明燮)이 착안했듯이 한반도 안팎을 넘나드는 고속정보통신망이 구축되면 한글민족공동체는 영토성에 기초한 국민국가를 지양하는 데 기여할 수도 있다.[35] 그런데 여기서 놓쳐서는 안될 것은, 한민족공동체가 문화(의 견고함)에 의해서만 '상상된' 공동체일 리 없다는 지적이다. 서경식(徐京植)은 '우리'를 하나의 공동체로 결집하는 우리라

---

33) 趙景達「朝鮮における大國主義と小國主義の相克」,『朝鮮史研究會論文集』No. 22(1985. 3) 특히 81, 85면.
34) 백낙청, 앞의 책 187~89면. 이에 호응해 해외 여러 나라에 흩어져 있는 코리언 네트워크를 '새로운 세기의 열린 공동체'로 삼자고 제안한 것은 姜尙中「코리언 네트워크」,『조선일보』1999. 7. 15.
35) 김명섭「통일방안으로서의 고려(corea)문명권」, 한홍수 편『한국정치동태론』, 오름 1996.

는 의식의 하부구조로서 국경을 넘는 민족적 '상상'이 아닌 민족적 '현실'을 강조한다.[36] 특히 어떤 민족집단이 '본국'에서 경험하는 정치현실이 국경을 넘어 타국에 사는 같은 민족집단의 삶을 규정한다는 그의 주장은 재일한국인의 처지를 반영한 것으로 설득력이 있다. 사실 한민족공동체라 해도 하부의 다양한 구성집단들의 역할이 동일할 리 없는데, 그중 한반도 남북주민들이 분단체제극복운동에서 맡아야 할 몫은 한민족공동체의 성립에 심대한 파급을 줄 것이다. 그러나 중화공동체의 정체성 형성에 대해 살펴보면서 알 수 있었듯이, 한반도의 역할을 강조하는 것이 자칫하면 한반도중심주의로 변질될 위험이 있다. 한반도의 주민과 해외거주민의 관계가 쌍방향적으로 이뤄지는 가운데 한반도나 각자의 정주국 국가구조 개혁에 어떤 식으로든 개입하는 과정에서 형성되는 한민족공동체의 집단적 정체성이라야 21세기에 진취적인 의미를 담보할 것이다.

한민족공동체 같은 새로운 공동체가 지속적으로 존속하려면 제도적 틀로서 통상적인 국민국가가 아닌 복합국가 모형이 필요하다. 이 틀의 정착 과정이 새로운 공동체의 적정 수준을 규정하는 데 거꾸로 작용할 것은 당연하다. 여기서 참조할 수 있는 동아시아인의 경험의 일부로——중국에서 20세기초 주목받다가 억압당한 역사적 가능성이지만——최근 민주화와 통일 방안으로 다시 관심을 끌고 있는 연방제적 구상을 꼽을 수 있지 않을까 한다. 이것을 우리 나름으로 참조한다면, 한민족공동체의 거주지역별 그리고 직능별 대표까지 참여를 허용하는 방안으로 연방제를 활용해볼 만하다. 그러나 연방제가 복합국가 모형 자체는 아니다. 복합국가는 국가권력에 대한 획기적인 민주적 통제의 원리를 관철시킴으로써 정당성을 확보해, 한민족공동체를 통합할 다층적 복합구조의 정치체제를 구상하려는 '지향(志向)으로서의 국가'[37]란 점이 무엇보다 중요하다. 달리

36) 서경식 「재일조선인이 나아갈 길」, 『창작과비평』 1998년 겨울호.
37) 아시아 민족주의를 이론화하려는 시도의 하나로 제시된 'nation of intent'란 개념에서 얻은 발상이다. 이념적 형태의 국민을 구상하고 실천하려는 주체의 지향을 중시했다. 동일 국가 속에서 여러가지 정체성의 형태가 공존 경쟁할 가능성을 열어두는 개념적 도구

말하면, 국민국가를 감당하면서도 그것을 극복하는 이중과제를 동시에 수행하는 우리의 실천과정에 대해 스스로 의미부여하면서 새로운 정체성과 공공의 공간을 확립해나가는 역사적 과정에서 구체화될 그런 것이다.

또한 그것은 국가의 존재양식과 우리 자신의 생활양식을 바꾸어가는 과정이기에 문명담론과 연결되지 않을 수 없다. 문명담론은 직접적으로 한민족공동체의 집단적 정체성 형성을 촉진할 뿐만 아니라, 한민족공동체의 복합국가가 통상적인 국민국가의 확장이나 한민족중심주의로 전락할 위험을 어느정도 막을 수 있으리라고 본다. 물론 앞에서 확인했듯이 20세기형 동아시아문명이 국민국가에 흡인당해 이것을 정당화하는 이데올로기로 다분히 작용한 바 있지만, 국민국가(의 폐해)를 극복하려는 지금은 문명의 보편성에 대해 적극적으로 생각해야 할 때이다. 여기서 말하는 문명은 국가와 민족을 넘어서되, 그렇다고 해서 반드시 전지구적 규모에는 이르지 않는 일정한 지역적 범위로서 동아시아에서 창출되는 새로운 문명으로 출발한다. 동아시아로 일단 한정하는 것은 그것이 우리가 일상적으로 하나의 문명 단위로 간주하는 지역범위이기도 하지만, 한민족공동체가 자기 속의 타자(즉 동아시아)와 타자 속의 자기를 돌아보는 성찰적 주체로 성장하는 데 적절한 범위이기 때문이다.

21세기의 새로운 동아시아문명의 가능성을 가늠하기 위해 먼저 문명 개념을 새롭게 규정하는 일부터 착수할 필요가 있다. 필자는 먼저 진화론에 기반한 서구의 문명을 '보편적' 문명이 아닌 하나의 지역문명으로 상대화하는 동시에 국민국가 정당화의 기능을 넘어서기 위해 전통적 문명관을 재음미하고자 한다. 전통적인 문명관에 담긴, 인간다운 삶에 대한 한층 높은 열망을 갖게 하는 도덕적이고 윤리적인 기풍의 전통은 보편적인 것이다. 더욱이 옛 성현의 공능(功能)으로 의식되어온 문명의 과제를

___

라 하겠다. S. Tonnesson and H. Antlov, "Asia in Theories of Nationalism and National Identy," S. Tonnesson and H. Antlov, ed., *Asian Forms of the Nation*, Curzon: Curzon Press Ltd. 1996, 37~38면 참조.

선비(士)의 실천적·현재적 임무로 명백히 각성한 조선후기 실학파의 주체적인 문명관은 되살려야 할 유산이다.[38] 그러나 동시에 전통적인 '문명'에는 엘리뜨에 의한 교화——보기에 따라서는 강제——의 뜻이 섞여 있다는 점도[39] 놓쳐서는 안된다. 그런데 근대적 문명이 그 발상지인 서구의 일상생활에서 진행된 '문명화과정'[40]에 다름아니었고 동아시아에서도 일상생활의 욕구에 기반한 생활양식의 변화 속에 확산되었음을 염두에 둔다면, 새로운 문명은 지식인의 담론보다는 일상생활의 변화가능성에 달려 있다는 사실이 분명해진다.

따라서 우리가 구상하는 21세기의 문명은 동아시아인들이 국경 안팎의 서로 다른 거주지의 일상생활에 뿌리내려 생활양식을 변화시키는 과정에서 형성될 수밖에 없다. 이 과정에서 지식인은 일정한 역할을 찾을 수 있겠는데, 이때 지식인은 예언자적 지식인이 아니라 더불어 살아가는 삶을 가꾸는 데 믿음을 가진 익명적인 교사 같은 존재여야 한다고 생각된다. 이런 새로운 유형의 지식인들이 생활개혁을 공공의 쟁점과 결합해 국가개혁으로까지 이어지게 한다면[41] 변화의 속도는 빨라질 것이 틀림없다. 20세기의 **타율적** 문명전환을 딛고 21세기에 **자율적** 문명전환을 추구하는 한민족공동체를 비롯한 동아시아인의 활동이 이곳저곳에서 어우러질 때 새로운 동아시아문명의 빛이 비칠 것이다.

21세기의 새로운 문명이 당장 눈에 보이지 않아도 희망할 수야 있다. 하물며 쉽게 보이지 않으나 우리의 일상생활 속에서 끈질기게 인간다운 가치를 지켜온 활동의 작은 파문들을 증언할 수 있다면 이미 문명은 형성

---

38) 임형택, 앞의 글 230~31면.

39) Wang Gungwou, "The Chinese Urge to Civilize: Reflections to Change," *The Chineseness of China*, Hong Kong: Oxford University Press 1991. 그는 사회주의 정신 문명운동에서 강압적 전통을 읽는다.

40) 노르베르트 엘리아스, 앞의 책.

41) 이 발상은 박명규 「20세기 한국의 역사적 성취와 한계」, 『창작과비평』 1998년 여름호에서 시사받은 것이다.

되어가는 중이 아니겠는가. 이 글이 그 작은 파문에 대한 증언이길 바란다. 〈1999〉

보론: 국민국가의 안과 밖, 동아시아의 디아스포라

지난 세기 끝무렵부터 지구화의 진행과 더불어 국민국가의 운명에 대한 논란이 있었다. 국민국가는 몰락한다느니 그렇지 않다느니 하는 논쟁이 벌어졌고, 이와 더불어 국민국가를 넘어설 새로운 정치공동체의 전망이 제시되기도 했다. 필자 자신도 바로 위의 글을 발표해 20세기형 동아시아문명과 국민국가를 넘어설 가능성이 한반도에 있는지를 모색한 바 있고, 그 주체로 한민족공동체를 설정해보았다. 그런데 그 글에선 크나큰 주제를 문제제기 형식으로 다룬 나머지 주요 개념이 다소 불명확해진 면이 있을 뿐만 아니라 한민족공동체의 성격과 역할이 충분히 규명되지 못했다. 물론 이 미진한 점들을 지금으로서는 충분히 해결하기 벅차지만 최소한이마나 벌충하려는 뜻에서 이 '보론'을 마련했다.

'국민국가를 넘어선다'[1]는 주제를 둘러싼 기존의 논의에서는 보통 그

---

1) 필자는 인류가 경험한 정치적 결집체 전부를 포괄하는 상위의 개념으로 **정치구성체**를 쓴다. 국가라는 기존 개념을 피하고 이 용어를 굳이 고른 것은 국가형성 이전의 단계를 포괄하기 위함이기도 하지만 정치적 결집의 구조화의 역사적 과정을 부각시키는 데 더 큰 비중을 두기 때문이다. 정치구성체의 근대적 양상인 **국민국가**는 서로 연관된 몇가지 특징을 갖고 있다. 첫째는 고정된 경계의 존재이다. 그전 시대와 달리 국가주권이 인정됨에 따라 국경선으로 명확하게 구획되는 정치적·경제적·문화적 공간이 확립된 것이다. 그리고 이것은 두번째 특징인 열국체제(interstate system)에 의해 포섭되어 그 일환으로 기능한다. 셋째는 국민적 통합이다. 민족이 문화적 공동체라면 정치적 공동체인 국민은 주권을 갖는데 인민 전체를 포괄하여 통합하는 기능도 하지만 현실 속에서 국민간의 다양성이나 불평등을 은폐하는 차별적 기능도 한다. 넷째 주권이 미치는 영역을 지배하는 권력의 집중성이다. 국가 장치나 제도는 전시대의 정치구성체에도 존재했지만 합법적인 물리적 강제력(폭력수단)을 효율적으로 축적·집중했다는 데서 현격한 차이가 있다. 국민국가의 특징이 위와 같다면 **국민국가를** 넘어서는 새로운 정치적 결합방식은 그 특징을 대체하는 형태를 취할 터이다. 경계의 고정성보다는 유연성이, 권력의 집중성

주체로 초국가적(transnational)[2] 존재인 NGO와 해외이주자집단(diaspora)에 기대를 거는 형편이다. 그런데 필자는 중국사연구자로서 중국계 해외이주자집단에 관심을 가졌던 터라 그들을 주요 구성원의 하나로 포함한 권역(圈域)인 대중화권이 과연 국민국가를 넘어설 수 있는 실체일 수 있을 것인지를 검토하려고 한다. 그리고 그 결과가 현재 한반도에서 진행되고 있는 통일과정에서 부각된 국가결합 형태나 한민족공동체에 대한 논의에 조금이라도 보탬이 되기를 기대한다.

*

중국인들의 해외이주 역사는 멀리 당 중기부터 시작된 해상활동을 그 기원으로 잡을 정도로 길다. 이 현상은 고립된 일회적인 것이 아니라 인구과잉과 경작지 부족으로 발생하는 국내이주의 역사와 연관된 역동적인 것이다.[3] 특히 19세기 중엽 서구의 식민지경영에 필요한 값싼 양질의 노동력 수요가 생긴데다 교통이 발달하자 대량이민이 발생했다. 19세기말 청조가 국제조약을 맺고, 그들 '해외에 떠도는 화인'(僑居華民)을 적극 파

보다는 분산성이, 그리고 국민적 통합보다는 연대의 다층성이 더욱 강조된다. 그리고 그것은 국민국가가 전혀 다른 정치구성체로 대치되는 방식으로가 아니라, 기존 국민국가들의 안과 밖에서 새로운 상호작용과 결속의 틀이 나타남으로써 가능해질 것이다.(이상의 논의는 박명규「복합적 정치공동체와 변혁의 논리」, 『창작과비평』 2000년 봄호에 의존하되 필자의 생각을 약간 덧붙였다.)

2) transnational을 '초국가적'이라 옮긴다. 초국가적이라 하면 supranational과 혼동될 위험도 있다. 그런 점에서는 '국가횡단적' 또는 '跨國家的'이란 일본이나 중국의 번역어가 더 정확할 수 있고 우리말로 '초국경적'이라 하는 것이 적절할지도 모른다. 그러나 이 글에서는 우리에게 좀더 익숙한 용법일 뿐만 아니라 종래 필자가 쓴 용어와의 통일성을 위해서도 초국가적이란 어휘를 택하기로 한다.

3) 주로 남부의 푸젠성이나 꽝뚱성 주민들이 동남아 등지로 이주하는 형태였는데, 해외에서 영주하는 그들은 중국의 정치나 문화의 원칙에서 보면 사적으로 활동하는 불완전한 '中華의 民'이었다. 그래서 '華人'이나 '中國人'이 아닌 '唐人' '閩人' '廣人'이란 무난한 명칭으로 불렸다. 可兒弘明·游仲勳 편『華僑華人』, 東京: 東方書店 1995; 斯波義信『華僑』, 東京: 岩波書店 1995.

악하기 시작하면서 중국 국적의 해외이주민은 '화교'란 명사화된 호칭으로 불렸다. 20세기 전반기 국민국가의 시기로 들어와 그들은 모국의 민족주의의 흥기에 연관되어 화인민족주의(華人民族主義)라 불릴 정도로 강한 민족적 정체성을 갖게 되었지만, 중반에 들어와 대륙의 공산화와 동남아시아에서의 국민국가 출현으로 국적문제가 불거지면서, 대체로 정주국의 국적을 취득하고 현지에 순응하는 중국계인 곧 '화인(華人)'이 주류를 이루게 되었다.

화교·화인이 세계적인 관심대상이 된 것은 중국대륙의 개혁·개방 이후부터이다. 주로 동남아시아나 홍콩에 거점을 둔 그들이 중국에 직접 투자거나 중국에 투자하는 해외자본의 유능한 매개역을 수행하게 됨에 따라 그들의 활동영역이 거대한 네트워크로 주목되었다. 그 결과 대륙 (남부)과 홍콩, 마카오, 타이완 및 동남아시아를 잇는 '대중화권'이란 용어가 등장해 언론계는 물론이고 학계에서도 논란을 일으킬 정도의 유행어가 되었다.[4]

대중화권이란 개념이 중국어——예컨대 '중국인공동체'나 '중국인경제집단' 등——로 쓰인 것은 1970년대말 개혁·개방 이후 대륙과 홍콩의 경제관계 확대와 더불어 타이완도 포함된 전망을 강조하는 논의에서였는데, 영어권에서는 1980년대 중반 내지 후반부터 쓰이다가 1990년대초에는 일반화되었다. 그러나 그 의미와 함의에 대해서는 아직 제대로 합의된 바 없다. 보통 지리적으로 중국본토와 타이완·홍콩·마카오로 시작해 더 확대되면 해외중국인들의 영향권에 들어 있는 동남아시아 일부 국가들까지 포함하는 지역을 가리키는 것으로 이해되기 쉽다. 그러나 이것은 지리적 영역에 한정하기보다는 좁은 의미로는 영토적 결합관계에서부터 넓은 의미로는 민족통합 또는 경제결합을 포괄하는 것으로 이해하는 것이 적

---

4) 이하의 논의는 따로 언급이 없는 한, Hary Harding, "The Concept of 'Greater China': Themes, Variations and Reservations," David Shambaugh, ed., *Greater China: The Next Superpower?* (Oxford University Press 1995)에 의존했다.

절하다. 따라서 대중화권은 몇개 층위로 구성된 것으로 파악할 필요가 있다.

첫번째로 중요한 것은 바로 경제영역이다. 대륙의 개혁·개방으로 촉진된 이 영역은 주요 중국 사회 혹은 정부들이 경제적 상보성과 문화적 공통성에 기반하되 서로 다른 동기에서 경제적 연계를 추진한 결과 형성되고 있다. 지금까지 그 중심은 홍콩이었다고 볼 수 있다. 그러나 영역의 범위와 공식 결합의 정도를 둘러싸고는 의견일치를 보기가 쉽지 않았다. 처음엔 EU의 경험을 참조해 공식적 경제통합에 관심을 갖기도 했지만, 시간이 지남에 따라 중국 안팎에서 고도로 제도화된 초국가적 경제권 형성이 바람직한가에 회의적인 목소리가 커졌다. 그리하여 점차 경제영역의 네트워크 개념이 중시되고 있다. 더이상 홍콩이 배타적 중심이 되지 않고 좀더 다양한 결절점들이 존재하게 되며 권역이 더 넓어져, 화교가 활동하는 비중국적 지역(일본·러시아·인도·북미 등 포함)을 포괄하게 되었으며, 상대적으로 공식제도화가 덜 중요해졌다. 따라서 애초에 대중화권 개념이 연상시키던 경제적·문화적 배타성(또는 정치적 야심)에서 벗어나 국경을 넘는 새로운 경제기회를 제공하는 비공식적 권역(circle, sphere, 또는 zone 등)의 의미가 강해지는 추세이다.

대중화권의 경제적 영역보다도 더 제도화되기 힘든 것이 정치적 영역이 아닐 수 없다. 청조의 강역은 1949년 이후 크게 보면 사실상 5개 단위——중화인민공화국, 중화민국(타이완), 몽골인민공화국, 홍콩 및 마카오——로 분리되었다.(따라서 정치적 차원의 대중화권의 경계가 아무리 넓혀진다 해도 이 범위를 벗어나진 못할 것이다.) 20세기말 홍콩과 마카오가 중화인민공화국에 귀속되었고, 타이완과의 통일(또는 분리 독립) 문제가 현재 중요한 쟁점이 되어 있다. 그렇다면 대중화권의 정치영역은 이미 홍콩·마카오를 통합한 뻬이징정부가 타이완마저 흡수함으로써 단일형 국민국가를 완성하는 것으로 귀결될 것인가. 그런데 이미 뻬이징정부가 홍콩과 마카오를 받아들이면서 일국양제(一國兩制)체제를 운영하는 변화를 보였듯이 타이완을 끌어안기 위해서는 더 탄력적인 정책을 제안해야 할지도 모른다. 다양한 국가결합 방식이 제기되고 있는 실정이다. 연방제는 곧잘 거론되는 방안이지만, (대륙 안으로는) 연방제와 (대륙 밖으로는) 국가연합의 동시실현 구상도 민주주의 확충의 방안으로 제안된 바 있다.[5]

위의 두 층위보다 범위가 훨씬 더 넓은 것이 문화영역이다. 중국계 지역의 주민을 포함한 범지구적 화인공동체를 구상한다면 그들을 화인으로 묶을 문화적 정체성이 무엇보다 중요해진다. 쉽게는 통합된 중국문명의 역사적 지속이 문화적 정체성의 핵심으로 지목된다. 비록 '고국-문화'의 중심에서 분리되었다 해도 중국인의 '역사적 정체성'은 지속된다는 것이다. 그러나 (어떤 사투리든) 중국어를 포함한 모든 가능한 인종적·문화적 특징을 이미 상실했음에도 불구하고 중국인의 정체성을 갖게 되는 사례가 나타난다면 문화적 정체성도 다시 볼 필요가 있다. 이 지점에서 뚜웨이밍의 '문화중국'론이 눈길을 끈다.

그는 화교공동체로서의 중국(overseas China, 海外中華)이란 발상이 대륙 밖의 중국공동체를 의미하는 것으로 이용되어왔지만, 이 용어가 대륙·홍콩·타이완·싱가포르를 포괄한 일종의 중국식연방(commonwealth) 같은 정치적 의미를 연상시키기 때문에 논란을 일으킨다고 판단하고, 그보다 느슨하게 화인공동체를 연결하는 새로운 발상으로 '문화공동체로서의 중국'(cultural China, 文化中國)을 제시했다. 이로써 중국과 중국문화를 이해하고 그에 대한 지적 담론을 만들 수 있는 모든 사람을 참여시킬 수 있기를 그는 기대한다.[6]

그가 말하는 문화공동체로서의 중국이란 정치적 일체감에 대한 충성이나 의무를 연상시키는 '중국인'공동체가 아니라 공동의 조상과 문화적

---

5) Michael C. Davis, "The Case for Chinese Federalism," *Jounal of Democracy*, Vol. 10, No. 2 (1999).

6) 杜維明 「文化中國'初探」, 『九十年代』 1990.6; Tu Wei-ming, "Cutural China: The Periphery as the Center," *Daedalus*, Vol. 120, No. 2 (Spring 1991).

배경을 갖는 '화인'공동체인데, 그것은 세 개의 상징적 실체의 끊임없는 상호작용으로 이뤄진다. 첫째는 중국본토·타이완·홍콩·싱가포르 즉 문화적·인종적 중국인이 압도적 다수로 거주하는 사회이고, 둘째는 전세계에 퍼져 있는 화교·화인공동체이며, 셋째는 중국을 지적으로 이해하려 노력하고 중국에 대한 개념을 자신들의 언어공동체에 전파하는 개인들(특히 영어나 일어를 쓰는 자들)이다. 이 세 실체 가운데 첫째와 둘째가 중요할 것은 당연하다. 따라서 이에 대해 좀더 상세히 살펴볼 필요가 있다. 첫번째 실체는 구성원간에 정치·경제 제도상 차이가 있지만, 중국문화에 기반한 삶의 지향을 갖는다는 데서 같다. 그리고 중국공동체 또는 문명의 정치적·경제적·사회적 양상에 전면적으로 참여한다. 두번째 실체는 바꿔 말하면 (민족-국가와 대비되는) '문화-국가로서의 중국'이라 할 수 있는데 그 주체로서 해외이주자들이 중시된다. 그들의 정체성을 결정하는 데는 조국의 흡인력뿐만 아니라 정주국의 배척력도 작용한다. 그리고 1980년대 중국의 개방 이후 화인은 문화중국에 대한 담론을 형성하는 데 적극적인 역할을 수행함에 따라 새로운 중요성을 갖게 되었다고 한다.

바로 여기서 그가 문화공동체로서의 중국을 통해 전하려는 의미가 또렷이 드러난다. 즉 그는 변방에 있는 사람들(제2,3의 실체 및 타이완·홍콩·싱가포르)의 역할을 통해 새로운 중국을 전망하려는 것이다. 그들이 중국본토의 어떠한 근본적 변혁에도 영향을 미치기 힘든 듯 보이지만, '중심'이 문화중국을 위한 과제를 감당할 능력·통찰 또는 정통적 권위도 없으므로, 오히려 '변방'의 변혁적 잠재력이 커질 수밖에 없고 그로부터 미래 '문화중국'에 대한 지적 담론이 분명히 형성될 것으로 기대된다.

문화공동체에서 차지하는 변방의 중요한 역할을 강조하는 이가 뚜 웨이밍만은 결코 아니다. 예를 들면 한 미국계 중국인학자는 대중화권이 다언어적이자 다문화적인 것이란 관점에서 그 핵심주체로서 서구문화의 외부자인 동시에 내부자인 화교를 높이 치켜세우고 그들에게 서구문화와 중국문화를 잇는 '교량'으로서의 사명을 부여한다.[7] (화교의 僑와 교량의

橋는 중국음이 똑같이 차오라는 우연한 현상을 적절히 비유로 활용해)
화교가 새로운 문명 형성에서 감당할 창조적 역할을 강조하는 것은 서구
거주 화교들의 공통된 정서인 듯하다.

이상에서 살펴보았듯이, 세 영역은 제각기 서로 다른 경계와 중심을 가
진다. 그리고 경제적·정치적 통합은 덜 공식적이고 덜 제도적인 방향으
로 가고 있고 그에 비해 문화적 영역이 부각되는 실정이다. 대중화권은
종착지가 결정되지 않은 '과정'[8]으로 파악하는 것이 지금으로서는 온당할
것이다.

그런데 대중화권이 국민국가를 넘어선 새로운 정치구성체로 전환될 수
있을까. 먼저 정치영역을 살펴보면, 대중화권이 국민국가를 넘어선 정치
구성체로 바뀔 가능성은 적어 보인다. 대중화권의 주요 구성원인 뻬이징
정부가 압도적 힘을 보유하고 있는데다 강국에의 꿈을 꾸고 있는만큼 그
주도 아래 정치적 통합이 제도화·공식화된다면 국민국가의 확대로 비쳐
위협을 느끼는 국가들로부터 반발을 살 것이 분명하다. 다만 대중화권에
서 제기되는 연방제를 포함한 복합적인 국가의 다양한 실험의 향방이 국
민국가의 운명에 어떠한 작용을 하게 될지는 더 두고봐야 할 것이다.

화교·화인이 주도하는 경제영역이 뻬이징중심의 국민국가에 원심력적
작용을 미칠 수 있는 것은 분명하다. 그러나 그들 자체의 경제적 속성상
국민국가를 넘어선 대안적 세력이 되기는 쉽지 않다. 그들 가운데 초국가
적 자본가들은 사실상 "국민국가에 의해 줄무늬화된 공간 밖에서 번영하
는 동시에 그 안에서 비중국적 (및 적게는 중국의) 국가자본과 합자회사
를 통해 국가관료 엘리뜨와 긴밀히 연계"되어 있기 때문이다.[9] 요컨대 아

7) Eugene Eoyang, "Greater China and the Twenty-First Century," *Journal of Modern Literature in Chinese*, Vol. 1, No. 1 (July 1997).

8) David Shambaugh, "Introduction," David Shambaugh, ed., 앞의 책 2면.

9) Aihwa Ong & Donald M. Nonini, "Afterword," Aihwa Ong & Donald M. Nonini, eds., *Ungrounded Empires: The Cultural Politics of Modern Chinese Transnationalism*, New York: Routledge 1997, 324면.

세안이나 중국정부는 그들의 자본을 국민국가 건설과 강국화의 수단으로 여기는 것이다.

그렇다면 문화영역에서의 그들의 활동은 국민국가를 넘어설 전망을 제시하고 있는 것인가? 그들이 국민국가나 민족문화의 억압성을 드러내고 새로운 유토피아적 상상을 자극하는 것은 분명하나, 동시에 초국가적으로 활동하는 중국인 중 (하층노동자가 아닌) 초국가적 자본가나 전문직종 종사자들은 서구인의 오리엔탈리즘 담론에 의해 '전통적 미국가치'를 구현한 아시아의 '모범적 소수민족'(model minority)으로 선택된 것이란 지적도 귀기울일 가치가 있다.[10] 이와 관련해 다시 보면, 뚜 웨이밍이 말하는 유교적 휴머니즘(더 정확히는 유교자본주의)의 새로운 부흥이 윤리적·종교적 함축을 갖는 인간에 대한 보편적 관심으로 제시되지만, 자본주의에 대한 어떠한 진지한 비판도 결여하고 있다는 사실이 크게 부각된다. 말하자면 미국이란 중심부에 진출한 중국계 학자가 탈근대적 사업으로 유교를 장려하여 자본주의를 위한 자료제공자이자 문화적 기술자로서 소비하기 좋은 상품처럼 유교자본주의를 '제조'했다는 비판도 가능한 것이다.[11] 따라서 그들이 전파하는 문화적 담론이 국민국가를 넘어서는 대안적 논의를 활성화하는 데는 일정한 한계가 있을 수밖에 없다. 더욱이 그들의 담론은 엘리뜨적 성격이 짙은 반면, 일생생활에서의 문화영역은 홍콩과 타이완 대중문화의 주도 아래 통합되는 실정이다.

*

대중화권이 일찍부터 세계적 주목을 끌어온 데 비해, 한민족공동체[12]는

---

10) Aihwa Ong, "On the Edge of Empires: Flexible Citizenship among Chinese in Diaspora," *Positions*, Vol. 1, No. 3 (1993).

11) Arif Dirlik, "Confucius in the Borderlands: Global Capitalism and the Reinvention of Confucianism," *Boundary* 2 (Fall 1995).

12) 한민족공동체는 해외한인들과 한반도 남북주민 모두를 포함한 것이다. 이 용어는 1989

우리 사회 안팎에서 이제 겨우 관심의 대상이 되고 있다. 그렇다면 전세계에 퍼져 있는 한인공동체에 대한 논의가 왜 최근 등장하게 된 것일까. 그 배경을 박명규는 세 가지로 정리한다. 첫째, 냉전진영 논리에서 탈피하여 전세계에 산재한 동포(예컨대 중국의 조선족, 러시아의 고려족 등)를 재발견하게 된 탈냉전이라는 세계사적 조건의 산물이다. 둘째, 한국의 경제성장 결과 나타난 세계시장의 관심에서 해외동포들을 활용하려는 움직임이 있다. 셋째 소수민족집단으로서 적절한 권리를 보장받기 위해 모국과의 연계에 주목하는 논의들이 나타났다.[13] 그밖의 배경으로 정보통신산업의 발달이 가져온 가상공간에 힘입어 가상공동체를 구축할 가능성이 출현한 것[14] 등 덧붙일 수 있는 것이 또 있겠지만, 필자는 통일 논의와 연관시켜 다국적·다문화적 공동체로서 한반도를 구성하려는 이념적 지향이 작용하고 있다는 점을 특히 강조하고 싶다.[15]

한민족공동체는 그 용어의 출현이나 관심의 확대 배경에서 알 수 있듯이 한반도의 통일 논의와 밀접한 관련이 있다. 그러나 대중화권에 대한 앞의 검토가 시사하듯이 한반도 안팎에 걸쳐 있는 한민족공동체를 정치

년 대한민국 정부에 의해 제기된 '한민족공동체통일방안'에서 처음 출현했다고 할 수 있다. 물론 그때는 남과 북을 이념과 체제를 초월한 하나의 민족공동체로 통합하자는 데 주안점이 있었지 전세계의 한민족을 하나의 공동체로 통합하자는 목표를 설정한 것은 아니었다. 1990년대 들어 남쪽 정부가 적극적인 교민정책을 펴면서 그 주요한 이념적 근거로 한민족공동체 개념이 떠올랐다. 그러다가 최근 들어 국내외에서 여러 갈래의 관심에서 한반도를 포함한 전세계에 흩어져 거주하는 한민족공동체가 거론되고 있다. 민족통일원 연구보고서 93-25 「한민족공동체' 형성과정에서의 교포정책」(1993.10) 참조.

13) 박명규 「민족정체성과 세 차원의 공동체」 '제11회 한국학 국제학술회의' '새천년 한국인의 정체성'(한국정신문화연구원, 2000.6.27~29). 필자의 양해를 구해 인용함.

14) 김명섭 「통일방안으로서의 고려(corea)문명권」, 한홍수 편, 『한국정치동태론』, 오름 1996.

15) 백낙청 「21세기 한민족공동체의 가능성과 의의」, 『흔들리는 분단체제』, 창작과비평사 1998. 그리고 '영주시민'인 동시에 동북아시아의 '국가횡단적'인 행위주체로 등장한 재일한국인·조선인의 디아스포라적 공적 공간이 좀더 개방적인 다국적·다문화적 혼성사회로서 한반도를 구상하려는 이념 확산에 기여할 수 있을 것을 전망한 강상중의 작업에 주목할 필요가 있다. 강상중 「혼성화된 사회를 찾아서」, 『당대비평』 2000년 봄호.

적 영역에서 공식제도로 통합하려 한다면(하나의 정치체제로 포괄하려 한다면) 부작용이 생길 뿐만 아니라 용이한 일도 아닌 것 같다. 따라서 앞의 글에서 필자가 "한민족공동체 같은 새로운 공동체가 지속적으로 존속하려면 제도적 틀로서 통상적인 국민국가가 아닌 복합국가 모형이 필요하다"(34면)고 한 것은 성급한 표현이었다.

오히려 경제적·문화적 영역에서 형성되는 한민족공동체의 정체성이 중시되어야 할 것이다. 이것은 한민족공동체에 관심을 갖는 논의의 일반적 경향이기도 하지만,[16] 필자는 특히 한반도에서 진행되는 '과정으로서의 통일'은 여기에 커다란 영향을 미친다는 측면을 강조하고 싶다. 국경 아닌 국경인 휴전선을 가로지를 경의선 개통으로 동아시아를 잇는 '철의 실크로드'가 형성된다면, 대중화권이 경제영역의 동력에 기본적으로 이끌렸듯이, 한반도에서 남북 어느 쪽의 주민도 아닌 '수많은 한인들도 참여하는' 민족경제가 활기를 띨 것이고 한민족공동체도 활력을 얻을 것이다.[17] 이에 따라 단일 민족·국민으로 통합되기보다는 국민적·민족적 정체성의 다층성[18]이 더욱 강조될 것이고 한민족공동체에 속하는 개인이나 집단은 중층적 정체성을 갖게 되면서 다양한 층위에서 연대할 수 있을 것으로 예상된다. 이로써 국민국가의 경계의 유연성이 드러나는 것이다.

16) 일례를 들면, 한림대 민족통합연구소 「한민족네트워크공동체 의식조사」(미공간, 1999.12).

17) 이에 대한 좀더 상세한 설명은, 백낙청 「6·15선언 이후의 분단체제 극복작업」『창작과 비평』 2000년 가을호 26면 참조. "남북의 경제협력이 원활하게 진행되는 '한반도지역의 경제'란 그리 간단한 물건이 아니다. 남북 어느 쪽의 주민도 아닌 수많은 한인들도 참여하는 영역이 될 것이 분명할뿐더러, 미·일·중·러와의 경제협력, 동아시아 내지 동북아시아의 지역협력 또한 획기적으로 진전되는 현장의 일부가 되게 마련인 것이다. 이는 실천면에서 일국양제를 이미 택한 홍콩과 중국 간의 경제협력이라든가 일국양제 채택 여부와 관계없이 진행중인 대만과 본토의 '양안(兩岸)교류'하고도 또다른 모형을 창안할 것을 요구한다. 동시에 세계화의 대세 속에서 '민족경제' 및 '국민경제' '지역경제' 들이 갖는 의미를 이론적으로 새로 정리할 필요성을 안겨주기도 하는 것이다."

18) 박명규, 앞의 발표문. 그는 세 차원의 공동체의 정체성, 즉 '국민'정체성, '민족'정체성 및 및 다국적 문화공동체인 지구적 한민족공동체의 정체성이 얽혀 있는 것으로 파악한다.

이러한 연대의 확산이 중국계 이주자들처럼 정주국에 위협을 줄 가능성은 희박하다. 그 수도 적을 뿐만 아니라 대부분 중국·미국·구소련·일본 등 주요 강국에 집중되어 있기에 그만큼 영향력의 터전이 넓을지언정 위협으로 받아들여질 확률이 적기 때문이다. 또한 통일된 한반도에 어떤 국가체제가 들어서든 동아시아 이웃 어느 쪽보다도 여전히 상대적으로 작은 나라일 것은 분명하다. 그런만큼 한민족공동체의 경제적·문화적 층위가 정치적 층위에 어느 정도 어떻게 영향을 미칠 것인가에 대해 앞으로 신중하게 고려해볼 여지가 있을 것 같다.

더 나아가, 한민족공동체가 각자 거주하는 곳이 한반도(의 남과 북)의 안이든 밖이든 안과 밖을 함께 볼 수 있는 '성찰적 주체'로서 동아시아에서 독특한 영향력을 확보하여 세계체제의 일부인 (한반도) 분단체제극복운동에 기여할 수 있게 된다면[19] 국민국가에의 적응과 극복의 이중과제를 동시에 수행하는 보람을 느낄 것이다. 〈신고〉

---

19) 이에 비해, 앞에서 본 뚜 웨이밍은 유교휴머니즘의 새로운 부흥을 중국인의 문화적 정체성의 기반으로 삼고, 이 가치를 윤리적·종교적 함축을 갖는 인간에 대한 보편적 관심으로 제시하지만, 자본주의 세계체제를 넘어설 뜻을 담고 있지는 않다.

중국에 '아시아'가 있는가?

한국인의 시각

1

사물의 일면을 전체인 양 극단으로 몰고가는 선동적인 주장을 펴는 책들이 우리 사회에서 종종 베스트쎌러가 된다. 현재 잘 팔리고 있는『공자가 죽어야 나라가 산다』가 그 한 예라 할 수 있다. 우리 사회가 과연 유교적 이념이나 관행에 아직도 영향받고 있는지, 또 영향받고 있다 하더라도 어느 정도인지는 자못 논쟁적이다. 그럼에도 불구하고 우리가 더이상 발전할 수 없는 이유가 공자(즉 유교란 전통) 탓이라고 단죄한 이 책이 그 선정적인 주장 덕에 'IMF위기' 이후 신자유주의가 압도하는 분위기를 타고 가히 폭발적으로 팔리고 즉각 매스컴의 '총아'가 되었다. 이런 출판 경향의 선구는 그보다 몇년 앞서 베스트쎌러가 된『일본은 없다』였다. 많은 에피쏘드로 꾸며졌지만 그 메씨지는 단순명료하다. 일본특파원인 저자가 직접 일본에서 생활하며 겪어보니 우리가 본받아야 할 모델로서 이상화된 그런 '일본'은 없더라는 것이다. 이 견문기가 일본에 대한 애증이 엇갈리는 한국인의 민족주의 정서를 만족시킴으로써 엄청난 호응을 얻었다.

이런 출판물들이 독자의 비판의식을 마비시키고 사물의 연관된 모습 전체를 제대로 인식하지 못하게 하는 풍조를 못마땅해온 필자이지만, 이 글에서 하고 싶은 말을 아주 단순화하면 중국에 '아시아'[1]가 없다는 식의 주장으로 비칠 수도 있겠다. 필자가 아는 한 중국지식인들에게는 '아시아적 전망', 특히 동아시아 상황 속의 중국을 바라보는 시각이 결여되어 있다. 세계(사실은 구미)와 직접 대면하는 중국이란 관점은 강하지만 중국의 주변 이웃인 동아시아 여러 사회들에 대한 수평적 관심이 희박한 것 같다는 뜻이다. 이 점은 지금 중국 안팎에서 주목받는 한 비판적인 지식인조차 '횡향사고(橫向思考)'가 부족하다고 비판받는 데서 단적으로 드러난다.[2] 실제 필자가 겪은 바로도 그렇다. 2년 전 『동아시아인의 '동양' 인식』[3]을 엮으면서 그리고 서남재단 주최 '두 세기의 갈림길에서 다시 보는 동아시아'(1999.9.30~10.1)를 조직하면서 중국의 지인(知人)들에게 수소문해보았지만, 중국인이 (동)아시아를 어떻게 바라보고 있는지를 들려줄 적임자를 찾는 데 실패했다. 아시아에 대해 별로 관심이 없기 때문이라는 것이 그들의 답변이었다. 그래서 결국 이 국제대회의 형식상 중국 부분을 중국인이 발표하는 것이 더 어울릴 수 있겠지만, 한국에서 중국사를 연구하는 필자가 떠맡고 말았다.[4]

---

1) 여기서 아시아라 하면 아시아대륙을 연상할 수 있겠지만, 이 글에서는 주로 동아시아로 한정하려고 한다. 그 범위에는 한·중·일 세 국민국가와 그 속의 여러 민족·지역이 포함된다. 일단 이렇게 한정한다 해도 중국영토가 사실상 아시아대륙 전체에 걸쳐 있다는 사실에서 드러나듯이 아시아 전체로 시야가 열려야 되겠지만 그것은 우리 활동의 확대와 더불어 이뤄질 수밖에 없다. 우리가 19세기말 '동양'과 '아시아'란 용어를 어떻게 사용했는지에 대해서는 이 책에 실린 「한국인의 역사적 경험 속의 '동양': 20세기 전반」 주 3 참조.

2) 미국에서 활동하는 중국문학연구자 李歐凡이 汪暉에 대해 "橫向思考不够"라고 비판한 바 있다. 「單元與多元的現代性」, 『天涯』 1998년 제4기 57면.

3) 최원식·백영서 편, 문학과지성사 1997.

4) 사실 필자는 중국인의 아시아관에 깊은 관심을 갖고 글을 발표해왔는데 이런 작업이 중국 지식인사회에 작은 영향을 미쳤던 것 같다. 이에 대해서는 이 발표의 토론을 맡았던 중국 작가 韓少功의 토론문과 그가 귀국 후 이 글의 저본인 발표문에 대한 논평을 겸하면서 중국인이 아시아에 대해 관심을 갖는다는 것의 의미를 탐구한 글(「國境的這邊與那邊」, 『天涯』 1999년 제6기) 및 孫歌 「亞洲論述與我們的兩難之境」, 『讀書』 2000년 제2기 참조.

그런데 단순히 국제학술대회의 구색을 잘 갖추기 위해서라면 모를까, 중국인만큼 중국을 더 잘 아는 외국인이 있을 리 없으니 꼭 중국인이 발표해야 한다고 전제한다면 이런 사고는 오리엔탈리즘에서 벗어나지 못한 것일 수밖에 없다. 오히려 한국연구자가 중국이해에 그 나름의 중요한 몫을 할 수 있다고 봐야 옳다. 그렇다고 해서 한국인의 역할을 특권화하려는 것은 결코 아니다. 여기서 한국이란 '동아시아 속의 한국'을 말하므로 사실은 동아시아를 하나의 단위로 파악하는 시각의 중요성을 부각시키려는 것이다.

　　동아시아적 시각이란 좀더 구체적으로는 **지적 실험으로서의 동아시아**[5] 를 뜻한다. 아래에서 검토되듯이, 20세기 중국에서 '문명으로서의 동아시아'와 '지역연대로서의 동아시아'에 대한 관심은 표출되었지만, 모두 중국이란 국민국가로 환원되었을 뿐 동아시아 이웃에 대한 수평적 사고를 내포하지 못했다. 이같은 중국인의 역사적 경험을 비판적으로 검토하다 보면, 중국을 포함한 동아시아를 위해 앞으로 요구되는 것은, (문명이든 지역이든) 어떤 실체로서의 동아시아와는 차원이 다른, 발견적 방편으로서의 동아시아에 대한 담론이 아닐까 하는 생각에 도달하게 되었다. 그 결과 필자가 (잠정적으로) 찾은 언어가 바로 '지적 실험으로서의 동아시아'이다. 이것은 동아시아를 어떠한 고정된 실체로도 간주하지 않고 항상 자기 성찰 속에서 유동하는 것으로 파악하는 사고와 그에 입각한 실천의 과

---

5) 이 개념을 제시한 후 지지와 더불어 지적도 받았다. 후자의 경우, 예를 들면 박명규는 "'지적 실험' 가운데 문명적인 것과 지역연대적인 것이 어떻게 위치지어져야 할지에 대해서도 좀더 논의될 필요가 있다"고 완곡하게 비판했다(「복합적 정치공동체와 변혁의 논리: 동아시아적 맥락」, 『창작과비평』 2000년 봄호 12면). 또한 서남재단 주최 학술회의에 참석했던 딜릭(Arif Dirlik)은 필자의 취지에 공감하면서 사적으로 '프로젝트로서의 아시아'란 개념을 제안하였고, 수정된 자신의 글에서는 양자를 병용하고 있다(『발견으로서의 동아시아』, 문학과지성사 2000 참조). 이러한 지적들을 검토하면서 기본 취지가 통하므로 '프로젝트로서의 아시아'로 바꿔볼까 고려해보기도 했지만, 필자의 지적 모색의 한 단계를 보여준다는 의미도 있고 해서 일단 '지적 실험'이란 용어를 그대로 쓰기로 했다.

정을 뜻한다. 이런 태도를 몸에 익힘으로써 자기 속의 동아시아와 동아시아 속의 자기를 돌아보는 성찰적 주체가 형성될 것으로 기대한다. 물론 '서구'와의 관계가 (동)아시아라는 개념 형성에 일정한 영향을 미쳐왔지만, 그렇다고 해서 동아시아인이 동아시아란 정체성을 찾기 위한 주체적인 지적 실험이 덜 중요할 리 없다.[6] 더욱이 이 발상은 세계시장의 논리에 대한 대안을 찾는 데 도움이 될 자원으로서 동아시아에 대해 더 적극적인 관심을 갖자는 의도를 담고 있다. 또한 지난 한 세기 동안 국민국가의 성취와 그 폐해를 남달리 격렬히 겪은 한국인의 경험이 반영된 지적 모색의 한 자락이기도 하다.

2

바로 앞에서 중국에 '아시아'가 없는가라고 다소 의도적으로 단순화시켜 문제제기했지만, 중국인의 아시아에 대한 논의 자체가 없었다는 것은 물론 아니다. 차등적인 위계가 —— 마치 물의 파문이 중심으로부터 확산될수록 약화되듯이 —— 부여된 중층적 구조로 이뤄진 천하질서의 중심에 위치한 셈인 '중국'이 세계의 지정학에 대한 새로운 인식을 하게 된 것은 19세기가 거의 마감되던 시기, 곧 청일전쟁으로 중화질서가 와해되고 1898년의 개혁운동이 좌절된 이후 망국멸종(亡國滅種)의 위기의식을 갖게 되면서이다. '문명관의 대전환'이라 불릴 만한 격동의 시기에 중국이 열국체제의 한 구성원인 국민국가로의 편입을 강요당하면서 일부 지식인들은 아시아지역을 전과 다른 눈 즉 제국주의에 대항할 연대의 대상으로

---

6) 아시아 개념 형성에 미친 서구의 영향에 대한 분석은 앞의 딜릭 글 참조. 그는 서남재단 주최 국제학술회의에 참석하기 전에만 해도 한국인들의 아시아 논의를 이해하지 못했지만, 회의 후 어느정도 공감할 수 있게 되었다고 털어놓았다 이것이 겉치레 반응이라고만은 볼 수 없으니 『발견으로서의 동아시아』에 실린 그 글은 발표문에서 끝부분이 수정된 것이다.

바라보게 되었다.[7]

이같은 중국인의 아시아 인식의 전형을 보여준 인물은 량 치챠오(梁啓超)라 할 수 있다. 다른 많은 새로운 용어들을 일본을 통해 들여와 전파시켰던 그는 '아주(亞洲)'란 아시아의 음역어를 사용하면서 세계를 구성하는 여러 대륙(洲)의 일원인 아주(亞洲)의 운명에 깊은 관심을 보였다. 그는 일본과의 전쟁에서 패배한 뒤 열강에 의해 국가가 분열지배당할 위기에 몰리자, 비슷한 처지에 놓인 아시아의 이웃들에게 연대의식을 느끼며 아시아연대를 통해 백인종의 제국주의에 저항할 수 있는 가능성을 엿보았다. 그래서 그의 논설은 조선과 베트남 등 아시아 여러 지식인들로부터 뜨거운 호응을 얻었다.[8]

그런데 아시아에 대한 그의 관심은 중국을 국민국가로 만들려는 개혁운동의 일환이었다. 그래서 중국의 개혁을 제약하는 서구열강을 견제하는 데 일본이 일정한 역할을 맡을 것으로 기대하고 일본이 앞장선 아시아연대를 주장했지만, 러일전쟁 이후 동아시아에서 일본의 지배력이 노골화되자 더이상 관심을 기울이지 않았다. 뿐만 아니라 그의 아시아관에는 인종주의란 혐의를 받을 수 있을 요소가 내장되어 있었다. 그가 아시아와 서구의 대립을 황인종과 백인종의 대립으로 파악하면서 황인종의 범위에 필리핀과 베트남을 포함시킨 것도 사실이지만, 그와 동시에 황인종을 제외한 유색인종을 게으른 인종이라 노골적으로 멸시했던 것이다. 흑인종·홍인종·갈색인종 등 다른 유색인종을 체질적으로 구별하는 이유는 황인종만이 백인종과 경쟁할 수 있다는 점을 '과학적'으로 입증하기 위해서였던 것이다.

그를 비롯한 20세기 중국인이 아시아에 대해 품었던 관심의 한 갈래를

---

7) 그 과정에서 아시아가 새롭게 '창안'되었다고 보는 견해로는 Rebecca E. Karl, "Creating Asia: China in the World at the Begining of the Twentieth Century," *American Historical Review* (Oct.1998) 참조.

8) 이 책 2부에 실린 「대한제국기 한국언론의 중국인식」 및 『越南亡國史』 국역본 간행의 의미를 분석한 崔元植 『韓國近代小說史論』, 창작과비평사 1986, 214~34면.

'문명으로서의 아시아'로 규정하려고 한다. 먼저 1차 세계대전 기간에 대두된 동양문명론에서 찾아볼 수 있겠는데, 그 특징은 동양문명이 서양문명을 대신하여 구세론적(救世論的)인 역할을 할 수 있다는 기대이다.[9]

여기서도 량 치챠오의 인식을 다시 주목할 필요가 있다.[10] 청일전쟁 직후 문명관의 전환을 겪어 서구의 일직선적인 진보관 내지 '일원론적'인 문명관을 수용했던 량 치챠오는 1차대전의 상흔에 시달리는 유럽을 돌아보고 서양문명을 비관적으로 보던 서구지식인들에 고무되어, 동양문화의 역할을 강조했다. 물론 이런 주장에 대한 반발도 있어 중국에서 이른바 '동서문화논쟁'이 벌어졌었다.

이 논쟁과정에서 드러난 문명에 대한 이해방식은, 제국주의에 저항하되 이 저항의 정당성을 서구에서 구하는 역설을 내포하고 있었다. 그러다보니 서구의 '문명'(civilization)에 대립되는 요소를 전통문화 속에서 발굴해 '순수한' 동양문화로 부각시키는——동(動)·이지(理智)·육(肉) 또는 물질중심의 서양문명에 대비된 정(靜)·직관(直觀)·영(靈) 또는 정신중심의 동양문명 식으로——동서이분법적인 사고가 유행하다가, 어느정도 서구와 대등하다는 자신감이 생기면 그 양자를 융합시켜 민족의 정체성을 확보함과 동시에 제국주의문명에 대한 저항에 권위를 부여하는 양상이 나타났다.

그는 (위에서 보았듯이) 20년대 들어서 동서문명이란 단순이분법을 비판하면서 문명융합을 내세우되 그 융합에 기여할 중국문화의 발굴에 몰두했다. 즉 '문명'이란 지배적인 어휘를 애용하는 대신에 다원적인 의미에

---

9) 이하 동양문명론에 관한 대목은 필자가, 역사학회 여름 씸포지엄 '역사적 입장에서 본 문명권별 가치관의 특수성과 보편성'(1999. 8. 14~15)에서 발표한「동아시아에서의 문명론과 국민국가: 20세기 전반의 담론구조 재검토」에 좀더 상세히 언급한 바 있다. 또 그 일부 구상은 앞에 실린「20세기형 동아시아문명과 국민국가를 넘어서: 한민족공동체의 선택」에도 담겨 있다.

10) 좀더 자세한 언급은 졸고「梁啓超의 근대성인식과 동아시아」,『아시아문화』제14호 참조.

서 '문화'란 어휘를 사용하면서 '인류전체 문화'에 기여할 중국문화의 요소(예컨대 선진시대 사상의 특징으로 주목한 평민주의·사회주의·세계주의)를 과학적 방법으로 탐구하는 데 여생을 바쳤다. 보기에 따라서는, "'문화'의 발견에 의해 중국을 '화(華)'도 아니고 '이(夷)'도 아닌 '인류전체 문화'의 일부로 위치짓는 것이 가능해지고, 중국의 '문화'를 인정하는 것이야말로 세계문화에의 공헌으로서 적극적 가치를 갖기에 이르렀다"고 해석할 수도 있다.[11] 더 나아가 보편적 시간관념에서 벗어나 '인류학적 공간'을 역사적 시간과 재결합시킨 것으로 근대와 탈근대가 얽혀 있는 오늘에도 현재성을 갖는다고까지 평가할 수도 있다.[12] 그런데 량 치챠오가 말한 세계문화 속의 일부로서의 중국문화라는 발상, 또는 탈근대적 요소로 평가되는 발상에는, 세계문화가 여러 민족문화간의 위계질서로 형성되어 있고 그 정점에 서구문화가 위치한다는 현실에 대한 정면대응이 부족할 뿐만 아니라 동아시아 주변문화에 대한 관심이 결여되어 있다. 따라서 그가 문화의 다양성을 강조하는 것은 현실개혁에서 동떨어져 전통문화의 (상대적) 우월성에 안주하려는 태도로 보는 쪽이 맞을지도 모른다.

량 치챠오와 달리 중국 전통문화에 대해 혹독한 비판을 가한 것은 후스(胡適)였다.[13] 그는 전통문화를 정신문화라고 떠받들고 서양문화를 물질문명으로 낮추는, 당시 유행하던 동서문명 이분법을 거부하였다. 그가 보기에 유교윤리란 '정치형 문화'요 '권력형 문화'에 불과하나 서양 근대문명이야말로 유물론적이기는커녕 이상주의적이고 정신적인 것이었다. 그는 서양과 중국의 역사적 단계 차이를 인정하고 중국이 구국(救國)을

---

11) 石川禎浩 「文明文化, そして梁啓超」, 미공간논문, 1995.10. 이 글은 M. Bastid-Bruguiere, ed., *Chinese Reading of European Thoughts in Chinese Literati Culture in the Early 20th Century* (근간)에 실린 것이다.

12) Xiaobing Tang, *Global Space and the Nationalist Discourse of Modernity: The Historical Thinking of Liang Chichao*, Stanford: Stanford University Press 1996.

13) 그에 관해서는 閔斗基 『중국에서의 자유주의의 실험: 胡適(1891~1962)의 사상과 활동』, 지식산업사 1996, 제2장 참조.

위해 문화건설의 재료를 근대서양에서 구해야 한다는 '충분서화론(充分西化論)'을 제창했다. 30년대에 이 '충분서화론'이 '전반서화론'에 대한 지지로 비쳐 논란의 초점이 되었지만, 그가 이런 주장을 하게 된 데는 전통문화의 타성이랄까 관성이 너무 강력하다는 판단이 작용한 것이다. 즉 중국문화의 타성이 강하므로 전반서화를 해도 결과는 자연히 절충·조화될 터이니, 처음부터 선택·절충하면 변화가 불가능하다고 보았다. 결국 일원론적인 문명론을 가진 그였지만 중국문명의 재창조를 기본전제로 하였기에 서구문화의 수용을 '전도사처럼' 전파하면서도 중국 전통문화——유교만이 아닌 모든 것——를 역사진화적 관점에서 객관적으로 재평가하여 중국문명의 창조에 활용하려는 '국고정리(國故整理)' 운동을 실천했던 것이다.

이처럼 중화민족의 위기를 구하기 위해 중국문명의 재창조에 관심을 가졌다는 것을 고려한다면 그를 '문화제국주의'에 동조했다고 쉽게 몰아치는 것은 적절치 않다. 오히려 한계는 중국인이 경험하는 근대의 억압성을 간과한 데 있는 것 같다. 당시 중국이 직면한 문제를 제국주의 탓으로 돌리는 견해에 반대하면서, '내재론적 자성론' 즉 중국에 제국주의가 침입한 것은 '빈궁·질병·우매·부패·소요(騷擾)'라는 '다섯 가지 큰 원수'들이 제국주의에 대한 저항력을 잃게 한 탓이니 무엇보다 먼저 그것들을 타도해야 한다는 주장을 펼쳤는데, 여기에서 잘 드러나듯이 그는 중국을 위기에서 구하기 위해 근대에의 적응만을 중시했던 것이다. 따라서 그가 의도하지 않았더라도 원초적인 민족주의 지향을 가졌다고 볼 수 있다. 아울러 그가 전통문화를 신비화하고 국가통합을 위해 동원하는 국가주의와 독재정권에 일생 동안 결연히 반대하며 개인의 인권과 자유 및 법치를 옹호하는 자유주의자로 일관했던 것도 자신의 문명관의 소산임을 기억할 필요가 있겠다.

후 스가 일원적인 문명론에 입각했다면 그와 대립하던 량 슈밍(梁漱溟)[11]은 문화적 상대주의에서 출발하였다. 문화는 각기 나름의 가치랄까 특색을 가지며 문화의 우열을 가릴 수 있는 보편적 기준은 존재하지 않는다는 것이다. 그는 문화의 주체를 각 민족으로 잡고 민족의 의욕(will) 분출 방식에 따라 각 민족의 생활태도가 달라지는데 이로 말미암아 문화의 차이가 빚어진다고 보았다. 그러면서 인류의 생활태도를 기본적으로 세 가지 유형으로 분류했다. 첫째는 의욕이 앞으로 나아가게 하는 서양문화이고, 두번째는 의욕의 조화와 중용을 근본정신으로 삼는 중국문화, 세번째가 의욕을 억제하고 물리치는 인도문화인데, 인류는 이 세 단계를 순서대로 거치게 된다는 것이다. 그런데 중국문화와 인도문화는 그 첫번째 단계 즉 가장 낮은 단계의 서양문화를 충분히 소화하지 못한 채 너무 일찍 고도의 문화로 들어간 것이니, 중국인이 당장 취해야 할 태도는 먼 미래에 발달할 인도문화를 배척하고 서구문화를 철저히 수용하되 중국문화의 기본정신에 부합되는 방향으로 나아가야 한다고 보았다. 어찌 보면 모순된 것 같은 그의 관점은 세 문화의 개별 가치를 인정했으면서도 단계론을 온전히 벗어나지는 못한 동서문화융합론이라 하겠는데, 만년으로 갈수록 서양문화에서 멀어져 중국의 전통에서 중국의 위기를 해결할 길을 찾아 그 기반 위에서 새로운 사회를 건설하는 쪽으로 기울어졌다. 그리하여 향촌건설운동에 뛰어들어, '예치사회주의'[15] 또는 '유교적 근대화'[16]를 실현하고자 했다.

결국 이제까지 살펴본 세 인물의 문명론이란 모두 부강한 국민국가로서의 중국을 추구하기 위한 지적 작업이었고, 그 과정에서 다양한 변주를 보였던 것이다. 여기서 흥미로운 점은 20세기 전반기에 비록 대내외 전쟁의 혼란 속에서나마 국민국가 형성에 일정한 진전을 이루었기에 그에 대응한 다양한 문명론이 제출될 수 있었다는 것이다. 특히 도시를 중심으로

---

14) 千聖林「서구적 근대의 부정과 독자적 근대의 추구: 梁漱溟의 문화론과 향촌건설운동」, 『상상』 제13호(1996) 참조.

15) 溝口雄三「もうひとつの五・四」, 『思想』 1996년 12월호.

16) Guy Alitto, *Last Confucian: Liang Shu-ming and the Chinese Dilemma of Modernity*, Berkeley: University of California Press 1979.

확산되던 새로운 생활방식 곧 '숭양풍조'와 사회주의노선에 따른 국민국가 건설의 움직임은, 중국 사전의 뜻풀이에 그 흔적을 남겨 놓을 정도로 문명론에 영향을 미쳤다. 그러나 국민국가 형성에 제약이 컸던만큼 중국의 문명론이 국민국가의 틀을 벗어나 보편성을 확충하기는 쉽지 않았다. 중국에서 동아시아 지역권이나 동아시아문명에 대한 포괄적이고 독자적인 구상을 찾아보기 힘든 것은 그 단적인 증거이다.

3

'문명으로서의 아시아'와 구별되는 (동시에 결합되기도 하는) 또다른 하나의 흐름은 '지역연대로서의 아시아'이다.[17] 이미 량 치챠오의 구상에서 볼 수 있었던 이 경향은 국가권력과 민간 차원에서 각각 나타났다.

먼저 검토할 것은 국민혁명(國民革命)을 전개하던 쑨 원(孫文)이 주장한 대아시아주의이다. 1924년 일본에서 행한 강연에서 드러난 그의 구상은 러일전쟁 이래 부상한 일본의 현실적 지위를 인정하면서 백색인종에 대항하는 황색인종의 연대를 제안한 것이었다. (그가 양국이 공유한 것으로 본) 도덕(道德)과 인의(仁義)의 유교문화를 그 연대의 근거가 되는 '동양문화'로 제시했다. 그리고 일본과 중국이 이 동양문화에 기반하는 '왕도문화(王道文化)'를 선양해 공리(功利)와 강권(强權)에 기반한 서양의 '패도문화(覇道文化)'에 대항할 것을 제창하였다. 이 구상을 일본의 아시아주의와 달리 약소민족을 중시한 것으로 보거나,[18] 초국가주의(transnationalism)적인 아시아인식으로 해석할 수도 있을지 모르나,[19] 필

---

17) 이 대목에서 언급되는 주요 인물인 劉師倍·李大釗·孫文·汪精衛의 주요 문건과 그에 대한 필자의 평가는 최원식·백영서 편 『동아시아인의 '동양' 인식: 19~20세기』, 문학과지성사 1997에 실려 있다.

18) 孫歌「亞洲意味着什麼」賀照田主 편『學術思想評論』제5집, 1999, 34면.

19) Prasenjit Duara, "Transnationalism and the Predicament of Sovereignty: China,

자는 중국 국내 정치세력 판도에서 열세에 처한 그가 일본의 지지를 얻기 위한 정략적 의도를 갖고 있었을 가능성을 중시하고 싶다. 이로 인해 그는 이 강연에서 일본의 팽창에 대한 비판을 자제할 수밖에 없었고 그래서 이미 식민화된 조선과 같은 아시아 약소민족에 대한 연대에 관심을 덜 쏟고 중·일 공동영도에 비중을 두었다. 바로 그렇기 때문에 당시 조선의 언론은 대체로 그의 주장에 대해 '경솔하다'거나 '졸렬한' 것으로 비판하는 소리를 높였다. 그가 일본의 식민지지배하에 처한 조선 문제의 해결을 강력히 제기할 수는 없었다손 치더라도 염두에 두었어야 한다고 본 당시 조선인의 입장에서 그의 대아시아주의를 비판하는 것은 자연스럽다 하겠다.

그의 아시아인식은 국민당 지도층에 공통된 것이었다. 그래서 따이 지타오(戴季陶) 같은 측근인사는 이런 인식을 확대해서 국제연맹과 코민테른에 맞먹는 피압박민족의 국제기구인 '민족국제(民族國際)'를 발족시키자는 구상을 제기했을 정도이다.[20] 이것은 구상으로 그쳤지만, 또다른 측근인 왕 징웨이(汪精衛)는 중일간의 전면전이 한창 진행되던 와중에 아시아주의를 실행에 옮겼다. 이 일로 인해 나중에 중국인에 의해 부역자〔漢奸〕로 단죄되었지만, 그의 주관적 의도는 경쟁자인 쟝 졔스(蔣介石)가 이끄는 국민당정권처럼 공산당과 협력하며 항일전을 고집하다가는 국가와 민족의 멸망을 초래하리란 위기의식에서 일본과 화의를 맺어 '공존공생'을 추구하고자 했던 것이다. 그것은 쑨 원의 아시아주의를 계승하여 침략주의와 공산주의를 배제함으로써 동아시아에 화평과 부흥을 가져오리란 구상이었다. 그래서 일본의 협력 아래 샹하이(上海)에서 '순정국민당(純正國民黨)'정권을 수립해 패전까지 유지했다.

이와같은 국민당 인사들의 아시아인식과 그 실천은 국가권력 수준에

1900~1945," *American Historical Review* (Oct.1997), 1038~39면.
20) 白永瑞「戴季陶의 國民革命論의 構造的 分析」, 閔斗基 편『中國國民革命 指導者의 思想과 行動』, 지식산업사 1988.

연장인 제국주의)에 전유(專有)당함으로써 지역연대의 가능성이 소멸되기 쉽다는 사실을 잘 보여준다.

이와 달리 민간 차원에서의 지역연대는 국가가 주도한 아시아연대와 달리 제국주의질서를 타파하는 밑으로부터의 급진적인 아시아연대를 훨씬 자유롭게 상상할 여지가 있었다. 중국인(뿐만 아니라 동아시아인)이 국가를 벗어난 지역연대를 구상하는 데 활력을 불어넣은 것은 아나키즘이었다. 예를 들면 20세기초 류 스페이(劉師培)는 아시아 약소민족이 국가주의에서 벗어나 대동단결하여 백인종의 강권에 저항할 것을 제창하면서, 일본의 강권도 아시아인이 배척해야 할 '해충'으로 규정하였다. 그와 마찬가지로 아나키즘의 영향 속에 있던 리 따쟈오(李大釗)도 1차대전 직후 일본이 말하는 아시아주의는 중국 병탄을 위한 '대일본주의'에 불과하다고 거부하고 '신아시아주의'를 제창하였다. 그가 말한 신아시아주의란 먼저 아시아의 피압박민족이 민족해방을 달성하고 이들이 '아주연방(亞洲聯邦)'이란 지역협의체를 구성해 다른 지역협의체들과 더불어 세계연방에 참여함으로써 세계인도주의에 기여한다는 것이었다.

아시아연대는 구상에 그치지 않고 그것을 실천하기 위한 각종 기구가 20세기초부터 출현하였다. 일본에서 아시아 망명자들간의 잦은 접촉과정에서 '아주화친회(亞洲和親會)' 등의 기구들이 조직되었다.[21] 조선이 일본의 식민지가 된 이후 일본의 아시아주의에 비판적인 중국과 조선의 활동가들의 반제연대(反帝連帶)는 다각도로 이뤄졌다. 중국의 신해혁명 성공에서 한국독립의 가능성을 찾고자 한 이래 조선의 활동가들은 중국의 혁명운동을 곧바로 조선인의 민족해방의 거점 확보로 받아들여 지원했다. 주로 중국에 거주하던 조선인들을 매개로 한중연대의 경험이 축적되었던 것이다.[22] 또한 만주에서 발원해 국내뿐만 아니라 세계로 손을 뻗친 종교단체들의 (유불선의 삼교를 융합한) 이념과 활동도 '구세적 초국가

---

21) Rebecca E. Karl, 앞의 글.

22) 水野直樹「1920年代日本朝鮮中國におけるアジア認識の一斷面: アジア民族會議を

종교단체들의 (유불선의 삼교를 융합한) 이념과 활동도 '구세적 초국가주의'로 간주될 법하다.[23]

민간 차원의 아시아 지역연대의 구상과 활동은 "새로운 미래를 여는 민중 행동의 공간"으로서 주목될 만하고 그 자취는 더 발굴해낼 여지가 많다.[24] 그러나 만주의 종교단체들의 초국가주의가 일본의 국가주의에 이용당하기도 했다는 역설적 사실에서 드러나듯이[25] 민간에 의한 밑으로부터의 아시아연대가 안고 있는 결함을 간과해선 안될 것이다. 가장 결정적인 점은, 그 단명성에 있다.[26] 필자가 단명성을 중시하는 것은, 그 시도가 좌절되었다는 것 자체를 사후적으로 지적하기 위함이 아니라 그것이 일반민중의 일상생활 속의 실감과 거리가 있었기 때문에 빚어진 일임을 지적하기 위함이다. 20세기 동아시아인에게 국민국가의 형성은 절명의 과제였다. 그들에게 근대란 곧잘 '국민의 역사'로 받아들여졌다. 이 점은 일본의 식민지로 전락해 국민국가의 자격을 상실한 1910년 이후의 조선에서 아시아 전체를 하나의 단위로 생각한다는 것이 그리 절박한 일은 아니었다는 데서 입증된다. 한일병합 직전만 해도 지역연대로서든 문명으로서든 아시아에 대한 관념이 국민국가를 수립하기 위한 개혁과제와 연관되었기에 조선지식인 사이에서 활발히 논의되고 일반 민중에게 호소력을 가질 수 있었지만, 식민지라는 상황에서 그것은 공허한 논의일 수밖에 없었던 것이다.[27] '차(次)식민지'에 처했던 중국의 민중이라 해서 크게 다르지 않았을 것이다.

めぐる三國の論調」, 古屋哲夫 편 『近代日本のアジア認識』, 京都大人文研 1994.

23) Prasenjit Duara, 앞의 글.

24) Rebecca E. Karl, 앞의 글 1108면.

25) 한석정 『만주국 건국의 재해석』, 동아대출판부 1999, 153면.

26) Rebecca E. Karl, 앞의 글 1117면에서는 단명성을 엘리뜨의 구상 탓으로 본다.

27) 이 책 2부에 실린 「한국인의 역사적 경험 속의 '동양': 20세기 전반」 참조. 이 글에서는 20세기초 한국지식인들의 동양문명에 대한 담론과 민중의 동양 이미지를 대비시켰다. 구체적으로 한국에 흘러들어온 중국인 노동자들과 한인들이 노동시장에서 벌이는 갈등과 그것이 만들어낸 부정적인 중국인 이미지를 제시하였다.

4

이렇듯 20세기초 새로 출현한 아시아에 대한 수평적 사고가 그 전반기
에 중국인의 경험 속에서 온전히 실현되지 못했지만, 후반기에는 가능했
던가. 여기서 먼저 떠올릴 수 있는 주체는 해외이주민(diasporas)인 화교
(華僑)·화인(華人)이다.

역사적으로 거슬러올라가 적어도 16~19세기 동아시아에서 조공체제
의 틈새를 파고든 중국인 이주자가 주도한 비공식 민간인연결망이 존재
했다는 논의까지 있거니와,[28] 최근 홍콩, 마카오 및 타이완은 물론이고 동
남아를 포괄하는 '대중화권'(Greater China)[29]이 부상하는 가운데 그들의
역할은 새삼 비상한 주목을 받고 있다. '유연한 시민권'을 갖고 여러 국경
을 떠다니는 '우주인'으로 비유되는[30] 그들은 "가히 초국가주의의 생생한
실체"로 주목될 만하다.[31] 이같은 '다국적 민족공동체'의 잡종성이 국민국
가나 민족문화의 억압성을 드러내는 데 기여를 하는 것은 분명하다. 그러
나 그들의 정체성 형성에 모국의 민족주의의 부침──특히 신해혁명이나
항일전쟁, 양안(兩岸)의 분단상황 및 대륙의 개혁개방──이 일정한 영

---

28) Giovanni Arrighi가 주도하는 아시아지역체계에 관한 일련의 개별 또는 공동연구작업
참조. 그들의 미공간논문들은 http://fbc.binghamton.edu/papers.htm에서 구해볼 수 있
다.

29) 흔히 대중화권이라 불리는 대상은 정치적·경제적·문화적 층위로 나눠 분석하는 것이
적절할 것이다. 그 개념에 대한 개괄적 설명은 Hary Harding, "The Concept of 'Greater
China': Themes, Variations and Reservations," David Shambaugh, ed., *Greater
China: The Next Superpower?*, Oxford University Press 1995; 이 책 앞에 실린 「20세
기형 동아시아문명과 국민국가를 넘어서: 한민족 공동체의 선택」의 보론 참조.

30) Aihwa Ong, "On the Edge of Empires: Flexible Citizenship among Chinese in
Diaspora," *Positions*, Vol. 1, No. 3 (1993).

31) Prasenjit Duara, 앞의 글 1043면. 따지고 보면, 중국인 이주자뿐만 아니라 해외 여러
나라에 흩어져 있는 코리언 네트워크도 '새로운 세기의 열린 공동체'가 되지 말한 법도
없다. 姜尙中 「코리언 네트워크」, 『조선일보』 1999.7.15; 「혼성화된 사회를 찾아서」, 『당
대비평』 2000년 봄호.

향을 미쳤다는 사실도 간과해서는 안된다. 따라서 모국과 어떤 형식이든 일정한 연결통로를 가진 존재로 볼 수도 있다. 그뿐만 아니라, (특히 자본가의 경우) 국민국가에 의해 줄무늬화된 공간 밖에서 번영하기도 하지만 그 안에서 모국이나 정주국의 국가권력 엘리뜨들과 타협하기도 한다. 그들의 초국가주의가 모든 곳에서 같은 방식으로 국가권력을 잠식한다고 볼 수는 없는 것이다. 따라서 전지구적 자본주의가 지배하는 권력구조에 적응하는 데 더 익숙해질수록 그만큼 동아시아에 대한 수평적 사고를 할 역량은 줄어들 것이다.

그 다음으로 창당 초기부터 국제주의를 표방하면서도 그와 모순되게 민족주의를 실천한 듯이 보이는 중국공산당정권을 고려해볼 만하다.

한때 마오 쩌뚱의 혁명론에 입각해 제3세계와의 연대를 주창한 데서 그 가능성이 없었다고는 할 수 없다. 그러나 항일전을 치르던 시기까지만 해도 통일전선의 일환으로 주변 소수민족의 자치를 허용하는 연방제를 주장했지만 정권 성립 후 그것을 원리적으로 부정해버렸다. 한족(漢族) 중심의 '일민족돌출형 다민족국가(一民族突出型多民族國家)'라고도 불리는 중국의 민족정책의 변천과정을 보면 주변민족에 대한 수평적 사고를 가졌다고 보는 데 주저하게 된다.[32] 더구나 개혁개방 이후 전지구적 자본주의의 적응에 몰두하는 노선도 그렇지만 그로 인해 빚어진 체제위기를 애국주의나 사회주의 정신문명에 의존해 해소해보려는 당의 방침도 중국인에게 강대국의 꿈을 부채질하는 것으로 보인다. 그것이 당-정부가 추진하는 관방(官方)문화에서는 물론이고 지식인문화와 대중문화의 영역에서도 일정한 반향을 일으키고 있는 것 같아 문제는 심각하다

바로 이처럼 중국인의 역사적 경험 속에 아시아에 대한 수평적 사고가 결여된 것처럼 보이기 때문에 오늘날 '중국위협론'의 망령이 (구미에서 만들어진 것이라 할지라도) 중국의 주변을 떠돌고 있다. 그럴수록 중국을 위해서나 그 이웃을 위해서 동아시아에 대한 수평적 관심이 절실히 요구

---

32) 毛里和子『周緣から中國: 民族問題と國家』, 東京大學出版會 1998.

된다.

수평적 사고를 환기시키기 위해선 '문명으로서의 아시아'나 '지역연대로서의 아시아' 이외에 '지적 실험으로서의 동아시아'란 발상이 필요하다는 것이 필자 주장의 핵심이다. 그렇다면 '지적 실험으로서의 동아시아'는 동아시아의 현실을 보는 데 어떤 유용성이 있을까.

첫째로 그것은 복합적인 국가구조를 창안하는 과제의 중요성을 부각시킨다. 최근 근대를 반성하는 사조가 유행하는 가운데 국민국가의 폐해를 지적하면서 중국에 나타났던 초국가주의에 주목하는 경향이 강해지지만, 자칫하면 단순한 반국가주의에 빠질 위험이 있다. 그럴 경우 일상생활 속의 민중의 실감으로부터 멀어질 수밖에 없음은 위에서 이미 확인한 바 있다. 사실 20세기는 '국민의 역사'인 동시에 '국민강제의 역사'라는 양면성을 가졌다. 따라서 이제는 국민국가를 감당하면서도 그것을 극복하는 이중과제를 동시에 수행하는[33] 과정에서 그 모습이 구체화될 '복합국가'에 대한 사고가 절실한 시점이 아닌가 한다. 이것은 '단일국가'가 아닌 온갖 종류의 국가결합형태, 즉 각종 국가연합(confederation)과 연방국가(federation)를 포용하는 가장 외연이 넓은 개념이라 하겠다.[34] 이 발상을 중국에 적용할 경우, 홍콩을 통합하면서 적용한 1국가2체제나 타이완에 대해 제안한 1국가3체제 구상에서부터 해외 민주화운동가들이 제기하는 연방제(聯邦制)에 이르는,[35] 복합적인 국가의 다양한 실험의 향방이 —— 그 과정에서 거대한 영역을 통합한 공산당의 역할이 바뀌면서 통상

---

33) 이 발상은 백낙청의 '근대적응과 근대극복의 이중과제'를 국민국가의 문제에 적용해본 것이다. '이중과제'에 대한 좀더 상세한 설명은 백낙청 「한반도에서의 식민성 문제와 근대 한국의 이중과제」, 『창작과비평』 1999년 가을호 참조.

34) 아직은 포괄적이고 원론적인 내용을 가진 '복합국가'(compound state)는 한반도의 분단체제를 극복하려 할 때 부닥치는 주권문제를 창의적으로 해결하기 위한 실천적 제안이다. 좀더 상세한 설명은 백낙청 『흔들리는 분단체제』, 창작과비평사 1998, 특히 172~208면 참조.

35) 다양한 구상에 대한 상세한 정보는 박병석 『중화제국의 재건과 해체』, 교문사 1999에서 얻을 수 있다.

적인 의미의 국민국가가 분해되는 위기로 비쳐질지도 모르겠지만—— 새로운 의미로 떠오른다. 이것은 타이완·티벳(또는 新疆) 문제를 해결할 수 있는 방안인 동시에 동아시아에 대한 수평적 사고의 촉진제가 될 수 있다.[36) 마찬가지로 한반도 남북주민의 서로 다른 경험이 융합되면서 분단체제를 극복하는 운동이 제대로 진행된다면 복합국가는 자연스럽게 요구될 것이고 그 과정에서 주변 국가나 민족과의 개방적인 연계도 가능하여 동아시아 지역공동체가 출현할 수도 있다.[37)

또한 '지적 실험으로서의 동아시아'는 세계자본주의체제와 (그것의 작동을 원활하게 하는 주요 단위인) 국민국가의 중간매개항인 동아시아의 역할을 또렷이 인식하도록 촉구한다. 동아시아를 단위로 한 사고를 강조하다보면, 세계를 아시아와 비(非)아시아의 대립이라는 이분법적인 사고에서 바라본 나머지 동아시아를 특권화하게 된다는 비판을 받기 쉽다. 그러나 여기서 말하는 동아시아는 지역적이면서도 전지구적 자본주의의 변혁에 개입하려는 지향을 내포한다. 따라서 개별 국민국가의 열망을 확대한 데 불과한 지역주의와는 구별된다. 아리프 딜릭(Arif Dirlik)의 표현을 빌리면 '비판적 지역주의'[38)에 해당하는데 이것을 수행하는 주체가 바로 이 동아시아지역에서 형성되는 과정에서 자연스럽게 다른 지역의 비판적 사고나 운동과 연대할 수 있을 것이다.

사실 동아시아는 '순수한' 단일문명(이나 문화)을 공유한 한 덩어리가 아니라 동아시아권역을 구성하는 다양한 주체가 서로 경쟁하고 타협하면서 서로 연결되어 있는 장이다. 여기서 일본과 중국이란 '대국' 사이에 끼여 종종 소홀히 다뤄지는 '주변'적 주체들, 즉 (각 국민국가 안의 소수민

---

36) 이에 대한 좀더 깊은 논의는 앞에 실린 「20세기형 동아시아문명과 국민국가를 넘어서: 한민족공동체의 선택」 참조.
37) 이와 관련해 주목할 발언은 박명규, 앞의 글.
38) 지역적이면서 동시에 초지역적인 저항의 근거로서 주목한 '비판적 지역주의'(critical regionalism)에 대해서는 아리프 딜릭 『전지구적 자본주의에 눈뜨기』, 창작과비평사 1998, 136~47면.

족을 당연히 포함한) 여러 민족과 지역들의 역할을 특히 중시해야 한다. '주변'으로부터 중국과 일본을 다시 보는 시각은 '지적 실험으로서의 동아시아'에 긴요하다.[39]

그런데 이 발상이 현실 속에서 추진력을 얻으려면 무엇보다 동아시아인들의 일상생활에서 변화 가능성이 나타나야 한다. 말하자면 지식인의 담론에 한정되지 않고 부국강병을 추구하는 국민국가에 흡입당한 '20세기형 문명'을 넘어서려는 문명론 차원에서의 변화가 있어야 한다는 것이다.[40] 이를 위해 동아시아인들이 국경 안팎의 서로 다른 거주지의 일상생활에서 자신의 삶의 자세를 반성하며 동아시아인의 삶의 문제에 마음쓰는 감수성 계발이 시급하다. 여기서 딜릭이나 필자가 말하는 '비판적 지역주의'가 바로 이런 자성적 태도를 포함한다고 인정한 한 샤오꿍(韓少功)이 편협한 국가이익에서 벗어난 관용적인 '아시아 정서'〔亞洲情懷〕를 들고 나온 것[41]은 뜻깊은 호응이 아닐 수 없다.

끝으로, 중국의 주변적 주체의 하나인 한반도의 (그것도 그 반쪽인) 남반부에 사는 필자가 왜 '지적 실험으로서의 동아시아'에 주목하게 되었는가 하는 입장을 드러냄으로써 이 구상을 좀더 명료하게 해볼까 한다.

필자가 다른 글[42]에서 좀더 상세히 언급한 바 있는데 식민지가 되기 직

39) 이같은 필자의 생각을 중국 독자에게 전한 것이 졸고 「世紀之交再思東亞」 『讀書』 1999년 제8기이다. 또 중국근대사를 소수민족의 시각에서 다시 보자는 유장근 「동아시아 근대에 있어서 중국의 위상」, 『경대사론』 10호, 1997도 참조할 만하다. 그런데 '주변'을 강조한다 해서 그것을 특권화해서는 안될 것이다. 중심에 거주하는 개인이나 집단도 '주변'적 사고를 할 수 있듯이, 주변에서도 '중심'적 사고를 할 수 있는 것이다. 따라서 필자가 말하는 '주변'은 명사가 아닌 형용사적 의미로 읽히기를 바란다. 이 발상은 diaspora를 명사가 아닌 형용사로 이해하자는 Adam McKeown, "Conceptualizing Chinese Diasporas, 1842 to 1949," The Journal of Asian Studies, 58, No. 2 (May 1999) 311면에서 얻었다.
40) 이에 대한 상세한 논의는 앞에 실린 『20세기형 동아시아문명과 국민국가를 넘어서: 한민족공동체의 선택』 참조.
41) 韓少功, 앞의 글 17~18면.
42) 주 3의 서문 「진정한 동아시아의 거처: 20세기 한·중·일의 인식」.

전 한반도에서는 동아시아에 대한 관심이 높았지만 식민지로 전락한 20세기 전반기에는 아시아에 대한 주체적인 관념이나 실천이 없었다. 그런데 1990년대 들어 한반도의 남쪽에서 새삼 동아시아적 담론이 각광을 받고 있다. 언뜻 보면 갑작스런 이 문화현상은 흔히 '아시아적 가치'가 아시아 일부에서 부상한 것과 관련시켜볼 때 쉽게 예상할 수 있는 여러 요인들이 뒤얽혀 작용한 결과이지만, 필자는 그 가운데서 한국의 민족문화운동진영의 이론적 모색을 특별히 강조하고 싶다.

7,80년대의 민족민주운동진영이 90년대 이후 변화한 나라 안팎의 상황에 맞춰 새로운 이념 모색을 하는 과정에서 민족주의를 다시 보게 된 결과 일국적 시각과 세계체제적 시각의 매개항으로 '동아시아적 시각'이 제기되었다. 지금 남한에 사는 우리들이 국경을 넘어 지역에 관심을 가질 때 이제까지의 우리의 활동이 허용하며 요구하는 장(場)이 동아시아이다. 다른 지역을 배제(또는 차별)하는 특권적 태도를 취하지 않는 한 역사적으로나 현실적으로 다른 지역보다 상대적으로 가까운 이곳은 당연한 관심대상이다. 그리고 '대국'도 '소국'도 아닌 중간 규모의 한반도에서야말로 '지적 실험으로서의 아시아'를 구체화할 과제를 수행할 충분한 조건이 갖춰진 셈이 아닐까. 이를 통해 작게는 한국자본이 해외로 진출하면서 현지(특히 동남아시아)에서 초래하는 반발과 한국에 찾아온 아시아인 노동자(그 일부는 불법체류자)의 인권문제를 지역연대의 차원에서 해결하는 일에서부터, 분단체제를 극복하면서 새로운 형태의 복합적 정치공동체를 창발적으로 구상하고, 전지구적 자본의 획일화 논리에 저항하는 커다란 과제를 실현할 거점을 확보할 수 있을 것으로 기대된다.

이 지역이 좀더 인간다운 역사적 체제의 창조에 과연 얼마나 기여할 수 있을지 아직은 미지수이나, '아시아'란 어휘를 둘러싸고 국경을 넘어 활발히 논의하고 활동하는 경험을 나눌 때 인간해방의 길에서 만날 주체는 더 많아지리라 믿는다. 〈1999, 개고 2000〉

중국의 국민국가와 민족문제

형성과 변형

1. 문제의 소재

최근 한국 민족주의에 관한 논의를 지켜보면 발상의 전환이 이뤄지고 있음을 감지할 수 있다. 먼 옛날부터 단일한 국가조직 아래 동질성 높은 민족사회를 구성하고 있다가 타의로 분단된 우리이기에 선험적으로 1민족1국가 원칙을 받아들여왔지만, 이제 민족주의에 대한 비판적 검토가 일각에서 시도되고 있다. 예를 들어, (우리) 민족형성의 특징(과 그 시기)을 확정하려는, 어찌 보면 번쇄한 논의에 대해 "이 시대의 이 지역에서는 이러한 요소들이 민족형성에 더 중요하게 작용했다는 식으로 접근"할 수도 있음을 암시한 (한층 쓸모있는) 주장[1]도 듣게 되었고, 심지어 통일국가에 대한 방안으로서 '복합국가 형태의 창출'을 구상한 발상[2]도 접하기

---

1) 『역사비평』 1992년 겨울호에 실린 '한국민족은 언제 형성되었나'란 토론회에서 행한 임지현의 발언(60면)——언뜻 보면 상식적일지 모르나 그간 우리의 논의에 스딸린적 관점이 지나칠 정도로 넓게 그늘을 드리웠던 것 같아—— 이 필자에게는 그렇게 보였다.

2) 세계체제와 분단체제에 대한 인식의 구체화과정에서 '민족'이나 '국가'의 개념 자체를 근본부터 다시 생각하는 것이 필요하다고 지적한 백낙청은 통일국가의 형태에 대해 언급하면서 "분단시대가 마치 없었던 것처럼 8·15 당시의 민족사적 목표로 되돌아갈 수 없음은 물론이려니와, 분단체제 극복의 방편으로 채택되는 연방 또는 연합체제가 '국가' 개념 자체의 상당한 수정을 동반하는 새로운 복합국가 형태의 창출이 아니고도 곤란할

에 이르렀다.

이러한 새로운 조짐에 자극받은 필자는 중국현대사 연구자로서 중국의 국민국가와 민족문제에 관한 논의를 재검토할 필요를 느꼈고, 그 성과는 이곳에서의 민족주의 논의를 정교하게 다듬는 데도 다소간 기여할 수 있으리라 기대하게 되었다. 구체적으로는 다음 두 가지 시각에서 중국의 논의를 정리하려 한다.

첫째는 민족주의와 국민국가를 논리구성상 구분하여[3] 양자가 결합하는 과정을 동태적으로 파악하려고 한다. 좀더 설명하면, 역사적으로 존재한 한족(漢族 또는 漢民族)[4]이 여러 형태의 정치구성체를 구상해왔는

것이다"라고 주장한다. 백낙청「분단체제의 인식을 위하여」,『창작과비평』1992년 겨울호 306면.

3) 두 개념 모두 영어의 번역어로서 우리의 용어상의 혼란이 없지 않은데, 그것은 본질적으로 '민족'과 '국가'의 문제를 둘러싼 인류의 역사적 체험의 다양성과 애매성을 반영하고 있다. 용어에 대한 요긴한 정리로는 白樂晴 편『民族主義란 무엇인가』, 창작과비평사 1981에 실린 편자의「머리말」을 참조하면 족할 것이고, 여기서는 각각의 개념규정보다는 양자의 관계에 대한 필자의 생각의 일단만을 정리하고자 한다.
   일반적으로 국민국가란 명확한 영토 안의 주민들을 지속적으로 지배하고 중앙집권화되어 있으며, 그 예하 기구들이 유기적으로 잘 통합된 하나의 조직체로 규정하지 않나 싶다. 그런데 문제는 왜 그런 조직체가 국민(민족)적 성향을 띠고 있는가이다. 이에 대해 한 연구자는, 국민국가(혹은 민족국가, nation-state)란 국가론적인 의미에서의 어떤 국가형태──예컨대 군주국이나 공화국──를 가리키는 것이 아니라 '국민'(혹은 민족)과 '국가' 간의 특수한 관련을 의미하는데, 그것을 건설하고 유지하기 위해서는 정교한 관료제와 조직적인 상비군이 필수적이고, 그것이 민족국가의 형식을 취했던 것은 (언어가 그 정수인) 민족문화를 공유하는 민족공동체가 국가통합을 원활히 해주었기 때문이라고 보면서, "스스로의 고유한 국가를 수립하고자 하는 모든 민족의 노력은 지극히 자연스러운 현상이다"라고 강조한다(박호성「민족과 국가: 그 화해와 갈등의 구조」,『李泳禧先生華甲記念文集』, 두레 1989). 그런데 틸리 같은 연구자는 물리적 강제력을 효율적으로 축적·집중한 국민국가(national state)의 역사적 출현을 기정사실화하거나 당위론적으로 해석해서는 안된다고 주장한다. 그것의 역사적 경로를 단선론적으로 파악해서는 안된다는 것이다. 상세한 소개는 전상인「틸리의 국가건설 비교연구」, 한국비교사회연구회 편저『비교사회학: 방법과 실제』II, 열음사 1992 참조.

4) 우리와 달리 여러 민족(종족)으로 구성된 중국 국민을 오늘날 중국에서는 단순한 복수민족이 아니라 역사적으로 형성된 하나의 '민족실체'인 '통일적 다민족'으로서의 '중화민족'으로 상정한다. 이 글에서 '중국민족'이란 중화민족을, 그리고 '한족'이란 그중 절대다

데, 어떻게 '근대'에 들어서 정치구성체의 모델로 국민국가를 선택하게 되었는지를 따져보려는 것이다. 민족자결을 요구하는 모든 민족운동이 반드시 국민국가의 형성으로 이어지는 것은 아닐 뿐만 아니라 국민국가의 형성이 때로는 오히려 민족자결의 요구를 억누르는 억압적인 작용을 한다고 보기 때문이다.[5]

둘째는 민족주의 내지 국민국가에 대한 논의가 흔히 '전근대'와 '근대'를 분리시키고 현재의 정치적 요구에 따라 민족형성(내지 민족의 범주)을 해석하기 쉬운데[6] 이러한 함정에서 벗어나려고 한다. 언뜻 보면 '근대적'이요 따라서 '새로운' 것만 같은 민족주의 내지 국민국가의 구상이 과거의 기억과 깊은 관련이 있음을 강조하고 싶다. 과거의 기억은 현재의 우리 선택을 제약하는 동시에 그 기억은 현재의 요구에 따라 상기된 것이라는 역동적인 역사전개 과정에 주목하려는 것이다.[7]

아래에서는 이같은 시각에서 주로 중국근현대사(주로 19세기 후반에서 20세기 전반까지)의 논의를 점검하되 필요에 따라 전통시대와 요즈음의 논의에 대해서도 약간은 언급하게 될 것이다.

2. '천하'에서 국민국가로: 전통시대의 종족·문화·화이사상

진한(秦漢)에서 청(淸)까지 지속된 중화제국은 하나의 국가가 아니었

수 종족(으로서의 민족)을 가리킨다.

5) 이에 대한 간략한 정리로는 加々美光行·田中克産 「民族'の光と景: 民族の問題と社會主義」, 『世界』 1992년 9월호가 있다.

6) 중국대륙에서는 "현재 중국의 강역으로 역사상 중국의 범주를 획정해야 한다"는 명제가 민족형성에 관한 논의에 상당히 강한 영향력을 갖고 있다. 金翰奎 「고대 동아시아의 민족관계사에 대한 현대 중국의 사회주의적 이해」, 『東亞硏究』 제24집, 1992 참조.

7) 이런 시각은 Prasenjit Duara, *Rescuing History from the Nation: Questioning Narratives of Modern China*, Chicago: The University of Chicago Press 1995에 잘 정리되어 있다. 저술의 미공간초고를 미리 보여준 그에게 감사한다.

다. 원리적으로는 천명(天命)을 받은 천자(天子)가 다스리는, 화(華)와 이(夷) 또는 '중국'과 '네 오랑캐(국)〔四夷(國)〕'를 포괄한 '천하(天下)'였다. 천하 개념은 강한 통합성을 요구하였기에 그것을 계승하여 오늘날의 중국에서도 '중화민족'을 단일한 정치적 통일체인 양 인식하며 (여러 민족의) 통일의 당위성을 요구하고 있다.[8] 그러나 실제로 그 중화제국 속의 주민이 모두 통합되어 단일한 정치구성체를 이뤘었다고 생각하는 사람은 그리 많지 않을 것이다. 보통은 제국의 기초단위인 생활의 장으로서의 가(家)와 생산의 장으로서의 촌(村)이 각각 소세계로서 완결되어 '천하'로부터도 일단 독립되었지만 유교문화가 그 간극을 메움으로써 하나의 거대한 세계가 지탱되었다고 본다.[9] 바로 이 점에 착안해 전통시대의 중국은 엘리뜨인 사대부에 의해 주도된 자기완결적인 '문화'를 보편적으로 받아들인 '문화주의'의 세계였고 19세기말 서구와 접촉함으로써 비로소 자기정체성을 국민국가에서 찾는 '민족주의'로 전환했다는 견해[10]가 제시되어 우리의 이해에 상당한 영향력을 미치고 있다.

그런데 이 주장은 문화적 보편주의의 이면에서 역동하던 역사적 현실의 복잡성을 간과한 것이다. 먼저 문화주의는 한족에 의한 '천하'의 지배를 정당화하는 중화사상과 통했다는 데 주목해야 한다.[11] '천하'는 화와

8) 李成珪「中國帝國의 分裂과 統一 : 後漢 解體 이후 隋·唐統一의 形成過程을 중심으로」, 閔賢九 외『歷史上의 分裂과 再統一』상, 일조각 1992, 72~75면.

9) 今堀誠二『中國の民衆と權力』, 勁草書房 1973, 6면. Skinner가 설명한 바 있듯이 이들 소세계들이 연결된 일정한 범위의 '기층시장권'을 형성하였고 그것이 몇개 단계의 위계질서로 구성된 전국적인 시장체제의 하부였다고 생각해볼 수도 있다. G. William Skinner, "Marketing and Social Structure in Rural China," Part I, II, *Journal of Asian Studies*, XXIV-1, 2, 3, 1964~65: "Chinese Peasants and the Closed Community: an Open and Shut Case," *Comparative Studies in Sociology and History*, Vol. XIII, No. 3 (1971). 그러나 이 체계는 어디까지나 유통구조의 체계를 토대로 한 가설일 뿐으로 중화제국이 잘 통합된 사회였다는 근거로는 불충분하다.

10) Joseph Levenson, *Confucian China and its Modern Flate: A Trilogy*, Berkeley: University of California Press 1968가 그 대표적인 예다.

11) 중화사상을 中國·天下·華(夏)·夷의 개념으로 분해하고 각각의 개념이 지닌 다층성을 면밀히 분석한 뒤 그것들의 총합으로서의 중화사상을 논한 글로는 이성규「中華思

이가 섞여 있는 것이었는데, 화가 이의 정치적 독립성과 문화적 독자성을 원칙적으로 부정하면서도 현실적으로 그것을 관철할 수 있는 능력의 한계를 느꼈을 때 그 관계를 설명할 논리가 필요하였을 터이니, 그 결정(結晶)이 화이사상(華夷思想)이었다. 바꿔 말하면 한족(漢族)이 다른 종족의 끊임없는 도전에 직면해 그것을 은폐하거나 그것과 타협하려는 이론적 장치이기도 했다는 것이다. 이(족)보다 우월한 것으로 간주된 화하(족)가 종종 현실 속에서 이민족들에게 군사적으로 패배당하고 심한 경우 이민족 왕조에 복속당하더라도 한족은 문화적 우월감에 의존해 자기 정체성을 유지할 수 있었을 것이다. 더욱이 (청초 만주족 청조와 한족지식인의 타협이 단적으로 보여주듯이) 화와 이를 지리적·종족적 기준보다 문화적인 기준에서 구별하면 유교적 교화의 밖에 있던〔化外之民〕이족이 유교문화를 수용해 화하에 들어올 수 있는 가능성이 열렸다.[12]

이렇게 보면 화이사상은 천하관과 모순되는 것이라기보다 보완관계였다고 할 수 있을 것 같다. 따라서 문화주의가 전통중국에서 이민족을 포용하는 한족의 정치구성체에 대한 관념이었지만 (일정한 범위 안에서나마) 세계질서의 원리로 발전할 수 있는 가능성도 안고 있었다고 볼 수 있다. 그런데 여기서 간과해선 안될 것은 문화주의적 정치구성체 관념이 어디까지나 지배층의 문화적 가치에 기반한 것으로서 (한족중심의) 배타적인 종족적 정치구성체의 가능성[13]을 억제하고서 지배적인 이념이 될 수 있었다는 점이다. 또한 그것은 그밖의 다른 정치구성체의 비전도 억압하였던 것이다. 즉 때로는 배타적으로 한족중심의 정치구성체를 희구한 민중종교와 비밀결사의 결합원리, 그리고 이것이 기반이 되어 일어난 민중반란의 세계[14]도 있었지만, 명말 이래 더욱 거세어진 지방분권의 지향이

想과 民族主義」, 『哲學』 제37집(1992 봄)가 있다.
12) 閔斗基 「淸朝의 皇帝統治와 思想統制의 實際」, 『中國近代史硏究』, 일조각 1973.
13) 문화적 정치공동체와 더불어 배타적·종족적 정치공동체의 관념이 존재했다고 보는 것이 위의 P. Duara의 저술, 특히 서론에 깔린 생각이다.
14) 그 일면을 민중의 지혜로서 읽힌 『水滸傳』의 세계에서 엿볼 수 있다. 이에 대해서는 閔

라든가,[15] 동향정서(同鄕情緖) 또는 동업정서(同業情緖)에 기반한 각종
길드(會館·公所)가 중앙공권력으로서 황제권이 미치지 못한 영역에서
수행한 공적——행정의 '민영화' 또는 '사영화'로도 볼 수 있는——역할도
주목할 만하다.[16] 물론 이러한 억압된 정치구성체의 비전들이 문화주의를
대신하여 체제화된 적은 없지만, 나중에 설명되듯이 문화주의적 정치구
성체의 지배적 위치가 약화된 청말민국시기에 대안적인 정치구성체의 모
색과정에서 부단히 환기될 수 있는 기억의 보고였다는 점은 부인할 수 없
을 것이다.[17]

문화주의가 동요하기 시작한 것은 중국이 기존의 '이'와는 아주 이질적
인 '양이(洋夷)'를 대면하면서부터이다. 정확히 말하면 (양이와의 접촉
자체는 명말청초에도 있었으니) 세계체제로의 편입을 강요당하면서부터
이다. 청조는 제1차 중영전쟁(아편전쟁)으로 세계체제에 끌려들어가기
전은 물론이고 그 이후도 줄곧 천하관의 틀 속에서 새로운 도전을 수용하
려고 애썼다. 그러나 제2차 중영전쟁의 와중에서 뻬이징이 유린당하고
황제가 러허(熱河)로 피난갈 수밖에 없었던 사실이 웅변하듯이 서구의
강력한 군사력 앞에서는 문화주의가 지탱되기 힘들었다.[18] 그래서 문화주
의를 대신한 새로운 정치구성체를 통해 자기정체성을 유지하지 않을 수

　　斗基「中共에 있어서의 水滸傳批判의 虛와 實」,『中國近代史論』, 지식산업사 1976;
　　相田洋「水滸傳の世界: 中國民衆の觀念的世界」,『歷史學硏究』394호(1973.3) 참조.
15) 閔斗基「中國의 傳統的 政治像: 封建郡縣論議를 중심으로」,「淸代封建論의 近代
　　的 變貌: 淸末地方自治論으로서의 傾斜와 紳士層」,『中國近代史硏究』, 1973 참조.
16) 根岸佶『支那ギルドの硏究』, 東京: 斯文書院 1932; William T. Rowe, "The Public
　　Sphere in Modern China," Modern China, Vol. 16, No. 3 (July 1990).
17) 청말 길드의 경험과 지방분권 지향이 민국시대에 미친 영향은 뒤에서 논의되겠고, 그
　　밖에 민중반란의 세계가 마오 쩌뚱 사상에서 얼마나 매혹적인 것으로 되살아났는가는
　　새삼 설명할 필요도 없을 것이다.
18) 1858년 6월 체결된 톈진(天津)조약에 의해 서양을 가리키는 '夷'자를 쓰지 못하게 되
　　었다(辛勝夏『근대중국의 서양인식』, 고려원 1985, 217면). 말하자면 중국중심의 조공
　　체제에서 조약체제라는 '근대적' 국제관계로 바뀌는 형식적인 평등관계를 맺게 된 셈인
　　데, 이것이 중국인에게는 사실상 불평등 조약체제였던 것이다.

없었으니,[19] 서구의 부강의 요체로 보인 '국민국가'——이미 일본이 도입해 효과를 본——가 바로 그 모델이었다. 중국이 세계체제에 편입되었다는 것은 바로 이 점에서 매우 중요한 의미를 갖는다.

3. '민족'의 도입과 국민국가 구상: 청말 개혁파와 혁명파의 경쟁

1899년 처음 중국인의 논의에 끼여들어 1903년 이후쯤에는 정치적 논의에서 자주 거론되었다는 '민족'이란 신조어[20]는 문화적 보편주의에 입각한 정치구성체가 더이상 중국지식인에게 설득력을 가질 수 없는 위기상황을 반영하는 지표라 할 수 있다. 그 상황은 아래와 같이 정리될 수 있다.

1884년 청조가 프랑스에 패배함으로써 조공체제하의 '속국'인 베트남을 상실한 데 이어 1894~95년의 일본과의 전쟁에서도 지고 말아 조선에 대한 영향력을 상실하였을 뿐만 아니라, 중국영토조차 열강에 의한 분할지배에 놓일 지경이었던 상황은 개혁운동을 촉진했다. 그러나 1898년에 시도된 그 개혁운동(변법운동)조차 좌절되고 말았고, 1899~90년의 반제민중운동(의화단사건)을 이용해 열강의 압력을 막아보려던 청조의 안간

---

19) 그 과정은 흔히 말하는 양무운동(洋務運動)과 변법운동(變法運動)의 두 단계를 포괄하는데, 양자 사이에 질적인 차이가 있는 것이 아니라 서양정제(西洋政制) 또는 그 원리의 수용은 승인하되 그 방법과 시기에 있어 완급의 차이가 있었다고 볼 수 있다. 閔斗基「中體西用論考」, 『中國近代改革運動의 硏究』, 일조각 1985.

20) nation의 일본어역인 '民族'은 량 치챠오의 「東籍月旦」에서 처음 도입되었다고 한다 (金天明·王慶仁「民族」一詞在我國的出現及其使用問題」, 中央民族學院硏究所 편 『民族硏究論文集』, 1981, 41~43면). 량 치챠오의 위의 글에서도 그렇듯이 처음 도입된 이래 용어 자체는 명확한 규정 없이 '종족'과 혼용된 감이 있다. 그러나 이 새로운 용어의 도입은 제국주의 열강의 각축 속에 민족주의운동이 고양되던 세계사적 배경에서 중국인이 '민족'적으로 자각한 상황을 반영한 것으로 볼 수 있다. 특히 의화단사건 이후의 민족적 위기의 심화를 초래한 제국주의에 대한 반대의 대상(代償)행위로서의 반청이 '민족'적 자각을 자극했다. 청말민국초 민족 개념의 변천에 관한 연구로는 朴章培「'中華民族' 槪念의 形成에 대한 小考: 淸末·民國前期(1899~1928)를 중심으로」, 서강대 석사학위논문, 1992.

힘도 수포로 돌아가자, 위기상황에 대처할 새로운 형태의 정치구성체에 대한 전망이 지식인 사이에서 목전의 실천적 관심사로 부각되었다. 그것이 경쟁하는 국민국가들로 구성된 세계체제를 설명하는 원리로서 진화론적 세계관을 받아들여 자강적 변혁의 근거를 찾았다는 점에서는 그 이전의 개혁운동의 연장선상에 있었다.[21] 그러나 이제는 보편주의적인 천하관인 중화사상을 대신하여 국민국가(또는 민족국가)가 새로운 정치구성체의 모델로 부각되면서 청조의 위치가 정면으로 논의되었고(개혁이든 혁명이든), 그 국민국가의 집단적 주체인 '국민'(민족)이 관심의 대상이 되었다.

그런데 이 '국민'에 누가 포함되느냐(또는 배제되느냐)를 둘러싸고 논쟁이 벌어졌다.[22] 가장 중요한 쟁점은 위기관리능력을 상실한 청조를 새로운 전망에서 어떻게 위치지을 것인가였고, 그에 따라 문화주의란 보편주의의 외피에 가려진 이민족인 만주족으로서의 종족적 요소가 부각되었다.

개혁파의 대표적 이론가라 할 량 치챠오(梁啓超)는 '중화민족'은 처음부터 일족이 아니라고 주장하면서 사실상 다수민족이 혼합된 '대민족주의(大民族主義)'——요즈음 논의로 바꾸자면 역사적으로 형성된 '통일적 다민족'——를 하나의 민족실체인 중화민족으로 인식함으로써 만주족 청조를 포용하였다. 이것은 청조가 새롭게 해석한 화이관의 기반인 문화주의의 기억을 되살린 것이라 할 수 있다. 그러나 단순한 재현은 아니었으니, 중국의 영토가 분할지배당할지도 모를 정도로 위기상황을 빚는 제국주의의 간섭을 막는 동시에 국민국가를 형성하기 위해서는 중앙권위가 필요하므로 황제권을 명목화하고 점진적으로 입헌체제를 도입하자는 의도에서 재해석한 것(虛君共和論 또는 開明專制論)이었다.[23]

---

21) 그런 발상 자체를 처음 중국에 소개한 사람은 嚴復이었지만, 그것이 실천적 의미를 갖게 된 것은 그보다 뒤였다.
22) 이에 대한 간략한 정리로 손쉽게 볼 수 있는 것은 조성환 「중국 근대 민족주의의 이론 형성과 정치전략」, 한국사회사연구회 『중국·소련의 사회사상』, 문학과지성사 1990이다.
23) 그의 사상에 대한 소개는 閔斗基 「梁啓超 初期思想의 構造的 利害」, 『中國近代史

74

량 치챠오를 비롯한 개혁파가 만주족의 문제를 부차적인 것으로 본 데 비해, 혁명파의 대표적 이론가라 할 쟝 삥린(章炳麟)은 민족위기를 만주족 청조의 무능 탓으로 돌리고, 중국인의 반만감정(反滿感情)을 동원해 먼저 만주족 지배(청조)를 타도하고 그 다음에 제국주의에 대응하자는 '종족혁명론'을 제창했다. 쟝 삥린 자신이 명말청초의 저명한 반청론자 왕 푸즈(王夫之)의 견해를 원용했듯이 혁명파는 전통 속의 종족적 (화이관에 기반한) 정치구성체의 기억을 되살렸다. 이같은 '배만론(排滿論)'을 량 치챠오는 '소민족주의(小民族主義)' 즉 '협소한 민족복구주의(民族復仇主義)'라고 비난하면서 그것이 열강의 분할지배를 초래할 위험이 있다고 경고하였다. 이 문제를 정면으로 반박한 것이 왕 징웨이(汪精衛)였다. 그는 이미 한족을 중심으로 다른 민족들이 동화된 마당에 '대민족주의'와 '소민족주의'를 구별하는 것 자체가 '잠꼬대'에 불과하다고 공격하였다. 나아가 민족문제를 공화혁명론과 접맥시켜 새로운 전망을 제시하였다. 그는 정치적 관념인 '국민주의'와 종족적 관념인 '민족주의'를 구별하면서, ('한 사람의 심리'가 곧 '억만인의 심리'인) 민족주의는 혁명의 강렬한 에너지인 동시에 ('자유·평등·박애'의) 국민주의와의 상호매개에 의해 새로운 '국민국가'의 형성의 원리를 내재화하는 본질적인 계기이기도 하다고 보았다.[24]

19세기말에서 막 20세기로 접어든 당시의 민족적 위기상황에 대응하기 위한 전략으로서 청조의 존폐를 둘러싼 양측의 대립은 이제까지 지나칠 정도로 주목받아온 데 비해 양측 모두 국민국가를 수립하겠다는 점에서 일치했다는 점은 소홀시된 감이 없지 않다. 즉 대외적으로 강대국이 각축하는 세계체제에서 자주적인 위치를 차지하기 위해서 (여러 민족들을 한족중심으로 통합한) '국민' 전체의 의사를 동원할 정치체제를 수립

研究』, 1973 참조.
24) 梁啓超「政治學說大家伯倫知理之學說」, 1903; 汪精衛「民族的國民」(一)(二), 1905. 이에 대한 좀더 상세한 논의는 野村浩一『近代中國の政治と思想』, 東京: 筑摩書房 1964, 155~206면 참조.

해야 한다는 점에서 같았다고 할 수 있다. 이렇게 볼 때 새로운 정치체제에서 만주족이 차지할 위치를 둘러싼 양측의 논쟁(1905~7년간의 『民報』와 『新民叢報』 논쟁)이 사실상 국민국가 형성의 주도권을 두고 벌어진 경쟁에 불과하지 않았나 싶다. 이 점은 양측의 타협의 소산이 '신해혁명'이었다는 것, 그리고 청조를 무너뜨리고 중화민국이 들어서자 한족만의 공화가 아닌 '오족공화(五族共和)'를 도모하는 민족 개념이 공식적으로 제기되었다는 점에서도 분명히 드러난다.[25] 결국 만주족 타도를 주장한 혁명파조차 청조의 강역과 문화주의의 기억 속에서 공화를 통해 국민국가를 실현하고자 했던 것이 아닐까.

양측의 또다른 공통점은 국민국가의 형성과정에서 세계체제가 초래한 민족적 위기상황에 압도당해 통일적인 국가권력의 수립에 관심이 집중되었다는 것이다. 이것은 그들의 논의가 사회진화론의 영향을 받아 '약육강식'의 국제관계에서 살아남는 '적자'가 되기 위해서는 일본모델의 국민국가를 택할 수밖에 없던 탓이었다. 이 때문에 위에서 언급된 전통사회에서 억압당했던 다른 정치구성체의 비전들이 적어도 청 중기 이래 활기를 띠었지만 그 영역이 개혁파와 혁명파 모두의 논의에서 중시될 여지가 희박했다고 볼 수 있다.[26] 그것이 다시 정치적 논의에서 관심을 모은 것은 청

25) 오족공화론과 오색기(五色旗)의 제창자는 쑨 원이 아닌 張謇이란 논증이 있다. 외국의 간섭에 의해서든 자립적 의지에 의해서든 변강이 떨어져나가 국토가 분할될지도 모른다는 위기의식과 영토보존 요구가 '극히 무드적으로' 확산된 상태에서 명확한 해석도 없이 제기되었고, 쑨 원은 국토통일을 위한 명분에서 따랐다는 것이다. 片岡一忠「辛亥革命時期の五族協和論をめぐって」, 田中正美先生退官記念論集刊行會 편 『中國近現代史の諸問題』, 東京: 國書刊行會 1984.
26) '강한 국가'에 대한 논의가 그토록 무성했음에도 현실적으로는 '약한 국가'가 존재했다. 이 점에 대해, 국민국가의 사회적 기반일 터인 사회세력들과의 관계설정이 상대적으로 소홀히 다뤄졌고, 그로 인해 중화민국은 수립 초기부터 국민국가로서 민주적 성격이 취약한 한계를 노출하였다고 지적하는 견해도 있다(조성환, 앞의 글 53~54면). 그런데 이것은 최근 구미학계의 활발한 논의 대상인 '시민사회'(civil society) 내지 '공공영역'(public sphere)이 청말에 존재했는가 하는 문제와도 관련이 있다. 이같은 자율적 영역이 존재했는데 이것을 국가가 효율적으로 통합하지 못해 국가가 약해질 수밖에 없었다고 볼 수도 있다. *Modern China*, Vol. 19, No. 2 (April 1993)에 실린 그 주제에 관한

조가 무너진 뒤 세워진 중화민국이 제대로 기능하지 못한 민국기에 들어
서서였다.

4. 누가 국민국가를 주도할 것인가?: 민국기(1911~49)

중화민국 정부 수립과 함께 발표된 「중화민국임시약법(中華民國臨時
約法)」(56개조)에는 주권이 국민 전체에 속하고(제2조), 영토는 22개 성
(省)과 내외몽골(內外蒙古)·티벳(西藏)·칭하이(靑海)로 이뤄지며(제3
조), 인민은 일률 평등하여 종족·계급·종교의 차별을 받지 않는다(제5조)
는 명문규정이 있다. (이로부터 1928년까지 사용된) 국기(國旗)인 오색
룡기(五色龍旗)의 적·황·청·백·흑이 각각 상징하듯 만(滿)·한(漢)·몽
(蒙)·회(回)·장(藏) 오족의 공화가 표방되었고,[27] 국회는 각 민족을 포
함한 국민의 의사를 통합하는 제도적 장치로 설정되었다. 이로써 적어도
국민국가로서의 형식은 갖춘 셈이다. 그러나 국민국가의 형식을 취한 이
상은, 역대왕조 중 가장 넓게 '중국'의 지배영역을 확장한 청조의 영토를
그대로 이어받았더라도,[28] 청조가 유지해온 문화주의에 입각한 정치구성
체의 통합력까지 물려받을 수는 없었다. 중화민국의 수립 자체가 청조로
부터 각 성이 독립을 선언하는 절차를 밟았던만큼, 문화주의란 보편주의
의 외피에 가려졌던 다른 정치구성체의 지향이 표출되는 것을 막기가 쉽
지 않았다.

중화민국이 국민국가로서 출범할 때 부닥친 첫번째 문제는 제국주의

특집과 이 책에 실린 「중국에 시민사회가 형성되었나?: 역사적 관점에서 본 민간사회의
궤적」 참조.

27) 위의 주 25 및 平野健一郎 「中國における統一國家の形成と少數民族」, 『アジアにお
ける國民統合: 歷史·文化·國際關係』, 東京大學出版會 1988, 54면.

28) 만주·신장·몽골·티벳을 포함하게 된 청조의 새로운 '(대)중국'관과 그 이전의 시대의
'중국'관과의 차이에 대해서는 이성규, 앞의 글 34~36면 참조.

에 의한 영토분할의 위기가 여전했다는 것이다. 신해혁명의 와중에 영국·일본·러시아 등 열강의 변경지역에 대한 침략의 노골화는 위기의식을 고조시킨 바 있었지만, 신해혁명 후에도 상황은 크게 달라지지 않았다. 특히 1차대전 발발 이후 서구열강을 대신한 일본의 압박(예컨대 21개조 요구)은 중국의 주권을 침해하는 것이었다.

이와 연결된 문제가 소수민족의 자결운동이었다. 청말부터 러시아의 후원 아래 분리를 추구해온 외몽골은 무창혁명(武昌革命) 이후 각 성이 독립하는 추세를 타 '대몽골독립제국(大蒙古獨立帝國)'(1911.11~12)을 세웠다. 이 움직임을 무력으로 진압하라는 여론(예컨대 국민당계)도 있었지만 뻬이징정부는 사실상 자치를 허용하되 명목상의 종주권을 인정받는 중아협약(中俄協約)을 러시아와 맺었다(1913.5.20. 中俄蒙協約은 1915.6.7). 이것은 전통적인 중국 관념에 대한 심각한 도전이 아닐 수 없었다.[29]

각 성의 지방주의는 그보다 심각한 문제였다. 청말, 특히 의화단사건(1900) 직후 성별 분권화지향은 지식층 사이에서 중국이 처한 위기를 극복할 수 있는 처방이자 중앙집권화한 청조를 대신할 정치구성체 수립의 방책으로서 꽤 매력적으로 받아들여진 현상이었던 것 같다. 어우 취쟈(歐榘甲)는 「새 꽝뚱(新廣東)」(1902)이란 글에서 꽝뚱(廣東)의 독립을 주장하고 이것이 각 성의 독립으로 확산되면 그에 기반해 연방을 수립할 수 있으리라 전망했고, 양 셔우런(楊守仁)은 「새 후난(新湖南)」(1903)을 통해 유사한 주장을 폈으며, 러일전쟁 직후에는 만주의 독립요구가 강하게 대두되었다.[30] 이렇듯 성 자치를 위한 논의가 활발히 이뤄져 중앙집중적

---

29) 한족의 '중국'관과 달리, 몽골족은 한족 거주지를 지리적 개념으로서 'kitad'라 인식했는데, 몽골과 kitad를 포용했던 청조가 무너지자 몽골과 kitad 모두 각자의 분리된 운명을 선택할 수 있게 되었다고 기대했다는 것이다. Nakami Tatsuo, "A Protest Against the Concept of the 'Middle Kingdom': The Mongols and the 1911 Revolution," E. Shinkichi & H. Z. Schiffrin, eds., *The 1911 Revolution in China: Interpretative Essays*, Tokyo: Tokyo University Press 1984.

30) 胡春惠『民初的地方主義與聯省自治』, 臺北: 正中書局 1983, 29~31면.

인 국민국가를 수립하고자 하는 혁명파가 우려할 지경이었는데,[31] 청조가 무너진 뒤에는 그 지향이 더욱 강해졌다.[32]

이러한 움직임에 대응하여 위안 스카이(袁世凱)가 이끈 뻬이징정부는 민의를 수렴하는 제도를 정비하여 국민국가의 내실을 기하기보다는 국회를 해산하고 총통권을 강화하는 등 중앙집중화로 치달았다. 그 절정은 전통문화의 기억을 되살리며 그것을 떠받쳤던 황제제도에 의존하려 한 것이다. 그러나 그 자신이 1916년 1월 홍헌황제(洪憲皇帝)의 지위에 올랐지만 3개월도 못 가 스스로 제제(帝制)를 철회하고 말았다는 데서 드러나듯이 중앙집중화에 제동을 거는 분권주의는 만만찮았다. 여러 성이 잇따라 독립을 선언했고, 급기야 제제를 취소한 위안 스카이가 6월에 죽자 사실상 성별로 할거하는 이른바 '군벌지배(軍閥支配)'로 들어갔던 것이다.

1916년부터 28년까지 존재했던 군벌들의 정치적 성격을 단순히 국민국가의 발전을 저해한 것으로만 평가하는 시각은 적절치 않다.[33] 그들 중엔 시샨(閻錫山)처럼 샨시성(山西省) '먼로주의'를 표방한 실력자도 있었고, 적어도 명분상으로는 중화민국의 정통성을 이어받아 통일정부를 수립하겠다고 밝혔으며 이로써 자신의 권력의 정당성을 확보하려 했다(이른바 護法路線). 1923년 이전까지 남방군벌들의 힘을 빌려 전국을 통일하려던 쑨 원도 이런 면을 공유했다. 이 중앙집권지향이 반드시 내실있는 국민국가 건설과 통했다고는 할 수 없지만 중화민국 전체 시기에 걸쳐 통일된 국민국가 수립이란 중심과제를 둘러싼 경쟁으로 파악해야 옳지

---

31) 혁명파의 요인 于右任은 분성(分省)을 주장하는 사람들에게 국가민족의식을 강조하면서, 비록 성은 다르지만 국토·종교·종족이 같으니 4억인이 모두 골육이므로 나눌 수 없다고 주장했다. 「于右任致主持分省諸君子書」, 『大公報』 1905.12.3.

32) 尹惠英 「袁世凱帝制運動의 歷史的 性格: 執權體制와 分權傾向의 갈등을 중심으로」, 『東洋史學研究』 제15집(1980.12). 이하의 제제운동에 관한 서술은 이 글에 의존했다.

33) 이런 문제제기를 한 글로는 Shelly Yomano, "Reintegration in China under the Warlords, 1916~1927," Republican China, Vol. XII, No. 2 (April 1987)가 있다. 그는 군벌의 지속적인 통일 지향을 강조하고자 했다.

않을까 싶다.[34]

군벌들의 통일지향만을 부각시킨다면 물론 일면적인 역사이해일 것이다. 여기서 1920년대초 관심을 모았던 연성자치(聯省自治)에 대한 논의[35]가 갖는 의미를 살펴볼 필요가 있다.

연성자치는 전통적인 분권주의지향('봉건론')[36]이 청말민국초에 서구의 연방론에 비춰 재해석된 중국적 연방론의 한 특수형태이다.[37] 연방론은 중앙집권적인 체제에 대한 비판적 논거로 줄곧 주목된 정치체제 구상이었다 하겠다. 청말에는 청조 권력에 대한 대안으로 제시되었고, 민국수립 후에는 위안 스카이의 집권화 시도에 대한 비판의 무기로 활용되었다. 1914년부터 지식인 사이에서 논의된 연방론은 중국 국토의 광대함으로 말미암은 지역간의 자연적·경제적·문화적 차이를 고려하여 지역적인 이해관계의 희생 없이 지역자결주의에 입각한 권력분배를 통해 정치체제를 수립하려는 것이었다. 이 구상이 1920년경에는 '연성자치'란 명칭을 갖게 되었고, 군벌들이 통일을 명분으로 혼전하는 현실에 절망한 지식인들에게 폭넓은 공감을 불러일으켰다. 특히 5·4운동을 겪은 지식인들에게 성별의 자치운동은 지역주민들의 실감과 자결원리에 기초한 매력적인 대안이었다. 청년 마오 쩌뚱 등 후난인 지식청년들이 1919~20년에 전개한 '후난성공화국(湖南省共和國)' 수립운동[38]은 그 단적인 예라 하겠다. 이같은 자치운동은 성 단위로 헌법을 만드는 '성헌자치운동(省憲自治運動)'의 형태로 후난에서부터 져쟝(浙江)·쓰촨(四川)·꽝뚱으로 번져갔고,

---

34) 필자의 견해와 유사한 주장은 橫山宏章「民國政治史の分析視角: 政治學の側からの 一つの試論」,『近きに在りて』제15호(1989.5).

35) 이하의 서술은 주로 尹世哲「中國에 있어서의 聯省自治論: 1920년대를 중심으로」, 『歷史敎育』제23집(1978.5)에 의존했다.

36) 閔斗基「中國의 傳統的 政治像: 封建郡縣論議를 중심으로」,『中國近代史硏究』, 1973.

37) 중국의 연방제도에 대한 논의에 대한 한층 더 상세한 설명은 徐矛『中華民國政治制度史』, 上海人民出版社 1982, 제12장 참조.

38) 池上貞一『現代中國政治と毛澤東』, 1991의 제11장「毛澤東と湖南共和國」.

윈난(雲南)·꾸이져우(貴州)·샨시(陝西)·쟝쑤(江蘇)·쟝시(江西)·후뻬이(湖北)·푸젠(福建) 등지에서도 민중운동의 주도든 성당국의 주도든간에 '제헌자치(制憲自治)' 주장이 받아들여졌다. 1922년에는 이러 조류를 타고서 각 성의 의회와 상회·교육회·농회·공회·은행공회·율사공회(律師公會)·언론계연합회 등에 의한 '국시회의(國是會議)'가 열려 헌법초안이 작성되었는데, "중화민국을 연성공화국(聯省共和國)으로 한다"는 것이 그 제1조였다.

이에 반대한 측은 전통의 다른 기억에 호소했다. 전통적으로 중국이 중앙집권적인 통일정부에 의해 통치되어왔음을 상기시키면서 당시의 혼란은 일치일란(一治一亂)의 패턴의 일부로서 조만간 통일정부가 도래할 것이라고 전망했다. 연성론자들의 상당수가 아나키즘의 영향 속에서 기초적 공동체의 자결원칙을 높이 산 데 반해, 반연성론자들은 민도(民度)면에서도 자결원칙에 의한 연성자치제의 가능성이 희박한 것으로 보았다. 특히 연성자치운동에 지방할거적인 군벌들이 편승한다면 국민국가의 성장에 방해가 될 뿐이라고 경고했다. 실제로 성헌법 제정을 성당국이 주도한 사례에서 알 수 있듯이 현상고착을 원하는 군벌들에 의해 이용당한 면도 없지 않았다.

아무튼 연성자치론은 1920년에서 22년까지 고조를 이뤘다가 1923년 이후 쇠퇴하였는데, 그 주요한 이유는 국민당과 공산당에 의한 국민혁명의 전개, 특히 그 수단으로서 국민혁명군에 의한 무력통일을 추구하는 북벌의 시작이었다. 그 결과 1928년 국민당에 의해 난징정부가 수립되어 중앙집권적 정권이 자리잡자 더이상 그 논의가 실세를 이루기 힘들었다. 그러나 (이 글 마지막 절에서 보게 되듯이) 중앙집권적 국민국가에 대한 대안적 정치체제를 추구하는 사람들이 상기할 기억으로서는 남아 있었던 것이다.

위에서 본 1922년의 국시회의처럼 연성자치론과 부분적으로 공유하는 면이 있으면서도 그보다 좀더 구체적인 프로그램을 갖춘 새로운 정치체제의 구상으로 1920년대에 떠오르는 것은 국민회의운동(國民會議運動)[39]이었다.

5·4운동기에 자생적으로 결합한 각종 (직능별) 사회세력들이 뻬이징정부의 정당성이 구조적 위기에 봉착한 1923년 들어서 새로운 정치질서를 모색하는 과정에서 구상하고 실천에 옮긴 것이 '국민회의운동'이었다. 1920년대의 국공합작은 이 국민회의운동의 요구를 국·공 양당이 수용한 결과라고 볼 수도 있다. 여기서 제기된 정치체제 구상은 각 개인이 아닌 직능별 사회집단이 그 기초라는 데서 서구의 대의제 민주주의와는 차이가 있다. 1923년 7월 공산당이 「제2차 시국주장」에서 공식으로 주목하기 시작하였고, 1924년말 (국공합작체제하의) 국민당이 뻬이징정부에 대한 정치공세의 차원에서 국민회의촉성회 운동을 적극 지원함으로써 확산된 이 구상은 구체적으로 실업단체·상회·교육회·대학·각성학생연합회·공회·농회·반직예파군(反直軍)·정당 대표에 의해 조직된 국민회의가 새로운 민의대변기구로 기능해야 한다는 형태로 나타났다.

여기에는 크게 보아 두 가지 흐름——하나는 전통적인 대조직('法團' 같은 것)의 위로부터의 변화요, 다른 하나는 1919년부터 눈에 띄는 밑으로부터의 소조직의 출현이다——이 합류한 것으로 생각할 수 있다. 이 두 흐름이 민족적 위기상황에서 자발적인 민의의 대표기구로서 5·4운동기에 '각계연합회'로 묶여지기도 했고, 1922년 국시회의를 거쳐 1923년부터는 국민회의운동으로 모아졌던 것이다. 청말 회관(會館)과 공소(公所)가 공적 역할을 수행하면서 갖게 되었던 자치의 경험[40]이 공화정체가 기형

---

39) 이에 대해서는 일찍이 野澤豊「中國における統一戰線の形成過程: 第一次國共合作と國民會議」,『思想』477호(1964.3)에서 주목한 바 있는데, 필자는 그것을 이하의 서술처럼 나름으로 의미부여하고 있다.

40) 이와 관련해, 신해혁명 전후한 시기의 쑤져우(蘇州)에서 찾아볼 수 있는 '공사(公社)'의 경험이 주목할 만하다. 그것은 '보좌관치(輔佐官治)' 즉 '위임자치(委任自治)'의 제약을 안고 출발했지만 국가권력의 동향에 따라 그 자치의 범위가 확대될 수 있었다. 章開沅·葉万忠「蘇州市民公社與辛亥革命」,『辛亥革命史叢刊』제4집(1982).

화된 현실에 대항하여 대안적 정치체제 모색을 위해 재해석된 것으로도 볼 수 있겠다.

이 구상은 직능별 집단에 국민당과 공산당 같은 정당도 포함되었기 때문에 직능별 집단이 그것을 실현시킬 능력——가장 중요하기로는 군사력——을 갖지 못한 한은, 정당의 국가관에 종속될 한계도 안고 있었다. 아닌게아니라 공산당[41]과 국민당[42]이 저마다 필요에 따라 권력을 장악하기 위해 내세운 수단으로 인식한 측면도 무시할 수 없다. 좀더 풀어 말하면 국민국가의 권력을 장악하려는 (또는 장악한) 정당이 (정식 의회를 구성하는 대신) 채택한 민의대변의 장식으로 전락하기 쉬운 측면도 무시할 수 없을 것이다. 그러나 필자는 국민회의운동을 1920년대의 사회집단들이 저마다의 일상생활의 이해관계에 기초해 조직화되면서 품게 된 권력관이 공산당 및 국민당의 권력관과 서로 경쟁·협상하는 장으로서 파악하고 그것이 지닌 역동성을 새롭게 부각시키려는 것이다. 바꿔 말하면 '국민회의'라는 '어휘' 자체보다는 그것을 통해 전달된 여러 집단들의 의미부여에 더 비중을 두려는 것이다.[43]

---

41) 공산당이 국민회의를 제기한 것은 민중운동의 조직화 및 국민당과의 합작이라는 상황변화에 대응한 것이었다. 1922년말부터 강력하게 반군벌세력으로 등장한 상하이 상공계층을 지켜본 중공이 국민당을 중심으로 상공계층을 포함한 각계를 끌어들이는 국민회의를 새로운 권력구상으로 제기한 배경에 대해서는 李昇輝「1920年代初 陳獨秀의 革命論: '二次革命論'과 關聯하여」,『世宗史學』제1집, 1992 참조.

42) 쑨 원이 국민회의를 공식적으로 처음 거론한 것은「北上宣言」(1924.11.10)에서였다. 뻬이징정부의 '선후회의(善後會議)'에 대립하여 민중대표의 정치참여를 요구한 이 주장에서는 국민회의를 '국민의사의 최고기관'으로 인정하면서, 국민회의 실현 후 국민당의 정강이 그로부터 정당성을 부여받을 것으로 낙관하는 국민당중심의 견해를 보였다. 위의「北上宣言」외에「中國國民黨爲決定不參加善後會議宣言」(1925.2.2)와「中國國民黨反對善後會議制定國民會議組織法宣言」(1925.2.10),『國父全集』,臺北: 中國國民黨黨史委員會 1981, 제1책 참조.

43) 이와 유사한 견해로 민두기(閔斗基)는 "국민회의 구상을 위한 주장은 그 자체가 국민혁명의 수단의 하나이지 공인된 목표는 설혹 아닐지라도 국민혁명기간 동안의 국민회의 수립운동을 통한 광범한 민중적 참여형태로 보아, 그리고 그 궁극적 목적으로 보아 국민혁명의 공인된 목표인 반군벌·반제를 추진하는, 북벌 이외의 또하나의 국민혁명운동의 과제로 볼 수 있는 것이다"라고 의미부여한 바 있다(강조는 인용자, 閔斗基「中國國

현실적으로 (국공합작체제하의) 국민당의 한 분파였던 공산계는 그들
이 주도한 민중운동의 현장에서 이뤄진 기초적인 자치적 협의체가 상향
적으로 누적된 정점에 국민회의를 위치시키는 구상을 지렛대로 삼아, 군
사력 위주로 북벌을 이끌어간 쟝 졔스 노선을 제압하여, 궁극적으로 (국
민)혁명의 헤게모니를 장악하려고 했다. 그러나 잘 알려져 있듯이 그들
의 의도는 좌절되었고, 북벌완수의 직전에 공산당을 '불법'화한 뒤 군사력
을 이용해 군벌들을 제압하고 타협하기도 한 쟝 졔스의 국민당에 의해 전
국은 일단 통일되었다.

그때까지 뻬이징정부는 물론이고 뻬이징정부와 경쟁하면서 군벌지배
의 대안적인 정치체제를 구상한 세력들도 중국 내 여러 민족의 관계에 관
해서 진지하게 고려한 흔적은 보이지 않는다. 중화민국 수립 직후 청조로
부터 물려받은 영토를 보전하는 문제에 깊이 연결되어 '오족공화'의 명분
을 표방했지만 사실상 한족중심적 중화사상에 갇혀 있어 패권주의적 아
시아질서관을 떨쳐버리기 힘들었던 쑨 원[44](및 그가 주도한 국민당)은 말

<hr>

民革命運動의 構造的 理解를 위하여」, 閔斗基 편『中國國民革命運動의 構造分析』,
지식산업사 1990, 8면). 또한 필자와 다른 관심에서 비롯되었지만, 길드의 자치는 촌락에
서 발달한 중국 고유의 협동자치의 관행에서 연원한 것이므로 양자를 연결시켜 현·성을
거쳐 중앙에 미치도록 노력한다면 중국 고유의 이익단체에 기초를 둔 대의정치 형식으로
서 가장 중국에 적합한 것이 될 터이고 또한 대동세계에 접근하는 과도적인 정치방식이
될 것이라고 본 견해도 있다(根岸佶, 앞의 책 371~73면). 이 국민회의운동의 역동성을
서구의 시민사회론자들도 거의 주목하지 않고 있는데, 필자는 중국에서 나타난 국가와
(시민)사회의 관계의 특수성을 해명하는 열쇠로 중시하고자 한다. 좀더 상세한 설명은 이
책에 실린 「중국에 시민사회가 형성되었나?: 역사적 관점에서 본 민간사회의 궤적」 참조.
추기: 국민회의운동에 대해서는 국내 학계에서 약간의 논란이 일고 있다. 그것을 국·공
양당의 정략으로 보는 이승휘, 앞의 글 및『孫文과 國民會議』,『歷史學報』166집
(2000.6)을 비판하며 민의대표기구로서의 의의를 강조한 柳鏞泰 「1919~1924년 중국
各界 職能代表制 모색: 國民會議 소집론의 형성과정」, 서울대학교 동양사연구실 편
『중국근현대사의 재조명1』지식산업사 1999 참조.
44) 자신의 혁명을 달성하기 위해 일본의 협력을 얻는 대가로 만주 등 영토를 비롯한 여러
이권을 넘겨줄 비밀협약을 서슴지 않고 맺은 일도 있고, 아시아주의를 거론하면서도 일
본과의 협력을 중시했지 주변민족의 자주권을 인정하지 않기도 했다(이성규, 앞의 글
65~66면). 그래서 이미 동시대의 한국인 가운데 그의 아시아주의를 '경솔한 것'으로 비

할 것도 없고, 소련의 영향으로 민족자결론과 연계된 연방제에 관심을 가졌던 창당 초기의 공산당조차[45] 국공합작 이후 별다른 차이가 엿보이지 않는다. 물론 국공합작을 선언한 1924년의 국민당 「일전대회선언(一全大會宣言)」에서 중국민족의 해방과 자유독립, 나아가 중국 국내의 각 민족의 평등과 민족자결권을 추구하는 등 민족주의에 대한 새로운 이해의 가능성을 찾을 수 있을지도 모르겠지만, 이 '선언의 논리'가 정치현실을 주도했다고는 보기 힘들다.[46]

1928년에 세워진 장 제스의 난징정부는 당면한 단계를 '훈정(訓政)'의 시기로 설정하고 국민당이 통제한 '국민회의'(1931년 5월)를 열어 '훈정약법'을 통과시킴으로써 '헌정'논쟁을 불러일으킨 데서 잘 드러나듯이, 1920년대의 국민회의 구상에 담긴 자발성의 측면을 억압하고 각 민족을 포함한 국민 전체의 통합을 위한 제도적 장치에는 큰 관심을 기울이지 못한 채 대외위기가 심화되는 가운데 (국민)당-국가 중심의 통일에 몰두했다고 볼 수 있다.[47] 불법화된 이래 도시중심의 무장폭동을 일으켰던 중공당의 입장도 이 점에선 실제 크게 다르지 않았던 것 같다. 그러나 1931년 이후 가중된 일본의 중국침략은 중국인의 민족주의에 변화를 가져왔다.[48]

판한 인사들이 있었다. 閔斗基 「1920年代の韓國人の孫文觀」, 日本孫文硏究會 편 『孫文とアジア』, 東京: 汲古書院 1993.
45) 1922년의 제2차 전국대회에 선언은 '중화연방공화국'을 정강으로 주장하였다. 그런데 그 내용은 몽골·티벳·후이장(回疆)의 세 곳에서만 자치를 실행해 '민주자치방(民主自治邦)'과 중국 '단일제'로 이뤄진 일종의 절충적인 '자유연방제'였다고 한다. 徐矛, 앞의 책 444면.
46) 국민당 일전대회의 '선언의 논리'와 쑨 원 개인이 행한 '강연의 논리'가 달랐다는 점만 봐도 분명해진다. 山田辰雄 『中國國民黨左派の硏究』, 東京: 慶應通信 1980, 74~86면 참조.
47) 1931년의 훈정강령에 민족자결에 대한 언급은 전혀 없이 '분리'의 가능성을 완전히 봉쇄했다고까지 보기도 한다(平野健一郞, 앞의 글 59면). 국민당의 민의수렴 제도에 관한 좀더 상세한 논의는 平心 『中國民主憲政運動史』, 上海: 進化書院 1946, 제7장 이하 참조.
48) 이에 대해서는 Chalmers A. Johnson, *Peasant Nationalism and Communist Power: The Emergence of Revolutionary China, 1937~1945*, Stanford: Stanford University

일본에 의한 만주국의 분리독립, 화북자치구의 설정, 그리고 전면전의 개시란 형태로 점증된 위기상황은 국민국가의 존립을 위협하였다. 난징정부는 국가중심의 항전론(국가항전론)의 방침을 정하고 우선은 대내적 통일을 위해 공산당의 쏘비에뜨지구를 없애는 데 온힘을 기울였고, 중공당은 난징정부에 쫓겨 '대장정'에 오른 이후 '전민항전론(全民抗戰論)'을 택해 민족적 위기상황을 세력역전의 계기로 활용하고자 했다. 말하자면 항일전의 주도권을 놓고 경쟁이 벌어진 셈이다. 이 경쟁은 양측의 타협을 요구하는 '중간파'세력의 압력과 1937년 중일간의 전면전의 발발로 잠시 중단되어 두번째로 국공합작이 성립되었다. 그러나 항일전의 주도권은 곧바로 전쟁종료 후 새로운 정치체제 수립의 헤게모니와 이어질 터이므로 타협은 경쟁을 동반한 불안정한 것이었다. 그것은 타협을 제도화하여 국민의 의사를 통합하기 위해 설치한 국민참정회(國民參政會)의 운명에서 잘 엿볼 수 있다. 1938년에 설립된 이 기구는 각 정파의 대표와 몽골·티벳의 대표, 화교 대표 등이 포함된 비교적 광범위한 민의수렴기구로서 헌법제정을 주된 관심사로 부각시켰으나, 일본군의 침략에 잇따라 패배해 오지인 츙칭(重慶)으로 수도를 옮긴 '국지정권(局地政權)'으로 전락할 위기에 처한 국민당정부가 경직화되자 1941년쯤에는 그 기능이 사실상 정지되었던 것이다.

어쨌든 '항전'이 곧 '건국'임이 분명히 인식되었다. 청말 세계체제에 강제로 편입되면서 민족적 위기 속에서 국민국가 모델을 채택하지 않을 수 없었던 중국으로서는, 구미제국주의에 맞서는 '동아신질서(東亞新秩序)' 수립을 명분으로 일본의 침략이 확대되자 국민국가의 실질적 내용을 다시 돌아보지 않을 수 없었다.

일본의 침략은 중국의 민족주의에 이중적인 작용을 했다. 먼저 원심력

<hr />

Press, 1962에서 제기한 해석과 그에 대한 논쟁을 참조할 만하다. 이하에 대한 좀더 상세한 설명은 졸고 「제2차 국공합작의 성립과정과 그 의의」, 『講座中國史』 제7권, 지식산업사 1989 참조.

적인 방향부터 살펴보면, 국민당정권이 형식적으로 유지해온 국민국가의 틀이 통합력의 한계점에서부터 붕괴되어갔다. 1931년에 이미 만주국이 떨어져나간 것을 비롯해 소수민족이 중국의 틀 안에서 반국민정부의 기치를 들거나[49] 그 틀을 넘어 분리독립하려는 움직임을 보였다.[50] 뿐만 아니라 왕 징웨이를 중심으로 한 일부 국민당 인사들은 '순정국민당(純政國民黨)'을 조직하고 일본의 '동아신질서'론에 쑨 원의 '대아시아주의'를 접합시켜 삼민주의(三民主義)를 재해석한 것을 명분으로 1940년 3월 난징에 '화평(和平)'정부를 세웠다.(반공·평화·건국의 삼각기를 덧붙인 青天白日旗가 그들의 입지를 상징했다.)[51] 한족 가운데 차별을 받던 집단(예컨대 상하이에서 차별받던 '蘇北'인)은 '화평'정부에 협력했다.[52] 일본이 초래한 국민국가 분해의 위기를 극복하고 소수민족을 포함한 국민 전체를 청조가 차지했던 영토 그대로 통합하기 위해서는 새로운 정치체제의 비전이 절실히 필요했다. 국민당과 공산당 및 제3세력, 그밖에 만주국과 '화평'정부는 경쟁적으로 그 시급한 과제에 몰두해야 할 위치에 있었다. 이때 일본의 초래한 위기의식, 바꿔 말하면 민족주의를 누가 새로운 체제를 구성하는 데 동원할 수 있겠는가가 초점이었다. 이것이 바로 구심력적인 방향이었다.

국제적으로 승인받은 중앙정부를 맡은 국민당은 제2차 국공합작을 통해 전 중화민족을 대표하고 지도하는 공권력으로서의 자기 권위를 확립

---

49) 1938년 10월 우한(武漢) 함락 이후 후난·꽝시(廣西)·꾸이져우·윈난에서는 묘(苗)·요(瑤)·수(水)·포의(布衣) 등의 여러 민족이 항세(抗稅)·항조(抗租)·병역반대의 저항을 일으킨 것을 시작으로 소요가 이어졌다. 1942~43년의 10만명이 참가한 깐난사변(甘南事變)이나 신장삼구혁명(新疆三區革命) 등은 그중 규모가 큰 것이다. 安井三吉「少數民族と抗日戰爭」, 池田誠 편저『抗日戰爭と中國民衆: 中國ナショナリズムと民主主義』, 京都: 法律出版社 1987, 200~11면 참조.

50) 같은 글. 소수민족 중 변경에 거주하면서 인구가 비교적 일정한 지역에 집중한 몽골족·회족·위구르족·티벳족 가운데 이런 움직임이 자주 일어났다.

51) 古厩忠夫「日本軍占領地域の'淸鄕'工作と抗戰」, 같은 책 참조.

52) Emily Honig, "The Politics of Prejudice: Subei People in Republican-Era Shanghai," *Modern China*, Vol. 15, No. 3 (July 1989).

할 수 있었다. 그리하여 위에서 언급했듯이 국가를 중심으로 항전을 추구해나가면서 국가권력의 실질적인 강화를 어느정도 이룩할 수 있었다. 그러나 민족구성원의 다수인 민중을 동원하는 제도적 조처를 취하기보다는 '민족혼'의 흥기나 전통윤리의 부흥이라는 '도덕적·심리적' 차원에서 민족의 통합을 유지하려 애썼다.[53] 이에 비해 공산당은 쏘비에뜨혁명이 아닌 '신민주주의'의 방침 아래 지배지역에서 대중민족주의를 실험함으로써 세력확대를 꾀할 수 있었다.[54]

양당 이외에 '화평'정부는 민족주의에 어떻게 대응했을까. 소련공산주의와 구미제국주의의 침략을 견제하기 위한 '동아신질서'의 일환으로 중국과 타협하자는 일본의 '분치합작(分治合作)' 논의가 일본 안에서 군부를 견제하고 일본의 국력을 고갈시키는 전쟁을 종식시키고자 하는 세력에 의해 제기되기도 했으므로 왕 징웨이가 이끈 '화평'정부의 낙관적 기대가 전혀 무망한 것은 아니었을지도 모른다. 그러나 일본이 내세운 동아시아 구도가 어디까지나 세계체제의 제약을 벗어날 수 없는데다가 그 자신을 (세계질서의 일부일 터인) '동아신질서'의 위계체계의 정점에 위치시키려 했기에, '화평'정부가 중국인의 끓어오르는 민족주의적 열정을 감당하기에는 제약이 컸다.[55] 따라서 2차대전에서의 일본의 패배와 더불어

---

53) 쟝 제스 정권 패퇴의 원인을 비교적 객관적으로 분석한 한 연구자의 결론대로라면, "백성에게 정부와 동질적 소속감을 줄 수 있는 정치제도 또는 백성들의 복리를 증진하는 데 공헌할 수 있는 사회적·경제적 제도가 공산군과의 투쟁에서 상이한 결과를 가져왔을 가능성에 대해 결코 생각해본 적이 없는" 쟝 제스의 '치명적 결함'이 그의 패퇴를 초래했다. 로이드 E. 이스트만, 민두기 역, 『蔣介石은 왜 敗했는가』, 지식산업사 1986, 245면.

54) 今堀誠二는 앞의 책에서 항전기 공산당이 대중노선에 입각한 사회개혁을 추구하여 '대중민족주의'라는 중국민족주의의 새로운 단계를 실현했다고 주장한다. 비슷한 주장은 Mark Selden, *The Yenan Way in Revolutionary China*, Cambridge: Harvard University Press 1971에서도 볼 수 있다. 이것은 결국 공산당이 왜 성공했는가라는 문제로 이어진다. 이에 대해 미국 학계에서 이미 논란을 벌인 바 있다. 사회개혁을 중시하는 입장의 대극이 외인론으로서 일본의 침략을 중시하는 찰머스 존슨의 견해라 하겠다. 그 밖에 홍군의 군사력, 농민의 지역적 이해관계나 욕망 등을 강조한 새로운 해석도 제기되었다. 이에 대한 정리로는 서진영 『중국혁명사』, 한울 1992, 제10장 참조.

55) John Hunter Boyle, *China and Japan at War, 1937~1945: The Politics of*

'건국'의 경쟁에서 만주국은 물론이고 '화평'정부도 탈락하지 않을 수 없었다.

나머지 세 세력(국민당·공산당·제3세력)은 독자적인 권력구상을 품었지만, 일시적이나마 타협하여 정치협상회의를 성립시켰다. 그러나 새로운 정치체제의 전망을 구체화하기보다는 저마다 항전기의 경험에서 벗어나지 못한 채 경쟁의 가장 파괴적 형태인 내전으로 결말을 보았다.[56] 결국 국민국가의 주도권을 두고 벌인 경쟁은 1949년의 국민당 패퇴로 일단 승부가 가려진 셈이었지만, 그 과정은 양측에 구조적 제약을 가함으로써 정치체제의 선택에 한계를 안겨주었다.

5. 맺음말: 사회주의, 국민국가, 동아시아적 시각

1949년에 뻬이징을 수도로 출범한 중화인민공화국은 공산당이 국민당과의 항일민족주의에 대한 주도권을 놓고 경쟁하여 이긴 결과란 데서 이미 그 성격상 제약되고 있었다고 볼 수 있다. 그것은 사회주의적 지향을 새로운 정치공동체가 아니라 익숙한 국민국가의 틀 안에서 실현할 수밖에 없었다는 것을 의미했다. 따라서 청조의 영토는 물론이고 청말 이래의 국민국가 형성의 경험을 이어받는 것은 당연했을 것이다. 건국을 맞아 행한 연설에서 마오 쩌둥이 "우리 민족이 두 번 다시 굴욕을 겪지 않도록 하자"고 호소한 것(中國人民政治協商會議 개막연설, 1949.9)은 그런 사정을 압축하고 있다 하겠다.

물론 국민국가를 세우되 사회주의적 지향에 따라 재해석하였기 때문

Collabration, Stanford: Stanford University Press 1972, 특히 결론.

56) 李炳柱 「二次大戰後 中國의 新政治體制 構想」, 『아시아문화』 제3호, 1987. 이같은 군사적 관점이 적어도 공산당의 국민국가 운영에는 커다란 장애요인이 되었음을 강조하는 시각이 적지 않다. 예컨대 李澤厚, 김형종 역, 『중국현대사상사의 굴절』, 지식산업사 1992.

에 국가적 통합──사실 이것은 다른 정치체제의 형성가능성을 억압하면
서 이뤄진 것이기도 했지만──에서 새로운 면이 있다. 그 특징을 상세히
언급하는 것은 필자의 능력 밖의 일이므로 단지 국민국가의 운명에 대한
전망과 관련해 몇마디 덧붙임으로써 결론을 대신하고 싶다.

먼저 민족문제부터 살펴보면, 중화인민공화국은 소련의 경험과 항일전
기에 소수민족을 접촉한 경험을 살려 소수민족의 자치를 허용하되 분리
독립은 허용하지 않는 중앙집중적 국민국가를 수립하고자 했다. 그래서
중국인을 '통일적 다민족'으로 규정하였다.[57]

신정부 출범 이후 민족등록제가 도입되어, 1953년에 행해진 제1회 전
국인구조사에서는 민족명으로 기입된 것이 400족 이상이었으나, 스딸린
의 민족형성에 관한 기준 중 '심리상태'에 해당되는 민족의식을 가장 중
시한 중앙의 식별작업 결과 1982년에 55족이 공인되었다. 말하자면 '국정
(國定)'민족이 탄생한 셈이다. 그들의 인구비율이 1949년 이래 꾸준히 늘
어 1982년 6.7%, 1987년 8%로 상승했다는 사실에서 소수민족 우대책 혹
은 차별감소를 분명 확인할 수 있지만, 동시에 재편성 또는 통합화가 어
느정도 진행되었는가를 알아차릴 수도 있다.[58]

인구가 8천만, 거주지가 중국 국토의 5,6할을 차지한다(1987년 기준)는
소수민족의 존재를 이해함에 있어 그 양적인 크기보다는 본질적으로 그
들이 '중국' 형성에서 중앙에 대한 주변의 상대자로서 해온 역할에 주목
해야 할 것이다. 실제로 민족정책 40년사를 돌아보면 건국 초기인 1957

---

57) 중공당은 결성 당초에 민족자결권과 연방제를 주장했을 뿐만 아니라 1933년에 공포한
「中華蘇維埃共和國十大政綱」에서 각 민족의 완전자결권을 승인하는 '蘇維埃聯邦共
和國'의 수립의 뜻을 밝혔고, 1945년에 마오 쩌뚱이 발표한 「論聯合政府」의 구체강령
에서 소수민족이 민족자결권을 갖고 한족과 더불어 연방국가를 수립할 권리가 있음을
분명히한 바 있지만, 1949년 이후 연방제로부터 후퇴하여 민족자치권을 보장하는 선에
서 그쳤다. 좀더 상세한 설명은 加々美光行「中國革命と周邊·民族問題」I·II, 『アジア
經濟』 제30권 4호 5면(1989.4.5); 佐佐木信彰 『多民族國家中國の基礎構造』, 京都:
世界思想社 1988, 제1장 참조.

58) 橫山廣子「多民族國家への道程」, 岩波講座 『現代中國』 제3권, 1989.

90

년까지는 '대한화주의(大漢化主義)'가 비판되었지만 대약진기 (1958~59)나 문화대혁명기(1966~76) 같은 격동기에는 소수민족이 억압당한 면이 강하다. 따라서 공산당이 주도하는 중앙집권력의 변화에 따라 민족문제가 원심력으로 작용할 가능성은 배제할 수 없다.[59] '통일적 다민족'이라기보다는 '일민족돌출형 다민족국가(一民族突出形多民族國家)'로 보이는 중국인의 민족적 구성은 중국 국민국가의 운명에 있어 중요한 변수로 봐야 할 것이다.

소수민족을 포함한 (중국영토 내) 국민 일반의 통합을 위해 시행된 제도는 내전기의 유산인 정치협상회의와 각급의 인민대표회의였다. 그밖에 (당에 의해) '통제된 대중운동'도 통합의 수단으로 작용했다. 이것은 프롤레타리아독재를 유지하기 위한 통일전선과 민주집중제의 원리가 제도화된 것이었는데, 이에 힘입어 상당한 규모로 국가적 통합을 이룩한 것은 인정해야 할 것이다. 그러나 1989년 천안문사태로 표출되었듯이 그런 통합의 메커니즘이 국가의 주권자로서의 그 성원들 혹은 국민의 의사를 충분히 효율적으로 대변하는 데는 문제가 있었던 것 같다. 그래서 개혁·개방 정책 추진의 일환으로 중앙권력의 지역으로의 분권화[下放]가 진행되어 지역권의 경제와 사회가 활성화되었고,[60] 또한 당-국가의 주도에 비판적인 자율적인 사회세력(집단)이 대두할 가능성[61]도 주목되고 있는 요즈

---

59) 栗原悟「社會變動の中の少數民族」, 같은 책.
60) 그것은 세 단계──①경제제도와 제한의 개편, ②각 지역의 독자적인 발전방향 모색, ③앞의 두 단계를 배경으로 정치적으로도 실질적인 자립화를 추구하는 단계──를 거쳤다고 한다. 이같은 지역의 다양화 추세에 따라 중앙권력의 문제처리능력 및 권위가 상대적으로 저하되어 기존 권력체제가 취약해졌는데 그것을 대신할 수 있는 통합메커니즘이 미성숙하여 양자관계의 아노미적 상황이 확산되는 면이 있다. 이것을 전통적인 지방주의의 부활로 보고 '제후경제(諸侯經濟)'로 지칭하는 중국 내부의 시각도 있다. 그러나 지역의 활성화를 중앙과 대립하지 않는 수평적 관계인 '지역주의'로 파악하고 지역주의에 기반한 '분권주의적 정치체제'로 나아갈 수 있는 가능성을 찾는 시각도 고려해봄직하다. 이에 대해서는 天兒慧『中國: 溶變する社會主義大國』, 東京大學出版會 1992, 142~65면 참조.
61) 이 추세를 서구에서는 현실사회주의권 몰락 이후 'Civil Society'로 파악하기도 한다(앞

음이다. 이런 요인들은 사회주의체제를 갖춘 국민국가의 향방에 영향을 미칠 것으로 예상된다.

오늘날 중국에서의 국민국가의 운명을 전망할 때 무시할 수 없는 또다른 요인은 대륙 밖의 중국인·중국계인(특히 타이완과 홍콩 주민들)의 동향이다. 중화인민공화국에서 볼 때 타이완과 홍콩은 청조의 강역 중 미회수된 지역으로서 국민국가의 과제를 남김없이 달성하기 위해 중앙집권적 정치체제에 흡수통일되어야 한다. 그러나 독자적인 (국민)국가의 형태를 갖추고 있다 할──물론 뻬이징정부는 인정하지 않지만──타이완(중화민국)은 물론이려니와 그 반환이 얼마 남지 않은 영국령인 홍콩도 자본주의체제하의 경제발전에 힘입어 대륙의 단순한 흡수통일에 걸림돌로 작용하고 있는 것처럼 보인다. 타이완의 경우 타이완 토착민에 기반을 둔 야권의 일부 독립론자들의 주장대로 '분리독립'하여 별개의 '국민국가'를 수립하고자 하는 견해가 힘을 얻어가고 있는 실정이다. 중화인민공화국이 내세워온 '제3차 국공합작' 또는 '1국가2체제'의 차원 즉 기존의 국민국가의 (약간 변형된) 틀 안에서 민족적 통합이 이뤄지는 것이 그리 쉽지만은 않은 것 같다. 개혁·개방 정책 추진에 따라 이미 상당히 진전된 타이완과 대륙의 다각적인 교류뿐만 아니라 동남아의 화인경제권(華人經濟圈)의 영향력[62]은 중화인민공화국에게 국민국가의 틀을 넘어선 새로운

─────

의 주 26 참조). 그런데 여기에는 서구 자본주의사회와 유사한 요소를 찾는 근대주의적 발상이 깔려 있는 것 같다. 그 점은 'Civil Society'를 단순히 '시민사회'라고 중국어로 옮길 수 없는 사정에서 잘 드러난다. 그래서 중국계 미국학자인 林毓生은 '민간사회' 또는 '공민사회'로 지칭하기도 한다(林毓生 「建立中國的公民社會與'現代的民間社會'」, 『中國時報周刊』 14·15호, 1992.4. 그밖에 중국현실에서 자율적 영역을 찾는 실증적 연구로는 Gordon White, "Prospects for Civil Society in China : A Case Study of Xiaoshan City," *The Australian Journal of Chinese Affairs*, No. 299 (Jan. 1993) 참조.

62) 중국대륙 남부의 꽝뚱·푸젠·하이난(海南) 등 지역과 타이완·홍콩·마카오 및 동남아의 화교들 간의 경제적 연결망이 점점 긴밀해지면서 이 지역권을 하나로 지칭하는 개념도 형성되는 중이다. 이 과정에서 기존의 국가권력들(특히 동남아국가)과 갈등을 빚지 않도록 중국정부가 공식적·외교적으로 조심하고 있지만, 정치적 함의가 전혀 없다고는 보기 힘들다. 游仲勳 「中國の華南經濟圈 : 5つの視點から」, 『國際問題』 1992년 1

정치공동체의 전망을 제시하도록 자극하고 있는 것이라고 내다보면 지나칠까.[63]

이상에서 살펴본 요인들 이외에 더 근원적으로 일찍이 중국에 국민국가를 강요한 세계체제 자체의 근래의 구조적 변화가 이번에는 국민국가의 틀을 흔들고 있는 것 같다. 지금 상황에서 자본주의 세계체제로의 편입은 (이전처럼) 국가적 단위로 이뤄진 세계체제로의 편입이 아니라 생산 자체가 국가적 경계를 넘어서는 새로운 세계로의 편입이란 면이 있다. 이것이 맞다면, "우리 시대의 사회주의의 몰락은 사회주의 그 자체의 몰락이 아니라 자본주의의 특정 발전단계에 해당하는 민족국가에 기반한 사회주의의 몰락"일 수 있다고 보고, "이러한 상황 아래에서 중국지도자들이 하듯이 사회주의 단위로서의 국가에 대한 고집은 자본주의 이데올로기에서 전제되고 있는 시대적 조류에 반대될 뿐만 아니라 새로운 방식으로 사회주의를 구상해낼 능력에도 방해가 될 수 있는 것"이라는 지적[64]은 한번쯤 음미해볼 가치가 있을 것이다.

이같은 변화요인들은 거론한다 해서 국민국가로서의 중화인민공화국(을 이끄는 공산당)의 운명이 단시일 안에 소진할 것이라고 예단하려는 것은 결코 아니다. 사회주의가 국민국가의 틀 안에서 실현된만큼 중화제국의 기억도 영향을 미치고 있는 셈이니, 경제발전이 지속되는 한 국민국

월호.

63) 林毓生, 앞의 글 62면에서는 위의 여러 지역들의 자치를 보장하는 '중화연방(中華聯邦)' 또는 '중화국협(中華國協)'의 형성가능성에 대해 언급하고 있다. 필자가 전망하는 새로운 정치공동체의 비전의 하나인 연방제의 기억이 최근 상기되고 있다. 위의 林毓生도 그렇지만 일본인으로는 中嶋嶺雄이(「中華聯邦共和國'試論」, 『Voice』 1992년 1월호), 그리고 중국인으로는 嚴家其가 가장 열의있게 연방제를 대안적 정치체제로 거론하고 있다(『聯邦中國構想』, 香港: 明報出版社 1992). 그리고 최근의 연방제 논의가 1920년대의 연성자치론과 유사한 정치적 함의가 있음을 주장한 글로는 Arthur Waldron, "Warlordism Versus Federalism : The Revival of a Debate?" *The China Quarterly*, Vol. 121 (March 1990)이 있다.

64) A. 딜릭·R. 프라즈니악 「중국 사회주의의 위기와 민주주의의 문제」, 『창작과비평』 1991년 겨울호 350면.

가가 존속할 뿐만 아니라 세계체제의 위계질서에서 상승하여 뻗어가리라는 전망도 가능하다. 여기에서 중국사학도로서 중국에서의 국민국가의 형성과 변형에 대한 고찰에서 어떤 역사적 안목을 얻을 수 있기를 기대했기에 굳이 한마디 곁들인다면, 중국의 국민국가가 그 형성 자체부터 세계체제를 고려하지 않고서는 설명될 수 없을 정도로 구조적으로 연결된 것이므로 중국현실과 세계체제의 관계에 대한 인식이 긴요한데 그것을 구체화하기 위한 중간항으로서의 동아시아에 대한 체계적 인식을 의미하는 '동아시아적 전망'[65]이 필요함을 지적하고 싶다. 아울러 중국이 만일 지금까지와 다른 방식으로 정치공동체를 구상하려고 한다면, 그 일은 과거의 어떤 '기억'——어쩌면 그간의 역사적 현실에서 억압된 기억——을 새롭게 상기하는 것으로 시작되지 않을까 하는 전망도 조심스럽게 제기하고 싶다. 〈1995〉

---

65) 세계체제의 최근 두 조류인 블록화와 지구화 모두 국민국가의 약화를 초래하고 있다. 특히 전자는 광대한 '중국인·중국계인 경제권(network)'을 강화할 수 있다. 이런 상황은 동아시아적 전망을 요구한다. 우리 관점에서의 동아시아적 전망에 대한 문제제기는 『창작과비평』 1993년 봄호의 특집 '세계 속의 동아시아: 새로운 연대의 모색'에 실린 글들, 특히 고병익 「동아시아나라들의 相互疏遠과 통합」 및 최원식 「탈냉전시대와 동아시아적 시각의 모색」 참조.

중국에 시민사회가 형성되었나?

역사적 관점에서 본 민간사회의 궤적

1. 왜 '시민사회'인가?

비서구사회의 역사, 특히 근대사를 연구할 때 부닥치는 가장 심각한 문제는, 근대사를 가르는 기준인 '근대성'이 서구적 역사경험의 소산이면서도 이미 전지구적 규모로 영향을 미치고 있으므로 그 영향은 그것대로 염두에 두면서도 그로 인해 토착적인 경험을 왜곡시키지 않고 충실히 재현해야 한다는 것이다. 딜레마처럼 보일 수 있는 이 문제를 해결하는 손쉬운 방식은 기본적으로 어느 한쪽에 서서 가급적 다른 쪽을 포괄하도록 학구적인 노력을 기울이는 것이 아닐까 싶다. 중국근대사 연구자들 사이에서 그간 제기된 몇가지 설명틀은 이와 관련해 설명될 수 있다. '(서구의) 도전에 대한 (중국의) 응전'이란 시각이나 자생적 근대화의 가능성을 중국이 서구와 접촉하기 이전의 시기에서 찾는 '자본주의맹아론' 같은 것이 서구의 경험을 기준으로 삼은 쪽이라면, 민족해방운동론이나 '중국중심의 연구'(China-centered approach)는 토착적 경험을 중시한 쪽이라고 일단 분류할 수 있다.[1]

---

1) Paul Cohen, *Discovering History in China: American Historical Writing on the Recent Chinese Past*, New York: Columbia University Press 1984. 코헨은 서양의 그간의 중국

그런데 이들 설명틀이 연구자들 저마다의 도덕적·정치적 입장에 연루되어 구사되었고, 이들 모두가 일정한 한계를 안고 있음이 어느정도 드러나 있다. 전자의 계열은 여기서 새삼 비판할 필요도 없겠기에, 후자의 계열에 대해서만 잠깐 언급하겠다. 중국 민족해방운동론의 전형이라 할 마오 쩌뚱(毛澤東)의 인민혁명사관(人民革命史觀)은 토착적인 경험에 가치를 두면서도 근대를 넘어설 수 있는 길——봉건사회의 단계에서 자본주의단계를 거치지 않고 극히 짧은 과도기(반식민지반봉건사회)를 지나 사회주의라는 한층 더 선진적인 단계로 진입했다는 식으로——을 제시한 비교적 포괄적인 체계로 보여 한동안 중국은 물론이고 서구 학계의 일부에서도 영향력이 컸다. 그러나 서구 학계에서 중국혁명에 동조적이면서 제국주의의 역할에 비판적인 '제국주의적 접근'도 서구중심적 시각을 벗어나지 못한 것이듯, 민족해방운동론 또한 여전히 근대성의 틀 속에 있음이 지적되기도 한다.[2]

위의 다른 설명틀보다는 '중국중심의 연구'가 편견에서 훨씬 멀리 벗어나 있는 것이 분명하다. 즉 사료를 중시하고 그것을 치밀하게 분석하는 과정에서 자연스레 체득된 설명틀을 활용하는 객관적인——사료 자체가 예시한 것을 귀기울여 듣고 나서 재생시킨——연구가 된다. 그러나 '중국

사연구를 '충격-반응모델' '전통-근대모델' 및 '제국주의모델'의 셋으로 나누고, 이 세 모델의 공통된 문제점을 다음과 같이 지적한다. 즉 아편전쟁을 중국근대의 개막으로 봄으로써 중국의 과거를 정체적으로 보고 서양의 침입으로 중국사회의 변혁이 시작되었다고 인식하여 아편전쟁 이전부터 시작된 중국의 사회변동의 중요성을 간과한다. 그리고 서양과의 차이를 외재적으로 중국에 적용시킨 결과 그 차이로서 계량될 수 없는 것을 무의미하다고 단정한다. 이같은 문제점은 세 모델 모두 '서양중심적' 성격에서 말미암은 것이다. 그것은 서양의 역할을 긍정적으로 보는가 아닌가, 또는 중국혁명에 공명하는가 아닌가라는 판단의 축과는 전혀 별개의 차원에 존재하는 문제점이라고 한다.

2) 阿里夫·德利克(Arif Dirlik)「現代主義和反現代主義: 毛澤東的馬克思主義」, 『中國社會科學』(香港), 총5기(1993.11). 여기서 딜릭은 마오 쩌뚱 사상에 반근대주의가 있지만 그것이 근대성을 저해하는 봉건잔재 같은 것은 아니고 중국적 근대성(제3세계 근대성의 일종)의 산물로 본다. 따라서 마오가 맑스주의를 받아들인 것은 근대성으로 중국의 경험을 설명한 시도가 된다. 그밖에 '반근대적 근대화'로 설명하는 汪暉「중국사회주의와 근대성 문제」, 『창작과비평』 1994년 겨울호도 참조할 만하다.

중심'이란 것이 무엇인지를 정작 따지고 든다면 문제는 그렇게 단순하지 않다. 중국중심의 '중국'이 순수한 것으로 상정될 수 있을까? 그럴 수 없다면 어떤 설명틀에도 오염되지 않은 본래의 중국역사를 재현하고자 꿈꾸기보다는 여러 설명틀들이 역사적 사실을 그들 나름으로 이야기해가는 과정을 엄밀하게 짚어보면서 그에 연관된 도덕적·정치적 입장을 대비시켜 드러내는 것이 역사적 진실에 도달하는 방편일지도 모른다.[3]

이처럼 기존의 주요한 설명틀이 대부분 설득력이 잃게 된, 말하자면 '패러다임의 위기'나 다름없는 상황에서 요즈음 새롭게 주목되고 있는 것이 '시민사회'론인 것 같다. 주로 미국의 중국학계에서 관심갖기 시작해 점차 동아시아에까지 반향이 확산되고 있다. 서구의 근대적 산물인 '시민사회'(civil society)에 해당하는 것을 중국(사)에서 찾을 수 있는가 하는 물음을 둘러싼 일련의 논의가 진행중이다.[4]

미국의 중국학자 사이에서 시민사회론이 제기된 직접적인 배경이 된 것은 동구 현실사회주의의 몰락과 1989년 봄을 전후한 중국 민주화운동의 폭발과 좌절이다. 이 점을 한 연구자는 "좌우익 권위주의체제에서 민

---

3) 코헨의 '중국중심의 연구'를 비판한 이 대목은 Duara, *Rescuing History from the Nation: Questioning Narratives of Modern China*, The University of Chicago Press 1995, 26~27면에 의존했다.

4) 1991년 4월의 아시아학회 연차대회에서 한 패널이 시민사회를 주제로 삼은 것을 비롯해 여러 차례 학술모임이 열렸고, 1993년에는 *Modern China*, Vol. 19, No. 2 (April 1993)가 시민사회와 공공영역을 특집으로 꾸몄다. 중국 양안 모두에서 그에 대한 논의가 일고 있는데, 특히 대륙에서 활발하다. 그에 관한 소개는 『中國社會科學』(香港), 총 4기(1993.8)와 대륙 안과 밖(망명지식인)의 논의를 비교한 Shu-Yun Ma, "The Chinese Discourse on Civil Society," *The China Quarterly*, 137 (March 1994) 참조. 특히 타이완의 논의에 대해서는 『當代』 제47기(1990.3)의 시민사회 특집 참조. 일본에서는 그리 활발히 토론되고 있진 않지만 岸本美緒 「市民社會'論と中國」, 『歷史評論』 1993.10가 눈에 띈다. 하버마스의 공공영역 개념의 중국 적용에 대해서는 岸本美緒와 溝口雄三이 언급하고 있다. 그에 대해서는 본문에서 언급될 것이다. 한국에서는 한국의 시민사회에 대한 논의는 활발하지만 중국사에서의 시민사회에 대한 활자화된 논의는 아직 보지 못했다. 필자가 미국의 연구동향을 간단히 언급한 바 있다. 『아시아문화』(한림대) 제7호 (1991) 참조.

주주의가 극적으로 전개됨에 따라 시민사회 개념에 대한 새로운 관심이 일어났다"5)고 너무나도 분명하게 밝힌 바 있다. 배경이 그와 같기에 "중국에 시민사회가 존재했던 적이 있는가"라는 물음은 지적 관심을 넘어서 연구자의 도덕적·정치적 입장과 연계되기가 십상이다. 중국사연구자인 로(Rowe)는 다음과 같이 이 점을 아주 솔직히 털어놓는다.

그러한 작업에 내재되어 있는 지적인 명제들 너머에는 쉽게 해결할 수 없는 도덕적·정책적 쟁점들이 여전히 엄존하고 있다. 이러한 관점에 우리의 문제를 정형화시켜나가다 보면 혹시라도 도덕적인 의미에서 진퇴양난에 빠지지 않게 될까 우려된다. 만약에 우리가 중국은 당연히 시민사회로의 진화를 꾀했어야 한다는 결론을 내린다면, 자민족중심주의라는 과오를 저지르는 꼴이다. 즉 우리 자신의 국지적인 문화발전의 길을 다른 사회들이 반드시 따라야 할 보편적 모델로 설정하는 것이다. 나는 미국의 자유민주주의적 제도들을 그것을 원하지 않는 베이징정권과 같은 정권들에게 받아들이도록 강요하는 일이 분명히 정당화될 수 없음을 고백한다. 그러나 반대로 우리가 역사적·문화적 차이를 이유로 들어 중국으로 하여금 정치적으로 좀더 '우리와 같아질 것'을 요구하는 것을 면제해준다면 오리엔탈리즘으로 의심받아 마땅하다. 즉 덜 '문명화된' 다른 사회들이 우리가 우리 스스로를 위해 세워놓은 기준에 따라 살도록 기대할 수는 없는 것이다. 이러한 후자의 논리체계는 다름아니라 1989년 천안문학살을 묵인하는 부시 행정부가 취한 개탄스러운 자세에 잠재해 있던 것이다.6)

서구인이 아닌 중국인 학자들의 시민사회 논의에서도 중국현실에 대

---

5) Thomas B. Gold, "Civil Society in Taiwan: Confucian Dimension," Conference on the Confucian Dimension of the Dynamics of Industrial East Asia (May 15~18, 1991)에 제출된 발표요지.(이 글은 나중에 Tu Wei-ming, ed., *Confucian Traditions in East Asian Modernity*, Cambridge: Harvard University Press 1996에 수록되었다. 인용문은 245면.)

6) William T. Rowe, "The Problem of 'Civil Society' in Late Imperial China," *Modern China*, Vol. 19, No. 2 (April 1993) 140~41면.

한 도덕적·정치적 입장이 그 바탕에 깔려 있음을 알아차릴 수 있다. 시민사회 개념을 수용할 때 그 경험적 측면보다는 규범적 측면을 중요시하면서 일종의 '유토피아' 이념으로 여겨 그 잣대로 중국현실을 비판한다. 시민사회를 사회발전을 위한 목표로 설정하고 그것을 향한 완만한 과정에서 그 구체적인 모습이 드러날 것으로 기대한다.[7]

이렇게 볼 때 시민사회의 존재 여부에 관한 중국(사)에서의 논의는 처음부터 역사학만의 쟁점이라기보다는 현존하는 (타이완해협 양안의) 국민국가들에 대한 평가와 전망까지도 아우르는 거대한——보기에 따라서는 목적론적인 이데올로기일 수 있는——설명틀을 전제하고 있는 셈이다. 따라서 역사학이라는 실증적 학문분야에서는 규범적인 거대 설명틀이 사실을 왜곡시키는 억압적인 것으로 거부반응을 일으키기 쉽다. 더욱이 그 설명틀이 보편적 가치를 지닌 것으로 받아들여지면 모를까 서구적 역사경험의 소산으로 간주된다면 그 한계는 이미 분명한 것 같다. 이전의 자본주의맹아론의 운명이 그랬듯이 한때의 유행사조로 빤짝 인기를 누리다가 서구중심주의란 혐의를 받으며 쉽사리 퇴조할 것으로 생각될 수도 있다.[8]

그러나 시민사회 개념을 중국(사)에 적용하는 것이 가능하다고 주장하는 연구자의 정치적·도덕적 입장이 현실과 일정한 연관을 갖고 있을 터이니, 그 논의를 한번 진지하게 검토해볼 필요가 있다. 서구는 물론이고 중국의 두 국민국가, 일본 그리고 우리나라에서도 최근 시민사회 개념이 논란을 일으키고 있는 현실을 무시할 수 없다는 뜻이다. 우리 논의만 놓고 보면 '맑스주의의 정정 또는 기각'이란 문제의식과 '새로운 민주주의를 낳을 대항세력의 모태로서의 시민사회'란 문제의식이 혼재되어 있지 싶

---

7) 景躍進 「市民社會與中國現代化'學術討論會述要」, 『中國社會科學』(香港), 총5기 (1993.11) 198면.

8) Philip Kuhn, "Civil Society and Constitutional Development," *American-European Symposium on State vs. Society in East Asian Traditions* (Paris, May 1991).

은데,[9] 이같은 혼재의 실체를 밝히기 위해서도 중국이란 구체적인 사례를 둘러싼 쟁점을 점검하는 것은 가치가 있을 것이다. 더 중요하게는 중국연구자인 필자로서는 이 개념이 중국사회와 역사의 역동성을 드러내는 데 유용한 분석도구일 수 있다고 보여져 간단히 무시하기 어렵다.

시민사회론은, 역사학계의 쟁점에 한정할 때, 이제까지 서구 학계는 물론이고 중국·일본·한국 등의 학계가 제각기의 문제의식으로 다뤄온 중국역사 속의 국가와 사회의 특질에 관한 연구성과——명청대 이래 신사층의 역할 확대와 국가권력의 관계 및 그에 대한 인식의 변화, 그리고 그것들이 서구와의 접촉 이래 어떻게 변형되었는가에 대한 여러가지 세부적인 연구——를 포괄적으로 재해석하게 자극하는 '거대한 물음'이므로 연구자로서는 정면에서 검토하지 않을 수 없다. 또한 그 과정에서 같은 연구대상을 해석하는 연구자들이 그들이 속한 국가(또는 문화)에 따라 드러내는 시각의 편차를 짚어냄으로써 '근대성' 자체에 대한 비판적 이해가 조금이나마 가능할 것으로 기대된다.

2. 연관된 개념의 검토: 시민사회·공공영역·민간사회

시민사회

시민사회(civil society)란 개념은 본래 국가(state)와 동의어였지만, 헤겔이 그 개념을 국가와 대립시켜 파악한 이래 서구 정치사상의 주요한 테마였다. 그런데 이것은 실제 역사연구를 통하여 그 실체가 해명된 것이라기보다는 사변적 사고를 통해 형성된 논리이다. 서구 여러 나라의 시민사회 형성과정이 다양했을 것은 쉽게 짐작되지만, 언제 영국이나 독일에서 시민사회가 등장하였는가 같은 물음에 대한 구체적인 논의가 이뤄진 것 같지는 않다. 주로 개념적 논의에 치중되었기에 그 개념사적 변화는 추적

9) 이기홍 「시민사회론을 위하여」, 『문학과사회』 1993년 봄호 325면.

할 수 있지만, 간단히 정의하기는 쉽지 않다.[10] 최근 동구권의 변화 즉 (공산)당-국가의 억압으로부터 벗어난 사회세력의 활기가 '시민사회의 부활'로 파악되면서 이 개념이 새롭게 주목되어 논의가 활발하지만, 논자마다 그 개념을 한정하여 쓰고 있다는 느낌이 든다.

서구가 아닌 중국(사)에 그것을 적용하려는 연구자들은 무엇보다 먼저 개념의 용법에 아주 신중하다. 그래서 글의 첫머리에서 자신의 규정을 밝히는 경우가 종종 있다. 예를 들면 타이완 정치에 적용한 정치학자 골드(Gold)는

　　간단히 말해 내가 쓰는 시민사회란 개념은 국가 (또는 레닌주의적 체제에서는 당-국가) 밖에 있는 자율적인 조직들의 영역을 의미하는데, 그 구성원은 스스로 조직하여 그 집단의 경계를 긋고 자신들의 업무를 처리하며 다른 유사하게 구성된 집단들 및 국가와 여러 형태의 관계를 맺는 데 참여한다. 이들 조직은 공식적 제도화의 정도에 따라 차이가 난다. 그 대부분의 활동, 특히 국가와의 경쟁은 새롭게 구성된 공공영역에서 언론매체·출판·대중문화·토론·시위를 통해 그리고 선거 같은 명백히 정치적인 활동을 통해 이뤄진다.[11]

고 규정한다. 또 중국근대사 전문가인 두아라(Duara)는 시민사회를 "공공문제에 대한 논의와 그 자체의 자율성을 지키는 데 참여하는 자율적 결집의 영역" 정도로 제한해 쓰면서 그 '자율성'조차 엄격하게 적용하지 말자고 한다.[12] 이처럼 문장으로 분명하게 한정하지 않는다 해도 대개는 최소한의 공통점을 갖고 있다. 즉 국가와 대치하면서도 공식적인 정책에 영향을 미칠 수 있는 개인의 자율적인 결합으로 파악하려는 경향이다.[13]

10) 이에 대해서는 신광영 「시민사회 개념과 시민사회 형성」, 『아시아문화』 제10호, 1994 참조.
11) Gold, 앞의 글 246면.
12) Duara, 앞의 책 5장.
13) David Strand, "'Civil Society' and 'Public Sphere' in Modern China: A Perspective

그런데 이같이 느슨하게 규정된 '시민사회'라도 중국의 역사 속에 적용할 때는 많은 문제점이 따른다. 그것을 로는 이렇게 지적한다.

나로서는 이 (시민사회 개념을 둘러싼—옮긴이) 논란의 역사를 봐도 시민사회의 정확한 대상 또는 내용이 개념화를 피하는 것 같다. 이 과제는 하버마스(1989)와 20세기 후반의 다른 역사학자들의 재구성을 기다렸다. 그들이 재구성한 시민사회도 근대 초기 유럽의 과거에 나타난 그 시대의 현상을 느슨하게 집적한 것 이상이 아닐지도 모른다. 그러나 적어도 유럽에서는 그 관념 자체가 역사를 갖고 있다.
그러나 중국에는 그같은 역사가 없었다.[14]

물론 서구 근대사회 속에서 추출된, 시민사회의 요소라 할 여러가지 제도·관행의 일부는 중국의 명청대에서 발견된다. 그래서 '분명한 전근대적 시민사회'로 지칭되기도 한다.[15] 그리고 그런 요소가 청말 이래 특히 민국초에는 좀더 많이 발견된다. 그러나 서구 시민사회는 부르주아지의 시민사회로서 자본주의 발전과 불가분의 관계가 있을진대, 자본주의가 하나의 체제로까지 발전했다고는 결코 볼 수 없는 중국에서 서구의 그것과 똑같은—더욱이 서구의 그것도 나라마다 달랐을 터이니—형태의 시민사회를 찾는다는 것은 불가능할 것이다(오늘날 시장경제제도가 확산됨에 따라 시민사회가 출현한다면 몰라도). 그렇다면 시민사회란 개념은 중국에 온전히 적용될 수 없지 않은가. 여기에서 하버마스의 '공공영역'(public sphere) 개념이 상대적으로 더 많은 관심을 끌게 된다.

on Popular Movements in Beijing, 1919~1989," Working Paper in Asian/Pacific Studies, Duke University 1990, 3면.
14) Rowe, 앞의 글 142면.
15) Mayfair Mei-hui Yang, "Between State and Society: The Construction of Corporateness in a Chinese Socialist Factory," *Australian Journal of Chinese Affairs*, 22 (July 1989) 35면.

공공영역

하버마스가 개념화한 공공영역도 기본적으로 부르주아지의 공공영역으로서 시민사회의 특수한 발현형태라고 볼 수 있다. 17,18세기 자본주의의 급속한 발전은 상품경제와 의사소통체계를 확대시켜, 한편으로는 고립된 개인을 사회적으로 통합시키는 시민사회와, 다른 한편으로는 중상주의적 경제정책을 추진하기 위한 국가기구를 강화하는 양극화를 낳았다. 부르주아지는 자신들의 이해관계를 보호하기 위해 국가의 정책에 대항하는 의사결정의 영역을 형성했다. 그것이 바로 공공영역인데 공공영역은 부르주아지의 계급적 이해관계로만 환원되지 않는다. 그들의 정치적 경험 안에 저장된 비판적인 반성활동 덕에 국가와 시민사회의 매개항으로서 민주적이고 비판적인 여론정치의 주체로 기능한다. 역사적으로 처음에 클럽과 쌀롱에서 문학과 예술에 관한 주제를 토론하는 것으로 시작되었으나 신문과 각종 인쇄물의 보급에 힘입어 정치적인 쟁점을 합리적·비판적으로 다루면서 정치적인 저항잠재세력으로서의 성격을 갖게 되었다. 그리고 정치적 공공영역의 형성과정은 정당의 결성, 의회민주주의의 확립과 밀접한 관련을 맺고 진행되어, 의회민주주의 통치형태를 취한 근대적 법치국가의 조직원리로 작용하고, 그 역할은 근대헌법의 기본권에 직접적으로 반영된다.[16]

이러한 하버마스의 개념은 역사적 분석을 곁들인 사회학적 연구의 소산이어서 애매성에 대한 논란도 있을 수 있지만, 중국사연구자에게는 시민사회 개념과 달리 적용의 여지가 훨씬 많은 것으로 간주된다. 특히 서구처럼 자본주의가 발달하거나 부르주아지가 성장하지 않은 중국의 전통시대에도 '비판적인 여론정치의 주체로서의 공공영역'의 존재는 확인되는 것이다.[17]

---

16) 공공영역에 대해서는 김호기 「공중과 의회민주주의의 구조적 변동: 하버마스의 정치이론을 중심으로」, 『연세사회학』 제10·11호(1990) 참조.

17) Mary B. Rankin, "The Origins of a Chinese public sphere: local elites and community affairs in the late-imperial period," *Etudes Chinoises*, Vol. 9, No. 2 (Fall

이 개념을 중국사연구에서 처음으로 구사한 것은 쇼파(Keith Shoppa)[18]이고, 이같은 문제의식을 직접 하버마스로부터 빌려오진 않았지만 비교적 체계적으로 제시하여 이제 대표적인 주장자나 다름없게 된 것은 랜킨(Rankin)[19]이라 할 수 있다. 그리고 하버마스의 저술이 영역된 것을 계기로 그 개념을 정면으로 수용하면서 그 시각에서 기왕의 연구성과를 정리하여 논쟁을 불러일으킨 장본인은 로[20]이다. 그들이 공공영역 개념을 중국사에 적용할 수 있는 근거로 드는 공통점을 간단히 추려보면, 서구의 퍼블릭(Public)에 해당하는 중국어의 '공(公)' 개념이 사용되었다는 어휘상의 유사성에서 출발하여, 더 중요하게는 17~19세기에 지방의 신사층이 국가의 공권력 밖에서 공공적인 활동을 확대하였다는 사실을 부각시키는 것이라고 할 수 있다. 좀더 구체적으로 살펴보면, 랜킨은 ① 왕조쇠퇴기에 순환적으로 나타난, 예컨대 명말에 나타난 신사층의 명왕조 관료체제에 대한 비판적인 활동과 조직, ②상업과 인구의 확산을 배경으로 길드와 종족(宗族), 종교조직의 발달, ③지방신사층의 공공사업 등을 예로 들고 있다. 요컨대 그녀가 말하는 '공공영역'은 지방에서 이뤄진 초관료제적인 사업과 제도 및 그 안에서 활동하는 지방엘리뜨와 관리를 포괄한다. 따라서 사(私)와 관(官, 국가)·공(公)의 양극구조가 아닌 사와 관을 매개하는 공(公)이라는 3층구조가 제시된다. 그리고 17~19세기에 지방의 신사층이 국가의 공권력 밖에서 공공적인 활동을 확대함에

1990) 15면 주 6.

18) Keith Shoppa, *Chinese Elites and Political Change: Zhejiang Province in the Early Twentieth Centuries*, Cambridge: Harvard University Press 1982.

19) Mary B. Rankin, *Elite Activism and Political Transformation in China: Zhejiang Province, 1865~1911*, Stanford: Stanford University Press 1986에서는 하버마스와 직접 관계 없이 지방엘리뜨의 공공영역에 대해 논의하였지만, 앞의 글, 1990: "Some Observations on a Chinese Public Sphere," *Modern China*, Vol. 19, No. 2 (April 1993)에서는 하버마스의 개념을 원용하면서 그 논의를 심화시켰다.

20) William T. Rowe, "The Public Sphere in Modern China," *Modern China*, Vol. 16, No. 3 (July 1990)가 논쟁을 야기한 논문이다.

따라 그 개념도 확대된다는 것이다.[21]

그러나 중국의 '공' 개념 자체가 공(共)과 관(官)의 이중적인 의미를 갖고 있듯이, 명청대 신사층이 주로 지방의 차원에서 보여준 다양한 결집과 그에 기반한 활동은 국가로부터 자율적인 영역인 동시에 국가의 기능을 보완하는 것이었다. 이같은 특징은, 공적 영역이 지방에 제한되었기에, 하버마스가 말한 (전국적 차원의) 국가지향이나 합리적·비판적 기능이란 시각에서 결격사유가 있었다고 볼 수 있다.[22] 따라서 공적 영역이 존재했다 하더라도 그것이 국가권력이 쇠퇴한 결과였는지 아니면 국가권력의 위장된 성장 즉 지방으로의 실질적 침투였는지는 아직도 논란거리가 된다.[23]

민간사회

위와 같은 비판은 서구 역사경험에서 제기된 개념을 중국사에 적용할 때 처음부터 예상되던 것이다. 그런 한계에도 불구하고 시민사회나 공공영역이란 개념을 계속 구사한다면 어떤 의미가 있는걸까. 이에 대해 하버마스의 공공영역을 처음 제기하면서 그것이 새로운 연구동향을 '정당화하는 원리'라고 강조하던[24] 로는 최근 그가 제기한 문제의식이 불러일으킨 비판과 반향을 염두에 두면서 그것을 "각자의 분석목적을 위해 사실에 입각해 구상하는 발견적 장치"로 한정한 바 있다. 논의되는 주제를 그만큼 명확히 이론적으로 구성하게 돕는 장치는 없다고 기대하는 것이다.[25]

그의 의도에 일단 공감하면서 필자는 여기서 '민간사회'란 개념을 사용

---

21) Rankin, 앞의 책, 1986; 앞의 글, 1990.
22) Craig Calhoun, "Civil Society and the Public Sphere," *Public Culture*, 1993~95, 277 면.
23) Rowe, 앞의 글, 1990, 320면.
24) 같은 글 325면.
25) Rowe, 앞의 글, 1993, 143면.

하려고 한다. 민간(사회)이란 용어는 중국 전통시대에 있었던 것으로 '사' 적 성격이 강한 민간조직을 의미하는데,[26] 현재 타이완에서는 civil society의 번역어이긴 하나 "관부(官府)에 대항하는 민간(民間)"이란 함 의가 강조된 채 쓰이고 있다.[27] 말하자면 관-민의 양분론적 시각이 전제 되어 있다. 그러나 필자는 '민간사회'란 용어를 civil society의 단순한 번 역어라기보다는 그 어휘가 전통적으로 가리켜온 내용과 civil society가 가리키는 내용의 차이와 공통점을 동시에 드러내는 기호로서 잠정적으로 사용하려고 한다.

필자가 민간사회란 용어를 쓸 경우, '시민사회'가 갖고 있던 역사성이 매몰되고 중국사의 어느 시대에나 적용될 수 있는 통시대적인 용어가 될 지도 모른다는 위험을 감당하면서까지 그것을 일단 받아들이는 이유는, 그것이 자본주의와 연결되어 좁은 의미로 쓰이는 것을 피하려는 것이다. 말하자면 시민(부르주아지)의 사회로 한정시키길 않고, 하버마스의 공공 영역이 제시한 내용을 활용하는 것으로서, 공공문제의 논의에 참여하는 사회(특히 직능별)집단의 자율적 결집의 영역을 민간사회로 파악하고자 한다. 서구의 시민사회가 국가권력으로부터 자립한 공동의 영역인 데 비 해 민간사회는 전통적으로 국가권력으로부터의 자립 지향과 동시에 그것 의 보완 지향을 갖는 영역이다. 따라서 중국에서는 국가와 (민간)사회를 대립적으로 보기보다는 양자가 공동의 이념을 공유하면서 서로 경쟁하고

---

26) 林毓生「建立中國的公民社會與'現代的民間社會'」,『中國時報周刊』14호 (1992.4.5~11) 59~60면. 여기서 필자가 말하는 민간사회란 가족공동체인 종족(宗族), 가(家)를 기초로 한 지역공동체인 향리(鄕里)를 주된 구성영역으로 하고 역사상 호족· 문벌귀족·사대부·신사를 매개로 국가권력과 접촉하던 질서이다. 그런데 그 구성영역이 적어도 명청대 이래 확대되어 늦어도 1920년대에는 서구의 '시민사회'와 유사한 요소가 상당히 드러날 정도로 변모했지만, '시민사회'란 개념으로 파악하는 것이 적절치 않다는 것이 이 글의 기본 취지이다. 그렇다고 해서 '민간사회'란 용어 자체가 전통시대에 쓰였 다는 것은 물론 아니다. '사회'란 어휘가 society의 번역어로서 일본을 통해 수입된 것은 정말이다.
27) 景躍進, 앞의 글 197면.

타협하는 관계로 인식하는 것이 필요하다. 민간사회를 구성하는 자율적 집단은 그같은 관계를 구체화하는 주체라 하겠다. 그리고 그 내용은 시대에 따라 변했으니, 특히 청말민국초에는 근대적 변모를 겪었다고 이해하려는 것이다.[28]

3. 명청대 민간사회의 존재양상

명청대에서 공공영역의 존재를 주장하는 논자들이 역사적 근거로 자주 거론하는 사례를 점검해보자. 먼저 공·사 개념의 변화, 그 다음으로 명말 이래 더욱 거세어진 지방분권화의 지향, 지방에서의 신사층의 공적 활동, 동향정서(同鄕情緖) 또는 동업정서(同業情緖)에 기반한 각종 길드 (會館·公所)가 중앙공권력인 황제권이 미치지 못한 영역에서 수행한 공적 —— 행정의 '민영화' 또는 '사영화'로도 볼 수 있는 —— 역할, 그리고 그 것들이 서구의 제도와 관념을 수용하면서 어떻게 변형되었는지를 살펴볼 것이다. 이때 그 근거가 되는 역사적 사실에 대한 아시아 학자들의 기존 설명방식과 (공공영역의 근거로 제시하는) 서구 학자들의 설명방식을 간략하게나마 가급적 대비시킬 것이다.

공 · 사 개념의 변화

서양의 public에 상응한 공이란 용어가 중국의 전통시대에 사용되었기에 그 의미의 유사성은 논의의 처음부터 주목되었다. 원래 수장(首長)의 존칭이었던 공이 동시엔가 얼마 되지 않아서인가 그 수장의 지배 아래 있는 공동체와 관계되는 개념이 되고, 그에 대응한 것으로서 비공동(非共

---

28) 공민(公民)사회란 용어를 쓰거나, 아니면 페어뱅크처럼 '중국적 시민사회'로 볼 수도 있겠지만(John King Fairbank, *China: A New History*, Cambridge: Harvard University Press 1992), 필자가 이에 대해 비판적이란 점은 본문에서 어느정도 드러났을 것이다.

同)·비공유(非共有)의 사(私)라는 개념이 성립하였다. 그러다가 정치기구가 정비됨에 따라 국가·조정·관사(官事)를 공이라고 하고 사가(私家)·사인(私人)·사사(私事)를 사라고 하는 정치영역상의 공·사(公私)가 성립하였다. 이와같은 공동체적 및 정치영역적인 공·사의 어의상 흐름은 한자문화권 어디에서도 볼 수 있지만, 특히 중국에서는 적어도 전국말(戰國末)부터 한대(漢代)에 걸쳐 공을 '평분(平分)' 즉 공평(公平)과 공정(公正)의 공이라고 하는 도의적인 공·사도 나타났다.[29]

이같은 기본적인 의미가 역사의 변화에 따라 그 내포가 조금씩 변해 공은 다양한 어의를 갖게 되는데, 적어도 청대 중기에는 지방신사층이 담당한 공공적인 활동을 관과는 구별되는 공으로 지칭하는 용법이 눈에 띈다 (官田이 아닌 公田, 歸官이 아닌 歸公 등). 그리고 청말에는 의미가 확충되어 신사층의 비관료적인 정치활동도 포괄하게 된다. 말하자면 공이 관 (국가)과 동일시되는 것이 아니라 자율적인 정치적 결합의 명분으로 작용하게 된다.

이것이 다름아닌 랜킨과 로 등이 주목한 공공영역의 중요한 출발점이다. 랜킨은 명말 이래 나타난 공동체지향적(community-centered)이고 초관료적인 엘리뜨의 행동을 중요시한다. 물론 이것은 지방 차원에 한정된 것이어서 그녀에 의해 '오래된 지방적 공공영역'(old local public sphere)으로 불리지만, 그것이 청말에 들어서면 구조변화를 겪는다는 점도 중시된다. 즉 국가적 쟁점이 지역을 강타함에 따라 그전과 달리 국가 차원의 문제를 다루는 공론(公論)이 발생한다는 것이다.[30]

이같은 서구 학자들의 해석이 지나치게 공과 사를 분리시키는 것이 아닐까 하고 한자권의 학자들은 우려한다. 예를 들면, 진 야오지(金耀基)는 중국인의 공·사 관념 역시 역사적으로 변해왔음을 주장한다.[31] 그리고 위

---

29) 溝口雄三 「中國における公·私概念の展開」, 『思想』 669호(1980).

30) Rankin, 앞의 글, 1993.

31) 金耀基 「中國人的'公' '私'觀念」, 『中國社會科學季刊』 총6기(1994.2).

의 랜킨과 로에 의해 그 성과가 인용되고 있는 미조구찌 유우조오(溝口雄三)는 최근 공공영역 개념을 비판하면서 공의 연속성 즉 '동심원적 파급성'을 강조한 바 있다. 즉 민간의 지방엘리뜨가 주도하는 '공동(共同)의 공'(公約·公建·公議·公擧), 지방관아의 정치영역의 공(公署·公衙·公費), 민중층의 도의적·원리적 공(人心之公·公憤)이 서로 얽혀 있다는 것이다. 그렇다고 그가 그 동심원이 반드시 평탄하게 전개되었다고 보는 것은 아니다. 명말청초의 공 개념에 사를 포괄하는 새로운 면이 나타났듯이 변화하지만, 기본적으로 중국에서의 공은 "불평등한 상하관계 속에서 더구나 공동성을 우위로 하는, 바꿔 말하면 사익과 공동성의 경계가 애매한 전체 우위의 연결이었다"고 주장한다. 사가 전체와 융합될 것이 미리부터 예정되어 있는 도의적인 조화의 공〔合天下之私 以成天下之公〕이라는 것이다.[32]

미조구찌 유우조오는 여기서 한 걸음 더 나아가, 이같은 공 개념을 기반으로 청말에 서구근대 민권사상을 수용하였다고 주장하면서 그것을 '대동적(大同的) 근대'라고 개념화한다. 그 특징은 민권이라 해도 개인의 권리라기보다는 국민이나 인민의 전체의 권리로서 주장된다는 데 있다. 그리고 그것은 공화사상뿐만 아니라 인민민주주의까지 포괄하게 된다고 보았다. 즉 "'개(個)'가 아니고 '공(共)'에 의하여 민생을 민권과 함께 동심원적으로 결절(結節)하는 것이며, 따라서 그것은 당초부터 독자중국적으로 사회주의적이기도 한 것이다. 독자중국적이라고 한 것은 후일의 마오쩌둥이 염두에 있기 때문에 하는 말인데, 맑스주의를 중국에 독자적으로 적응시켰다는 내실은 결국 대동적 근대를 프롤레타리아적으로 발전시켜 그것을 인민=농민의 저변으로까지 미치게 하였다는 것에 지나지 않는다."[33]

---

32) 溝口雄三「中國の公と日本の公」, 『大東文化硏究』 제28집, 1993.
33) 미조구찌 유우조 「中國近代를 보는 시각」, 민두기 편 『중국현대사의 구조』, 청람 1983, 287면.

명말 이래의 분권화 지향

전통시대 중국의 정치제도에 관한 가장 중요한 쟁점이 분권지향인 봉건제와 중앙집권지향인 군현제(郡縣制)의 우열득실을 따지는 논쟁이었다. 그중 봉건제 지지론에 지방자치와 비슷한 주장인 본지인(本地人)에 의한 행정, 신사(紳士)의 지방행정에의 참여, 지방관(地方官)의 존중과 자율성의 강화 등의 요구가 포함되어 있었다. 그런데 청대에는 봉건지지론이 우세하되 그 지지론은 이전의 그것과 달리 군현제라는 주어진 사실의 이론적 부정이 아니라 군현제 안에 봉건제의 유지를 살린다는 개혁론으로서의 봉건론적 절충이었다. 구체적으로 그 내용을 보면, 중앙정부의 권한을 약화 내지 제한하는 뜻에서 전통적 회피제(回避制)의 굴레를 벗어나 주현(州縣) 단위로 본지인이 본지 일을 처리해야 한다는 것이었고, 그 본지인이란 사실은 재향신사(在鄕紳士)를 뜻했다. 본지인이 일을 맡아야 한다는 것은 두 가지 의미가 있다. 하나는 본지인을 본지의 지방관에 앉혀야 한다는 것이고, 다른 하나는 전통적으로 지방관의 손이 미치지 못한 분야를 다뤄왔던 지방신사의 활동을 제도화하여 지방행정에 참여하게 한다는 것이었다. 이러한 주장은 봉건제가 안고 있는 분(分)과 공(公)의 원리로서 정당화되었다.

이 봉건론이 갖고 있는 특성인 분권에 의한 집권적 군권(君權)의 제약 요구는, 청말 개혁파의 입헌군주제 논의 속에서 근대적 의회제의 특색인 군권 제약과 곧 어우러졌다. 이러한 원리적 공통성을 배경으로 하여 절충적 봉건지지론의 지방자치적 주장에 대응하는 것으로서 서양의 의회제적 지방자치, 즉 지방의회중심의 지방자치가 논의되는 것이다.[34]

랜킨은 져쟝(浙江)성 지방엘리뜨의 연구에서 이같은 봉건론의 역할에 주목한 바 있다.[35] 즉 전제적 중앙권력을 제한하고 국가적 정책결정과정

---

34) 이상은 閔斗基「中國의 傳統的 政治像: 封建郡縣論議를 중심으로」;「淸代封建論의 近代的 變貌: 淸末地方自治論으로서의 傾斜와 紳士層」,『中國近代史硏究』, 일조각 1973 참조.

35) Rankin, 앞의 책, 1986, 140~44면.

에서 공론과 지방엘리뜨의 역할을 강화하기 위한 논의에 봉건론의 영향이 강하게 드리우고 있다는 것이다.

그녀보다도 더 본격적으로 봉건론을 시민사회와 연결시켜 재해석한 것이 두아라이다. 그는 봉건론을 유교이념에 의해 인정된 자율적 영역으로 본다. 봉건론에는 지방신사에게 권한을 부여하고 인민주권을 소홀히 여기게 만드는 온정주의적 요소가 있으며 또 강한 사회만을 요구하는 것이 아니라 강한 국가에 관한 기획도 있긴 하다. 그러나 지방신사에게 권한을 부여하는 의회제적 지방자치 기획은 사회의 주도권이 중요함을 보여준다. 그저 신사층의 자율성만을 보호하려는 것이 아니라 사회 그 자체의 자율성을 지키려 한 것이다.

이것이 그가 말한 '봉건제와 시민사회의 혼혈'인데, 그것은 국가를 근대화하는 전략을 둘러싼 경쟁에서 '국가주의적 내셔널리즘'에 지고 말았다. 근대화과정에서 국가가 자율적인 사회의 창의력을 박탈했고, 그래서 활력있는 사회의 에너지와 자원을 동원할 수 없었기 때문에 근대성이란 목표에도 도달하지 못한 것이다.[36]

신사의 공적 활동

명초에 국가통치의 중요한 기초의 하나는 향촌의 질서와 재생산 기능을 유지하는 것이었는데, 그것은 이갑제질서(里甲制秩序)를 통하여 실현되었다. 이갑제질서 아래에서는 관료가 아닌 지역유지인 이장(里長)과 이노인(里老人)이 이(里) 내의 정치적·경제적·문화적 역할을 담당하였다. 그러나 15세기 중엽부터의 사회적 변화는 종래 이장과 이노인을 중심으로 하여 유지되어오던 향촌의 질서와 재생산 기능을 점차 약화시켰다.

이 무렵부터 신사층의 역할이 기대를 모으게 되었다. 국가는 약화되어가는 이갑제를 보완하는 수단으로 향촌지배 기능의 일부를 지방에서 이미 영향력이 커진 신사에게 위임하고 그 진행과정을 통제함으로써 통치

---

36) Duara, 앞의 책 제5장.

질서를 지속시킬 수밖에 없었다. 농민들도 그러한 기능의 일부를 신사의 실질적인 영향력과 공의식(公意識)에 호소함으로써 지방행정과 이갑제 질서가 미치지 못하는 부분을 보충하려 하였다.

그들은 국가로부터 부여받은 특권과 평소 그들이 지닌 자원을 이용해 다양한 형태의 활동을 벌였다. 부를 축적하기 위한 각종 합법·비합법적인 경제활동을 벌이는 한편, 수리관개시설의 신·개축을 비롯해 도로·교량·부두 등을 건설하고 의전(義田)·의장(義莊)·의창(義倉)·의총(義冢)·학전(學田) 등을 설치하였으며 가뭄·홍수·기근·질병이나 전란시 광범한 구제활동을 전개하였다. 요컨대 신사는 지방에서 공의식과 사리추구가 혼합된 양면성을 보여주었다.[37]

이같은 신사의 역할은 청대까지 유지되었는데, 그 양면성 중 공의식에 입각한 활동에 주로 주목해 '공공영역'으로 파악한 것이 바로 랜킨과 로의 연구라 하겠다. 그중 랜킨의 '지역엘리뜨'의 공공영역에 관한 설명은 다음과 같다.[38]

국가가 확대하는 경제나 인구에 발맞춰갈 수 있을 정도로 관료와 재정자원을 확보하지 못했을 때, 관료제 밖의 공식적인 조직이 추가적으로 공공영역을 창출함으로써 역동성이 생겼다.[39] 그렇다고 신사가 관료를 배제하는 것은 결코 아니고 관료와 신사는 상호의존적 관계를 유지해 그 어느쪽이 배타적으로 지배하는 것을 피했다. 신사와 경쟁할 수 있는 세력인 관리는 회피제로 외지에서 온 인물일 뿐만 아니라 전근을 해야 했고, 서리(胥吏)는 사회적 지위가 낮았기에 신사의 독자적 영역이 가능했다. 따

---

37) 이상은 吳金成『中國近世社會經濟史硏究』, 일조각 1983.

38) Rankin, 앞의 글, 1993.

39) 명말청초 이래 상품경제의 발달로 시진(市鎭)이 급증하는 등 사회적 유동성이 높아진 데다 청 중기에 인구가 급증하여 행정써비스나 기타 경비의 부담이 대폭적으로 늘어났으나, 청조는 기존 행정체계로 대응했다. 예컨대 현의 수가 약 1500개로 고정되었지만, 실제로는 8000개나 필요했다. 이같은 행정공백을 지방엘리뜨가 메웠던 것이다. 村田雄二郎「王朝·國家·社會: 近代中國の場合」, 溝口雄三 외 편『アジアから考える〔4〕社會と國家』, 東京大出版會 1994, 50면.

라서 지역은 신사의 정체성의 일부이다. 천하에 대한 사명감이 지역성을 넘게 할 가능성은 있었지만, 그것은 청말에 이르러서야 개혁사상으로 구체화된다.

물론 이것은 하버마스가 말한 서구의 '공공영역'과는 차이가 있음을 그녀도 인정한다. 즉 명청대의 그것은 지역적이고 전국적인 국가정치에 별 영향을 못 미쳤다. 상업이나 상품경제의 발전과는 관련이 있었으니 신상(紳商)의 출현이 그 단적인 예라 하겠으나 자본주의와는 무관했다. 또 공개적인 토론보다는 경영(management)에 호소하고, 관리와 신사가 대립하기보다는 합의하는 형식을 취했다. 그렇기 때문에 공공영역이 이론적으로 정립되거나 법률로 보호되기 힘들었고, 공개적으로 국가권력에 대한 제한이 시도되지 않았다.

그러나 이러한 차이에도 불구하고 명청대를 대상으로 공공영역을 논의할 수 있는 이유는 지역사회에서의 조직적 잠재력에 있다. 공공조직이 엘리뜨 사회구조에 연결되어 있어 국가행정에 흡수되지 않도록 결정적으로 도왔다. 좀더 구체적으로는 관의 재가나 문화적·사회적 관행에 기반한다. 후자의 경우 사회적 연결망('關係')의 중첩에 의해 지역사회 안의 권력이나 영향력에 접근하여 공공영역을 강화한다. 그리고 경영기관이 공공참여의 추진력이 된다. 그것이 국가가 인정한 기관이라서일 뿐만 아니라 그들에게 모일 장소와 명분을 제공하기 때문이다. 요컨대 정치체제의 변화를 가져오지는 못했지만, 신사의 공공참여의 이같은 유형은 '오래된 지역적 공공영역'으로서 (개인이나 사적 소유가 아닌) 단체와 지역, 그리고 (공개토론이 아닌) 경영에 기반해 자리잡았다는 것이다.

도시 상인의 공공활동

전통시대 중국상인들의 결합은 보통 회관(會館)과 공소(公所)를 중심으로 이뤄졌다. 양자의 기능은 상당히 유사한 점이 많지만, 전자가 동향회(同鄉會)의 색채가 강하고 비교적 느슨한 조직이었다면[40] 후자는 동일업종의 단체로서 통제력이 강한 조직이었다고 할 수 있다.[40] 서구의 길드에 비견될 수 있는 이들 조직은 이미 당대(唐代)에 나타났는데 본격적으로 활동한 것은 그 명칭에서 드러나듯이 그들이 모이는 공공건물이나 사무소가 확산된 명대부터였다. 특히 명말에는 상품경제의 발달과 시장의 확대로 그들의 활동영역이 넓어지자 일가일족(一家一族)의 범위에 갇히지 않고 종족간의 혈연적 결합과 지연(地緣)을 연결시켜 상방(商幇)을 형성하였다. 대체적으로 상방은 지연 범위가 수개 성에 달할 정도로 넓어졌고 동업적 성격이 강해졌지만 혈연적 색채는 엷어졌다. 그 조직형식은 회관이었다.[42]

이같은 추세는 청대에도 이어졌는데, 로는 그중 19세기 양쯔강 중류의 한커우(漢口)를 사례연구하여, 도시상인들의 길드가 시(市)와 일체감을 갖고 행정적 자치를 수행했음을 보여주고, 그것을 서구문화가 중국에 유입되기 전에 성취한 '토착적인 도시화의 최고 수준의 표현'으로 평가했다.[43] 더욱이 한커우는 여러 다른 성에서 흘러들어온 상인들이 주가 되어 구성된 도시이나 그들은 도시주민들과 강한 '지역적(locational) 일체감'을 공유했다.[44] 그리고 관으로부터 공식적인 인가를 얻지는 않았으나 그들은 사실상 상당한 정도의 자율성을 누렸다. 그 권한은 관리들과의 적당한 타협의 소산이고 법률상으로 보장되지는 않았지만, 시간이 지나면서

---

40) 회관의 유형을 회원의 신분으로 구별하면, ①관리 위주의 회관, ②신사와 상인이 함께 세운 회관, ③상인 위주의 회관이 있다. ①은 관리가 동향의 관리나 신사와 과거보러 오는 자들을 위해 세운 것으로 뻬이징에선 주류였지만, 다른 지역에서는 ③유형이 주류였다. 그 기능은 ①향현(鄕賢)이나 향신(鄕神)에 대한 제사, ②공익사업, ③특권상인인 아인(牙人)에 대한 단결·대항, ④상업발전을 위한 대형공사, ⑤관청과의 교섭업무로 분류된다.

41) 그 기능은 ①동일업종 내의 경쟁 제한, ②동일업종 안의 상인의 정상활동 지원, ③관청과 결합해 노동자의 파업 억제, ④공익사업으로 분류된다.

42) 唐力行『商人與中國近世社會』, 浙江人民出版社 1993.

43) William Rowe, *Hankow: Commerce and Society in a Chinese City, 1796~1889*, Standford: Standford University Press 1984, 17면.

44) 같은 책 338면.

그들에게 중심이 옮겨져갔다고 한다.[45]

특히 태평천국운동(太平天國運動)을 전후한 시기에 상업에 대한 관료적 통제가 약화된 이래 한커우의 상인세계는 "낯익은 서구의 전산업적·도시적·상업자본주의적 사회처럼 보이게 되었다."[46] 도시의 자치에 관해서 말한다면, 한커우는 조직적이고 공동적 형태의 시민활동과 광범위한 자선·공익사업 기관이 도시의 사회문제에 대처했다는 점에서, 상당히 "근대초기 유럽의 도시와 닮았다."[47]

이같은 상인의 공공활동, 특히 자치는 그가 미처 다루지 않은 청말에 더 두드러졌다. 그것은 1904~12년에 거의 전국에 걸쳐 922개소나 설립된 상회(商會)에서 잘 엿볼 수 있다. 상회는 신식상인의 조직으로서 업종이나 지연〔貫籍〕에 따른 제한을 둔 회관이나 공소의 폐쇄성에서 벗어났다. 이것은 청조가 신정개혁(新政改革)의 일환으로 일련의 실업진흥을 위한 법령을 반포해 상인의 사회적 지위를 공인한 조치가 그전부터 지속해온 상인의 자치활동에 활력을 불어넣은 결과라 하겠다. 그들은 독자적으로 무장을 갖춘 상단(商團)을 조직하여 사회 치안유지를 위한 중요한 군사역량이 되었다. 뿐만 아니라 학무공소(學務公所)·체육회·상학회(商學會) 등 문화·교육 영역에도 간여했다. 그리고 더 중요하게는 도시행정을 주도하였다. 예컨대 상하이의 상무총회(商務總會)를 비롯해 쑤저우(蘇州)의 시민공사(市民公司), 한커우의 보안회(保安會)와 자치회(自治會) 등은 기층상인의 자치단체로서 시의 행정을 전담했다. 그중 가장 비중이 큰 상하이의 자치활동은 조계의 서구적 행정구로부터 영향받은 '원초적인 민주적 형태'로 일찍부터 주목받은 바 있으니 더 설명한 필요가 없겠다.[48] 최근 관심을 끈 쑤저우의 경우만 해도, 지방관으로부터 "시민공사

---

45) 같은 책 339면.
46) 같은 책 120~21면.
47) William Rowe, *Hankow: Conflict and Community in a Chinese City, 1796~1895* Standford: Standford University Press 1989, 3, 5면.
48) Mark Elvin, "The Gentry Democracy in Chiness Shanghai, 1905~1914," Jack Gray,

를 설치하면 도로청소, 위생, 소방 등 일체의 공익사업을 주관하니 실로 자치의 앞날에 크게 도움된다"고 평가받았을 정도이다.[49]

이같은 움직임에 대한 연구가 이제 막 활발해진 지금으로서는 확대해석하는 것이 온당치 않다. "지리적·경제적 조건에 혜택받은 지역에서 나타난 예외적 사례이니, 이를 기준으로 당시의 지방자치 보급의 정도를 일반화할 수 없다"는 지적도 귀기울일 만하다.[50] 그러나 이처럼 상인의 공공활동이 확대된 것을 '재야의 민간사회 역량'으로 파악하면서, "그 힘이 공개적으로 국가권력에 대항할 정도는 아니고 오히려 관의 지지와 보호를 필요로 한 것은 분명하나 동시에 여러가지 유리한 조건을 이용해 각 방면에 그들의 세력과 영향을 침투시켜갔다"고 평가하는 것도 가능할 것이다.[51]

특히 주목한 것은 그들의 전례 없던 새로운 활동영역인 전국적 수준의 국가정책결정에의 간여이다. 갓 설립된 주요 도시의 상회들은 1905년 미국이민법에 반대하는 미국상품배척운동에 적극 참여한 것을 시작으로, 철도이권회수운동을 주도했고, 국회청원운동에 참여했다.

이상에서 명청대 민간사회의 여러 존재양상을 각각 살펴보았지만 실제 현실에서는 상당히 중첩되어 있었다는 것은 두말할 필요도 없다. 그것은 신상(紳商)의 활동에서 단적으로 드러나지만, 정치적으로는 청말의 개혁운동이나 입헌운동으로 합류되었고, 청조의 붕괴 즉 신해혁명을 사실상 주도했다고 볼 수 있다. 그것을 일부 서구 학자들처럼 '공공영역'의 역사적 근거로 파악하려 할 때 제기될 수 있는 문제는, 그들이 제시한 개

ed., *Modern China's Search for a Political Form*, Oxford University Press 1969; Mark Elvin, "The Administration of Shanghai, 1905~1914," *The Chinese City between Two Worlds*, Stanford University Press 1974; 小島淑男「辛亥革命における上海獨立と商紳層」,『中國近代化の社會構造』, 東京: 教育書籍 1960.
49) 朱英「淸末新興商人及民間社會」『二十一世紀』 1990년 제3기 40면.
50) 村田雄二郎, 앞의 글 63~64면.
51) 같은 글 43면.

별 근거가 사실에 의해 충분히 뒷받침되어 있느냐는 실증상의 한계[52]보다도, 그 공공영역과 국가의 관계를 이해하는 기본적인 시각에서 더 심각하게 발생한다. 여기서 말하는 시각의 문제란 위에서 소개한 바 있는 서구 연구자들이 중국을 대상으로 연구를 할 때 직면하는 오리엔탈리즘과 자민족중심주의 사이를 오락가락하기 쉬운 '편견'을 다시 거론하자는 것이 아니다. 그보다는 그같은 시각이 중국의 국가와 사회의 특징을 이해해온 기존 관점에 과연 얼마나 새로운 지평을 열어주는가 하는 물음으로 다시 평가해보자는 것이다.

국가와 사회의 관계를 둘러싼 논의가 새로운 것은 아니다. 전통시대 중국의 국가적 특징에 대한 그간의 논의는 아주 단순화한다면 크게 두 가지로 나눌 수 있다. 하나는 국가우월론이요 다른 하나는 민간단체우월론이다.[53] 전자에 속하는 대표적인 견해로 서구 학자는 물론이고 동아시아권에도 영향을 크게 미친 것은, 수리관개(水利灌漑)를 필요로 하는 도작(稻作)사회인 중국에는 대규모 토목공사를 효율적으로 운영하기 위해 '동양적 전제주의'가 불가피하다는 비트포겔(K. Wittfogel)의 주장과, 도시의 정치적 자율이 결여된 채 동향·혈연조직에 집착했기 때문에 자본주의가 발달하지 못했다는 베버(M. Weber)의 주장이다. 후자는 스미스(A. H. Smith)가 그의 저서 『중국의 촌락생활』(*Village Life in China*, 1899)에서 중국의 촌락은 주민 자신이 통치권을 장악한 소왕국이라 말한 데서 압축적으로 드러난다. 린 위탕(林語堂)도 그의 저서 『내 나라, 내 민족』(*My Country and My People*, 1935)에서 촌락에 발달한 자치조직만이 중국에 유일한 정치조직이라는 비슷한 주장을 한 바 있다. 그런데 이에 대한 평

---

52) 예를 들어 F. Wakeman, "The Civil Society and Public Sphere Debate: Western Reflections on Chinese Political Cuture," *Modern China* (April 1993)에서는 Rowe의 두 저서의 실증상 결함을 지적하고 있다.

53) 이 분류는 松本善海 「舊中國國家の特質論への反省」(1949), 歷史科學協議會 편 『アジアの變革』 하, 東京: 校倉書房 1980에서 시사받았다. 이 논문에는 주로 일본의 연구가 언급되어 있지만, 필자는 서양의 시각도 보충하였다.

가는 두 갈래로 나뉜다. 중국인은 "한줌의 모래[一片散沙]"와 같다는 쑨원의 잘 알려진 표현이 상징적으로 말하듯이, 전통적인 혈연이나 지연에 얽매여 자발적인 사회결합의 경험이 없던 전통사회의 특징이 근대적인 국민국가적 통합에 장애가 된다는 식으로 부정적으로 받아들일 수 있다. 그러나 그것을 민주주의적 요소로 보는 것도 가능하다. 사노 마나부(佐野學)는 그의 『청조사회사(淸朝社會史)』(1947~48)에서 민중은 국가와 관계없이 오히려 그에 대항해서 자연발생적으로 '민중 자신의 민주주의'를 촌락에 발달시켰다고 했다. 그래서 그는 '중간적 사회단체우월의 법칙'을 제시하였다. 나이또오 도라지로오(內藤虎次郎)는 『지나론(支那論)』(1914)에서 그같은 것만이 중국에서는 '생명있고 체통있는 조직'이라 보고 민간단체를 기초로 한 근대적 국민국가의 건설을 전망했다.

이러한 논의에는 그 어느 쪽이든 다분히 국가와 민간사회를 양분하고 하나가 강하면 다른 하나는 약할 수밖에 없다는 일종의 제로섬적인 사고가 밑바탕에 깔려 있다고 생각하지 않을 수 없다. 미국에서 진행되는, 시민사회나 공공영역의 개념을 중국에 적용하는 것을 놓고 벌이는 논란 역시――지방엘리뜨가 주도한 민간의 공공활동에 치중하긴 했지만, 명청대 사회와 국가가 접촉하는 면을 역동적으로 제시했고 또 그같은 방향의 연구의욕을 고취했다는 점에서 의의를 인정해야 옳지만――그같은 혐의에서 완전히 벗어나지는 못했다.

따라서 앞으로의 논의는 국가와 사회의 관계를 유기적으로 이해할 필요가 절실해진다. 이와 관련해 미조구찌의 국가와 사회의 관계를 '동심원적 이미지'로 보는 다음과 견해는 주목할 만하다.

적어도 명말 이후 '사회'는 민간의 사익을 횡적으로 유대케 하는 '연결의 공동체'로서, 한편으로는 관의 보완물이면서 다른 한편으로는 자립적이었으니, 그런 의미에서 그 동심원이 반드시 꼭 평탄한 것이 아니라 일정한 단계적 차이를 가진 것이었음을 알 수 있다. 이미지로 말한다면, 물고기의 비늘과 같이 낱낱이 각각 한쪽이면서 전체로서 물고기의 한 몸을 형성하고 있는,전체와 부분의 통일체로서의 이미지인 것이다.[54]

이 시각이 명청대 국가와 사회의 관계를 보는 데 한결 유용한 암시를 주는 것은 분명하나, 그 역시 기존의 여러 시각들과 마찬가지로 벗어나지 못한 함정이 있다. 양자의 관계를 아무리 복합적인 것으로 인정하더라도 그 진행방향이 '근대'로 가야 한다고 전제하고 있는 것이다. 그것은 그가 '대동적 근대'를 말하고 있는 데서 어느정도 드러난다. '대동적'이란 관형사를 붙여 '중국적 특색'의 근대임을 강조하지만 얼마만큼 근대극복 지향이 담겨 있는지는 분명하지 않다.

4. 민국초 민간사회의 활력과 민족주의

명청대의 민간사회가 유기적으로 연결되면서 전국적 수준의 정치문제에 간여하기 시작한 것은 신해혁명 직전의 신정기였고, 더 나아가 민국초에는 전에 없던 활력을 보였다. 위에서 거론한, 공공영역의 존재를 인정하는 학자들은 이것을 시민사회로 파악하고 있다. 그러나 그들이 모두 청대 전문가여서 민국시대의 사회에 대해서는 깊이있게 논증하지 못한 것 같다. 예컨대 랜킨과 같은 학자는 민국 초기에 시민사회가 존재한 것으로 파악하는데, 그녀가 제시한 중요한 역사적 근거인 법단(法團)의 동향을 살펴보자.

법단 즉 '각성법단(各省法團)'은 청말민국초에 청조 및 뻬이징정부로부터 법으로 공인된 단체·기관의 약칭이다.[55] 구체적으로는 상회·교육회

---

54) 溝口雄三「中國の公と日本の公」250면. 이 인용문은 필자 나름으로 손질한 것이다.
55) 신정 실시에 착수한 청조는 특히 식산흥업, 교육근대화를 추진하기 위해 '민'의 협력이 필요했다. 그래서 신정 추진의 보조기관으로 관제상의 규정 아래 조직된 것이 상회 (1903), 교육회(1906), 농회(1907) 등이다.

·농회·율사공회(律士公會)에 성의회·현의회 등 지방자치기관도 포함된다. 그 구성원은 각 성의 사회경제적·정치적 상황의 차이에 따라 지역별로 성격차를 보이지만, 중앙 및 각 성에 관리를 공급하는 측면과 아울러 청말 이래 각 계(界)로 분화하던 지방사회의 사회경제적 유력자라는 '신사'적 측면에서 공통의 기반을 갖는다.

그들은 지방의 이해관계에 입각해 자치운동을 벌였는데 위에서 보았듯이 청말에는 입헌자치운동으로 나타났다. 그리고 민국초에는 군벌전쟁에 의한 지방의 사회질서 혼란이나 산업부진을 성자치·지방자치의 달성으로 해결하려 했다. 그러나 성 수준의 정치적·경제적 안정을 위해서도 전국적 전망이 필요함을 깨닫게 되어 군벌전쟁의 근본원인인 중앙정부의 불안정을 해소할 수 있는 방안을 모색하였다.[56]

이것이 민국시기에 '초기적 시민사회'(incipient civil society)가 존재했다는 랜킨의 주장의 중요한 근거이다. 물론 그녀는 그밖에도 언론·출판이 국가적 규모의 토론장을 제공했다는 것, 공개정치가 발전했다는 것, 시민행동의 새 형태가 주요 도시에 나타났다는 것을 근거로 들었다. 그리고 그 한계로는 법적 보호의 미약, 개인권의 소홀, 공개토론되는 정치쟁점에 결여된 온건한 합리성, 의회의 무력, 억압적 정부를 견제할 효과적 헌법 부재 등이 지적되어야 한다는 것도 언급한다.[57]

그녀에 비해 정치학자인 스트랜드(D. Strand)는 1920년대 뻬이징의 인력거꾼의 자발적인 사회결합에 초점을 맞춰 분석한 뻬이징의 권력관계를 기반으로 1920년대에 시민사회가 출현했음을 본격적으로 주장하여 눈길을 끈다. 그는 랜킨과 마찬가지로 법단의 역할을 중시하였다. 법단의 역할이 관에의 종속과 그로부터의 자율이 혼합된 것이어서 국가권력의 확장인 동시에 사회세력의 이해관계의 결정(結晶)이라는 이중적 성격을 갖

---

56) 金子肇 「一九二〇年代前半における各省'法團'勢力と北京政府」, 横山英 편 『中國の近代化と地方自治』, 東京: 頸草書房 1985.
57) Rankin, 앞의 글, 1993, 171~72면.

지만 "그 기반은 그것이 대변하는 사회집단에 굳게 뿌리내렸다"고 주장하였다.[58] 아울러 문인들의 쌀롱이나 회관·공소 이외에도 목욕탕·다방·레스토랑·색주가·공원·절·정자·극장·영화관 같은 공공장소가 확산되면서 정치토론의 장이 생겨났을 뿐만 아니라 신문·벽보·전단이 정치토론의 수단이 되었다는 것, 사회결합체(단체)가 증가했다는 것, 그리고 상회의 지역엘리뜨들이 군벌의 침략적인 요구를 조정하고 정부의 행정기능이 부재한 상태에서 시정을 운영하는 데 주도적이었다는 것 등을 근거로 들었다.[59]

그렇다고 그가 중국의 시민사회 또는 공공영역이 서구의 그것과 똑같다고 하는 것은 아니다. 중국의 그것은 개인적·사적이라기보다 공동적이고 기존 권력을 뒤엎는 것('혁명')이 아니라 가능하면 정부의 기능을 대행하는 '유사정부'의 기능을 수행하는데, 이것은 엘리뜨가 주도하던 민간행동주의(civic activism)의 전통을 따른 것이라고 본다.[60]

랜킨이나 스트랜드 모두 민국 초기 시민사회 ── 청대의 공공영역을 기반으로 하였기에 엄격한 의미의 서구적인 시민사회는 아니지만 ── 의 출현을 인정하면서도 또한 그것이 1920년대 이후, 정확히 쟝 졔스의 국민당정부와 공산당의 지배 아래에서는 더이상 발전할 수 없었다고 본다. 이같은 판단은 (바로 앞에서 소개된) 시민사회의 한계를 두 사람이 지적했을 때 이미 예상된 논리적 귀결이고, 더 발전할 수 없었던 원인은 그 한계로 대체될 수 있을 것이다. 스트랜드는 그 한계로 인한 시민사회의 취약성을 좀더 자세히 설명한다. 즉 정부의 강압에 쉽게 타협하는 '연성조

---

58) Strand, 앞의 글 7~8면.
59) David Strand, *Rickshaw Beijing: City People and Politics in the 1920s*, Berkely: University of California Press 1989: "An Early Republican Perspective on the Traditional Bases of Civil Society and the Public Sphere in China," American-European Symposium on State vs. Society in East Asian Traditions (Paris, May 29~31, 1991).
60) Strand, 앞의 글, 1990, 9~12면: 앞의 글, 1991, 25~28면.

직'(soft-organization)이었고, 그 구성이 단체로 이뤄졌는데 단체는 엘리 뜨적이고 배타적이어서 분파투쟁을 낳았고 아주 임시적인 사회구성이 될 수밖에 없었다고 한다.[61]

그렇다면 민국 초기에 출현했던 시민사회는 중국현대사에서 어떤 의미를 갖는 것일까. 이에 대해 스트랜드는 간접적으로 답한다. 즉 중국에서 민주주의의 전통은 '제도'적으로 정착된 것이 아니라 '운동'의 형태로 계승된 것이다.[62] 로는 '공' 개념에 대한 민중의 의식은 쉽게 지워지지 않으므로 중화인민공화국 아래에서도 국유나 사유가 아닌 공유 부문이 존재하는 것이라고 보았다.[63] 그리고 그같은 운동과 의식은 1989년 천안문에서의 '시민사회의 부활'을 위한 '저항의 상징적 레퍼토리'가 될 것이다.[64]

지금까지 검토해본 서구 학자들의 시민사회에 관한 논의는 논리적 곡예의 묘미를 보여주면서——스트랜드는 '종속적 자율'이란 표현까지 구사한다——'중국적 특색을 가진' 시민사회를 그려내려 매우 애쓰지만, 근본적으로는 국가와 사회에 관한 양분론의 틀을 벗어나지 못한 것 같다. 어떤 대목에서 스트랜드는 국가와 사회의 양분론의 극한에 부닥쳐 중국에서 양자의 구별은 (혼동스러운 것이 아니라) 모호하다고 지적한 바 있는데,[65] 이것은 판단정지가 아닐까. 그들의 시민사회론이 기여한 바는 국가와 사회가 관련을 맺는 공공영역을 제시한 점이 아닐 수 없다. 앞으로의 과제는 양자의 관련을 어떻게 포착하느냐일 것이다. 이 점에서 본다면, 일본 학자의 표현대로 '중국질서상(像)의 원래 이미지'는 '동심원의 연속성'일지도 모른다.[66] 그러나 이런 설명은, 동심원의 이미지가 바로 그렇듯

61) Strand, 앞의 글, 1990, 13~16: 앞의 글, 1991, 33~38면.

62) Strand, 앞의 글, 1990, 3면.

63) Rowe, 앞의 글, 1990, 326면.

64) Wakeman, 앞의 글 135면 주 10. 스트랜드는 오랜 기간에 걸쳐 만들어진 저항의 상징적 레퍼토리에 의해 유지되는, 상대적으로 자율적인 사회운동을 강조하는 '신문화주의자들'이 겉보기에는 그람시와 닮은 것 같지만, 그보다는 전통을 의식하는 사회사연구자, 나탈리 데이비스, 찰스 틸리, 린 헌트 등에 더 의존하고 있다고 본다.

65) Strand, 앞의 글, 1991, 16면.

이, 양자의 조화 내지 타협의 측면을 지나치게 부각시키게 될 위험이 있다.[67] 양자의 관계를 한층 더 잘 포착할 수 있는 방편은 양자가 접촉하는 역사적 과정──타협과 갈등의 현장──의 동태를 충실히 재현하는 데서 찾을 수 있지 않을까 싶다. 필자는 이같은 문제의식에서, 서구 학자들은 물론이고 다른 지역의 학자들도 별로 눈을 돌리지 않은 1920년대의 국민회의운동을 살펴보려고 한다.[68]

5·4운동기에 자생적으로 결합한 각종 (직능별) 사회집단들이 뻬이징정부의 정당성이 구조적 위기에 봉착한 1923년에 들어서 새로운 정치질서를 모색하는 과정에서[69] 구상하고 실천에 옮긴 것이 '국민회의운동'이었다. 1920년대의 국공합작은 이 국민회의운동의 요구를 국·공 양당이 수용한 결과라고 볼 수도 있다. 여기서 제기된 새로운 정치체제 구상은 각 개인이 아닌 직능별 사회집단이 그 기초라는 데서 서구의 대의제 민주주의와는 차이가 있다. 1923년 7월 공산당이 「제2차 시국주장」에서 공식으로 주목하기 시작하였고, 24년말 (국공합작체제하의) 국민당이 뻬이징정부에 대한 정치공세의 차원에서 국민회의촉성회운동을 적극 지원함으로써 확산된 이 구상은 구체적으로 실업단체·상회·교육회·대학·각성

---

66) 岸本美緒는 일본에 랜킨의 시민사회론을 소개한 학자인데, 그의 글 「比較國制史研究と中國社會像」, 『人民の歷史學』 제116호(1993.7) 9면에서 "국가(황제를 정점으로 한 관료기구)와 사회(민간의 사회집단이나 한층 더 부정형적인 인적 네트워크)가 전체 사회의 안녕질서라는 실질적 목적을 공유하면서 끊임없이 연속적으로 연결되어 있는 질서공간"을 말한다. 이것과 더불어 위에서 소개한 미조구찌의 공 개념에 대한 물고기 비늘의 비유를 참조 바람.

67) 岸本美緒 자신은, 중국에서의 '공'을 둘러싼 정치적 대립의 미약함을 지적하는 일부 서구 학자들의 논의가 반드시 타당하지는 않다고 생각한다면서도, "그러나 그 대립은 있어야 할 조화상태를 어지럽히는 자에 대한 비판으로서 나타나는 것이지 '국제(國制)'의 문제를 둘러싸고 다툰 것은 아니었다"고 한다(같은 글 11면).

68) 이하, 특히 국민회의운동에 관해서는 앞에 실린 「중국의 국민국가와 민족문제: 형성과 변형」에서 좀더 상세히 언급되었다.

69) 이와 더불어 일부 군벌과 지식인들이 주장한 연성자치론이라든가, 샹하이 상인들이 제기한 상인정부론, 그리고 각계와 국·공 양당이 추진한 국민회의운동이 정치적 활력을 보였다.

학생연합회·공회·농회·반직예파군(反直軍)·정당 대표에 의해 조직된 국민회의가 새로운 민의대변기구로 기능해야 한다는 형태로 나타났었다.

필자는 국민회의운동을 국·공 양당의 정략에 의한 것으로 한정하지 않고 1920년대의 사회집단들이 저마다의 일상생활의 이해관계에 기초해 조직화되면서 품게 된 정치체제 구상이 공산당 및 국민당의 권력관과 서로 경쟁·협상하는 장으로 보고 그것이 지닌 역동성을 새롭게 부각시키려고 한다.

이 역동성——서구 학자들이 제기한 시민사회가 아닌 민간사회의 활성화로 포착하려는 것——이 1920년대를 지나면서 소진되었을까? 필자는 그것이 소진되었다기보다는 변형된 채로, 쟝 제스의 난징정부가 통과시킨 '훈정약법'이 불러일으킨 '헌정'논쟁, 항일전기의 국민참정회, 그리고 내전기의 정치협상회의로 이어졌다고 보고 싶다.[70]

왜 그렇게 변형되었을까? 바꿔 말하면 앞서 본 대로 민간사회를 구성한 자율적 결집체들이 1920년대에 활력을 보였음에도 불구하고 그에 기반한 하나의 체제가 출현하지 못한 이유는 무엇일까?

쉽게 떠올릴 수 있는, 그렇다고 해서 가벼운 답이 아니라 오히려 포괄적인 답은 민족주의를 도입할 때 찾을 수 있을 것 같다. 흔히 민족주의가 중국에서 시민사회의 잠재적 가능성을 억압한 것으로 이해한다.[71] 특히 개인주의가 시민사회의 핵심이며 그것의 발전을 민족주의가 저해했으니 그로 인해 시민사회가 중국에서 정착할 수 없었다는 것이다.[72] 그러나 랜킨은 시민사회를 너무 좁게 이해해 개인주의와 일치시킬 필요는 없다고

---

70) 이 글에서는 이 문제에 대해 제대로 다루고 있지 못하지만 西村成雄는 민족주의와 관련해 국민당정부의 민주주의를 논하고 있다. 西村成雄『中國ナショナリズと民主主義: 20世紀中國政治史の新たな視界』, 東京: 研文出版 1991.

71) 그 점을 명시적으로 밝힌 것은 Kuhn이다. 그는 "민족주의가 '시민사회를 발전시킬 수 있는 모든 잠재적 가능성을 급격히 질식시켰다"고 본다. 민족주의의 결정적인 특징이 강한 중앙집중적 국가를 수립하려는 것이기 때문이라는 것이다.

72) 이것은 李澤厚가 제기한 '救亡'(즉 민족주의)이 '啓蒙'(즉 개인주의)을 압도했다는 주장과도 통한다. 李澤厚, 김형종 역,『중국현대사상사의 굴절』, 지식산업사 1992 참조.

지적한다.[73] 이 주장을 받아들인다면 민간사회를 개인주의에 얽매여 이해할 이유가 없다. 오히려 민족주의가 민간사회를 구성하는 자율적 결집체들을 민중운동에 효과적으로 동원함으로써 민간사회를 활성화시켰다고 볼 수 있다. 예를 들어, 1930년대에 난징정부를 향한 항일청원운동의 요구를 정부가 수용하지 못하자 그 운동은 각계의 민주화운동으로 발전했고 그 과정에서 민간의 자율적 결집은 확대되었다.[74]

   민족주의가 민간사회를 활성화시켰다고 하더라도, 그 활력이 왜 제도화될 수 없었는가 하는 문제는 여전히 남는다. 이와 관련해 중국에서의 민중운동이 '다분히 시민사회의 대체물'이었다고 보고, 민중운동이 "지속적인 정치적 제휴를 이룩하지 못하고 정부를 흔들 수는 있어도 계속적으로 정부의 권력을 견제할 수 없었"으므로 시민사회가 제도화되지 못했다고 본 랜킨의 설명은 흥미롭다.[75] 그러나 필자는 민중운동에 나타난 민간사회의 활력이 제도화되지 못한 것은, 그 활력이 민간사회라는 전통적 형식에 힘입어 민족주의에 쉽게 동원되었지만 활성화되면 될수록 그 낡은 형식과 충돌하게 된 탓이 아닐까 생각해본다.

   그런데 낡은 형식을 대신할 새로운 형식을 확보하지 못했지만 낡은 형식을 다소간 변형시킬 정도는 되었기에 1930년대 이래(앞에서 본 대로) 민족주의와 민주주의가 길항하는 정치적 양상이 전개되었던 것이다. 그 '새로운 형식'이 서구 학자들이 기대하는 '시민사회'의 제도화일지 아니면 다른 무엇으로 이름붙여야 할지를 지금의 필자로서는 명확히 표명할 수 없다. 단 분명한 점은, '시민사회'적 제도가 존재했는지 여부에 단순히 초점을 맞추기보다는 민간사회의 근대적 변모가 정치공동체의 형성과 어떻게 관련되는지 따져보는 일이 중요하다는 것이다. 특히 그 변모가 곧 여러 사회세력간의 이해관계의 타협과 대립의 과정을 의미할진대 그 과정

73) Rankin, 앞의 글, 1993, 172면.
74) 이에 대해서는 졸고 「第2次 國共合作의 成立過程과 그 意義」, 『講座中國史』 제7권, 지식산업사 1989 참조.
75) Rankin, 앞의 글, 1993, 176~77면.

에 나타나는 자기정체성(identity)의 다양성이 '합리적·비판적' 의지 형성에 의해 어느 정도 포섭될 수 있는지 주목해야 한다.[76] 여기에서 1920년대에 형성된 자율적인 직능별 사회집단이 자기정체성을 추구하면서 새롭게 정치체제를 구성하던 국민회의운동이 중요한 의미를 갖는다.[77]

5. 덧붙이는 말

최근 진행된 시민사회론은 중국사연구에 어떤 도움을 줄까. 그것은 명청대부터 민국기에 이르는 중국사에서 사회와 국가가 접촉하는 면을 역동적으로 제시했고, 또 그런 방향의 연구의욕을 고취했다는 점에서 의의를 인정해야 옳다. 이제 중국사에서 지역·민족·사회집단·종교 등의 다양성이 사회의 역동적인 현장으로서 새롭게 조명되길 기다리고 있다.

그러나 동시에 지금까지 검토해보았듯이 그 논의가 근본적으로는 국가와 사회에 관한 양분론의 틀을 벗어나지 못한 것 같다는 지적도 하지 않을 수 없다. 양자의 관계를 아무리 복합적인 것으로 이해하더라도 기본적으로 사회 쪽의 발전을 긍정적으로 바라보는 데서 잘 드러난다. 그런 경향은 명청대 신사층 내지 지방엘리뜨의 공공영역을 제시하면서 그들이 맡은 이중적 역할 중 공의식의 측면을 주로 부각시켰지 사리추구의 측면은 소홀히 다루고 있다는 데서 분명히 알 수 있다. 후자의 측면은 그들이 수행한 공공영역이 순수하게 공공적이지 않았다는 것을 뜻한다. 그들의

---

76) Craig Calhoun, 앞의 글 278~80면.
77) 졸저『中國現代大學文化硏究: 1920年代 大學生의 正體性 危機와 社會變革』, 일조각 1994에서 본문에서 말한 '중요한 의미'를 부분적으로 검토했다. 그밖에, 이 논문에서 1949년 이후는 다루지 않았지반 반관반민적 성격의 직능별 사회집단인 사단의 급속한 발전 추세는 체제개혁의 원동력으로 요즈음 주목되고 있는데 이것은 필자의 논지와 연관된다고 본다.『中國社會科學季刊』 총6기(1994.2)에 실린 특집 '社會結構變遷與中國改革' 참조.

일부가 1920년대 들어서 '토호열신(土豪劣紳)'으로 지목되어, 국민혁명의 타도대상이 된 것은 그 단적인 예이다. 따라서 그 안에서 진행된, 계급을 포함한 여러 사회집단들의 갈등과 타협의 실체가 충분히 밝혀져야 한다.[78]

기존 논의가 국가와 사회의 양분론에서 크게 벗어나지 못한 것은 서구 근대의 시민사회 또는 국민국가를 중국사가 지향할 모델로 (의식하든 않든) 설정하였기 때문에 빚어진 결과가 아닐까 싶다. 그런데 아시아 학자의 경우 국가와 사회의 양분론을 쉽게 받아들이지 않고 좀더 복합적인 것으로 파악하려는 경향이 짙다. 그러나 그들 역시 기본적으로는 근대극복 지향을 확보하지 못하고 있다. 위에서 본 일본 학자들의 민간사회우월론이 사회를 부각시켰다는 점에서 주목되나 여기에서 민간사회 우월의 근거로 제시되는 혈연관계나 길드조차 전통시대의 중국이 '전근대적'이었다는 근거로 제시하는 꼴이 되기 쉽다. 중국 학자들은 시민사회를 민주주의(를 비롯한 근대적인 서구 가치 중 좋은 것 모두)와 동일시하고 있는 형편이니 더말할 나위가 없다[79]

결국 그같은 논의의 밑바탕에 깔린 문제의식이, 아시아정체론의 옳고 그름을 따지든, 유럽사에 비교되는 중국사의 발전단계론을 설정하든, 아니면 유럽과는 상대적으로 독자적인 중국사상(中國史像)을 모색하든, 모두 유럽사상(史像)을 직접 또는 간접으로 전제하고 그로부터 비쳐진 중국사상을 구상한 것이다. 바꿔 말하면, 중국사의 진행방향이 '근대성'의 성취여야 한다는 전제 아래 중국사를 해석하고 있다는 것이다.

---

78) 김호기, 앞의 글 103면에서는 하버마스가 시민사회 안에서 진행되어온 분화과정에 대해 소홀히하였으며 부르주아의 공공영역에 대항하는 프롤레타리아 공공영역이 형성되었다고 지적한다. 또한 딜릭도 앞의 글 15면에서 시민사회가 여러 사회세력간의 이해가 충돌하는 장이나 기왕의 연구에서는 그 점이 간과됨을 강조하면서, 한 예로 처음부터 여성이 배제된 공공영역이 어찌 진정한 의미의 공공성을 가질 수 있느냐고 비판한다. 필자는 민중종교나 비밀결사의 자율적 결합도 민간질서의 시각에서 분석되어야 할 중요성이 있다고 생각하지만 여기서는 다루지 못했다.

79) 주 7 참조.

그렇다면 중국사를 연구하는 아시아인으로서 근대적응과 근대극복의 이중과제를 결합시키는 문제의식을 확보할 수 없는 것일까.[80] 요즈음의 가장 열띤 쟁점인 이 과제에 접근하는 하나의 작은 시도로 필자는 '동아시아적 시각'에 대해 짤막하게 언급하는 것으로 끝을 맺으려 한다. 유럽에 대비된 중국(또는 일본)을 아시아의 전형으로 보는 것이 아니라, 유럽도 서로 다른 여러 국가와 사회로 구성되었듯이 세계체제에 일부인 동아시아도 다양한 국가와 사회로 이뤄진 동아시아지역체계로 파악하고 중국을 그 일부로 위치짓는 것이다.[81] 이같은 필자의 문제의식이 아직 체계화되진 않았지만, 시민사회의 형성이 아닌 민간질서의 궤적을 탐구함으로써 중국인의 근대체험의 일면을 재구성한 이 글은 '동아시아적 시각'을 구체화하는 데 보탬이 될 것으로 기대한다. 〈1994, 개고 2000〉

---

80) 필자가 근대성을 부정하고 전통을 신비화하려는 것은 결코 아니다. 탈근대를 위해 전통을 신비화하는 것은 '아시아인의 오리엔탈리즘'이라고 말할 수 있을지도 모른다. 근대를 인정하되 그것을 극복하려는 지향을 동시에 가졌는지를 기준으로 삼아 중국사를 재검토하자는 것이다. 맹목적 근대추종과 낭만적 근대부정을 넘어서자는 필자의 문제의식을 공유하는 글을 문학이론에서 찾아볼 수 있다. 백낙청 「문학과 예술에서의 근대성 문제」, 『창작과비평』 1993년 겨울호; 최원식 「한국문학의 근대성을 다시 생각한다」, 『창작과비평』 1994년 겨울호 참조.
81) 이같은 필자의 문제의식의 시론적인 정리로는 이 책 2부에 실린 「한국에서의 중국현대사연구의 의미: 동아시아적 시각의 모색을 위한 성찰」 참조.

한국에서의 중국현대사연구의 의미

동아시아적 시각의 모색을 위한 성찰

1. 한국의 중국현대사 연구자의 정체성

필자가 1990~91년에 하버드-옌칭연구소의 객원연구원으로 미국에 머물 때, 미국인이나 미국에서 만난 중국인 학자들은 한국인인 내가 중국사를 연구한다고 하자 신기해(?)하며 왜 중국사를 연구하게 되었는지 퍽 궁금해하는 것 같았다. 그럴 때 나는, 지리적인 (그리고 좀더 따지고들면 문화적인) 근접성만 고려해도 우리 한국인이 중국사에 관심을 갖는 이유를 최소한 납득할 수 있을 터인데 그 사실조차 간과한 것이 아닌가 의아스러웠다. (사실은 거꾸로 아시아인인 내가 태평양 너머에 사는 서양인 중국학자들의 개인적인 동기를 궁금해해야 맞지 않을까?)

그러나 그 물음을 단순한 호기심이 아닌 좀더 의미깊은 것으로 받아들인다면, 즉 한국에서 중국사를 연구하는 것의 의미를 얼마나 우리가 의식하고 있는가를 물은 것으로 친다면, 솔직히 말해 명확한 답을 대기 어렵다.

결코 적잖은 수가 중국의 역사·어문학·철학을 연구하고 있고, 웬만한 종합대학이라면 중어중문학과·사학과·철학과에서 중국의 문학과 역사와 철학을 강의한다. 이같은 강의는 1971년 미국과 중국의 국교정상화

이전부터 있어왔고, 최근 한국정부가 '북방외교정책'을 추진하면서 더욱 활기를 띠고 있다. 이것은 러시아에 대한 강의나 연구가 겨우 최근에 관심을 모은 것과는 대조적이다. 그러나 중국사연구의 방법론이나 그 의미 (또는 현실과의 관련성)에 대한 이론적 검토는 거의 이뤄진 적이 없다.[1] 암묵적으로 문화적·역사적 경험의 친근성이 연구의 출발점이 되어 있는 것 같다. 따라서 중국연구의 특정한 경향의 윤곽도 그려내기 힘들다.[2]

어찌 보면 연구자 개인의 작업일 터인 중국사연구에서 (방법론이라면 혹 모를까) 그 의미를 굳이 공개적으로 논의한다는 일 자체가 부담스럽거나 개인의 영역을 침해하는 억압적인 짓일지도 모른다. 그런데 한 중견 중국사연구자는 우리 중국사학계의 중국이해에의 기여도가 전체적으로 낮다고 보면서 그 이유를 한국에서의 중국사연구가 독자적인 문제의식을 갖지 못한 데서 찾고 있다. 즉 "연구의 주체와 객체의 관계가 정립되지 못하였기 때문인 것 같다. 다시 말해 한국의 중국사연구가 '현재 우리에게 중국이 어떤 의미를 갖느냐'라는 문제에 대한 명확한 인식을 결여한 채 진행되어왔기 때문이"라고 진단하였다.[3] 이같은 지적을 듣고 보면 독창성을 목표로 삼는 학자라면 독자적인 문제의식을 개발하도록 힘써야 하고 그러기 위해서는 각자가 행하는 연구의 의미를 되씹어봐야 한다는 점이 분명해진다.

이러한 학계 안의 지적말고, 최근의 격동하는 세계사전개가 세계사회의 구성원인 우리 생활에 미치는 영향도 우리의 연구자세를 돌아보게 한다. 이른바 'NIEs'(또는 '네 마리 용')의 일원으로서 성장의 혜택을 즐기면서 선진국의 '부자클럽'에 들어가기를 고대하고 있지만 동시에 분단체제

1) 물론 전혀 없었던 것은 아니고 시론적인 차원의 문제제기는 다음에서 언급되듯이 민두기·박원호·이성규·하세봉 등에 의해 이뤄진 바 있다.
2) 『歷史學報』에 정기적으로 발표되는 '동양사학계 회고와 전망'을 보면, 대체로 개별 논문의 소개와 논평으로 채워져 있을 뿐이다.
3) 李成珪 「中國史研究의 現況과 課題」, 『우리나라 地域研究 現況·問題點·活性化方案 研究』, 서울대학교부설 지역연구종합센터 1990, 306면.

의 한쪽에 살고 있기에 온전한 자주적·민주적 사회를 이룩하기는커녕 '부자클럽'에 들어가는 데도 만만찮은 어려움을 겪는 우리이므로, 다른 사회들보다 지구적 수준의 변화로부터 더 직접적인 영향을 받고 있는 것 같다. 중국현대사 연구자인 우리 자신으로 시야를 좁혀보면, 연구대상인 중국이 1978년 이래 겪고 있는 변화인 개혁·개방——'천안문사태'가 그 한 매듭인——에 남달리 예민하게 반응하지 않을 수 없다. 즉 중국대륙의 정치노선을 뒤쫓기 쉬운 우리 현대사연구자에게 중국현대사의 구도에 대한 성찰을 촉구하는 것이다.

그러나 이러한 상황의 요구에 연구자가 곧바로 대응해 비판적 연구풍토를 형성한 것은 아직 아니다. 그렇지만 아주 미미하게나마 중국현대사 연구자들 사이에서 새로운 연구방향을 향한 발걸음이 조심스럽게 내디뎌지고 있음은 감지할 수 있다. 그것을 필자 개인의 시각에서 새로운 변화와 관련시켜 평가해보려고 한다.

먼저 중국현대사연구(정확하게는 그 밑에 깔려 있는 문제의식)의 어제와 오늘을 간략히 소개하고, 최근 대두되고 있는 새로운 지향 곧 국민혁명의 연구가 새로운 '동아시아적 시각'의 모색에 어떻게 기여할 수 있을지 전망해볼 것이다.

2. 한국의 중국현대사연구의 어제와 오늘: 동양학에서 동아시아학으로

전통시대에 우리는 같은 유교문화권에 속해 있어 중국문화, 특히 유교의 고전에 대한 깊은 이해가 있었다. 지배층에게 유교경전의 교양은 필수적인 것이었으니, 그 일부인 『춘추(春秋)』는 물론이고 『사기(史記)』 『자치통감(資治通鑑)』 같은 역사서적에도 상당한 조예가 있었다. 이것은 일차적으로 관리가 되기 위한 과거시험 준비가 목적이었지만, 더 나아가서

는 중국의 고전세계를 이상으로 삼고 그 이상을 탐구한다는 인문학적 동기에서 연유한 것이기도 했다. 이것이 우리의 중국사연구의 원체험이었다 하겠다.[4]

일본제국주의 침략(단순한 진출이 아닌)은 이 체험을 훼손하였고, 그 대신 일본을 통해 수입된 '서구적' (따라서 '근대적') 학문으로서의 '동양사(東洋史)'가 일본제국주의가 세운 근대적 교육기관에서 가르쳐졌다. '동양사'는 서양학문의 과학성이라는 미명을 빌려 한국의 토착적인 중국이해의 후진성·무용성을 강조하였다. 제국주의 침략을 옹호하는 이데올로기로서 기능했던 것이다. 따라서 일본이 세운 근대적 고등교육기관── 그 소재지가 조선반도든 일본열도든──에서 한국인이 동양사를 전공한다는 것은 결코 매력적인 일이 아니었다. 즉 식민지지배하에서 자기의 주체성 인식을 위한 학문적 작업의 하나로 동양사연구가 진행되었어야 했는데, 자기에 대한 주체적 인식이 아직 완전하지 않은 상태에서 '남'에 대한 탐구는 불가능하지는 않더라도 대단히 힘들었던 것이다.[5]

그렇다고 해서 식민지지식인들이 중국에 대한 동시대적 또는 시사적 관심조차 없었다는 것은 아니다. 1920년대로까지 거슬러올라갈 수 있는 이 동시대적 관심은 같이 제국주의적 압박을 받고 있다는 강한 연대감을 그 특징으로 한다. 이 흐름이 1945년 해방 직후 주체성인식이 고조되던 상황에서 학문적으로 발전될 가능성이 나타났지만[6] 곧이은 한국전쟁으

4) 이에 대해서는 「宋史筌의 편찬배경과 그 특색: 朝鮮學人의 中國史書 편찬에 관한 일 연구」(『震檀學報』 49호, 1980)를 비롯한 이성규 교수의 조선조 학인의 중국사이해에 관한 일련의 연구 참조.

5) 이하의 기술은 閔斗基 「韓國における中國史硏究の展開」, 『東アジア世界史探究』, 1986에 대부분 의존하였다. 그리고 『閔斗基自編年譜略』, 1992는 사적인 기록이나 우리 중국사연구의 궤적을 압축하고 있다.(추기: 후자는 나중에 보완되어 그의 수필집 『한 송이 들꽃과 만날 때』, 지식산업사 1997에 실렸다.)

6) 이런 흐름은 마오의 『新民主主義論』을 해방 직후 번역·출간한 金一出(당시 서울대 사학과 동양사전공 교수)의 말에서 확인해볼 수 있다. 1948년판 번역본의 「역자의 말」에 의하면, 초역본이 나온 지 석 달 만에 만권이 팔려 전역본을 정음문고로 간행하게 되었다고 한다. 민두기·하세봉에 의해 간략히 언급되었을 뿐인 이 시기의 중국(사)에 대한

로 불행하게도 굴절되고 말았다.

한국전쟁이 (종전이 아닌) 휴전으로 일단락된 1950년대 이후 냉전 분위기에 사로잡힌 '한국'(이제부터의 한국은 남한을 뜻함)에서의 중국사연구는 극히 어려웠다. 연구대상이 중화인민공화국이란 사회주의국가일 뿐만 아니라 전쟁의 한 당사자인 '적성국'과 연관되었기 때문이다. 그래서 처음에는 한중관계사가 연구되었고, 50년대말부터 한중관계사와는 차원을 달리하는 중국사 자체의 내재적 발전에 관한 연구가 조금씩 시작되었다. 한국전쟁이 끝난 뒤 구미 및 타이완 등과의 학술교류가 개시되었고 일본으로부터도 학술정보가 조금씩 들어왔다. 이 시기에 중국사 자체를 연구하기 위해서는 암울한 여러 제약을 극복하여야 했다. 즉 냉전체제적인 눈으로 중국을 보는 것을 그만두어야 했고 중국에 대한 특별한 감정이나 가치판단을 갖지 말아야 했다. 말하자면 연구대상과의 일정한 거리를 유지하는 '자유로운' 학풍이 조성되었다.[7]

1950년대말에 중국사연구가 시작되었지만, 중국근현대사연구는 자료의 한계와 사회의 냉전적 분위기에서 오는 제약 때문에 거의 이뤄지지 않았다. 그 벽을 넘어 현대사연구가 시작된 것은 1970년대 중반 무렵부터였다. 중국사연구 초창기부터 연구자들이 지녀온 잠재적 문제의식 —— 한·중 양국이 다같이 제국주의의 압박을 받은 데 대한 반제적 공감 —— 이 밑거름이 된 덕이었지만, 더 중요하면서도 직접적인 계기는 동양사학계 외부에서 이뤄진 한국의 억압적 정치상황에 대한 투쟁 즉 민족민주운동의 영향이었던 것 같다. 실제로 1980년대 들어와 젊은 연구자 중에 현대사연구자가 특히 많은데 그것은 그들이 대체로 중국사를 (역사 일반의 현상으로 본 선배들과 달리) 강한 현실적 의미를 갖는 것으로 파악하고자 했기 때문인 것이다. 말하자면 1920년대 한국지식인들이 중국의 혁명

_____

관심의 연구사적 위치는 본격적으로 검토될 가치가 있다.

7) 이것이 훗날 후학에게는 '폐쇄적' 연구자세로 비치기도 했다. 하세봉 「한국 동양사학계에 대한 비판적 검토」, 『역사비평』 5호(1989 여름). 그런데 '연구대상과의 거리'란 그렇게 단순한 문제가 아님은 뒤에서 살펴볼 것이다.

에서 자기성찰의 계기를 찾았듯이, 1970년대에 대학생활을 보내면서 중국의 문화대혁명, 거슬러올라가면 중국혁명사에서 한국 민족민주운동의 방향을 암시받고자 했던 젊은 연구자들은 1980년대부터는 중국사전공자로서 경력을 쌓아가면서 활발히 중국현대사연구의 성과를 발표하고 있다.

이에 대해 한 원로학자는 "한국의 현대사의 성격을 제3세계적인 문맥에서 파악하려는 새로운 사회적 동향이 중국현대사연구에의 관심을 고양시켰다고 볼 수 있다"고 지적한 바 있다.[8] 그런데 우리들 소장 중국현대사 연구자들이 우리의 입장을 과연 얼마나 명확히 인식하고 있는지는, 퍽 의심스럽다. 기본적으로 중국이나 한국 같은 동아시아의 역사를 종래 일본이 창안한 동양사 즉 '후진적·정체적인' 동양의 역사로서 받아들이지 않고 각각의 내재적 발전 경로를 객관적으로 이해하려는 학문적 자세를 견지하고 있음은 분명하나, 여기서 한 걸음 더 나아가 중국현대사 인식의 체계적인 틀을 모색하는 데는 충분한 관심이 기울여지지 않았다. 그러다 보니 "외국의 학설과 용어를 무비판적으로 수용하거나 그 논쟁의 꼬리를 따라다니기에 분망하다가 마침내 실망과 좌절을 느끼"게 된다고 고백하는 학자도 나타났고,[9] 또 이런 태도를 비판하면서 "우리는 외국학계가 수립한 논리구조의 톱니바퀴에서 연구수준의 발달을 논할 것이 아니라, 누구를 위하여 동양사를 연구하는가에 대하여 진지하게 자문해봐야 한다"고 추궁한 의견도 개진되었다.[10] 과연 중국을 비롯한 동아시아 지역에 대한 역사연구의 비판적 대안은 어디서 찾을 수 있을까.

얼마 전(80년대)까지만 해도 그 대안으로 사회구성체의 계기적 발전단계에 입각해 역사를 해석하는 시각이 '과학적' 방법론으로 부각된 바 있

---

8) 민두기, 앞의 글 50면. 그의 「韓國に於ける中國現代史硏究について」, 『近きにありて』 제10호(1986.11)에서도 비슷한 평가가 이뤄졌다.
9) 박원호 「韓國 東洋史學의 방향: 독자적인 東아시아歷史像의 형성을 위한 提言」, 『제 30회 全國歷史學大會 發表要旨』, 1987, 54면.
10) 하세봉, 앞의 글 239면.

다. 그런데 진보적 사회과학진영의 혼미가 극심한 요즘엔 그 유용성을 기왕의 논의 그대로 인정해야 하는지 따져볼 일이다. 더욱이 중국현대사 연구자에게 한때 매혹의 대상이었던 문화대혁명의 절망적인 모습도 어느정도 밝혀졌을 뿐만 아니라, 이제까지 아시아인에게 격렬한 힘과 빛을 지녔던 '제3세계'란 낱말도 본래의 뜻 그대로는 쓸 수 없는 요즈음이 아닌가.

3. 새로운 방향 모색을 향하여: 국민혁명연구와 동아시아적 시각

중국현대사 연구동향에 대한 이같은 자성은 (다행이라면 다행이지만) 한국에서만 볼 수 있는 일은 아닌 것 같다. 유럽의 중국사연구를 자책하는 소리를 들어보면 비슷하다는 느낌을 갖지 않을 수 없다. 프랑스의 중국학이 60년대 이래 미국 하버드대학의 분점처럼 되고 있어 문제라느니,[11] 유럽의 중국학자들이 안고 있는 '가장 우선적이고 비극적인' 문제는 역사학의 학문적 훈련이 안되어 있는 것이므로 사회과학적 방법론의 수련을 쌓아야 한다느니[12] 한다. 이것을 보면 우리가 움츠러들 이유는 없는 것 같다. 오히려 좀더 적극적으로 중국현대사연구의 문제의식을 체계화할 용기를 갖게 된다. 그리고 그것은 지리적으로 제한되고 단일민족으로 구성된 한국이란 민족국가의 구성원으로서 연구자가 경험한 것을 어떻게 활용하느냐, 더 정확히 말한다면 그 경험을 어떻게 비판적으로 재구성하느냐에 달려 있다고 믿는다.

그런데 한국인의 역사적 체험이 중국인이나 일본인의 그것과는 다르

---

11) Jean Chesneaux, "My Forty Years of Chinese History," *The Australian Journal of Chinese Affairs*, No. 22 (July 1989) 132면에서는 대개의 서방국가의 중국학연구가 'Harvard Model'을 따르고 있음을 지적하면서, 이것은 연구분야에서의 국제적 분업 대 개별 국가의 특수한 요구의 문제를 빚는다고 본다.
12) Hans Bielenstein, "Chinese Historiography in Europe," 歐洲漢學史國際討論會 발표문 (臺北 1992).

므로 중국현대사에 대한 독창적인 설명방식이 만들어질 수 있다고 종종 기대되곤 한다. 한 중견학자는 이렇게 말했다.

일본제국주의의 식민지지배를 경험하고 중국에 대해서는 가해자의 역할을 한 적이 없는 한국이 일본과 똑같은 중국사상(像)을 그리게 된다면 오히려 기이한 일에 속할 것이다. 역사발전의 형태가 일본보다는 중국에 가깝고 근대에서의 역사경험도 중국과 더 근사한 한국은, 중국 스스로가 깨닫기는 어렵고 일본도 사각(死角)에 빠져 잘 보이지 않는 근대중국사상을 한국의 입장에서 찾아낼 수 있을 것이다.[13]

중요한 지적이다. 한국인으로서의 체험이 '특유의 문제의식'을 낳을 것이란 기대는 우리 연구의 출발점이다.

여기서 더 나아가면, 우리의 체험을 규정하는 현실(의 변혁)에 대한 강한 관심에서 연역되는 문제의식이 제시될 수도 있다. 그러다 보면 우리 사회의 모순을 해결하기 위한 논의나 한국(현대)사연구의 성과를 수용할 것이 적극 요구될 수 있다.[14] 위의 원로학자의 지적처럼 젊은 연구자들이 우리 현실에 대한 관심에서 중국현대사연구를 시작한만큼, 개인차야 있겠지만 이러한 점은 일단 공통적으로 갖고 있는 문제의식이라고 정리될 수 있다. 필자 또한 이것을 공유해온 셈인데, 문제는 과연 여기서 그쳐도 좋을까 하는 것이다. 한국인으로서의 체험을 강조한, 어찌 보면 당연한 입장이 한국의 현실을 그대로 현대중국에 투영하는 것이어서는 안된다는 점을 지적하고 싶다. 1970년대에 일부 지식인들이 문화대혁명에 대해 품었던 환상은 그 폐단을 통렬하게 보여준다.[15]

---

13) 박원호, 앞의 글 55면.
14) 하세봉, 앞의 글이 이 지향을 그 나름으로 대변한 바 있다.
15) 한국에 문화대혁명을 소개한 리영희 교수는 1970년대의 우리 현실에 대한 비판적 인식에서 중국연구를 하면서 '대리경험'을 한 셈이라고 훗날 털어놓은 바 있다. 『李泳禧先生華甲記念文集』, 두레 1989, 590면.

여기서 잠깐 관심을 일본의 학계로 돌리겠다. 일본의 상당수 중국근현대사 연구자가 그러했듯이, 그리고 지금도 그러하듯이, 연구자가 자국과 중국의 관계를 양자만의 특수한 관계로 인식하고 중국현실(더 정확히는 중국당국의 시기별 지도노선)에 밀착해 연구하는 것은 대상의 객관적 이해를 방해하는 결과를 초래할 수 있다. 이런 우려는 다음과 같은 일본 연구자의 발언에서 불행하게도 사실로 확인된다. "민국사(民國史) 연구를 계속하는 의의의 하나도 사실은 근현대 중국과 일본의 관계를 추구하는 것이며, 왜곡된 현대중국이 현대일본의 투영이기도 하다는 것에 주목하지 않을 수 없다."[16] 1950년 전후에 태어난 소장학자 세대의 문제의식을 대변하고 있는 이 일본 학자는 그러한 정황에서 벗어나려면 일국의 구조를 벗어난 구상이 필요하다고 위의 인용문에 뒤이어 지적하고 있을 뿐 더이상의 구체적 의견을 제시하고 있지 않다. 또한 근대일본의 역사적 경험에 대한 철저한 자기비판(또는 객관화)이 전제되어야 하는데 그 점이 빠졌다는 사실이다. 근대일본이 중국과 떼려야 뗄 수 없는 관계를 맺어왔음을 감안하더라도, 이런 한계는 간과할 수 없다.[17]

이것은 한국인으로서의 체험을 강조하는 주장에도 당연히 적용되어야 한다. 그래서 연구자가 속한 민족국가에서의 체험을 존중하되 이런 시각이 초래할지도 모를 위험에서 벗어날 수 있는 길의 하나로, 필자는 한국의 역사적 경험을 적어도 동아시아적 시각에 비춰 재구성할 것을 제의한다.

몇년 전 '동아시아역사상'이 새로운 중국사연구의 방향으로 제시되고 그 구체적 방법으로 비교사가 거론된 바 있다.[18] 그러나 필자가 말하는 '동아시아적 시각'은 단순히 비교사의 관점을 도입하자는 뜻은 아니다. 예컨대 동아시아 3국(한·중·일)에 대한 비교사의 지식이 축적되면 언젠가

---

16) 久保亨 「天安門'以後の中國近現代史」, 『歷史評論』 제500호 312면.
17) 좀더 자세히 보면 천안문사태 이후 '민주화'운동에 자신을 깊이 밀착하고 있는 듯해, 이 같은 자세가 또다른 '밀착사관'을 낳지 않을까 우려하게 되는 것이다.
18) 박원호, 앞의 글.

자동적으로 주어질 어떤 모델 같은 것이 아니라 기왕의 학문자세에 대한 비판적 대안을 모색하자는 것이다.

이와 관련해 위에서도 언급한 중견학자가 서구의 학문체계에 압도당한 우리 학문풍토를 '비정상'적인 것으로 개탄하면서, "동양사회에서는 동양학을 중심으로 학문의 체계와 내용이 조직되어야 한다는 것"에 대한 합의를 얻는 일이 중요함을 강조하기 위해 제기한 인문사회과학의 전반적인 '국학(東洋學)위주화' 구상은[19] 시사하는 바가 크다. 사실, 지금 동아시아적 시각을 말하고 있지만 동아시아란 그 실체가 지리적 범위에 갇힌 고정된 것이 아니라 그곳에 사는 인간들의 행위(인식행위를 포함해)에 의해 변하는 문화적 구성물이다.[20] 따라서 우리가 자신의 일상적인 삶의 문제를 풀어나가는 과정에서, 특히 연구자로서는 새로운 학문자세를 모색하는 과정에서 새롭게 규정할 수 있는 것이다. '국학(동양학)위주화' 구상을 그 일환으로 보고자 한다. 그것이 체계를 갖추어 설득력을 갖기 전에는 전통에의 복귀로 곡해되거나 신비화될 수 있지만, 일종의 발상의 전환을 촉구하는 것으로 받아들이고 싶다. 단 여기서 덧붙여져야 할 것은 동아시아적 시각은 어디까지나 세계체제와 분단체제에 대한 인식이 구체화하는 과정에서 그 중간항인 동아시아에 대한 체계적 인식을 지향한다는 점이다.[21]

이에 대한 더 상세한 논의는, 아직 체계적으로 정리되어 있지 않기도 하지만, 자칫하면 공허한 선언적 주장에 그칠 우려도 있으므로 더이상 하

19) 李成珪 「東洋의 學問體系와 그 理念(I.中國)」, 미간행발제문, 1992.
 * 추기: 이 발제문이 나중에 간행된 소광희 외 『현대의 학문체계』, 민음사 1994에 수록되었다. 그런데 공간된 글에는 '국학(동양학)위주화' 구상이란 구체적 표현이 아예 빠져 있다. 그 대신 "모든 분야에서 전통의 연구와 이해가 분담되어야"(37면) '상식'이 구현된 '이상적인' 학문체계가 가능한 것으로(11면) 주장될 뿐이다.
20) 이에 대한 상세한 논의는 Arif Dirlik, "The Asia-Pacific Idea: Reality and Representation in the Invention of a Regional Structure," 1990 참조. 이 글의 번역문이 『창작과비평』 1993년 봄호에 실려 있다.
21) 이러한 발상은 백낙청 「분단체제의 인식을 위하여」, 『창작과비평』 1992년 겨울호 특히 305면 참조.

지 않겠다. 그 대신 동아시아가 민주주의와 민족주의에 대해 이해하는 특징에 대해 언급하고자 한다. 이로써 분단현실을 사는 우리는 물론이고 전지구적으로도 절박한 쟁점을 다소나마 새롭게 이해하고 더 나아가 **비판적 동아시아학**을 구상하는 데 도움이 되기를 기대한다.[22]

우리에게 잘 알려진, 한때 마오주의자였던 프랑스의 중국현대사 연구자 장 셰노(Jean Chesneaux)는 "중국현실은 이제 서구의 대안(도전)이 아니라 제3세계나 '선진국' 모두 겪고 있는 '근대성'의 모든 미해결된 주제들의 압축이다"란 발언을 한 바 있다.[23] 한때 '실천적 역사학'의 지침으로 민중에 의한 집단역사 서술을 강조해마지 않던 그가[24] 이제 '근대성'을 강조하고 나섬으로써 근대화론으로 후퇴한 듯한 혐의를 받을 수 있게 되어, 격세지감을 느끼게 한다. 그러나 그의 의도야 어떻든 '근대성' 즉 근대의 근대다운 특성을 한편으로 긍정하면서 다른 한편으로 부정(극복)되어야 할 가치 개념으로 쓴다면, '근대성' 대신 '민주주의'란 말을 집어넣어도 뜻이 통할 것 같다. 즉 현재 중국은 물론이고 일본과 한국(남북한)이 공통적으로 씨름하고 있는 심각한 문제의 하나가 다름아닌 민주주의이다. 동아시아는 민주주의에 대한 서로 다른 견해들이 서로 경쟁하고 협상하는 장에 해당한다. 따라서 한국인 중국연구자가 자신의 역사적 체험에 비춰 중국에서 제기된 민주주의 논의들의 섬세한 면을 다치지 않고 재구성함으로써 민주주의에 대한 새로운 설명방식을 확보할 가능성이 열린다. 최근 우리 현대사연구자들의 비상한 관심을 모은, 1920년대 중국의 국민혁명 과정에서 떠오른 민주주의 프로젝트가 그 한 사례라 할 수 있다.

---

22) 추기: 이 대목에서 국민국가를 지향하는 역사단계에서 제기된 신학술을 뜻하는 '국학'이 본국학 의식과 (분과학문이 아닌) 총체성을 지녔다고 보면서도 그 이념적 기초인 민족주의(와 표리를 이루는 근대주의)에 매이지 않으려는 임형택의 지적 모색을 떠올릴 필요가 있다. 「국학의 성립과정과 실학에 대한 의식」, 『실사구시의 한국학』, 창작과비평사 2000.

23) Jean Chesneaux, 앞의 글 140면.

24) 그의 역사이론서가 『실천을 위한 역사학』이란 제목으로 1985년에 우리나라에서 번역·출간되었다.

    타이완해협 양안의 연구자들이 자기 체제의 정치적 정당성에 얽매이고 일본의 연구자조차 중국당국의 현실노선에 구속받았던 것에 비교하면 그 정치현실로부터 상대적으로 자유로웠던 한국의 연구자들은 현대사연구의 시초부터 중국현실 속 정권의 존재를 중국현대사 전체의 흐름에서 상대화하여 파악하는 데 이점이 있었다. 그래서 자연스럽게 국민당과 공산당이 분열되기 직전인 20년대 초반의 정치질서 모색을 축으로 현대사를 재구성하려는 노력이 기울여졌다. 황제지배 질서를 대신하기 위해 도입된 공화정체가 기형화된 현실에 대항하여 5·4운동기에 자생적으로 결집한 각종 (특히 직능별) 사회세력집단들이 새로운 정치질서를 모색하는 과정에서 구상하고 실천에 옮긴 '국민회의운동'이 바로 그 성과의 중심축이 아닐까 한다. 1920년대의 국공합작은 이 국민회의운동의 요구를 국·공 양당이 수용한 결과라 할 수 있다. 여기서 제기된 국가구상은 각 사회집단들이 저마다의 이해관계에 기초해 조직화되면서 품게 된 권력관들이 서로 경쟁·협상하는 기구로서의 국민회의를 제도화하려는 것인바, 각 개인이 아닌 사회집단이 그 주체라는 데서 서구의 대의제 민주주의와는 차이가 있다. 그런데 이 자발적인 움직임은 애초부터 사회세력간의 위상정립, 그리고 더 중요하게는 그들 세력과 정당 내지 국가권력 간의 긴장을 어떻게 처리하느냐는 문제를 안고 있었다.[25] 어쨌든 현실적으로 그것은 1930년대 이래 국·공 양쪽의 국가영역에 의해 포섭되었지만, 국민참정회·정치협상회의를 통해 그 내용이 굴절된 형태로나마 3,40년대에도 이어졌고, 그에 대한 관념 또는 의식은 아직도 (타이완해협 양쪽 모두의) 중국

---

25) 이 점은 "대중운동의 자율성과 혁명에의 종속성" 문제로 지적된 바 있다(閔斗基 「導論」, 『中國國民革命運動의 構造分析』, 지식산업사 1990). 앞으로는 대중운동의 주체로서 각종 사회세력이 조직화되는 과정에서의 자율성과 종속성 문제에도 주목해야 할 것이니, 특히 그 구성원인 개인과 집단의 긴장은 중요한 주제이다. 국민혁명연구는 민두기 교수를 중심으로 작업한 일련의 공동연구의 결과로서, 이하의 해석은 공동연구과정에서 자극받기는 했지만 전적으로 발표자의 책임이다. 다른 분들의 견해를 곡해하여 자의적으로 해석하고 있지 않은지 염려스럽다.

현실에서 작용하고 있는 것으로 보인다.

　필자는 이 구상을 통해 국·공 양당의 역할을 상대화할 수 있는 것은 물론이고, 청말과 민국 초기 국가권력이 분해된 기간에 '공적' 권력 밖에서 자율적으로 형성·발전한 사회세력 자체의 동향과 그것이 새로운 국가권력에 통합되는 과정을 연결시켜 분석하는 동태적 시각을 확보할 수 있으리라 기대한다. 이것은 구체적인 개별 사실에 관한 연구가 주는 답답함에서 벗어나려다 어설프게 거시적인 현대사의 시대성격을 따지는 무모함을 극복할 수 있게 하는 중범위수준의 작업으로 보고 싶다. 말하자면 개별 실증작업의 성과를 비교적 잘 반영하면서 동시에 새로운 현대사이해의 구도도 구상해볼 수 있게 하는 방편이 될 수 있을 것이다. 그리고 방법론적으로는 그간 좁은 의미의 국가(권력)의 문제에 집착한 정치사를 사회사와 결합시킬 수 있는 길이기도 하다.[26]

　이러한 주장은 필자 혼자만 고립적으로 펼치는 것은 아니다. 최근 미국의 일부 학자들이 시도하고 있는 중국에서의 '시민사회'론의 적용가능성 모색[27]이라든지, 일본에서 나타난 민국정치사의 '새로운 시각'의 모색은[28] 우리의 논의와 다른 출발점에서 시작되었고 연구의 귀착점도 다를 수 있으나 공유하는 면도 있다. 어쨌든 국민회의 구상과 관련된 한국의 중국현대사연구는 동아시아인의 민주주의 이해방식에 접근하는 하나의 방법을 제시할 것으로 믿는다.[29]

---

26) 이것을 필자는 1993년 8월에 통과된 박사학위논문 「1920年代 中國의 大學文化 硏究: 敎育環境·學生運動·革命活動」에서 시도해보았다.(추기: 이후 학위논문의 수정본이 출간되었다. 『중국현대대학문화 연구』, 일조각 1994.)

27) 이에 대한 포괄적 논의는 *Modern China*, Vol. 19, No. 2 (April 1993)에 특집으로 다뤄져 있다.

28) 권력의 정당성 문제를 기준으로 여러 국가권력들의 성격을 분석한 橫山宏章 「民國政治史の分析視覺: 政治學の側からの一つの試論」; 대의제 원리의 실현이란 시각에서 난징정부를 분석한 西村成雄 「中華民國史における'訓政國家'と憲政運動: '國民代表制'をめぐる政治舞臺の形成」, 『近きに在りて』 제15호(1989.5)가 그 대표적인 예인데, 모두 정치사중심이다.

29) 최근 대두하는 우리 사회과학계의 시민사회론이나 민주주의론과 서로 주고받는 것이

또한 한국인으로서의 체험을 중시하되 그것을 동아시아적 시각에서 재구성하자는 필자의 주장은 현재 진행중인 한국과 주변의 동아시아국가들의 관계변화와도 무관하지 않다. 여기에는 바로 지난(1992년) 8월 24일의 한중수교로 하나의 정점을 이룬 동아시아국가간 질서의 유동뿐만 아니라 그로 인해 그 안에 살고 있는 민족구성원들의 일상적인 삶의 양식 변화까지 포함된다. 한국의 민족주의 문제는 그런 변화를 보여주는 좋은 사례가 될 수 있을 것이다.

한반도가 일본제국주의에 병합됨으로써 세계체제에 강제편입된 이래 한국민족은 (저항적) 민족주의를 순결한 가치로 인식해왔다. 현재 한민족 전체의 삶을 규정하는 분단현실로 인해 (주로 미국과 소련이 그 책임자이기에) 이런 인식은 더욱 강화되었다. 그런데 세계체제의 위계질서에서, 특히 그 지역적 구현체인 동아시아지역체계에서 한국의 지위 상승은 피해자의 입장에서 대체로 긍정적으로 받아들여져온 (저항적) 민족주의를 다시 생각하게 만든다. 한국인과 다른 아시아인의 교류가 확대되면서 나타난 부정적 양태들——특히 베트남파병에 대한 별다른 해명 없이 베트남에 다시 진출한 것, 연변동포방문단과 동남아 (불법)취업자에 대한 한국인의 다소 멸시적인 태도, 동남아 진출기업의 현지에서의 갈등, 그리고 경제수준을 기준으로 중국인을 은연중 경멸하는 태도 등——은 한국인으로서는 전혀 겪어본 적이 없는 새로운 사태변화에 대한 서툰 대응의 결과이다. 민족주의에 대한 폭넓은 해석이 필요한 시점이 아닐 수 없다.

그렇다고 해서 그간 우리의 민족주의론(또는 운동)이 이룬 성과를 전적으로 부인하자는 뜻은 아니다. 미국과 일본이 주도하는 동아시아지역의 중층적 발전의 변화양상에 대응하는 과정에서 형성된 현실을 제대로 읽어내자는 것이다. 그것은 익숙한 '피해자'로서의 처지뿐만 아니라 아직 낯설긴 하지만 '가해자'(내지는 그 중개인)의 처지도 고려에 넣는 복합적인 사고를 뜻한다. 이로써 멀리는 미국과 러시아까지, 가까이는 일본과

있으리라고 믿는다.

중국에 걸쳐 사는 교포들 및 그들이 속한 국가들과 우리의 상호연관도 한 층 성숙한 시각에서 볼 수 있을 것이다. 그로써 특히 우리가 가장 깊이 얽 혀 있는 동아시아의 새로운 지역체계에 대해 창조적으로 사고할 수 있는 자격을 확보할 수 있으리라 믿는다.

여기서도 천하사상에 입각해 '세계'의 중심(中國)으로 자처한 중국이 하나의 국민국가로 변화한 역사적 경험은 당연히 시사하는 바가 있다. 흔히 '문화적 보편주의'가 압도한 중국이므로 여러 민족과 집단의 소속감이나 그 영토의 경계가 현재의 규모 그대로였던 듯 받아들여지지만, 사실 국민국가 형성과정은 '민족관' 내지 민족의 정체성에 대한 설명방식들의 부단한 경쟁과 타협의 소산이었음에 주목해야 한다.[30]

최근의 민족주의에 대한 우리의 새로운 체험은 이같은 중국의 민족주의에 대한 이해를 새롭게 할 것이 분명하고, 그 결과는 동아시아적 시각을 모색하는 데 자극을 줄 것이다.

이제까지 살펴본 민주주의와 민족주의에 대한 새로운 접근은 동아시아적 시각을 모색하는 지표라 하겠다. 새로운 동아시아상을 가리키는, 이상에서 세운 지표는 극히 일부일 뿐이다. 나머지는 미래의 안개 속에 가려 있지만 이제 서서히 그 모습을 드러내고 있다. 우리의 협력은 그 시기를 훨씬 앞당길 것이다. 〈1993〉

---

30) 중국 정치사상사의 주요 쟁점인 중앙집중화와 지방분권화의 갈등은 물론이고 명말청초의 화이관논쟁, 청말 입헌파와 혁명파의 논쟁, 1920년대의 연성자치론을 비롯한 연방제의 대두 등을 그 대표적 사례로 들 수 있다. 또한 최근의 (소수)민족의 반발, 해외화교를 포함한 대중화경제권(화인경제권), 그리고 타이완과의 통일을 위한 일국양제론도 같은 맥락에서 파악될 수 있다. 이 글에서 주목한 국민회의 구상의 틀이 이런 흐름과 무관한 것은 아니다. 이에 대한 좀더 상세한 필자의 견해는 이 책 1부에 실린 「중국에서의 국민국가와 민족문제: 형성과 변형」에 정리되었다.

한국인의 역사적 경험 속의 '동양'

20세기 전반

1. 들어가며

1940년대초 문학평론가 김기림(金起林)은 동양문화에의 몰입을 "경솔한 사색 속에 즉흥적으로 떠오르기 쉬운 아름다운 포말(泡沫)"로 비유했다. 근대서양의 파탄을 목전에 보았다고 해서 바로 그것을 포기하고 그 반동으로 손쉽게 동양에 귀의하는 '문화적 감상주의' 풍조를 비판했던 것이다. 그로부터 근 반세기가 지난 지금 한동안 화려하게 떠오른 '아시아의 기적'이 포말처럼 가라앉고 있는 형국이다. '아시아적 가치'는 모멸의 대상이 되고 있다. 동양 또는 아시아란 과연 실체가 있는 것일까.

지역을 정의하는 데 지리적 사실은 빠뜨릴 수 없는 요소지만 그렇다고 해서 지역의 경계나 구조가 고정된 것이라고는 생각되지 않는다. 지역을 정의한다는 문제란 바로 역사적 문제이다. 즉 정태적인 물리적 양상이 아니라 인간활동을 중심으로 파악하면 지리란 "인간활동의 출발점이 아니라 산물"임이 드러난다.[1] 따라서 이 지역을 구성하는 인간활동에 비추어

---

1) Arif Dirlik, "The Asia-Pacific Idea: Reality and Representaion in the Invention of a Regional Structure," *Journal of World History*, Vol. 3, No. 1 (Spring 1990). 우리말로 옮겨진 것은 A. 딜릭 「아시아·태평양권이란 개념」, 정문길 외 편 『동아시아, 문제와 시각』, 문학과지성사 1995에 실려 있다.

이 지역의 범위와 구조에 일어난 변화들을 설명할 필요가 있다.

사실, 일본은 동아시아 3국 가운데 가장 먼저 서구를 모델로 한 문명개화에 성공한 자신의 정체성을 찾아 '동양'이란 개념을 창안한 데[2]서 알 수 있듯이 비교적 이른 시기부터 이 지역을 하나의 단위로 구상하는 데 앞장서왔다. 그런데 이 동양이 마치 물리적·지리적 용어로서 해당지역의 모든 참여자들의 공존을 시사하는 듯 오도한다면 문제는 심각하다. 이 지역의 구축은 숱한 모순을 안고 있었던 것인데 그중 다양한 주체간의 모순은 중시되어야 한다. 특히 지역을 구성하는 민족과 국가는 다른 모순들을 촉발하는 역할을 해왔다.

이같은 문제의식에서 필자는 20세기 전반기——대한제국기와 식민시기——한국에 거주하던 한국인의 활동에 비춰 동양[3]의 의미를 분석하려고 한다. 한국인이라 해도 단일한 주체로 보지 않고 지식층과 일반민중으로 구별해, 지식층이 동양을 어떻게 인식했는지, 그리고 민중이 일상생활에서 동양의 이웃을 어떻게 경험했는지를 검토할 것이다. 지식층의 동양 인식은 '지역질서로서의 동양'과 '문명으로서의 동양'의 두 측면으로 나눠 분석한다. 그리고 민중의 아시아 경험이란 한반도에서 대면해 살던 동아시아인, 즉 일본인과 중국인 전부를 포괄하는 것이 바람직하겠지만[4] 여

---

2) Stefan Tanaka, *Japan's Orient: Rendering Pasts into History*, University of California Press 1993.

3) 19세기말 한국인은 '동양'과 '아시아'를 구별해 사용했다는 연구가 있다. 동양은 아주(亞洲)의 동경(東境)으로 조선·중국·일본으로 구성되며 유교문명을 공유하는 등 '공동'의 경험을 공유했지만 아시아는 피침략이라는 '공통'의 역사적 경험에 의해 발견되었다는 것이다. 張寅性 「自己로서의 아시아, 他者로서의 아시아」, 第11次 韓日·日韓合同學術會議'韓國のアジア認識,日本のアジア認識'(東京 1998.10.16~18). 이 글에서는 이같은 용례의 차이를 감안하되 엄격히 구별해 사용하지는 않고 사료에 나오는 대로 사용하겠다. 이 문제는 좀더 엄밀한 검토가 필요하다는 생각이 들기 때문이다.

4) 일본인에 대한 태도에 관한 연구는 고정관념 때문인지 별로 없는데, 한 일본인 연구자는 대표적 소설가 염상섭의 소설에 나타난 일본인 유형을 ①식민지형 악당 일본인, ②내지의 서민적 일본인, ③식민지형 모호한 일본인으로 나누고 오히려 소설에서는 ③이 중요하다고 밝혔다. 白川豊 「廉想涉の長篇小說に見える日本」, 大村益夫 편 『近代朝鮮文學における日本との關聯樣相』, 1998.

기서는 재한(韓) 중국인 거주자에 한정해 그들과의 접촉경험을 동아시아 이민노동의 문맥에서 살펴보려고 한다.

2. 20세기 전반 한국지식층의 동양인식

한국에서 아시아를 하나의 지역단위로 자각하기 시작한 것은 19세기 후반부터일 것이다. 물론 그 전부터 중국이 주도한 중심질서(중화질서) 안에 여러 '소중심질서'들이 존재했고[5] 그 틀 속에서 한민족이 독자적인 역할이랄까 정체성을 추구하는 시도(예컨대 만주족 청조가 자리잡은 이후 對淸의식의 변화와 더불어 나타난 소중화의식)가 없었던 것은 아니지만, 그 틀 자체가 해체되기 시작한 이후 새로운 지역권에 대해 적극적으로 생각하지 않을 수 없었다.

이 지역권에 대한 초기의 발상은,[6] 서구열강의 압력으로 해체된 중화세계란 관념에서 벗어나 청조를 하나의 국가로 상대화시키고 한·중·일이란 세 국가를 축으로 한 동아시아 3국간의 세력균형을 바람직한 지역질서로 인식하는 것이었다. 그래서 한·중·일을 공동운명체로 보는 '3국공영체'의 구상이 한국 언론(예컨대 『漢城旬報』)에 의해 제기될 정도였다. 대체로 각국의 자주권을 바탕으로 백색인종인 서구열강에 대항하자는 황색인종의 공영론이었다고 할 수 있다.

그런데 청일전쟁 이후 일부 지식층에서는 백인종에 대한 황인종의 대항이라는 인종론에 그치지 않고 문명론을 가미하여 청조를 '천한 청'으로 보는 반면 일본을 맹주로 하는 아시아연대론을 주창하였다. 예를 들어

---

5) Min, Tu-ki, "The Identity and Prospects of East Asia: A Historical Approach," Seoul National University, ed., *East Asia and the University in the Twenty-first century*, Seoul National University Press 1997.
6) 이하 대한제국기 한국언론에 나타난 동양질서관은 이 책의 「대한제국기 한국언론의 중국인식」에서 분석한 것의 발췌이다.

『독립신문』은 "오늘날의 일본은 황인종의 앞으로 나아갈 움싹이며 안으로 정치와 법률을 바르게 할 거울이며 밖의 도적을 물리칠 장성(長城)"(1899.11.9)이기 때문에 "동양제국 중에 가히 맹주가 될 것"(1899.6.19)으로 전망하였다.

이와 달리『황성신문』처럼 일본의 개혁을 높이 평가하기는『독립신문』과 매한가지이나 동아시아 3국의 공영을 추구하되 그 안에서 중국의 역할을 결코 무시하지 않는 의견도 있었다. 이런 견해는 그러한 중국인식을 갖고 있기에 동양공영론을 주장하고 현실적으로 일본의 맹주로서의 역할을 인정하더라도 그것이 패권으로 변질되는 것을 경계할 수 있었지만, 어쨌든 일본을 맹주로 한 아시아연대론이 한때 한국에서 공감을 크게 얻었던 것이 분명하다. 베트남, 필리핀 등과의 연대도 그 시각에서 주목되었다.[7] 또 1904년 러일전쟁이 발발하자 일본을 지원하는 움직임이 한때 나타나기도 했다.[8]

그런데 러일전쟁에서 승리한 일본이 동양 3국의 공영보다는 한국의 보호화를 즉각 추진하고 나서자 아시아연대론은 기로에 섰다.

우선 주어진 선택은 아시아를 하나의 단위로 한 세력균형론을 사실상 포기하고 내셔널리즘을 추구하는 길이었다. 이것은『대한매일신보』의 '동양주의'의 비판에서 잘 드러난다.『대한매일신보』는 분석의 단위를 동서양 대결이 아닌 민족국가를 중심으로 전환할 것을 촉구하였다.

또다른 선택은『황성신문』처럼 동양공영론의 '순수한' 뜻을 되풀이 강조하면서 동양의 평화를 깨뜨릴 지경에 이르게 한 일본인들의 각성을 촉구하는 길이었다. 이 길을 몸으로 보여준 이가 다름아닌 안중근(安重根)이다.

동양평화론으로든 아니면 아시아연대론으로든 약소국 조선이 세력균

---

7)『越南亡國史』(1906)와『比律濱戰史』(1907)의 간행이 그 증거이다.
8)『大韓每日申報』1905년 11월 22일자 사설「危哉韓日關係」. 좀더 상세한 설명은 李光麟「開化期 韓國人의 亞細亞連帶論」,『韓國史研究』61·62합집(1988.10) 294~95면.

형을 꾀하는 것은 불가피하고 그 과정에서 상황변화에 따라 의존하려는 특정 국가가 바뀌는 것 자체를 나무랄 일은 못된다. 문제는 동아시아 3국 가운데 어떤 국가(예컨대 청)를 부정해버리고 다른 어떤 국가(예컨대 일본)를 협력상대로 중시하는 그 기준 자체가 한국의 식민지화를 정당화하는 근거가 될 수 있다는 것이다.

일본의 식민지로 전락한 1910년 이후의 한국에서 아시아 전체를 단위로 생각한다는 것은 그리 절박한 일이 아니었을지도 모른다. 1차대전을 거치면서 일본과 중국에서 분출했던 동서문명론에 대해 한반도에 거주하던 당대 지식인들은 아예 관심을 안 보인 것은 아니지만 큰 쟁점으로 삼지는 않았다. 오히려 강대국의 피해자란 점에서 비슷한 운명에 처한 중국과의 연대가 관심의 주된 대상이었던 것 같다. 중국에서 전개되는 공화혁명(신해혁명)의 성공에서 한국독립의 가능성을 찾고자 한 이래 중국의 변혁운동을 곧바로 한국인의 민족해방의 거점 확보로 반겨 지원했고, 또 그로부터 정신적 물질적 지원도 받았다. 주로 중국에 주재한 한국인들을 매개로 한 한중연대의 경험이 축적되었던 것이다.[9]

그러나 연대의 대상인 중국이 자국중심주의에 빠질 가능성에 대한 경계심을 또한 늦추지 않았다. 이 점은 쑨 원의 대동적 아시아주의에 대한 한국 지식인의 비판에서 잘 드러난다. 1924년에 일본에서 행한 그의 아시아주의에 관한 강연은 러일전쟁 이래 부상한 일본의 지위를 인정하면서 일본과 중국이 공동의 동양문화(즉 도덕과 인의)에 기반하는 '왕도문화'를 선양해 공리와 강권에 기반한 서양의 '패도문화'에 대항할 것을 제창하는 데 초점이 있었다. 자국의 정치상황에서 열세에 처한 그가 일본의 지지를 얻기 위한 정략적 의도에서 이 강연을 하다 보니 일본의 팽창에 대한 비판을 자제할 수밖에 없었고 그래서 이미 식민화된 조선과 같은 아

9) 閔斗基 『辛亥革命史』, 민음사 1994; 水野直樹 「1920年代日本朝鮮中國におけるアジア認識の一斷面: アジア民族會議めぐる三國の論調」, 古屋哲夫 편 『近代日本のアジア認識』, 京都大人文研 1994.

시아 약소민족에 대한 연대에 관심을 덜 쏟고 중·일 공동영도에 비중을 두었을지 모른다. 쑨 원의 주장을 중국의 친일적 외교방침이라 해서 환영한 일부 친일언론(예컨대 총독부 기관지인 『매일신보』)도 없진 않았지만, 대체로 조선의 식자층은 '경솔하다'거나 '졸렬한' 것으로 소리높여 비판했다. 그가 일본의 식민지지배에 처한 조선 문제의 해결을 분명히 제기할 수는 없었다손 치더라도 염두에 두어야 한다고 본 당시 조선인의 입장에서 그의 대아시아주의를 비판하는 것은 당연하다 하겠다. 조선을 뺀 아시아는 있을 수 없기 때문이다.[10]

더 나아가 한국 언론에서는 일반적으로 아시아주의 자체에 대해 비판적 견해를 갖고 있었던 것 같다. 『동아일보』의 한 논설은 아시아주의가 아시아인 사이에 확산되지 못하는 주된 이유를 '일본이 취한 제국주의적 침략주의' 탓으로 지적하고 일본을 '아시아 전민족의 죄인'으로 규탄하였다.[11]

사실 이미 독자적인 국민국가로서의 자격을 빼앗긴 한국에서 국가를 구성요소로 한 아시아지역권을 생각한다는 것은 현실감이 없는 발상이 아닐 수 없다. 필자가 찾아본 바로는 1920년대 이후 간행된 잡지 목록[12]에서 아시아 지역질서를 언급한 글은 하나밖에 없다. 아시아연맹의 실현 불가능함을 지적한 임무수(林茂秀)에 따르면, 지리적 접근의 인연만 있을 뿐 다른 어떠한 연대의 경험도 희박한 아시아에서의 아시아연맹 구상이란 결함투성이일 수밖에 없다는 것이다. 더욱이 아시아연맹을 구성하는 각 국가의 평등을 전제해야 하는데, 제대로 된 독립국가는 일본뿐이고 기껏해야 일·중 양국으로 구성될 터이니 아시아연맹이란 명분에는 맞지 않는다는 것이다.[13]

10) 閔斗基 「1920年代の韓國人の孫文觀」, 日本孫文硏究會 편 『孫文とアジア』, 汲古書院 1993; 裵京漢 「孫文의 '大아시아주의'와 韓國」, 『釜山史學』 제30집, 1996.6.
11) 「似而非的 亞細亞聯盟論」(1924.5.2), 『東亞日報』 압수된 사설 일부.
12) 金根洙 『解放前雜誌槪觀』, 발행연도 및 출판처 불명.
13) 林茂秀 「亞細亞聯盟의 展望」, 『彗星』 1931년 3월호.

이와같이 일제지배하에서는 아시아 지역질서에 대한 논의가 별로 이뤄지지 않았지만, 식민시대 말기인 1940년대로 접어들면서 3·1운동 직후 잠깐 나타났던[14] 문명론으로서의 아시아 곧 동양문명론이 관심의 표적으로 떠올랐다.

그 가운데 비교적 체계적인 것으로 눈길을 끄는 한치진(韓稚振)[15]은 그전까지의 동서문명론, 특히 1차대전 직후 정리된 동서문명론에 대한 비판적 검토로 논의를 시작하였다. 이전에는 서양문명을 부정하고 새로운 문명을 추구함과 동시에 동양문명을 예찬하는 경향이 대두되어 동양문명의 가치가 한동안 고조되었지만, 대개는 "반동적 검토에 불과"하였다는 것이다. 즉 흔히 서양은 물질주의적이고 논리적이고 동적이라면 동양은 정신주의적이고 직관적이고 정적이란 식으로 동서를 대립적인 것으로 파악하지만 그것은 "문화발달의 정도·형식·방향"의 차이를 오해한 데 지나지 않으니 "본질적으로 대동소이"한 인간성이 "환경자극에 의하여 일치 혹은 상위하게 발전된다"는 것이다. 그렇게 보기 때문에 동양문화의 특색으로 '내재적 긍정'과 '전체주의'를 거론하였지만 그것을 교통발달로 축약되는 세계 속에서 개방적으로 발전시켜야 장래가 보장될 것으로 전망하였다.

그가 동서문명 이분법을 극복하겠다는 문제의식을 갖고 동양문화의 특색을 '세계적 연관' 속에서 전망하였으면서도 여전히 동서문명 이분법의 틀 안에 머물며 절충론에 안주한 이유는 무엇일까. 이 물음을 풀 수 있는 흥미로운 단서를 맑스주의 철학자 신남철(申南澈)의 동양문명론[16]에서 찾을 수 있을 것 같다.

그는 동양문화라고 하는 것은 "있는 것같이 보이면서도 실상은 그 자신으로서 우리 동양인의 생활 속에 살고 있는 구체적 힘으로서 파악되는

---

14) 이에 대해서는 이 책 1부에 실린 「20세기형 동아시아문명과 국민국가를 넘어서: 한민족공동체의 선택」 참조.
15) 「東洋文化는 어대로」, 『朝光』 제6권 3호(1940.3).
16) 申南澈 「東洋精神의 特色: 한 개의 東洋에의 反省」, 『朝光』 1942년 5월호.

것이 아니라 인위적으로 추후(追後)하여 추출한 것"이라고 보았다. 필자 나름으로 풀이한다면 동양문화란 본질적인 것, 고정된 것이 아니라 역사적으로 만들어진 것이란 뜻이다. 그렇다면 누가 왜 그것을 필요로 했는가가 중요해진다. 이에 대해 그는 서양문화가 위기에 직면했기 때문이라는 설명과 더불어 "동양은 문화적으로 통일되지 않으면 안된다는 당위의 문제"라고 말한다. "동양은 문화공동체로서의 운명을 역사적으로 부하(負荷)되고 있으면서도 아직 그것이 현실적으로 완성되어 있지 않고 있"다는 뜻이다. 그리고 나서는 동양문화의 성격을 '합일성·직접성·직관성'으로 꼽고 그것은 '아시아적 정체성' 곧 '아시아적 정체농업'에서 연유했는데 정체성이라 해도 "결코 결점이 아니라 도리어 장점"이 된다고 (구체적 논증 없이) 마무리짓고 말았다.

그의 글에서 동양문화가 왜 '역사적으로 부하'되었는지, 또 그렇게 한 주체가 누구인지 제대로 밝혀져 있지 않지만, 우리는 그 까닭을 쉽사리 알아차릴 수 있다. 조선의 내재적 요구, 일상생활상의 요구에 따라 제기된 것이 아니라, 세계체제의 위계질서 속에서 정점에 있는 서구를 따라잡기 위해 일본의 팽창을 정당화하는 이념 창출 과정에서 동양문화가 다시 중시되었던 것이다. 동서문명 융합의 결과로 형성될 새로운 문명을 아시아에서 확립하는 일, 곧 아시아주의를 실현시킬 자격은 일본에 있었지 식민지 조선에 있었을 리 없다.

그렇다면 일본의 이념적 자장 속에 처하면서도 동양문명론을 달리 본 경우는 없었을까 궁금해진다. 여기서 식민지 지식인으로서 세계사적인 전환기를 맞아 세계문명 속의 아시아의 위치에 대해 성찰한 두 문학자가 두드러진다.

1938년 노벨문학상이 『대지』(*The good Earth*)를 쓴 펄 벅(Pearl S. Buck)에게 돌아가자 그에 대한 평론을 발표한 맑스주의 평론가 임화(林和)[17]는 그녀의 수상 이유를 소설 가운데 묘사된 현실의 세계성 곧 '지역

17) 「『大地』의 世界性: 노벨상 작가 펄 벅에 대하여」, 『朝鮮日報』 1938.11.17~20.

역사의 전형성'에서 찾았다. 당시 중국에는 동양인만이 아니라 서구인의 운명도 중요한 일단이 연결되어 있고, 세계사의 운명의 결정적인 매듭의 한 고리가 풀리고 얽히는 분기과정이 진행중이었다고 본 임화는 바로 그것을 펄 벅이 리얼리즘의 전통에서 형상화해 세계성을 획득할 수 있었다고 평가했다. 세계사가 전개되는 무대로서 중국을——일본이 아니다!—— 주시한 임화의 안목이 날카롭다.

동양문화를 신비화시키는 짓을 '근대인의 일종의 자포자기' 또는 '근대문명의 말기현상'으로 파악한 것은 평론가 김기림이었다.[18] 근대문화가 모순상극의 절정에 직면했지만 그렇다고 해서 서양문화의 파탄을 말한다면 '문화적 감상주의'이고 그 대안으로 동양주의나 동양문화에 귀의한다면 '경솔한 사색'이라고 비판한 그가 대신에 내세운 길은 "이질문화와의 전면적인 접촉·종합"이었다. 이렇게 문화의 발전방향을 잡을 때 '진정한 동양의 거처'가 발견될 수 있으리라고 보았다. 그리고 그것을 위해서는 동양을 "과학적으로 새로 발견"해야 하는데, 동양발견의 구체적 자료로 제시한 것은 '시대·민족의 형성력'이 깃들인 '문학 또는 예술의 심실(深室)'이었다.

물론 식민지 조선에 거주하던 임화와 김기림 모두 동양문명론의 주체의 문제를 더이상 본격적으로 거론하지는 못하였다. 따지고 보면 동서문명론은 애초부터 지극히 정치적인 성격을 띠고 있었다. 동서문명이 도대체 무엇인가 하는 근원적 물음은 바로 동아시아 각국이 취해야 할 개혁노선이 어떠해야 하며 그것을 추진할 자격을 누가 갖고 있는가 하는 물음과 직결된 것이었다.[19] 서양근대의 비결이고 따라서 문명개화의 주체로 인식된 국민국가를 상실한 조선의 지식인들이 문명의 융합을 현실감있게 논의한다는 것은 결코 쉬운 일이 아니었다.[20] 그런 여건에서도 중국의 역할

---

18) 「東洋'에 關한 斷章」, 『文章』 1941년 4월호.
19) 이와같은 문명론의 역할을 중국과 일본에서 찾아본 것은 石川禎浩 「東西文明論と日中の論壇」, 古屋哲夫 편, 앞의 책.
20) 동아시아란 주제를 다룬 대부분의 논자는 일본의 논의를 거의 그대로 반복한 인상을

154

을 중시한 임화나 '민족의 형성력'에 주목한 김기림처럼 민족 단위의 발상을 제출함으로써 피압박민족의 자기발견과 자기표현의 길을 모색하고 아시아에서 일본의 패권주의를 견제하여 다중적 주체의 가능성을 열어놓은 의의는 일정하게 인정해야 할 것이다.[21]

3. 1920년대 한국인의 동아시아 체험: 5만의 재조중국인 대 100만의 재만조선인

한국인이 일상생활 속에서 중국인을 접촉하기 시작한 것은 중국인이 한반도에 진출한 19세기 후반부터이다. 특히 조중상민수륙무역장정(朝中商民水陸貿易章程)이 체결된 1882년을 계기로 이주민이 급증하였다가 청일전쟁을 고비로 그 세가 다소 약화되었지만 줄곧 꾸준한 증가를 보였다. 그들의 직업분포를 보면 거의 반수가 상업에 종사하였고, 그밖에 농수산업과 공업, 자유업 등을 영위하였다.[22]

이렇듯 상업에 진출한 중국인이 많아 그들의 상권이 주요 도시를 넘어 농촌까지 미쳤을 뿐만 아니라 농업에 종사한 자들도 도시 근교에서 채소를 재배하여 시장에 판매했다. 1920년대에 벌써 포목, 요리 및 채소의 경작과 판매는 중국인이 독단적으로 장악하여 조선인의 경계심을 불러일으킬 정도였다.[23] 특히 한국농민은 벼농사를 주로 하고 채소는 자급자족을

갖게 한다. 둘 다 맑스주의 이론가인 철학자 박치우(朴致祐)의 「東亞協同體論의 一省察」(『人文評論』 총10호, 1940.7.1)와 경제사학자 인정식(印貞植)의 「東亞圈의 經濟的 性格과 朝鮮의 地位」(『三千里』 제13권 1호, 1941.1)이 그 예가 되겠다.

21) 여기에는 3·1운동 이후 피억압민족을 '평화의 문명인'으로 제국주의를 '야만'으로 파악한 문명관이 줄곧 작용하였던 것 같다. 郭成皐 「文明과 野蠻」, 『朝鮮日報』 1921.6.19〜20.

22) 한국 화교에 대한 유일한 전론(專論)인 박은경 『韓國 華僑의 種族性』, 韓國研究院 1986 참조.

23) 『朝鮮日報』 1927.3.2; 『東亞日報』 19922.12.19에는 경성의 중국인 요리업의 성업을

위해 부수적으로 재배하던 터라 채소를 상품작물로 경작하는 중국농민과 경쟁할 수 없었다. 따라서 중국농민도 상인처럼 도시민에게 생필품을 공급하는 경제적 분업관계, 바꿔 말하면 상업과 농업에서 '보완적 관계'에 있었고, 한국인과 심각한 갈등을 빚지는 않았다고 볼 수 있을지 모르나,[24] 어쨌든 이익만 추구하는 상인 곧 '간상(奸商)'[25]으로서의 부정적인 중국인 이미지가 한국인에게 짙게 각인되는 것은 불가피한 결과라 하겠다. 김동인(金東仁)의 단편소설 「감자」(1925)에 나오는 '왕서방'은 그 전형이라 할 수 있다. 「감자」는 평양 근교에서 감자 등 채소를 가꿔 현금을 많이 모은 왕서방이 밭에 훔치러 온 조선인 빈민여성을 돈 주고 희롱하다 급기야 그녀를 살해하게 되지만 돈으로 사태를 수습한다는 내용이다. 이러한 중국인 이미지는 필자 세대의 한국인에게까지 낯익은 스테레오 타입이다.

한편 일본이 조선을 식민지로 삼고 제국주의 경영을 본격화하면서 산업과 도시가 발달하자 그에 따라 대량으로 중국인 노동자가 조선에 유입되었다. 그 결과 식민지 노동시장에서 조선인과 다투는 경쟁자로서의 이미지를 한국인에게 심어주었다.

중국인 노동자가 조선의 도시에서 조선노동자와 경쟁하기 시작한 것은 1896년경 구미인에 의해 인천의 부두노동에 고용되면서부터가 아닐까 추측된다.[26] 그후 점차 증가하여 1922년 무렵이면 1만 5800여명으로 상인수와 대략 같았는데, 주로 평안북도와 서울·인천 등 경기도에 많았고 그밖에 함경북도·함경남도·황해도·평안남도 등 조선 북부에 분포해 있었다. 그리고 목수·미장이 등 상층노동자는 서울·인천과 평안남도에, 토목공사 인부나 짐 나르는 인부 같은 하층노동자는 함경남북도와 평안북도, 황해도에 주로 존재하는 지역적 편차를 보였다.[27]

'가공할 중국인세력'으로 지목하고 있다.
24) 박은경, 앞의 책 113면.
25) 『東亞日報』 1926년 1월 31일자의 「中國商人에 見欺치 말라」에서는 '간상배'란 명칭으로 중국상인을 지칭하면서 그들의 상술의 특징을 들고 있다.
26) 高承濟『韓國移民史硏究』, 1973, 367면.

그들이 조선에 진출할 수 있었던 것은 노동시장에서 조선인 노동자보다 높은 경쟁력을 가질 수 있었기 때문일 텐데 그 요인은 무엇이었을까. 당시의 일본인 관찰자에 의하면,[28] 첫째가 강건한 체력이요 둘째가 근면한 습성이요 셋째가 자치적 조합제도이다. 앞의 두 요인은 굳이 설명할 필요가 없겠고 자치적 조합제도만 언급해본다면 중국인의 전통적인 결합 원리인 동향(同鄕)과 동업(同業)에 입각한 자발적 조직을 말한다. 그중 동향조직의 방(幇)이 조선에 건너온 노동자 사이에서 증가했는데 그 방의 단체훈련은 구성원들의 근면성을 강화시켜 10~15시간의 강도 높은 노동을 견디게 하는 등 일본인이나 조선인 노동자가 따라갈 수 없는 높은 경쟁력을 갖게 했다는 것이다. 그러나 이보다 더 중요한 요인은 '극한적 능률'로서 낮은 수준의 생활을 한계점까지 견디는 능력이었다. 상당수가 독신으로 의식주의 기본생활 수준을 최저로 유지한 덕에 조선인보다 낮은 임금으로도 저축까지 해 본국에 송금할 수 있었다.

당시 조선은 이농이 심각해 매해 10여만명이 도시의 노동시장에 흘러들어와 실업문제가 악화되어왔는데 따라서 불리한 조건에 처한 조선인 노동자들과 중국인 노동자 사이에 갈등이 빚어질 것은 당연했다. 조선인 노동자와 특히 갈등이 심했던 분야는 건설사업이었다. 석공, 토공, 대목은 노동강도가 심한 데 비해 임금이 낮은 편이라 중국인에게 밀려났다. 그러자 조선인 동업조직은 일차적으로는 그들을 고용하는 청부업자에게 중국인을 고용하지 말 것을 요청했지만, 시장논리에 매여 있는 청부업자에게 받아들여지기란 쉽지 않았다. 그래서 행정당국에 중국인 노동자의 조선진출에 제한을 가해달라고 청원하는 양상도 나타났다.[29] 1920년대에는 빈번히 총독부의 개입을 통해 낮은 경쟁력을 만회하려 했던 사례를 볼 수 있다.

---

27) 小田內通敏 『朝鮮に於ける支那人の經濟的勢力』, 東洋研究會 1925, 42~44면.
28) 같은 책 52~58면.
29) 『東亞日報』 1924.4.14.

조선총독부는 당초부터 조선총독부령에 의해 화교의 거류지를 제한하고 지방장관의 허가를 받아 노동에 종사케 하는 통제를 가했지만 별반 성과를 거두지 못하였다. 그러다가 점차 노동세계에서 문제가 빈발하자 1927년 들어 적극적인 정책을 펴려고 했다. 예컨대 경기도청은 관내 각 경찰서에, 공사장에서 중국노동자가 1/3 이상은 넘지 않도록 권고하라고 지시하였고[30] 같은 해 6월에는 총독부가 입국 노동자 단속을 위해 그 수와 노동실태를 세밀히 조사할 방침을 세웠으며,[31] 10월에는 경기도 내 경찰서장회의에서 중국인 노동자의 입국금지안을 적극 고려한 바 있다.[32]

그런데 이 고용제한정책도 제대로 시행되지 못한 상태에서 한국 내 중국인을 배척하는 운동이 발생했다. 1927년 중국에서 샨뚱성 난민이 만주로 몰려들자 만주당국은 그전부터 정착해온 한국인들에게 퇴거명령을 내렸는데 이 소식을 들은 조선의 여러 곳에서는 재만동포옹호운동(在滿同胞擁護運動)과 더불어 중국인 배척운동을 전개했다. 그러나 사태가 더 악화되지는 않았다. 재조선중국인(在朝鮮中國人)이 뚱뻬이성 당국의 조선인 압박에 반대하고 외교적 해결방안을 추구하면서 조선인의 감정을 완화시키려 애쓴 점도 작용했지만, 만주에 거주하는 조선인의 안전을 우려하고 한·중의 우호적 관계를 고려한 조선의 민간지도층——대표적으로는 신간회란 사회단체와 주요 일간지——의 노력이 크게 작용했다고 생각된다.[33]

그렇다고 해서 노동시장에서의 갈등이 완화되었을 리는 없고 1928년 들어서 오히려 더 심각해졌다. 1928년은 30년까지 이어지는 대재해(大災害)——중국근대의 이른바 '10대 재난'의 하나——가 중국 북부를 강타한

---

30) 『東亞日報』 1927.3.25.

31) 『東亞日報』 1927.6.28.

32) 『東亞日報』 1927.10.26.

33) 『東亞日報』 1927.12.15. 또 『朝鮮日報』 1927년 3월 2일자 사설 「在滿同胞擁護同盟」에서는 '5만의 재조중국인' 대 '100만의 재만조선인'이 상호관련되어 있음을 고려할 것을 조선인에게 촉구하고 있다.

158

첫해이자 북벌전쟁의 막바지라 다수의 중국인 이민이 연초부터 조선에 몰려들었다. 1928년 4월 6일자 『동아일보』는 사회면 머리기사의 제목을 특호활자로 "격증하는 중국노동자 하루 천여명 입항"이라 뽑았다. 이 기사에 따르면 1월 이후 근 2만명이 유입되었다는 것이다. 『동아일보』 12월 7일자는 역시 사회면 머리기사의 제목을 "10만의 중국인 노동자로 조선 노동자 압박, 이대로 방치하면 노동권 전부 피탈"이라 달았다. 그 숫자의 신빙성 여부와 별개로 당시 한국인들이 중국인 노동자 문제를 얼마나 우려했는지를 보여주는 단적인 증거가 될 것이다.

한국인 노동자단체가 택한 해결방책은 중국노동자 제한을 당국에 진정하는 길뿐이었고, 총독부 내무국도 그 대책마련에 골몰했다 한다.[34] 그러나 황해선(黃海線) 일부 공사가 재민구제(災民救濟) 목적으로 진행되었지만 그곳에서조차 중국인 노동자가 투입되었다는 비난이 일어난 것만 봐도[35] 총독부 당국이 이 문제에 얼마나 일관성 없게 대처했는가를 알 수 있다.

그런데 이민노동자 문제는 해당국간의 외교협상으로 해결할 수 없는 문제였다.[36] 한국을 포함한 동아시아가 세계자본주의체제에 편입된 이상 자본과 노동의 이동이란 불가피한 것이라 하겠다. 조선의 경제변화에 따라 노동자가 요구되고 지리적으로 근접한 중국에서 조선보다 값싸고 능률적인 노동력을 제공하니 그들의 유입을 막는 어떤 조치도 한계가 있을 수밖에 없다. 그렇지만 이민노동의 흐름이 자유롭지 않았다는 것, 즉 시장논리에 의해서만 이뤄지지 않았다는 사실에 주목해야 한다.

시야를 넓혀 동아시아의 맥락에서 본다면, 일본은 한국의 사회경제적 요구와 관계없이 자체의 필요에 의해 일본이주민 장려계획을 추진하면서

---

34) 『東亞日報』 1928.12.15.
35) 『東亞日報』 1929.4.17.
36) 예를 들면, 1929년 6월 중일조약개정준비회가 토오꾜오에서 열렸는데 그 안건의 하나가 중국인 노동자 입국 문제여서 조선의 경우도 논의대상이었지만 별다른 조치를 취할 수 없었던 것 같다. 『東亞日報』 1929.6.10.

도 조선의 도일(渡日) 노동자에 대해서는 제한을 가했다.[37] 또 만주를 경영하기 위해 '일본 인민으로서의' 조선인 이민자들을 적극 활용함으로써 "조선인으로서의 일본제국주의의 앞잡이"라는 인식을 중국인에게 갖게 했을 정도이다.[38] 요컨대 일본의 국가권력에 의해 일정하게 왜곡된 시장 논리가 한반도를 포함한 동아시아에 작동하고 있었다는 것이다. 여기에서 식민지 상태의 조선은 아주 불리한 위치에 놓여 있었다. 이와 관련해 1929년 4월 27일자 『동아일보』 논설이 눈에 띈다. 즉 '외래자본의 위협'을 받는 것은 후진국의 현상이요 '외래노동의 위협'을 받는 것은 선진국의 현상인데, 조선은 중국인 노동자의 유입으로 양측의 협공을 받아 진퇴유곡에 처하게 되었다는 것이다. 이런 묘한 위치를 다른 말로 하면 일본이란 중심부와 만주란 주변부 사이에 낀 반주변부로서의 조선으로 규정될 수도 있을지 모르나,[39] 한층 더 중요한 것은 조선의 노동자가 자신들을 보호할 독자적인 국가기구를 갖지 못한 채 왜곡된 시장논리에 내맡겨졌다는 현실이다.

동아시아에서 한국이 처한 열악한 상황은 그대로 노동시장에도 반영되었다. 당시 한반도에서는 한·중·일 3국의 노동력이 곳곳에서 동원되었는데 일본노동력은 주로 고급기술직이나 고임금노동자였고 한국인과 중국인이 저임금과 저기술노동을 충당했다. 특히 공사장 노동의 경우 노동능률은 3국인이 모두 비슷했지만 임금은 대체로 일본인, 한국인, 중국

---

37) 이것을 『조선일보』 사설은 '극동화란(極東禍亂)의 종자'로 보았다. 「日本移民 獎勵問題」, 『朝鮮日報』 1927.5.23. 비슷한 비판은 「矛盾되는 移住獎勵計劃」, 『朝鮮日報』 1929.8.16 참조. 그러나 식민지지배기에 일본본토의 미숙련노동시장을 지탱하는 저임금 노동력의 주된 부분은 조선으로부터의 이민이 담당해 꾸준한 증가세를 보였다. 이에 대한 간명한 통계와 해설은 溝口敏行·梅村又次 편 『舊日本植民地經濟統計: 推計と分析』, 東洋經濟新聞社 1988, 91~92면 참조.

38) 「在滿同胞擁護同盟」, 『朝鮮日報』 1927.3.2.

39) Bruce Cumings, "The Origins and Development of the Northeast Asian Political Economy: Industrial Sectors, Product Cycles, and Political Consequences," Frederic C. Deyo, ed., *The Political Economy of the New Asian Industrialism*, Ithaca & London: Cornell University Press 1987, 56면.

인 순으로 낮게 책정되었다.[40] 중국노동자는 가장 낮은 임금을 받았지만 대개 독신으로 최저선의 생활을 감내했기에 경쟁력이 높았다. 이로 인해 민족간의 갈등이 조성되었으며, 그 과정에서 노동시장에서 밀려나게 된 동족을 지켜본 조선인 사이에서는 중국인에 대한 모멸적 심리가 번지기 쉬웠다. 예를 들면 "야만에 가까운 대우와 생활을 달게 배겨가며 한푼두 푼 모아가는 것만 낙을 삼는" 중국인에게 조선인이 경쟁력을 유지할 수 없다는 식이었다.[41] 이런 이미지가 (위에서 본) 부정적 상인 이미지와 중첩되기는 어렵지 않았을 것이고 여기에 외적 자극이 주어지면 중국인을 배척하는 집단행동을 촉진하는 요인이 될 수 있었을 것이다. 위에서 본 재만주 조선인 탄압이란 사태는 바로 그 외적 자극으로 작용한 것이라 해석할 수 있다. 1931년의 만보산사건(萬寶山事件)은 바로 그런 메커니즘이 증폭된 결과로 볼 수 있을 것 같다.[42]

이 사건 직후인 1932,33년 재조선 중국인들이 대거 철수했고 또 1934년 총독부의 '중국인노동자제한령'이 발표된데다 1937년 중일전쟁의 발발로 중국인이 적국민으로 분류되자 한동안 중국인 거주자의 수가 감소했다. 그러다가 일본이 전쟁준비에 몰두하면서 한반도 북부에 광공업을 배치하게 되자 화교노동자 수가 다시 증가했다. 이 추세는 종전까지 이어졌다.[43]

---

40) 姜萬吉 『日帝時代 貧民生活史 研究』, 창작과비평사 1987.
41) 『東亞日報』 1924.4.19.
42) 이 주제에 대한 집중연구는 閔斗基 「萬寶山事件(1931)과 韓國言論의 對應: 相異한 民族主義의 視覺」, 『東洋史學研究』 제65집(1999.1).
43) 박은경, 앞의 책 71~73면, 특히 표 참조. 해방 이후의 화교의 움직임을 보면, 냉전질서가 자리잡으면서 중국대륙과의 연계가 끊어져 새로운 이주민수는 줄었지만 남한에 거주하는 화교 2,3세의 자연증가는 꾸준했다.(북한에도 소수의 화교가 거주하는데 1983년 중국 개방 후 중국 공산품이 북한으로 들어오면서 그 위상이 높아졌다고 한다. 박은경 「한국 화교 연구시론」, 조한혜정·이우영 편 『탈분단시대를 열며』, 삼인 2000.) 그러다가 1972년을 고비로 재한화교의 해외로의 이주가 늘어나 그 수는 감소추세에 있다. 1998년 말 아시아경제 위기를 맞아 화교자본이 중시되면서 재한화교에 대한 그간의 차별적 태도나 정책을 반성하는 여론이 형성되는 것 같다.

4. 결론에 대신하여

이제까지 20세기 전반기 한국지식층의 동양인식과 일반 민중의 중국인 거주자(주로 노동자)와의 접촉경험을 분석하였지만, 양자 사이의 어떤 직접적인 연관을 찾을 수 있을 것 같지는 않다. 대한제국기만 해도 지역질서로서든 문명으로서든 아시아에 대한 관념이 국민국가의 독자성을 전제하고 그것을 수립하기 위한 과제와 연관되었기에 일반 민중에게 설득력을 가질 수 있었겠지만, 식민지라는 상황에서 그것은 공허한 논의일 수밖에 없었다. 서양문명을 넘어선 새로운 문명을 추구한다 하더라도 그 주체가 국민국가인 것이 근대의 특성인데 그러한 기준에 미달한 조선의 현실을 건너뛰어 근대를 초극하려는 것은 현실과의 관련이 희박했다. 더욱이 한반도 민중은 일상생활에서 일본인을 식민지 지배자로서 대면해야 했을 뿐만 아니라 중국인 거주자 특히 노동자와도 갈등을 빚는 형편이었다. 이처럼 민중이 실감한 아시아와 (일부) 지식층의 담론으로서의 아시아가 괴리되었는데, 민중간의 아시아상(像)의 공감대가 클수록 그것이 지식층의 인식 형성에 매개적인 작용을 할 가능성이 높다는 점을 지적해 두고 싶다.

마지막으로 그 시기 한국인의 경험 속의 동양과 오늘의 그것을 비교함으로써 앞으로의 전망에 다소나마 도움을 얻고자 한다.

일제로부터 해방이 된 이후에도 한반도에서 아시아에 대한 논의는 거의 이뤄진 것 같지 않다. 해방 직후 한국전쟁이 발발하기 직전 지역질서로서의 아시아에 대한 논란이 잠깐 있었을 뿐이고[44] 문명론으로서의 아

---

44) 중공과 소련의 남하를 저지하기 위해 타이완과 필리핀, 한국 등을 연결하는 태평양동맹을 구성하려는 일련의 움직임이 아시아 정치지도자들 사이에서 일어나자 그에 대한 논의가 잡지에서 이뤄졌다. 한 예를 들면, 『新天地』 제4권 8호(1949.9)의 태평양동맹 특집 참조. 이하 해방 후 잡지 논조는 『韓國雜誌槪觀 및 號別目次集(解放15年)』, 韓國學硏究所 1975에 의존해 목록을 점검했다.

시아에 대해서는 관심조차 기울이지 않았다. 탈식민지의 공간에서 독자적 담론의 주체가 형성되었음직도 하나[45] 국민국가 건설의 방향을 둘러싸고 남과 북이 갈등하다 분단되고 말아 온전한 국민국가를 수립하지 못한 채 냉전질서하의 진영 개념에 매몰되고 말았다. 그러니 국가를 넘어선 지역을 단위로 주체적으로 사고한다는 것은 가능한 일이 아니었다 하겠다. 그후부터 오늘날까지 아시아 지역질서에 대한 구상은 미국(과 그 하위파트너인 일본)이 헤게모니를 장악한 '구미-태평양' 지역권이 압도하고 있다. 이에 비해 아시아문명에 대한 논의는 1990년대부터 (한반도의 남쪽에서) 비상한 관심을 끌고 있다.

언뜻 보면 느닷없는 것일 수도 있는 이 문화적 현상은 당연하지만 여러 요인이 얽혀 빚어낸 것이고 따라서 논의의 추세도 착종되어 있다. 먼저 지적할 수 있는 것은 경제발전과 더불어 그 원인에 대한 설명방식이자 자신감의 표현방식으로 아시아문명, 특히 유교에 주목하게 되었다는 것이다. 이것을 더욱 부추긴 것이 1980년대말 현실사회주의 국가의 몰락 이후의 대안적 체제에 대한 요구, 그리고 포스트모더니즘의 수용과 더불어 나타난 근대의 서구중심주의에 대한 반발이다. 이러한 변화 이외에 필자가 특별히 강조하는 요인은 민족주의에 대한 열린 자세가 동아시아에 관심을 갖게 만들었다는 것이다.[46]

7,80년대의 전투적인 민족민주운동이 90년대 이후 변화한 나라 안팎의 상황에 맞춰 새로운 이념을 모색하는 과정에서 민족주의를 다시 보게 된 결과 일국적 시각과 세계체제적 시각의 매개항으로 동아시아적 시각이 제기되었다. 이를 통해 가깝게는 한국자본이 해외로 진출하면서 현지(특히 동남아시아)에서 초래하는 반발과 한국에 찾아온 아시아인 노동자(그

---

45) 종래의 아시아론이 약소민족의 해방이 아닌 침략에 이용당했음을 비판하면서 아시아 해방의 원리를 새롭게 구상하자고 제안한 글 한편이 겨우 눈에 띈다. 朴琦俊「亞細亞解放의 原理와 構想」,『開闢』제11권 1호(1949.3).
46) 좀더 상세한 논의는 최원식·백영서 편, 앞의 책에 수록된 필자의 서문「진정한 동아시아의 거처: 20세기 한·중·일의 인식」참조.

일부는 불법체류자)의 인권 문제를 지역연대의 차원에서 고려하는 것에서부터, 통일 이후의 국가로서 새로운 형태의 복합국가를 창발적으로 구상하고, 멀게는 전지구적 자본의 획일화 논리에 저항하는 일, 곧 대안적 문명까지 전망할 수 있게 되기를 기대한다.

그러나 동아시아적 시각(전망)이 아직은 문제제기 수준에 머물러 있어 체계적 내용을 확보하지 못한 형편이다. 사실 우리는 국민국가의 경계 안팎을 넘나드는 지역의 관점을 도입하는 데 그다지 익숙하지 않다. 본문에서 확인했듯이 지역질서로서든 문명으로서든 아시아를 하나의 단위로 파악하는 체계적 논의를 능동적으로 이끌어가지 못했을 뿐만 아니라 한반도에 거주하던 일반 민중이 일상생활 속에서 동아시아인과 공생한 경험도 불편한 집단기억으로 남아 있다. 이러한 역사적 경험이 오늘날 한국인의 동아시아인식에 영향을 미치고 있다. 독자적인 지역권을 구상하지 못한 조건이 냉전질서로 지속되었음은 위에서 언급했지만, 동서이분법적이자 동양문명을 한 덩어리로 파악하는 것 역시 아직까지도 쉽게 눈에 띄는 사고방식이다. 일반 민중이 아시아 이웃과 접촉하는 기회가 전에 없이 잦아졌지만 종종 갈등을 야기하는 것도 사실이다. 지역의 관점이 일상생활에 기반해 공감대를 넓혀가기란 쉬운 일이 아니다.

그만큼 한국인의 활동에 비춰본 아시아란 지역 개념의 형성에서 국민국가의 역할이 중요하다는 뜻이다. 근대세계의 인종적·지리적 위계질서에 저항한 민족주의의 세계사적 의의를 인정한다면, 일본의 표방했던 지역권인 아시아주의의 패권지향을 폭로한 민족(또는 국가)단위의 발상의 역할도 마땅히 중시해야 한다. 금세기초 신채호의 "국가는 주(主)요 동양은 객(客)"이란 지적에서 잘 드러나듯이 한국인의 근대체험에서 국민(민족)국가가 차지하는 비중은 크다. 이같은 경험세계를 무시한 채 국경을 넘어선 지역공동체를 꿈꾼다거나 시장논리가 주도하는 발전모델을 추구하는 것은 현실 기반이 약하다.

그렇지만 전지구적 자본주의의 확산으로 국민국가의 역할이 축소되는 가운데 지역권이 다시 중시되고, 특히 아시아가 경제위기에 처한 요즈음 아시아란 무엇인가를 다시 생각하지 않을 수 없다. 미국이 권고하는 신자유주의적 '미국모델'에 대한 대안을 아시아인이 찾을 수 있다면 (또는 찾아야 한다면) 아시아인의 역사적 경험은 활용가능한 자원의 보고일 것이다.

아시아인에게 국민국가가 아직 중요한 영역임이 분명하지만, 또한 국경 안에 갇힌다면 해결할 수 없는 숱한 문제를 현실 속에서 목도하고 있다. 근대성의 특징인 국민국가에 적응하면서도 그 극복을 동시에 추구하는 복합적 사고가 필요한 시점인 셈이다. 그리고 그런 시각하에 상호대등한 국가 차원에서의 국제협력과 초국가적인 민간 차원의 직능별·주제별·지역연대가 수평적으로 진행되어야 할 것이고, 양자는 "민주적인 책임(accountability)을 매개로 긴장과 협력의 관계"[47]에 있을 필요가 있다.

이제 '아시아는 하나'가 아니라, 여러 주체들이 경쟁하고 타협하는 장이다. 새로운 아시아상(像)이 형성된다면 바로 이 열린 공간에서일 것이다. 〈1998, 개고 2000〉

---

47) 이 표현은 坂本義和 「世界市場化への對抗構想: 東アジア地域協力と'市民國家'」, 『世界』 1998년 9월호 74면에서 인용. 그의 대안구성에서는 한·일의 협력관계가 우선적으로 고려되고 있다.

대한제국기 한국언론의 중국인식

1. 문제제기

중국사연구자로서 필자는 한국인의 중국에 대한 인식의 전개에 깊은 관심을 갖고 있다. 한국인에게 오랜 기간 닫혔던 중국대륙이 개방된 이래 수많은 사람들이 드나들면서 저마다 중국에 대한 인상을 품게 되었고 그 중 여행기의 형식으로 발표된 것도 적지 않다. 그들이 전하는 중국상(中國像)[1]이 과연 중국의 실제와 얼마나 부합하는가, 또 그러한 상을 갖게 된 것은 무엇 때문일까? 그리고 오늘날 우리의 중국상에 우리보다 앞선 세대의 중국상이 그늘을 드리울 수밖에 없다고 생각될 때 중국상의 역사적 맥락에도 관심이 끌리게 된다. 대한제국기의 중국인식에 대한 분석은 그러한 관심의 일부이다.

'대한제국기'라 했지만 그것이 역사적 용어로서 적절한가 그리고 그 시기는 어떻게 잡아야 하는가를 놓고 학계에서 논란이 있을 수 있지만,[2] 여

---

1) 이 글에서는 중국상과 중국인식을 구별해 사용한다. '상'은 체계적이지 않은 것으로 무의식적인 면도 포괄하며 실제와의 대비가 전제된다. '인식'은 체계적인 것이며 개념화하려는 주체의 노력이 작용한다.

2) 러일전쟁 전후부터 국치(國恥)까지의 시기는 애국계몽기로 불리기도 하나 그 명칭과 시기구분에 관한 논란이 일고 있을 뿐만 아니라 본고의 대상시기가 그보다 넓어 적합하

기서 말하는 '대한제국기'란 청일전쟁 이후부터를 포괄하되 러일전쟁을 전후한 시기를 주로 가리키는 편의적 용어로 사용하려고 한다. 개항 이래 대외인식의 형성과정은 대상국과 조선이 맺은 관계의 특수한 양태에 따라 그 세부적 분기가 달라지게 마련인바[3] 중국인식의 경우 (본문에서 논의되듯이) 청일전쟁이 중요한 전환점이었기 때문이다.

하나의 상의 변화는 동시에 그 상을 비추는 거울을 보는 주체의 변화도 보여준다. 대한제국기 중국인식의 주체는 당연히 한국인이지만 그것이 결코 단일한 주체였을 리는 없다. 1900년대의 계몽운동이 그 참가층의 계급적 성격이나 사상적 배경 등에 따라 차별적으로 전개되었다는 지적[4]은 일단 귀기울일 가치가 있다. 이 글에서도 가급적 복수의 주체들을 분석대상으로 삼아 그들간의 차이점은 물론 공유점까지 총체적으로 찾아보도록 노력하겠다. 그런데 주체라 해도 어디까지나 엘리뜨층(이 남긴 기록)이 일차적인 분석대상이 될 수밖에 없다. 일반 민중의 중국인식은 자기표현의 형식, 즉 기록을 남기지 않았기 때문이다. 그들의 인식이 유동적이기도 하지만 또한 일상생활의 체험 속에 공유하는 중국상이 있었으므로 따로 기록으로 남길 필요를 느끼지 않은 탓일지도 모른다. 그런데 공통적인 중국상은 널리 퍼져 있을수록 엘리뜨의 중국인식을 매개하는 작용을 하기 쉽다. 바로 이 점을 밝히기 위해 끝머리에 잠깐 신소설에 나타난 중국상을 주목하려고 한다.

한국근대사에서 중국인식에 관한 선행연구가 전혀 없지는 않다. 청대의 민중반란인 태평천국(太平天國)[5]과 1,2차 중영전쟁(아편전쟁)에 대한

지 않다. 그래서 1897년 대한제국이 선포된 이래 1910년 국치(國恥)까지를 대한제국기로 잡으면 이 글의 대상시기와 대체로 일치하는 이점이 있어 그대로 사용하였다. 이에 대한 연구사 정리는 崔起榮 「한말 愛國啓蒙運動의 연구현황과 전망」, 『한국사론』 25호 (1995)와 金度亨 「계몽운동과 의병전쟁」 『한국역사입문③ 근대현대편』, 풀빛 1996 참조.

3) 예를 들면 류영익 「개화기의 대미인식」, 『한국인의 대미인식』, 민음사 1994, 129면.
4) 이 점을 특히 강조한 것이 김도형(『대한제국기의 정치사상연구』, 지식산업사 1994)과 박찬승(『한국근대정치사상사연구』, 역사비평사 1992)의 시각이다.

조선지배층의 인식과 대응에 대한 논문이 각각 발표된 바 있다. 특히 후자의 경우 조선조정은 정기적인 뻬이징내왕사절과 그밖의 경로를 통해 제1,2차 중영전쟁에 관해 다른 어느 나라보다도 더 정확하고 상세한 정보를 얻고 있었다고 결론내리면서, 조선왕조의 대외적 반응을 성격짓는 것은 "결코 정보 자체의 부족일 수는 없고 조선왕조 스스로의 정보평가능력이나 조선왕조가 처해 있는 상황일 수밖에 없다"고 주장한다.[6]

그런데 이같은 연구는 모두 조선이 동아시아의 전통적 국제질서인 조공체제에 아직 속해 있던 시기를 대상으로 한 것이어서 이 글이 관심을 두고 있는 청일전쟁 이후의 상황에도 그대로 적용될 수 있을지는 분명치 않다. 따라서 대한제국기 중국의 이해에 영향을 미친 정보입수경로를 먼저 검토할 필요가 있다. 또한 위의 지적에서 시사받을 수 있는 것은 중국에 대한 정보만큼이나, 아니 어찌 보면 그보다 더 중요한 것은 정보의 판단능력 또는 소화능력을 좌우하는 상황이란 문제제기이다. 이것을 필자 나름으로 바꿔 표현한다면, 중국인식은 중국에 대해 알고 있는 것과 중국에서 알고 싶은 것(또는 바라는 것)으로 일단 구별되는 두 측면이[7] 상호 침투하는 동태적인 과정으로 이뤄진다고 볼 필요가 있다는 것이다.

2. 정보입수 경로

조선인의 중국인식은 직접적인 접촉이나 실지의 견문을 통해서 얻어

---

5) 하정식(河政植)은 「朝鮮官人의 太平天國觀」, 『崇實史學』 제3집(1985)을 발표한 이래 이 주제에 지속적 관심을 보여 몇편의 논문을 더 발표했다.

6) 閔斗基 「19世紀 後半 朝鮮王朝의 對外危機意識」, 『東方學志』 제52집(1986.9) 특히 260~61면.

7) 필자와 달리, 국제인식은 개인에 의한 부분적 인식의 집적이므로 오해·곡해가 끼여들 여지가 많은데, 그 오해의 요인으로 ①정보의 오인, ②무지, ③고정관념 내지 선입관, ④희망적 원망이나 비관적 예측을 들고 있는 시각도 있다. 田中健夫 「相互認識と情報」, 『アジアのなかの日本史』 5권, 東京大學出版會 1993.

진 것이 극히 드물었다. 중국이 '가장 친숙한 나라'였으면서도 그 친숙감
은 유교경전이나 사서(史書) 또는 문집류 등의 도서를 통해 형성되었다.
가장 중요한 정보입수경로인 연행사절 역시 사행(使行)의 본래 임무에
관련된 것말고도 학문과 문화에 많은 관심을 기울였다.[8]

그렇다고 해서 내정이나 사회실정에 대해 무관심했던 것은 물론 아니
니, 1년에도 몇차례씩 중국의 수도를 내왕하여 국왕에게 구두로 또는 견
문별단(見聞別單)이란 형식의 문서로 중국내정을 보고했을 뿐만 아니라,
내왕사절의 개인적 관심사에 따라 개인적 접촉, 실지견문, 『당보(塘報)』,
『경보(京報)』 등의 공식기록을 통해 다양한 정보를 입수하기도 했고, 이
와 별도로 만부(灣府)로 불리는 국경을 접한 의주부(義州府)를 통해 반
공식적으로 정보를 구하기도 했다.[9] 그래서 위에서 말한 대로 다른 나라
에 비해 비교적 상세하게 중국의 내정을 알 수 있었을 것이다.

그런데 강화도수호조약 이후 조공체제가 쇠퇴하면서 조선은 다양한
정보입수경로를 갖게 되었음이 틀림없다. 대외정보 입수경로는 좀더 밝
혀져야 할 부분이 많지만[10] 지금 이 글에서는 당시 이미 동아시아에서 의
사소통의 연결망이 인적·기술적 교류의 활성화에 힘입어 형성되고 있었
다는 점을 부각시키고 싶다.

첫째로 한국의 지식인은 신문의 외신난을 제작할 때 비교적 광범위한
외국신문들, 특히 중국과 일본의 신문들을 이용하였다. 초창기 매체인

---

8) 高柄翊『東亞史의 傳統』, 일조각 1976에 실린 「李朝人의 外國觀」.
9) 민두기, 앞의 글.
10) 여기서 강조하고 싶은 것은 정보창구로서의 제물포의 역할이다. 예컨대 세창양행(世
昌洋行)은 텐진(天津)의 E. Meyer & Co.의 제물포 지사로 설립되었는데, 이 회사의 행
주(行主) 볼터(Carl Andreas Wolter, 한국명 華爾德)는 마이어의 동업자로서 '제물포의
왕'처럼 행세했다는데(趙興胤「世昌洋行, 마이어, 함부르크 民族學博物館」,『東方學
志』 제46·47·48합집, 1985.6), 지금까지 알려진 바로는 1885년 12월에 한번 서적을 수
입한 적 있지만, 텐진의 모회사와 직결되어 있었던만큼 중국에 관한 정보입수경로로 주
목할 만하다. 또 량 치챠오의 저술이 인천의 보급소를 통해 한국에 유포되었음은 이미
알려진 사실이다. 제물포, 특히 청관(淸館)은 좀더 연구될 가치가 있다.

『한성순보(漢城旬報)』와 『한성주보(漢城週報)』에 나타난 외국신문의 목록은 상당히 다양하지만 두 신문 다 중국에서 발행된 신문을 주요 뉴스원으로 이용했고, 『순보』가 주로 중국신문에 의존했음에 비해 『주보』가 일본에서 발행된 신문을 인용한 비율을 높여가는 변화를 보였다. 이렇듯 주로 중국과 일본에서 발행된 신문을 보고 외국기사를 만들었는데, 미국·프랑스·러시아·독일 등의 외국신문을 인용한 것으로 보도된 기사들도 간접인용임을 밝힌 것들은 물론이고 그렇지 않은 것도 사실은 대부분 중국이나 일본에서 간행된 신문에서 간접인용하여 기사를 썼다는 것이다. 당시 서양신문들을 직접 번역하기는 힘들었을 것이기 때문이다.[11] 그러나 시기가 내려오면서 좀더 다양한 자료를 이용할 수 있었으리라 판단된다. 예컨대 『독립신문』 같은 매체는 여러 (중국과 일본의) 영자지까지 활용하고 있다. 이와같이 외국신문에 깊은 관심을 기울였다는 사실은, 당시 한 일간지 논설에서 외신의 중요성을 강조해 "處今之世하야 知其時局變者난 維新聞外報也라 外報난 現行天下萬國之新聞을 祛其煩屑하고 採其精細者라"[12] 한 대목에서도 엿볼 수 있다.

그 다음으로 눈에 띄는 것은 1880년대 중반부터 조선에 개설되기 시작한 전보[13]의 활용이다. 『독립신문』만 해도 1897년 3월부터 영국 전보국과 계약을 맺고 "셰계의 큰일은 매일 신문에" 보도했으니(1897.3.6),[14] 중국내

---

11) 좀더 상세한 내용은 鄭晉錫 『한국언론사』, 나남 1990, 86~89면.
12) 『皇城新聞』 1900년 2월15일자 논설 「外報不可不讀」.
* 이하 일간지의 인용에서는 원문을 그대로 살리되 'ㅇ' 등 요즈음 쓰지 않는 자모 몇은 바꾸었고 띄어쓰기를 했다.
13) 중국에서는 1879년에 텐진-따주(大沽) 사이에 최초로 전신선이 가설된 이래 전신이 점차 확장되었고, 1908년에 전국의 전신이 모두 국유화되었다. 한국에서는 1885년 청 주도 아래 서로전선이, 1888년 일본 주도 아래 남로전선이, 1891년 러시아와 연접(連接)하기 위한 북로전선이 각각 개설되었고, 이러한 전선망은 청일전쟁으로 한때 일본에 접수당했다가 1896년 여름부터 조선정부가 반환받아 활성화되었고, 1900년 봄부터는 전신업무가 확대되어 그것을 관리하기 위한 통신원이 창설되면서 체계를 갖추었다. 공중무선업무가 착수된 것은 1923년 6월부터였다. 遞信部 편 『電氣通信事業八十年史』, 1966, 제1·2편 참조.

정에 관한 소식이 그 일부였음은 두말할 필요도 없다. 1899년에 창간된 『황성신문(皇城新聞)』이나 1904년에 창간된 『대한매일신보』는 창간호부터 아예 전신난을 두었을 정도로 그 비중이 커졌다. 당시로서는 매달의 경비와 시설비가 적잖이 들었을 이 기술의 도입에 신문들이 적극적이었던 이유를 『제국신문』 1899년 5월 3일자는 이렇게 설명하였다. "눈으로 보난 것갓치 날마다 알거시 뎐보가 아니면 엇지 이갓치 신속하리오. …지금 세상이 이젼 세상과 다른 고로 문견을 널니고져하야 이 뎐보를 사셔보고 외보에 번역하여 긔재할 터이니 우리 대한사람들도 다 힘써보고 외국 형편을 아는 거시 됴흘 듯하더라." 이처럼 의사소통의 변혁을 가져온 전보가 당시 유선전선에 의존했으므로 중국과 일본을 잇는 한국의 위치는 아시아의 통신체계에서도 중요한 위치를 차지했다.[15]

그밖에 인적 교류가 활발해지고 국제우편[16]이 이용되면서 인적 연결망이 형성되어 정보원으로 기여했던 것으로 보인다. 당시 신문에 종종 보이는 중국체류중인 한인(韓人)의 (기명 또는 무기명) 서한이 중국정세를 소개하는 자료로 제시된 경우가 바로 그 근거가 된다.[17] 그리고 동아시아에서 활동하던 서양인 선교사들이 동아시아 의사소통의 연결망에서 맡은

---

14) 9월 4일자 런던발 전보를 9월 29일자 신문에 보도했고, 9월 24일자 런던발 전보를 10월 3일자에 보도하는 정도의 시차가 있었다. 『독립신문』 1898.9.29; 10.3.

15) 한국이 아시아 통신체계에서 중요했다는 점은, 중국 북부가 의화단사건으로 혼란스러워져 통신이 불편해지자 인천이 중심통신소가 되어 세계에 통신을 보내게 되었다는 사실에서도 알 수 있다(『皇城新聞』 1900.7.17).

16) 중국에서는 1843~44년 조계지에서 서양인들이 자신들의 편의를 위해 국제우편 업무를 시작한 이래 점차 확대되었고, 청조는 1896년 3월 우정국을 설치하여 업무를 개시했다 (Ying-wan Cheng, *Postal Communication in China and Its Modernization 1860~1896*, East Asian Research Center, Havard University 1970). 한국에서 국제우편 업무가 시작된 것은 1900년 봄부터이다. 위의 주 13 참조. 국제우편의 사용은 당시 신소설에 종종 묘사되었다. 예를 들면 이해조의 『鬢上雪』(1908)은 주인공 서정길이 상하이에서 부친 편지의 마지막 구절 "상해 동아학교 일년급 생도 서정길 상"(154면)으로 끝맺는다. 뒤의 주 71 참조.

17) 쉽게 눈에 띈 것만도 "북경셔 온 편지"(『독립신문』 1897.2.4)와 "청국 구강에서 온 편지"(『독립신문』 1898.7.4) 등이 있다.

역할도 좀더 밝혀져야 할 것이다. 윤치호(尹致昊)가 중국의 영자지『노스 차이나 데일리뉴스』(North China Daily News)의 조선통신원이 영국성공 회 선교사라고 말한 것은 그런 사례의 극히 일부라 하겠다.[18)]

이렇듯 점점 더 다양한 정보입수경로를 갖춰나갈 수 있었기에 아래에 서 확인하게 되듯이 적어도 중국문제에 관한 한 비교적 정확한 사실보도 를 할 수 있었던 것으로 보인다.

3. 주요 일간지에 나타난 중국인식

조선시대 사대부는 실제의 중국보다는 역사체 또는 문명으로서의 중 국에 주된 관심을 기울였다. 그렇기 때문에 중국중심의 질서 속에서도 '소중심'으로서의 독자성을 견지해나갈 수 있었다.[19)]

특히 청대에 들어서면 그들의 사행기가 전처럼 조천록(朝天錄)이 아닌 '연행록(燕行錄)' 즉 '연'(베이징지방의 별칭)에 다녀온 기록으로 불린 데 서 상징적으로 드러나듯이 그들은 만주족이 지배하는 청조의 문물을 비 판적으로 인식했다.[20)] 또한 사회실정에 대해서는 그다지 좋은 인상을 받

---

18) 『尹致昊日記』 제4권, 탐구당 1975, 19면에 실린 1895년 2월 12일자에는 종래 친청적 인 논조를 편 『노스차이나 데일리뉴스』의 조선통신원이 중국인이라 추측했는데 타운센 드로부터 듣고 보니 영국선교사이더라는 언급이 있다. 그밖에 중국에 거주하던 선교기 관이 발행한 『萬國公報』의 역할은 중시해야 마땅하다.

19) 중국중심의 질서가 '복수의 편의로운 소중심질서'를 그 속에 감춘 채 유지해온 것이라 는 견해는 민두기 「동아시아의 실체와 그 전망: 역사적 접근」, 서울대 개교50주년 기념 국제학술회의 발표논문집 'East Asia and the University in the 21st Century'(1996.10.16~17, SNU).(추기: 이는 곧 출간될 그의 유저 『시간과의 경쟁: 동아 시아근현대사론』, 연세대 출판부에 수록되어 있다.)

20) 閔斗基 『中國近代史研究』, 1973에 수록된 「熱河日記에 비친 淸朝의 漢人統治策」. 조선조 연행기록에 대한 개관은 崔韶子 「18세기 후반 『燕行錄』을 통해 본 조선 지식인 들의 對中國認識」, 제22회 한국사학술회의 발표집 『朝鮮時代人의 對外認識』, 국사편 찬위원회 1996.10.18 참조.

지 못했으니, 도시와 성읍의 은성(殷盛)에 감탄했던 것과는 대조적이었다. 18세기 들어 중국을 사실적인 시각에서 보려는 풍조가 일면서 중국의 장단점이 객관적으로 인식되었고, 그에 힘입어 대외적인 문제의 해결에도 중국에 의존하지만은 않게 되었다.[21]

그렇다면 개항 이후 조선인의 중국인식은 어떠했을까. 이 물음을 풀기 위한 방편으로 신문의 논조를 분석하려고 한다.

다행히 이 주제는 그간 상당한 관심을 끌어 적지 않은 연구가 축적되었는데, 그중 시기적으로 연속되는 『한성순보』『독립신문』『황성신문』,『대한매일신보』 논설에 나타난 주요 강대국에 대한 태도를 계량적으로 분석한 연구[22]는 당시인의 중국인식의 윤곽을 그리는 데 유용하다. 그 요지는 이렇다. 개화기 신문은 중국에 대해 대체로 부정적인 태도를 보였으니 중국의 국력이 쇠퇴해가고 개화를 서두르지 않는 점이 크게 작용한 것이다. 즉 앞서 발행된 관영신문 『한성순보』가 약간 호의적인 데 반해 그 뒤의 『독립신문』과 『황성신문』은 부정적 편향성이 매우 강하였고, 『대한매일신보』에 이르러 관심도가 극히 낮아지기는 하였으나 균형적 태도로 복귀하였다고 한다.

조선을 둘러싼 동아시아 국제정세의 시기별 변화나 각 매체를 주도한 세력의 성격에 관해 축적된 기존 연구성과를 참조할 때 위와 같은 논조의 차이가 왜 벌어졌는지 어렴풋이 알아차릴 수 있다. 그러나 이같은 표면적 차이가 서로 어떻게 연관되어 당시 조선인의 중국인식을 형성하였는지, 그리고 그것은 시대변화와 어떠한 연관을 갖는지는 제대로 밝혀진 것 같지 않다.

필자는 이 의문을 해명하기 위한 방편으로 중국에 대한 인식을 세 유형으로 나눠 분석하려고 한다.

---

21) 고병익, 앞의 「李朝人의 外國觀」. 최소자는 앞의 글에서 그 변화를 북학파와 연결시켜 설명한다.
22) 金珉煥 『開化期 民族紙의 社會思想』, 나남 1995, 375~412면.

'천한 청'

청조에 대한 비판적 인식이 일찍부터 있었음은 위에서 본 대로이다. 그러나 이 시기의 부정적 인식은 부정적 평가를 일부 포함한 전통적 중국인식과는 다른 차원에서 형성되었다. 그것은 진화론적 문명관에 의해 새롭게 만들어진 인식이었으니, 청은 조선의 문명개화에 장애가 되는 전통의 상징으로 부각되었다. 그 점을 극명하게 보여주는 것이 1896년 창간된 『독립신문』이다

그 이전까지 사신들의 주된 관심을 끌었던 중국의 전통학문이 이제는 거꾸로 경멸의 대상이 되었다. 즉 "한문책이란거슨 대개 청국에서 만든 책인데 여러 백년 된거시 만히 잇슨즉 가량 그 책들이 그 만들 때는 청국 백성의게 유죠 하엿스려니와 오날날 죠션 인민의게만 그 학문이 유할거시 업슬뿐 아니라 청국 인민의게도 해가 대단히 잇는거슨 오날날 청국을 보면 가히 알 일이라"(1896.4.25)[23]는 것이었다.

여기서 "오날날 청국"이란 시기적으로 봐 청일전쟁에서 중국이 패배한 사정을 두고 하는 말임은 쉽게 알 수 있다. 『독립신문』은 청일전쟁의 발발 원인을 "하나님이 죠션을 불상히 넉이셔서 일본과 청국이 싸홈이 된" 것으로 해석하고 그 덕에 조선이 청조로부터 독립할 수 있었다고 보았다 (1896.6.20). 그리고 청이 이렇듯 외국과의 전쟁에서 여러 차례 지게 되는 것은 다름아니라 '문명화'하지 못한 탓이다.

이러한 문명관에서 청의 주민은 여지없이 경멸당하고 만다. "인민이 약하며 천하며 어리석으며 더러오며 나라 위할 마암이 업스며 남의게 천대를 바다도 천댄줄 모로고 업수히 넉임을 바다도 분한줄 모로난지라"(1896.4.25). "세계에서 데일 천한 청국"(1896.9.12)이 "이 모양대로 오래 갈슈가 업슨즉 필경 구라파 강국에 독립권을 뺏겨 면견이나 안남 모양이 될 터이니"(1897.2.4)라는 식으로 자못 신랄한 논조를 펼쳤다.

---

23) 이하 모든 일간지 인용은 전후 문맥상 그 출처가 명확한 경우 본문에 게재 일자만 밝히기로 한다.

중국인에 대한 부정적 이미지는 쉽게 그에 대한 공격의 근거로 작용하기도 했다. 미국이 중국인 이민자를 차별·배척하는 것은 미국인으로서는 당연한 일이요 중국인이 '야만의 풍속'을 고집한 탓으로 간주한다 (1896.5.21). 한 걸음 더 나아가, 중국이 청일전쟁 후 삼국간섭에 의해 분열 지배[瓜分]의 위기에 처한 것을 오히려 중국인에게 다행한 일일 뿐만 아니라 조선이 문명을 달성한 뒤 그에 동참할 수 있기를 간절히 희구한다. "죠션도 쳥국을 쳐 요동과 만쥬를 차지하고 배샹 팔억 만원을 밧을터이니 원컨대 죠션사람들은 마암을 크게 먹어 십년 후에 요동 만쥬를 차지"(1896.8.4)하자는 것이다.[24]

이것이 바로 필자가 말하는 '천한 쳥' 인식인데, 중국으로부터 독립을 확보하기 위한 개화운동 과정에서 형성되었다. 그래서 사서삼경으로 대표되는 중국의 전통학문을 이제는 "정치 학문과 부국 슐법은 하나도 업고 헛되이 쳥춘격 셰월을"(1898.9.19) 보내게 하는 비실용적인 것으로 배격하였을 뿐만 아니라(1896.12.12: 1898.4.2) (청으로부터) 자주적인 학문을 제창하였다(1898.1.28: 3.8).[25]

그런데 이 중국멸시관이 단순히 진화론적인 담론에 의해 조성된 것으로만 보기는 어렵다. 바꿔 말하면 어느정도 현실과의 관련성이 있을 수 있다는 뜻인데, 그것은 조선인이 중국인과 접촉한 경험에서 부분적으로 찾아진다.

『독립신문』 지상에 중국인은 조선의 발전에 아무런 도움이 안되는 "거머리"요 "죠션 피 빠라 먹쟈난 사람들"로 비쳤다. 왜냐하면 "근년에 쳥인들이 죠션으로 오기를 시작하야 죠션사람 할 일과 할 쟝사를 빼셔 하며 갓득 더러온 길을 더 더럽게 하며 아편연을 죠션사람들 보난대 먹는" 형

---

24) 같은 논조는 1896년 11월 12일자 논설에도 있다.

25) 청으로부터의 독립자주란 인식은 딱히 『독립신문』 계열에서만 주장된 것은 아니다. 구한말 교과서를 분석한 연구성과에 따르면 중국인의 자존망대적인 역사서술 태도를 비판하는 등 교과서에 나타난 독립자주 정신의 한 특징이 중국으로부터의 독립이고 일본에는 우호적인 것이었다. 韓永愚 『韓國民族主義歷史學』, 일조각 1994, 47면.

편이었기 때문이다(1896.5.21). 또 중국인이 허용된 범위를 넘는 내륙 이곳 저곳에 파고들어 거주하며 장사하고, 인천 같은 곳에서는 법적 근거가 미비한데도 조선인에게 조차지를 매매하면서 충돌을 빚는 사태가 출현하였다(1896.9.12).[26]

이것은 양국관계가 조공체제에서 조약체제로 옮겨가는 과정에서 발생한 갈등으로 볼 수 있다. 1882년 임오군란 이후 청조는 적극적으로 상인의 조선진출을 지원해 개항장을 중심으로 내륙까지 잇는 '순환그물망'을 형성할 정도로 국내시장에 침투했다.[27] 비록 갑오개혁의 일련의 개혁조치로 착수된 청에 대한 종속관계로부터의 탈피 즉 자주독립은[28] 청일전쟁을 거쳐 1899년 '한청통상조약' 체결로 일단락되었지만, 그 과정에서 중국 상인과 무뢰배가 보여준 행동은 한국인의 일상생활에서 중국인에 대한 부정적 경험을 조성하는 작용을 했다. 그리고 그것이 단순한 외국인 이주자에 대한 거부반응에 그치지 않았으니 진화론적 문명관에 의해 의

---

26) 이런 사건에 대한 보도와 논평은 『독립신문』에 자주 실렸다. 눈에 띄는 것만도 1896.5.21; 9.12; 1898.7.18; 9.23; 9.24; 11.2; 1899.3.7이 있다.

27) 중국인이 조선에 와서 거류하며 사업을 하기 시작한 것은 1882년에 '朝淸商民水陸貿易章程'을 맺은 게 계기를 이뤘는데, 이것은 종래의 종속관계를 전제로 청국의 특권을 인정했다. 이에 따르면 서울·인천·부산·원산에 한해 주거하며 상행위를 하게 하였으나 중국인 행상들이 (통행증을 받든 안 받든) 내지로 파고들어 조선인들과 갈등을 빚었다. 청일전쟁 전에는 청상인들이 일본상인들보다 우세하였다. 孫禎睦 『韓國開港期都市社會經濟史』, 일지사 1982, 186~90면 참조. 청조의 조선정책의 변화, 특히 청상과 무뢰가 개항장을 중심으로 연안무역권-연안수송권-국경무역권-내지통상권-서울시장권을 잇는 그물망을 형성해 시장질서를 파괴하고 횡포를 부렸기에 반청의식을 야기했음은 김정기「淸의 朝鮮政策(1876~1894), 『1894년 농민전쟁연구』 3, 역사비평사 1993.

28) 청으로부터의 독립은 즉시 일본지배의 강화와 러시아의 침투라는 불안요인을 수반한 것이었기에 그 의의가 잘 인정되지 않는 것 같은데, 동아시아질서의 근대적 재편과정에 대해서는 좀더 검토할 여지가 있다고 본다. 이와 관련해 청조의 조선정책을 단순한 전통적 종속관계로 파악하질 않고 그 '근대적 변용'으로 파악한 시각(茂木敏夫「中華世界の近代'的變容: 淸末の邊境支配」, 『アジアから考える[2]地域システム』, 東京大學出版會 1993)도 흥미롭지만, 그것이 한층 더 설득력을 가지려면 중국을 중심으로 하기보다는 조선(의 반응)을 포함한 동아시아의 시각에서 그 근대다운 특징의 의미를 재검토해야 옳다.

도적인 멸시관으로 증폭되었던 것이다.

이러한 사실의 증폭 또는 왜곡이 이뤄졌다면 그것은 중국인식이 '알고
있는' 것에서뿐만 아니라 '알고 싶은 것'에 의해 형성되었기 때문일 것이
다. 청일전쟁을 마무리짓기 위해 1895년 3월 14일 중국을 떠나 일본에 머
물며 4월 17일 시모노세끼조약(下關條約)을 맺고 그 이튿날 귀국한 리
홍쟝(李鴻章)에 대해 "청국뎡부에셔 리 홍쟝씨을 일본에 보내여 빌면셔
싸홈을 긋쳐 달나 하난 고로"(1896.8.4)라고 논평한 데서 단적으로 드러나
듯, 사실이 기자의 강한 의도에 의해 윤색된 채 보도되곤 했다. 그런데 그
보도자의 의도란 다름아닌 개혁에의 기대와 관련된 것임은 쉽게 짐작할
수 있다.

이 점은 『독립신문』과 마찬가지로 중국에 부정적인 인식을 가졌으면서
도 개혁가능성에 대해 더 강한 동정을 보인 『황성신문』(1899년 창간)의 논
조에서 잘 엿볼 수 있다.

> 萬一 日本과 갓치 當年부터 新法을 遵行하얏던들 其間 三十年에 何事
> 를 不成하며 雄健猛戾하기가 英法俄갓튼 諸國이라도 必然 淸國의 威力
> 을 畏伏할지니 엇지 日本에게 連戰速敗하야 羞恥를 當하얏스리오 然則
> 淸國이 西法을 行하면 百利가 有하고 一弊가 無할거시어늘 엇지하야 淸
> 國은 事事不然하야[29]

라는 식으로 청일전쟁을 평가한 것이나, 1898년 개혁운동(戊戌變法運
動) 실패 이후의 정국을 "淸國은 滿漢兩黨이 分하야 互相猜疑하기로 其
家國을 擧하야 거의 虎狼之口에 自投함이 되엿고"라 분석한 것(1899.3.1),
그리고 "一人도 愛國心이 全無하야 公卿大夫도 是心이 無하며 將帥兵卒
도 是心이 無하며 刺史道台도 是心이 無하며 士農工商도 是心이 無하
여" "皇帝를 頤和園에 冷幽하고 政令이 一寡婦의 手에 淆亂하여도 危懼

---

29) 1898년 9월 17일자, 「淸日兩國論」.

心이 不起"하다고 보도한 것(1899.12.4) 및 "義和醜匪의 全淸殘局에 騷擾跳梁함과 眩惑橫暴함"(1900.6.21)이 확산될까 봐 염려한 것은 모두 중국에서 개혁이 이뤄지길 촉구한 심정에서 현정세를 비판한 것임은 물론이다. 그리고 그것이 한국을 포함한 동아시아 정세 변화에 긴밀한 연관을 갖는 것으로 인식한 때문이다. 이 점은 아래에서 좀더 다뤄진다.

동양평화의 일원, 중국

동아시아 3국간의 세력균형의 한 축으로서 중국을 인정한 것은 개항 이래 조선인의 대외인식의 중요한 측면이라 할 수 있다. '천한 청'이란 인식을 강하게 보인『독립신문』만 하더라도 현실적으로 존재하는 국제관계에서의 청의 위치마저 무시할 리 없었으니, 서구열강에 의한 청조의 식민지화는 "동양 데국에 크게 관계되난 일이 아니리요"(1897.2.4)라고 우려하면서 동아시아의 국제질서의 변화를 주시했던 것이다.

이같은 한·중·일의 공동운명체에 대한 인식은『한성주보』에서 이미 '3국공영체제'의 구상으로 나타난 바 있는데,[30] 대체로 각국의 자주권을 바탕으로 백색인종인 서구열강에 대항하자는 황색인종의 공영론이었다 할 수 있다. 그리고 이것은 당시의 상당수 한국인에게 공감을 얻었으리라고 짐작된다.

그런데 청일전쟁 이후 일본의 역할이 동아시아에서 크게 부상하자,『독립신문』같은 지면은 단순한 인종론에 그치지 않고 문명론을 가미하여 일본을 재인식하면서 일본을 맹주로 하는 아시아연대론을 주창하였다. "오늘날의 일본은 황인종의 앞으로 나아갈 움싹이며 안으로 정치와 법률을 바르게 할 거울이며 밖의 도적을 물리칠 장성"(1899.11.9)이기 때문에 "동양제국 중에 가히 맹주가 될 것"(1899.6.19)으로 전망하고 일본에

---

30)『한성주보』1886년 3월 8일자에 사의(私議) 「論天下時局」에 "양국이 결탁하는 후원을 얻게 되면 비록 백만의 유럽인이 있더라도 그 틈을 엿볼 수 없게 될 것이다"란 주장이 보이는데, 여기서 양국이 청·일임은 두말할 나위 없다.

대해 "한가지 종자를 보호할 큰 계책을 세워 동양 큰 판에 평화함을 유지 케"(1899.3.5) 해줄 것을 기대하였다.

그런데 일본의 개혁을 높이 평가하기는 『독립신문』과 매한가지인 『황성신문』은 동아시아 3국의 공영을 추구하되 그 안에서 중국의 역할을 결코 무시하지 않는 차이를 보였다. 청일전쟁 직후의 정세를 논하면서 "現今 東洋三國이 互相顧恤하며 互相保護라야 乃可存全一局은 稍有知覺者의 所共確言者"란 입장에서 "向日 日本目前之利로 以失東洋大局之權하니 此吾所長嘆者也로다"(1898.12.24 논설)라고 주장하였고, 더 나아가 "現今 扶回東洋之勢하야 并立於世界者난 一則淸國이오 二則淸國이라 若淸國瓜分之日 예난 雖日本之十培强力이라도 尙難之保하리니"(1899.6.13 논설)라고 평가하기도 했다. 이러한 중국인식을 갖고 있기에 동양공영론을 주장하고 현실적으로 맹주로서의 일본의 역할을 인정하더라도 그것이 패권으로 변질되는 것은 경계하였음은 다음에서 알 수 있다. "日本則其開矣며 其明矣오 今又以東洋之盟主로 儼然自命矣니 若不能保全東隅하야 末乃禍至不測하면 是난 知而不能行이라 其愚가 不有甚於韓淸哉아."(「世界平和가在東洋」, 1906.12.11)

어쨌든 이처럼 일본을 맹주로 한 동양3국 공영론은 당시 한국에서 설득력이 컸고, 그 속에 황인종의 연대란 정서가 작용했으므로 1904년 러일전쟁이 발발하자 일본을 지원하는 움직임이 한때 나타나기도 했다.[31] 그런데 러일전쟁에서 승리한 일본이 동양3국의 공영보다는 한국의 보호화를 즉각 추진하였고 그를 위해 1905년 11월 이또오 히로부미(伊藤博文)를 서울에 파견하는 사태로 진전되자 동양공영론은 위태로운 선택에 몰리지 않을 수 없었다.

첫째로 주어진 선택은 아시아를 하나의 단위로 한 세력균형론을 사실상 포기하고 민족주의를 추구하는 길이다. 이것은 『대한매일신보』의 '동

---

31) 좀더 상세한 설명은 李光麟 「開化期 韓國人의 아시아連帶論」, 『한국사연구』 61·62 합집(1988.10) 294~95면.

양주의'의 비판에서 잘 드러난다. "동양대세를 살피라 함은…동양대세를 알아서 한국에 이용하라 함이어늘 이제 한국 인사 중에…동양전판을 가지고 말하여…일인의 아세아 민족통일이라 하는 주의를 찬성하는 자 혼하니 가석하다"(1909.5.29 논설)고 꼬집으면서, "한국이 망하고 민족이 업셔지면…셔양이 이긔고 동양이 패하여 동양인종이 모다 셔양인의 노례가 되기로 한국인에게 무삼 해 될 것이 잇스리오"(같은 논설)라고 하여, 분석의 단위를 동서양 대결이 아닌 민족국가를 중심으로 전환할 것을 촉구하였다. 즉 "況國家난 主오 東洋은 客"이란 입장에서 "韓國이 永亡하며 韓族이 永滅하야도 但此國土가 黃種에게만 歸하면 此랄 樂觀이라함이 可한가. 嗚呼라. 不可하니라"라고 단호히 주장하였다(1909.8.8 논설).

또다른 선택은 『황성신문』처럼 동양공영론의 '순수한' 뜻을 되풀이 강조하면서 이제 일본의 야욕으로 동양의 평화가 깨질 지경에 이르렀으니 그들의 각성을 촉구하는 길이었다. 그야말로 "東洋三國의 分裂하난 兆漸을 醸出"하는 현실에 통곡하고 동양평화의 중요성을 다시금 일깨우는 길이었다.[32] 이 길을 몸으로 보여준 것이 다름아닌 안중근이다.

그의 「동양평화론」에 따르면, 러일전쟁은 황인종과 백인종의 전쟁이므로 한국과 청국 양 국민이 지원한 것인데 일본은 개전포고문에서 "동양평화를 유지하고 한국독립을 견고히 한다"고 천황이 선언했음에도 불구하고 그 약속을 저버린 채 조선을 식민지화고 이어서는 중국을 식민화할 속셈이니 이것은 동양평화의 파괴라는 것이다. 그리고 그 주역이 다름아닌 이또오 히로부미이므로 국제법에 입각한 (독립)전쟁의 차원에서 그를 포살해 일본에 경고하고자 했다.[33] 그의 대외인식이 당시의 (일본이 주도하는) 아시아연대론과 어떻게 다르고 같은가는 좀더 따져봐야겠지만, 그

---

32) 『皇城新聞』 1905년 11월 20일 논설 「是日也放聲大哭」. 이 신문이 이처럼 3국제휴론을 순수한 의미로 이해한 논조는 1910년까지 지속되었으니 인종론에 입각한 동종상보론에 따라 일본에 사리적 야욕을 버릴 것을 촉구한 데서 알 수 있다. 박찬승, 앞의 책 73면.
33) 洪淳鎬 「安重根의 『東洋平和論』」, 『教會史研究』 제9집(1994).

가르는 기준의 하나가 동양평화의 또하나의 축인 청에 대한 인식일 것은 분명하다. 지금까지 본 바로는 적어도 이상주의적 차원에서 한·청·일이 자주독립을 유지하는 대등한 관계를 설정하고 있었다는 점은 확실히 인정된다.[34]

동양평화론으로든 아니면 아시아연대론으로든 약소국 조선의 대외인식에서 세력균형을 꾀하는 것은 불가피하고 그 과정에서 상황변화에 따라 의존하려는 특정 국가가 부단히 바뀌는 것 자체가 나무랄 일은 못된다. 조선은 비교적 높은 수준의 대외인식을 갖고 자주독립을 지키기 위해 세력균형을 추구하는 대외정책을 추구했다는 지적[35]에 주목할 필요가 있다. 문제는 동아시아 3국 가운데 어떤 국가(예컨대 청)를 부정해버리고 다른 어떤 국가(예컨대 일본)를 협력상대로 중시하는 그 기준 자체가 한국의 식민지화를 정당화하는 근거가 될 수 있다는 것이다. 동양평화론의 한 축으로서 중국을 어떻게 인식했나를 살피는 것은 그래서 중요하다.

개혁모델로서의 중국

중국인식의 또하나의 유형은 개혁모델로서의 중국이라 할 수 있다. 이것이 전통적인 중국문명을 모범으로 삼자는 것이 아니라 청말의 개혁을 염두에 둔 것임은 두말할 필요도 없다. 물론 당시에도 전통중국을 여전히 숭상하는 사람들이 적지 않았을 것이다. "旣往 中國之盛時에 其制度文物之美를 宿嘗有欽慕摸擬之情 故로 到今彼所弊敗已棄者를 尙且好之而欲

---

34) 그의 이상주의가 가톨릭에서 왔는지, 또 그의 동양평화론이 당시 지식인의 일반적인 아시아관과 얼마나 다른지에 대한 논란은 앞의 홍순호 글과 그에 첨부된 최기영의 논평 참조. 그의 이상주의를 유교적 덕목인 '신의'에 기반한 것으로 파악할 수 있는 가능성을 月脚達彦「愛國啓蒙運動の文明觀·日本觀」,『朝鮮史研究會論文集』No. 26(1989.3) 65면에서 볼 수 있다. 이와 유사한 입장에서 안중근이 '현실적인 분석과 구체적인 대안'을 제시했기에 독창성이 있다고 본 것은 崎寅『安重根研究』, 한국정신문화연구원 1994, 75~91면.
35) 李昊宰「한국인의 대외인식의 변화」,『한국정치학회보』제10집(1976);「노일전쟁을 전후한 한국인의 대외인식변화」,『사회과학논집』, 고려대 1977.

效焉이니"(1902.4.5) 하고, 또 그들은 의화단사건으로 베이징이 8개국 연합군에 의해 유린된 데 대해서도 "北京이 無端히 陷落할 理由도 萬無라 하며 列邦이 焉敢히 進取할 期望이 有하리오 하야 淸國變亂을 盡歸訛言"(1900.9.24)이라 할 정도로 시세에 어둡다고 『황성신문』이 비난했던 그런 세력의 수가 필자가 말하려는 '개혁모델로서의 중국'을 인식한 측보다 훨씬 많았을지도 모른다.

이와 반대로 『독립신문』처럼 '천한 청'이란 인식이 압도적인 매체에서는 개혁모델로서의 중국인식이 있을 리 없다. 오히려 "죠션사람이 쳥인의게 배홀거슨 하나가 업난거시 쳥국개화된 모양이 죠션만도 못할지라"(1896.5.21)고 단정한다. 더 나아가, 이런 중국의 실상을 보면서도 "쳥국을 본밧드랴 하니 이런 죠션사람들은 관민간에 다 원슈요 나라를 망하랴난 사람들이라 이런 사람들은 화륜션에 모도 실어 쳥국에다 갓다 바릴것 갓흐면 친구들을 만히 만날터이요 죠션에난 큰 경사라"(1896.8.4)고 혹독하게 몰아친다.

그렇다면 『독립신문』은 청의 개혁가능성을 전혀 인정하지 않았던 것일까. 청일전쟁 이후 중국에서 개혁이 진행되는 정세의 큰 흐름은 파악하고 있었다. 즉 개혁을 반대하는 것이 "쳥국 안에 데일 완고한" "만쥬사람들"을 비롯한 '완고당'이고(1897.2.4), 황제를 중심으로 리 홍장 등의 세력은 개혁을 추진하려 한다는 정도로는 파악하고 있었다(1987.2.18). 또 1898년의 개혁운동(무술변법운동)이 본격적으로 추진되자 그 진상을 즉각 보도하지는 못했지만 '100일 유신'이 거의 좌절될 즈음 그것이 언로를 트기 위해 신문발행을 권장했다는 사실을 알렸고(9.7), 사태가 끝난 직후 정권이 '황태후당(皇太后黨)'에 넘어갔고 황제의 생사가 불확실하다는 보도와 더불어 개혁의 구체적 내용을 소개하였다(9.29). 그리고 곧이어 개혁파의 지도자로 캉 여우웨이(康有爲)를 거론하며 그의 망명 사실을 알렸고(10.3), 11월에 들어서면 황제가 생존함은 물론 폐위당하지도 않을 것이라고 보도하였다(11.21). 그리고 시간이 좀더 지나면서 개혁운동이 지향했던 개혁정책의 내용이 좀더 상세히 소개되었다(1899.1.25). 대체로 정확한 보도였으니, 캉 여우웨이가 영국 배를 타고 텐진에서 상하이로 다시 홍콩으로 망명하였는데 그 선박명과 날짜 등(1898.10.3)이나 정변이 있기 바로 전날인 9월 20일 광서제(光緒帝)가 이또오 히로부미를 만난 사실 같은 세부사항(1898.10.21)도 보도했던 것이다.

한층 더 흥미로운 것은 그 개혁운동에 대한 『독립신문』의 태도이다. 그 좌절 소식이 알려지자 즉각 "청국을 위하야 탄식하며"(1898.9.29), "강씨의 일이 잘 되엿드면 비단 청국에만 다행이 아니라 동양에 다갓치 리익이 될 것을 이럿케 되엿스니 엇지 가셕지 아니 하리요"라는 논조를 줄곧 유지하였다. 확실히 중국의 "셔기지망"으로 보았다(1899.4.21).

그렇지만 여기에 '천한 청'의 인식을 중첩시켜본다면 조선이 중국모델을 따라야 한다는 것이 아님은 두말할 나위 없다. 단지 '천한 청' 인식이 고정된 것이 아니라 중국의 상황변화와 연동하는 것이며 중국을 인식하는 주체의 의도, 즉 그들이 중국에서 '알고 싶은 것'을 인식하는 측면이 있었음을 확인할 따름이다.

그렇다면 개혁모델로서 중국을 적극적으로 인식한 세력은 없었는가. 이와 관련해 먼저 『황성신문』의 중국인식에 주목하고 싶다.

이 신문은 '외보'란에서 개혁과 혁명으로 소용돌이치는 1900년대의 중국정세를 상세히 보도하고 있다. 1898년의 개혁운동을 이끈 캉 여우웨이, 량 치챠오 등 개혁파의 동정을 주시하고, 민중운동과 혁명파의 활동도 전하며, 의화단사건 이후 (특히 러일전쟁이 끝나고) 청조가 내정개혁(이른바 新政)에 착수한 경과를 보도하는 등 비교적 여러 세력의 동향에 관심을 보였다.

그렇다면 이 세력들에 대한 이 신문의 태도는 어떠했는가가 궁금해진다. 이를 논설을 통해 살펴볼 수 있겠는데, 무엇보다 캉 여우웨이, 량 치챠오 개혁파에 대한 호의적 반응이 주목된다. 일찍부터 캉 여우웨이, 량 치챠오 두 사람의 동정에 주의를 기울였지만,[36] 1908년 11월 광서제와 서태후가 잇따라 세상을 떠나자 망명중인 캉 여우웨이, 량 치챠오의 사면과 요직 등용의 가능성은 특별한 관심을 끌었다. 예를 들면 "戊戌黨人이 蒙赦되야 康梁諸氏가 特次敍用을 被한다는 說도 虛言이 아닌 것을 可以度할 것이오"라고 예상하면서 그것이 동양의 문명 발전에 기여할 것으로 평가하였다(1909.5.21).

청조의 개혁에 대해서도 깊은 관심을 보였다.

　　淸國이 自道光以來로 政治가 腐敗하고 國力이 墮落하야 海外諸國의 蹂躪을 被함이 至于光緖朝而極矣러니 最近 攝政王이 當國한 以來로 上下人心이 發憤自强의 態度가 有하야 憲政을 豫備한다 敎育과 實業을 奬勵한다 海軍을 復興한다 陸軍을 改革한다 滿洲의 移民墾地를 實行한다 國會速開를 運動한다는 諸般事業이 稍稍振興하난데 彼歐美諸國도 또한 淸國을 對하야 强壓을 不加하고 歡心을 欲得함으로 外交程度도 實로 進步된 美觀이 有하도다. (1910.2.3)

이어서 중국의 개혁에 관심을 갖는 이유는 "地理와 人種과 宗敎와 文學 등의 密接한 關係가 有한즉 輔車脣齒의 關係로 實로 緊要하거니와 東洋大勢에 關하야 淸國의 進步如何로써 十分 觀念의 注함을 自不能已로다"라고 밝혔다.

이처럼 입헌군주제를 추구하는 개혁파인사와 청조의 개혁에 동정적이었지만, 공화정을 주장하는 혁명파에 대해서는 부정적인 인식을 갖고 있었다. 물론 '외보'에서 줄곧 혁명파의 동정을 다루기는 했지만[37] 혁명을 방지하기 위한 방편으로서의 개혁의 중요성을 부각시켰을 뿐만 아니라[38] 더 적극적으로는 청조의 앞날을 전망하는 논설에서 청조가 부닥칠 수 있

---

36) 「西太后와 康有爲」(1900.4.16), 「康有爲와 梁啓超」(1903.12.20) 등이 있다.
37) 비교적 이른 보도로는 「革命黨과 各國公使」(1903.8.19), 「孫逸仙의 연설」(1904.1.12)이 있고, 동맹회 성립으로 혁명파의 활동이 격화되자 1907년 이후 그에 대한 기사도 빈번해졌다.
38) 1907년 8월 8일자와 같은 해 10월 6일자 외신보도.

는 '우려할' 네 가지 사태의 하나로 "革命黨과 哥老會의 種類가 此機會를 乘하야 內外의 擾亂을 滋生"할 수도 있음을 꼽으면서 "皇天이 我東洋을 眷顧하샤 支那大局으로 하야곰" 이런 길로 접어들지 않게 만들길 간절히 바랐다(1909.11.28).

그 다음으로, 『대한매일신보』의 중국인식에 주목하고 싶다.

이 신문 역시 청조의 이른바 신정에 관심을 기울였다. 청조가 2년 안에 유럽을 모방한 개혁정책을 서태후 양해 아래 군사·경찰·재판의 분야에서 실시함과 동시에 해외에 시찰단을 파견할 것임을 알리고 있으며(1905. 11.30), 입헌조칙이 내려진 것을 환영하는 중국인들의 모습을 전하면서 이것은 중국은 물론이고 일본을 제외한 모든 외국에도 이로운 일이라고 논평하였다(1906.11.3). 한층 더 적극적으로는 "腐敗無能하던" 청정부가 "今日에야 改革을 實施乎아 實노 懽迎하고 祝賀할만하도다"고 호의적인 반응을 보이면서 청정부의 예비입헌조칙 반포와 지방자치 준비, 팔기제(八旗制) 개폐와 의회격인 자정원(資政院) 설치 준비 등 일련의 개혁조치를 설명하였다. 여기서 눈에 띄는 대목은, 이같은 변화의 핵심요인을 한국이 보호국으로 된 사정('新協約의 政變')이 중국에 미친 영향으로 지적한다든지, 중국과 한국이 4천년 역사 이래 얼마나 긴밀한 관련을 맺고 있는지 강조한 데 이어서 "지나의 文明發達之日은 卽韓國의 文明發達之期니 大韓人士난 勉之勉之어다"라는 식으로 한국과 관련지어보는 기사이다 (1907.10.6).

그런데 이 신문은 놀랍게도 개혁파에 비판적이고 혁명파를 동정적으로 보도하였다. 1906년부터 혁명파가 군사봉기를 일으켰는데, 1907년 6월 13일자에서 벌써 꽝뚱(廣東)에서 발생한 "비적의 행동"이 외국인의 생명과 재산을 보호하고 "공화정부를 신설하기로" 했다는 점에서 종래의 소요와는 다른 양상임에 주목하고 그 주도자가 필시 외국경험이 오랜 자일 것으로 추측하지만, 더이상 확산되지 않기를 바라며 곧 위안 스카이(袁世凱)의 군대에 의해 진압될 것으로 추측하였다. 그런데 곧 그 지도자가 쑨 이셴(孫逸仙, 쑨 원)임을 밝히며 청조의 일련의 개혁을 야기한 원동력이 다름아닌 혁명(즉 "애국의 열성"을 갖고 "민족의 권리"를 추구하는 "문명적 폭동")이라고 평가할 뿐만 아니라 그러한 혁명파의 희생이 더 많아져야 "東亞大陸에 一等文明國을 성립할지니라"고 전망하는 변화를 보이고 있다(1908.5.27). 더욱이 광서제와 서태후가 사거한 시점에는 청조 관료층 안에는 개혁을 이끌 참신한 인물이 없고 량 치챠오 일파도 "思想을 革新하야 愛國團體랄 組織함은 尙且未能하얏슬지니" "今後 支那에 난 人民과 惡政府의 抗爭은 有하고 滿漢의 問題난 漸次消融할지니" "滿漢問題의 變相"인 "人民의 惡政府의 투쟁"을 이끌 "혁명영웅"이 예비하는 시대가 앞으로 펼쳐진다고 전망하였다(1908.11.29).

1900년대 후반의 중국 정세를 상당히 예리하게 분석한 이 논설은 "本記者가 此論을 革하매 其主觀이 支那에 不在하고 韓國에 在하니라"는 구절로 끝을 맺는데, 혁명파의 역할을 중시한 이 중국인식이 의병투쟁을 적극 평가하는 쪽으로 전환하는 계기가 되었는지는 모르겠으되 공화혁명을 한국의 운명과 연관시켜 동조한 점은 분명하다 하겠다. 그런데 중국에서 개혁과 혁명 모두가 교착에 빠진 1910년에 들어서면 이 정세를 '쇠퇴'로 인식하고 "大韓人民은 支那의 衰頹를 前轍의 戒로 作하야 百般奮勵하며 百備圖治할지어라"(1910.6.9)고 경고하였다. 여기서도 중국에서 그들 나름으로 '보고 싶은 것'이 있었던 것을 알 수 있다.[39]

4. 중국인식과 사회진화론

이상의 분석에서 주요 언론매체에 나타난 중국인식의 세 유형이 꽤 구

39) 이같은 중국인식이 있었기에 1911년 중국에서 공화혁명이 일어나자 조선의 망명독립운동지사들은 그것을 반기며 한중연대를 통한 항일의 가능성을 발견할 수 있었던 것이다. 신해혁명에 대한 조선인의 반응은 閔斗基『辛亥革命史: 中國의 共和革命』, 민음사 1994 참조.

체적으로 제시되었다고 생각된다. 그런데 이 세 유형의 차이는 어떻게 이해해야 할까.

첫번째 유형이 상대적으로 앞선 청일전쟁 직후 시기의『독립신문』에서 한결 더 강하게 나타났고, 세번째 유형이 러일전쟁 이후 더욱 우세해졌지만, 이것을 딱히 시계열적인 진행으로 보기는 힘들다. 그보다는 한국인 내부의 국내개혁론의 차이의 연장으로 보는 것이 좀더 설득력있을 것 같다.

여기서, ('개혁모델로서의 중국'이란 유형에 대해 보충설명도 할 겸) 량 치챠오 저술이 한국에서 불러일으킨 반향을 살펴보는 것이 그 단서가 될 수 있으리라 기대된다. 1900년대 '지식인의 필독서'로 꼽힐 정도로[40] 널리 번역·소개되어 읽힌[41] 중국의 개혁자 량 치챠오 저술의 영향을 뒤집어, 누가 왜 수용했는가를 분석해보자.

이미 기존 연구에서 량 치챠오의 사상을 받아들인 세력은 '1900년대 국학적 반일지식인들'로서 '국권주의적 근대국가'를 수립하기 위해서였다고 설명된 바 있다. 좀더 풀어보면, "탈아론적이요 따라서 탈전통적이요 주권의식이 거세된" 근대일본의 메이지유신형 근대화론과 대비되는, "중화주의적 민족주의가 잔존한 변법론에 의한 전통의 재긍정에 입각한 주체성 있는 '자강론'"이라는 것이다.[42] 서구화란 뿌리에서 나온 두 개의 가지인 셈인데, 후자의 특징은 일본모델에 대한 거부와 전통의 재긍정이다. 일본모델에 대한 거부는 당시 점증하는 일본의 영향력을 고려할 때 그것을 배척하려는 태도가 형성된 것으로 이해할 수 있지만, 전통의 재긍정은 당시 전통의 비판이 개화의 주된 요인이었음을 염두에 둔다면 좀더 깊이 있는 분석을 필요로 한다.

---

40) 李光麟『韓國開化思想研究』, 일조각 1979, 262면. 또 282면에는 신문에 논설을 쓸 때 『飮冰室文集』을 참고서처럼 사용하였다고 주장한다.
41) 상세한 목록은 이만열 「개화기 언론과 중국」,『한국근대언론의 재조명』, 민음사 1996 참조.
42) 申一澈『申采浩의 歷史思想研究』, 고려대출판부 1981, 64면.

량 치챠오 사상이 미친 영향을 다룬 한 논문에 따르면, 그의 사상은 사회진화론에 입각한 자강의 논리로서 받아들여졌고 구체적인 방법으로는 신교육을 통한 실력양성과 이에 기반한 '신국민'의 형성 및 국민의식(즉 애국심)을 강화하는 민족주의사관을 착안케 했다는 것이다. 요컨대 국민국가의 건설을 위해 그의 사상이 수용되었다는 것인데,[43] 이 설명만으로는 그의 문집을 망국의 위기에 처한 조선을 위한 '제1영약(靈藥)'으로 반기는 당시인의 정서[44]가 충분히 납득되지 않는다.

여기서 먼저 량 치챠오 사상이 수용된 상황에 주의해보고 싶다. 진화론의 도입은 이미 1880년대부터의 일이었고, 량 치챠오의 초기 주장이 실린 『중와이꿍빠오(中外公報)』(1895.5~1895.9)나 『스우빠오(時務報)』(1896.7~1898.6)보다는 일본에 망명가서 간행한 『칭이빠오(淸議報)』(1898.11~1901.11)와 『신민충빠오(新民叢報)』(1902.1~1907.10)가 널리 유포되었다는 데서 1900년대의 상황, 특히 후반의 일본에 의한 보호정치라는 상황이 그의 사상의 수용에 중요한 요인으로 작용했음을 짐작할 수 있다. 「보호조약」 서문의 "한국의 富强之實을 認할 時 至하기까지 이 條約을 約定한다"는 대목이 실력양성 즉 자강운동의 확산을 통한 국권회복의 길을 추구하게 만드는 하나의 계기가 되었다면,[45] 일본모델보다는 비교적 같은 처지에 놓인 중국모델에 더 공감하기 쉬웠을 것이다. 예컨대 중국인이 편찬한 몇종의 개혁관련 서적을 조선인이 이해하기 쉽게 풀어쓴 『진명휘론(進明彙論)』(1906)의 「서(序)」에서 저자가 "우리나라 정치의 규모가 중국과 대략 서로 비슷해" 중국의 개혁방안에 조선이 남의 일 보듯 할

---

43) 이만열, 앞의 글 110면에서 "이러한 주장들은 량 치챠오의 신민설과 대동소이하지만 일치되는 것은 아니다. 그것은 우리의 신(국)민설이 량 치챠오의 영향을 일정하게 받으면서도 한말 우리의 고민이 가미되어 나왔기 때문이다"라고 했는데, '한말 우리의 고민'은 곧 주체적 수용을 말할 텐데 구체적으로 무엇인지 명확히 드러나 있지가 않다.

44) 『대한매일신보』 1907년 9월 6일자 독자편지 「蜜啞子經歷」.

45) 박찬승, 앞의 책 45면. 물론 1905년부터 이미 식민지화가 시작되었다고 보면 의병투쟁 말고는 그 어떤 것도 의미없어지겠지만 적어도 당시 한국인들의 실감은 애국계몽운동에 참여하게 했다고 본다.

수 없다고 한 것은[46] 그런 사정을 잘 말해준다.

상황적 요인도 중요하지만 그의 진화론의 내용 즉 도덕배양을 통한 진화와 구국의 길은, 물리력으로는 일본에 압도당하여 망국 직전에 놓인 1900년대 후반의 냉혹한 현실에서 정신력에 의한 극복가능성을 제시한 것인만큼 아주 유혹적이었을 것이다. 그래서 실력양성의 구체적 방법으로 교육·언론활동과 결사체(즉 학회)의 조직이라는 계몽활동이 부각되었던 것이다.

이것은 사실상 유교적 교양을 지닌 사람들에게는 매우 낯익은 것이었다고 할 수 있다. 이것이 서양개념을 섞고 구어체를 활용하는 그의 독특하고 평이한 문장어('新民體')[47]와 더불어 그의 진화론적인 사상을 조선에서 '완전히 대중화된 이론'으로 확산시킨 비결인 셈이다.[48] 애국계몽운동이 추진세력 내부의 차별성을 지닌 채 지방으로 확산하게 된 이유의 일단도 여기서 찾을 수 있겠다.[49]

이같은 분석에 의지할 때, 중국인식의 첫번째 유형은 급진개화파에, 세번째 유형은 온건개화파(또는 자강파)에 친화적이고 두번째 유형은 양자가 모두 공유하되 나머지 유형과 결합하면서 조금씩 차이를 보인 것으로 이해할 수 있겠다.[50] 그러나 필자는 이러한 차별성을 더 깊이 분석할 필요

---

46) 李鍾泰『進明彙論』, 광무 9년.

47) 그의 문체는 신문문체(報章文體)라 불렸는데 더 세분하면 일본유학 가기 전엔 '시무체(時務體)' 그후엔 '신민체(新民體)'로 나뉜다. 특징은 민간속어와 외국어휘를 구사하면서 풍부한 감정과 분명한 논리로 시대의 관심사를 다뤘기에 인기를 끌었다. 陳伯海·袁進 주편『上海近代文學史』, 上海人民文學社 1993, 141~48면.

48) 물론 애국계몽운동의 사상은 이식된 사상의 단편적 지식에 지나지 않으며 그런 논의를 한 당사자 자신이 얼마나 제대로 소화했는지가 의심스럽다는 지적도 있지만(최기영, 앞의 글 405면), 체계적 수용 여부와 그 (비록 단편적이라도) 이식된 사상의 사회적 기능과는 별개의 문제이다.

49) 지방 참여층은 대개 유교적 지식인이 많았고 사회경제적으로는 중소지주·부요호층·부상·중소자본가라고 보는 연구가 있다. 김도형, 앞의 책 144~88면.

50) '천한 청' 인식을 집중적으로 보여준『독립신문』의 시각이 반드시 독립협회 구성원 전체의 의사를 반영하지 않을 수도 있다. 그 구성원간의 (시기별) 노선차이를 강조한 것은 朱鎭五「19세기 후반 開化 改革論의 構造와 展開: 獨立協會를 中心으로」, 연세대 박

성도 인정하지만 그 공통성을 특히 강조하고 싶다. 차별성을 강조할 경우, 세번째 유형이 우세한 중국인식을 가질수록 "국가주권이 있는, 말하자면 자강국가의 건설을 목표로 했다는 점에서 독립운동을 진정으로 시작할 수 있는 정신사적 기초"를 확보할 가능성이 높았다고 보기 쉽다.[51] 필자도 이 주장에 꽤 공감하는 편이나, 그럼에도 불구하고 남는 문제는 차이를 강조하고 그 지지세력의 분화를 강조하다 보면 세 유형 모두 동일한 이론적 기반, 달리 말하면 동일한 인식구조를 갖고 있다는 점을 간과하기 쉽다는 것이다. 그래서 곧바로 진화론의 역할에 주목할 필요를 느낀다.

진화론이란 잘 알려져 있다시피 '생존경쟁'과 '자연도태'란 두 원리에 따라 생물이 경쟁하고 진화한다는 것을 요체로 하는바 이 자연진화의 메커니즘을 인간사회에 그대로 적용한 것이 사회진화론이다. 이것이 유럽과 미국의 사상과 문학 등 여러 분야에 영향을 미쳤는데,[52] 특히 그때는 제국주의적 팽창이 활발하던 시기라 그것이 미친 부정적 영향이 인종차별주의와 제국주의의 옹호로 나타났다. 동아시아인에게는 제국주의가 주도하는 국제정세를 '약육강식'의 현실로 그대로 인정하면서도 그 판에서 살아남는 '적자'가 되기 위한 길을 제시해주는 이론으로 수용되었다. 그런데 사회진화론이 제국주의를 위해 의도적으로 만들어진 것은 아니더라도 그 논리 자체가 제국주의를 옹호하는 사회적 작용을 하기 십상인 것은 분명하다.[53] 따라서 동아시아에서는 저항과 자강의 이론적 바탕이 되었지만

사학위논문, 1995 참조. 그밖에 한말 자강운동을 이끈 계열간의 차이를 좀더 알기 위해선 대한협회·『황성신문』·『대한매일신보』·청년학우회로 나눠 그 특징을 개관한 박찬승, 앞의 책 제1장도 유용하다·

51) 신일철은 이런 입장을 강하게 제시한 것으로 보인다. 예를 들면 앞에서 거론한 『한국근대언론의 재조명』 228면에 실린 이만열의 논문에 대한 그의 토론.

52) Raymond Williams, "Social Darwinsm," *Problems in Material and Culture*, London: Verso 1980.

53) 적자가 '적응 잘한 자'(the fittest)란 사실 기술에서 더 나아가 최강자(the strongest)요 최선자(the best)라는 윤리적 판단까지 담게 되면 쉽게 제국주의 옹호로 이어진다. 같은 글.

구미에서는 침략을 합리화하는 이론으로 작용했다고 구별하는 것은 적절치 못한 것 같다. 동아시아도 진화론적 세계관에서는 강자가 되어 남을 지배하고픈 지향을 처음부터 안고 있었으니, (앞에서 본 대로) '천한 청국'의 분할지배에 동참하고 싶은 욕구를 표현한『독립신문』의 논조는 개화를 추진하기 위한 단순한 수사로 봐넘기기 힘들다.[54]

그런데 문제는 당시 모든 세력이 진화론적인 세계관·문명관에 입각해 급·완의 차이를 보이며 계몽운동을 전개했다는 데 있다. 적어도 러일전쟁에서 국치까지의 짧은 기간 동안 좁은 공간이 허용되었기에 진화론을 동원해 자강운동을 국권회복과 연결시킬 수 있었다손 치더라도 계속 진화론적 기초에 머무는 한은 '강자'인 일본이 지배하는 '문명'의 세계를 어찌 거부하겠는가.

그렇다면 진화론적 세계관을 극복할 수 있는 길은 모색되지 않았을까. 애국계몽운동의 변화·발전에 관한 한 연구는, 그 가능성을 하나는 '유교의 재발견 즉 대동주의 의식'(박은식)에서 또하나는 의병전쟁을 매개로 한 '한국 주민집단의 집단의식·집단사상·집단심성'과의 결합(신채호)에서 찾고 후자를 '특이한 위치'로 긍정한다.[55] 이 주장을 좀더 넓은 시야에서 점검해볼 필요가 있다.

전자의 발상에 영향을 미친 캉 여우웨이의 공자교(孔子敎)는 그 자신이 개혁운동에서 영도권을 장악하고 추종자들을 결합시키기 위한 구심력으로 삼으려는 정치적 성격이 짙었고, 청조가 무너진 후 별다른 영향력이 없었다는 지적에 귀기울인다면,[56] 그것이 한국에 수용되어 효과적인 개혁

---

54) 이런 발상은 량 치챠오에서도 찾아볼 수 있다. 그는 중국이 개혁에만 성공하면 부강한 국가가 되어 식민지경영에 나설 수 있는 잠재력이 있다고 자부한다. 그리고 남아메리카나 아프리카는 머지않아 황인종의 식민지가 될 것을 믿어 의심치 않았다. 梁啓超「論中國人種之將來」,『飮冰室文集』3권, 臺北: 中華書局, 52면.
55) 정창렬「애국계몽사상의 역사의식」,『국사관논총』제15집(1990). 그런데 신채호란 특이한 존재를 사상계 전체로 일반화하는 것은 무리일 것이다.
56) 閔斗基「康有爲의 改革運動(1898)과 孔敎」,『중국근대개혁운동의 연구』, 일조각 1985.

운동을 이끌기에는 무리였음을 알 수 있다. 그런데 동아시아 전통사상의 일부를 동원하여 진화론적 세계관·문명관을 극복하기 위한 전략이었다면 좀더 음미해볼 가치가 있다. "儒敎의 形式을 勿泥하고 儒敎의 精神을 發揮하야 世界同胞로 하야곰 大同平和의 幸福을 均一享有케 할지어다"[57]라는 대목에서 진하게 느껴지는 대동적 지향(또는 개혁유교론)이 3·1운동기에 이르러 서양문명을 비판하는 결실을 맺었다고 볼 수 있다. 그것은 진화론적 세계관·문명관으로부터 자유로워지면서 '동양문화'를 새롭게 긍정한 것을 뜻할 수 있다.[58]

그런데 이와 달리 '경쟁'이 아닌 '상호부조'를 사회의 진화발전의 원동력으로 간주하는 아나키즘에 근거해 진화론으로부터 벗어날 수 있는 근거를 확보한 조류가 1910년대 중국에서 우세했음도 주목할 만하다. 맑스주의에 앞서 민중을 발견하고 나라 안팎의 일체 강권에 저항한 급진이론으로 풍미하여 시대적 '무드'요 사상적 '필터'로 스며들었던 것이 아나키즘인데,[59] 한국 안에서는 1920년대초까지 여전히 진화론이 우세했던 게 아닌가 싶다.[60] "平和니 人道이니 함은 弱者를 慰安하는 姑息語에 不過

---

57) 『皇城新聞』 1909년 11월 16일자 논설 「儒敎發達이 爲平和之最大基礎」.

58) 이와 관련해서 량 치챠오의 사상적 굴절이 흥미를 끈다. 그는 정치현실에서 개혁의지가 좌절된 후 1920년대초 유럽여행을 통해 보편적인 세계문명의 '몰락'을 지켜보면서 '문명' 대신 인류 전체 문화의 일부로서 새롭게 자리매김한 개별 민족의 '문화'를 발견한다. "'문화'의 발견에 의해 자신을 '화'도 아니고 '이'도 아닌 '인류 전체 문화'의 일부로 위치짓는 것이 가능해지고, 중국의 '문화'를 인정하는 것이야말로 세계문화에의 공헌으로서 적극적 가치를 갖기에 이르렀다"고 보거나, 문화사를 중시한 것은 보편적 시간 관념에서 벗어나 '인류학적 공간'을 역사적 시간과 재결합시킨 것으로 근대와 탈근대가 얽혀 있는 오늘에도 현재성을 갖는다고 해석할 수도 있다. 특히 후자의 견해는 Xiaobing Tang, *Global Space and the Nationalist Discourse of Modernity: The Historical Thinking of Liang Qichao*, Stanford University Press 1996. 이 책에 대한 비판을 포함한 량 치챠오의 사상적 굴절에 관한 개괄적인 논의는 졸고 「梁啓超의 근대성 인식과 동아시아」, 한림대 아시아문화연구소 주관 제12회 학술연구발표회 '동아시아의 근대성과 민족주의'(1996.11.29~30)에서 이뤄진 바 있다. (추기: 이 글은 뒤에 『아시아문화』 제14호, 1999에 실렸다.)

59) Arif Dirlik, *The Origins of Chinese Communism*, New York: Oxford University Press 1989.

한 줄 안다. 强者善 弱者惡은 萬古의 鐵案이요 生物의 原則이라 한다"는 주장을 1921년에도 여전히 쉽게 찾아볼 수 있는 것을 그 단적인 증거로 보고 싶다.[61]

일본제국주의(를 앞세운 세계질서)의 강권이 워낙 압도적인 상태에서 체제개편이 진행되므로 강권을 모방하려는 이론이 우세했던 탓으로 볼 수 있을지도 모르겠는데, 그렇다 하더라도 저항의 기반은 한국이란 지역의 일상생활에서 우러난 의식이요 이에 기반한 투쟁이나 그 지향이 성공적인 것이 되려면 지역을 넘어선 의식과 투쟁이 필요한 법이다. 바로 여기서 단순비교가 아닌 동아시아를 단위로 한 근대성을 재인식하는 시각이 요구된다. 이 글의 과제인 대한제국기 한국인의 중국인식은 중국에 대한 인식일 수만은 없고 일본인식과 표리를 이룬 것인 동시에 한국 내부의 개혁론이 그 밑바탕을 이루었음을 확인한 것은 그같은 필요를 새삼 절감케 한다.

5. 맺음말: 신소설의 중국상과의 비교

이상과 같은 분석에서, 첫째 대한제국기 한국인의 중국에 관한 정보 입수는 형성중에 있던 동아시아 의사소통의 연결망에 힘입어 그 당시로서는 수준이 꽤 높았다는 것이 드러났다. 조선조 말기에 비교적 높은 수준의 대외정보를 입수·축적했다는 기존 연구성과들[62]을 재확인하고 보완한

---

60) 박찬승, 앞의 책 184~85면. 물론 신채호처럼 중국에서 1925년경부터 아나키즘에 기울어져 그 이듬해엔 재중국 조선무정부주의자연맹에 가입함으로써 애국계몽기부터 안고 있던 이론적 내부모순, 즉 저항적 민족주의를 주창하면서도 제국주의에 대한 선망의 편린을 보일 수밖에 없었던 진화론적 제한을 극복한 사례도 있지만(愼鏞廈『申采浩의 社會思想 研究』, 한길사 1984, 287, 289면), 이같은 것은 해외에 한정된, 따라서 예외적인 사례가 아닐까 싶다.

61) 朴達成「東西文化史上에 現하는 古今의 思想을 一瞥하고」,『開闢』9호(1921.3) 25면.

셈이다.

물론 대한제국기에 중국에서 벌어진 정세변화의 전모를 충분히 파악하지는 못했지만 그것은 정보입수 부족의 탓이라기보다는 당시의 중국인식에는 '알고 있는 것'과 '알고 싶은 것'이 혼재되었으며 후자가 전자를 누르는 때가 많았기 때문으로 볼 수 있을 듯하다. 그리고 '알고 싶은 것'이란 인식주체의 국내개혁론과 밀접한 관련이 있는 것이었고, 바로 이런 개혁론의 차이로 인해 언론에 나타난 중국인식은 '천한 청' '동양평화의 일원인 중국' 및 '개혁모델로서의 중국'의 세 유형으로 구별되면서도 중층적으로 얽혀 있었던 것으로 파악되었다. 이러한 중국인식의 특징이 하나의 원형으로서 그후의 한국인의 중국인식에 크게 작용했는지는 아직 단정할 수 없지만 그 개연성만은 제기해보고 싶다.

그런데 이러한 중국인식의 주체는 물론 한정된 세력이다. 주로 서울에서 발행된 일간지 3종에 의존한만큼 서울에서 활약한 일부 지식층의 인식이 드러난 것이다. 좀더 넓은 층, 예컨대 지방지식층의 중국인식으로까지 관심을 옮길 필요가 있지만 이 글에서는 다루지 못했다. 단지 지방으로 갈수록 비교적 보수적인 중국인식 ── 즉 앞에서 확인했듯이 전통중국의 문화를 존숭하는 인식 ──이 강했다고 추측할 수 있지만[63] 그 속에서도 서울지식층의 인식을 매개로 해 변화가 이뤄지고 있었음은 분명히 지적할 수 있다.[64]

지방지식층도 중요하지만, 그들 또한 엘리뜨층임이 분명할진대 과연 일반 민중의 중국인식과 중국상은 어떠했을까도 궁금하다. 이를 정면으

62) 이호재, 민두기, 류영익의 앞의 글.
63) 예를 들어, 지방의 위정척사론자, 예컨대 柳麟錫처럼 개혁사상을 담은 『飮冰室文集』
   조차 '괴패(怪悖)한 책'이라 규정하여 거부하는 세력도 있었을 것이다. 김도형, 앞의 책
   297면.
64) 지방유생인 李相龍은 완고한 유자들이 존화사상(尊華思想)에 사로잡혀 외국의 진화
   된 문물을 배척하는 어리석음을 통박하면서 중국과 조선이 운명공동체임을 인정하고
   량 치챠오의 사상을 흡수하였으니 필자가 말하는 '개혁모델로서의 중국' 인식을 가진 사
   례가 아닐 수 없다. 이에 대해서는 한영우, 앞의 책 93~94면.

로 다룰 능력은 없고 간접적인 방편으로, 위에서 얻은 결과를 애국계몽기 신소설에 나타난 중국상과 비교해보려고 한다.[65] 신소설의 작가 또한 당시의 엘리뜨임은 부인할 수 없지만 대체로 연재소설 형태로 독자에게 수용되었던만큼 당대 일반인들에게 퍼져 있던 공통적인 중국상이 어느정도 반영되었을 것이란 기대를 갖고 출발한다.

대표적인 신소설 작가 이인직(李人稙)이 1906년 『만세보』에 연재했던 『혈의 누』(1907년 간행)는 청일전쟁으로 야기된 평양민중들의 참상을 묘사한 것인데, 이 작품에 나타난 청인의 모습은 자못 부정적이다.

본래 평양성중 사난 사람들이 청인의 작폐에 견대지 못하야 산골로 피란간 사람이 만더니, 산중에셔난 청인군사를 만나며 호랑이 본 것 갓고 왼슈 만난 것 갓다. 엇지하야 그럿케 감정이 사나우냐 할 지경이면, 청인의 군사가 산에 가셔 졀믄 부녀를 보면 겁탈하고, 돈이 잇스면 빼셔가고, 제게 쓸 데 업난 물건이라도 놀부의 심사갓치 작난하니, 산에 피란간 사람은 난리를 한층 더 격난다.[66]

이에 비해 일본군사들은 전쟁중에도 국제법의 테두리를 지키는 것으로 그려진다. 이처럼 청과 일의 대조적인 이미지는 문명화된 일본인을 미화하고 중국인을 야만시하기 위한 의도에서 삽입된 것이 분명하다. 그의 소설에 자주 등장하는 주요 인물이 일본인 '구원자'——구소설에서 애용된 초인적인 구원자의 형상이 바뀐——인 점은 그런 의도를 잘 드러낸다.[67]

---

65) 국문학계의 일각에서는 애국계몽기를 갑오경장으로 촉발된 근대적 계몽운동·문화운동이 구체적으로 문학작품에 반영된 1905년부터 10년까지로 잡고, 단순히 근대주의를 지향하는 개화기라고 부르기보다 '반봉건과 반외세의 적극적이고 주체적인 의미를 담는' 애국계몽이라 부르자고 제의한다. 양문규 「애국계몽기의 서사문학」 민족문학사연구회 편 『민족문학상 강좌』 하, 창작과비평사 1995.
66) 『혈의 루』(新小說·飜案(譯)小說 1), 아세아문화사 영인본, 9~10면. ㅇ 등 자모 몇을 바꾼 것말고는 원문 그대로임.

한미한 집안 출신으로 조선조 양반중심의 정치·사회에 대하여 '깊은 원한'을 품은 그가 과거의 봉건학정을 날카롭게 비판하며 그 연장에서 문명개화의 과제를 과감히 제시하는 과정에서 청에 대한 부정적 이미지가 자연스럽게 형상화된 것으로 읽을 수 있다. 동시에 그의 반청은 곧 친일과 표리를 이룬 것이기에 "봉건제적 모순의 지양을 통한 근대주의의 지향점에서 보이는 그의 문학의 매판적 성격은 그의 근대주의의 결정적인 한계를 노출시킨" 것으로도 이해할 수 있다.[68] 그래서 이완용내각의 기관지 『대한신문』의 사장을 역임한 그는 개화파적 신념을 지녔으면서 친일적 성향을 강하게 보였으며, 1910년 이후 통속소설을 발표하였다.

그의 "친일문학을 계승하는 한편 더욱 낮은 수준에서 통속화한" 최찬식(崔瓚植)이 1912년 『추월색(秋月色)』을 발표해 '새 시대의 총아'가 되었다고 평가되는데, 이 작품에서는 일본과 미국 유학생 주인공 영창과 정임을 통해 중국에 대한 멸시와 일본에 대한 숭상이 더욱더 대조된다. 아울러 동양공영론이 긍정되는데, 이것은 이미 이인직의 『혈의 누』의 인물 구완서를 통해서도 제시된 바 있거니와, 최찬식에 와서는 일본주도의 공영론이 좀더 분명해진다.[69]

언론에 나타난 중국인식 가운데 '천한 청' 유형을 그대로 떠올리게 하는 이런 중국상과는 좀 다른 이미지가 이해조(李海朝)의 신소설에 나타난다.

물론 그도 중국의 전통문화에 대해서는 비판적이었다. 작자 자신이 '토론소설'이라 이름붙인 『자유종』(1910)[70]은 오늘날 '애국계몽기 최대의 정

67) 崔元植 『韓國近代小說史論』, 창작과비평사 1986, 60면.
68) 양문규, 앞의 글 45면. 그의 근대성이 지닌 이중성을 시대적 한계와 관련해 복합적으로 평가하려는 시도는 이상경 「이인직 소설의 근대성 연구」, 민족문학사연구소 편 『민족문학과 근대성』, 문학과지성사 1995 참조.
69) 『秋月色』(新小說·飜案(譯)小說 7) 참조.
70) 최원식은 내용상 1908년에 창작된 것으로 추정한다. 최원식, 앞의 책 46면. 본문에 인용한 텍스트는 최원식 교주 『자유종』, 창작과비평사 1996이다.

치소설의 하나'로 꼽히는데, 그 안에 화이론적 세계관을 비판하는 대목이 자주 나타난다. 이와 더불어 "청국 명사 양계초씨 말씀에 하였으되…"(24면)라거나 "청국 강남해 말에, 대동세계에는…"(30면)라는 식으로 청말의 개혁자 량 치챠오와 캉 여우웨이의 언설을 인용하는 장면을 배치하고 있다. 말하자면 위에서 분류한 '개혁모델로서의 중국' 유형에 해당되는 이미지이다. 이것을 짙게 암시하는 대목이 『빈상설』(1908)[71]의 마지막 처리이다. 서판서의 아들 서정길이 기생첩에 빠져 재산을 탕진하고 아내 난옥에게 갖은 곤욕을 치르게 만들고 나서는 남부끄러워 외국유람을 떠나버렸다. 그런 그에게서 온 편지로 소설은 끝을 맺는데, 그 마지막 구절이 의미심장하게도 "상해 동아학교 일년급 생도 서정길 상"(154면)이라 처리되어 있다.

이 짧은 구절을, "난봉 귀족 서정길이 돌연 학도로 변했다. 그것도 중국유학생인데, 이는 이인직 소설의 인물들이 일본유학생이라는 점을 감안하면 더욱 흥미롭다. 다시 샹하이에는 이미 우리나라 망명객들이 모이기 시작했으니, 작가는 이 작품 끝에서 민족운동의 새로운 세대의 등장을 암시하고 있는 것이다"[72]라고 해석할 수 있다면, 바로 개혁모델로서의 중국상이 떠오른다.

이해조의 작품에 나타난 중국인식은, "신분적·지역적·성적 차별로부터 해방된 자유로운 개인들의 자율적 결합으로서 국민의 출현을 열망"한 의식과 어우러져 그의 계몽사상을 형성하였다. 그리고 "국권회복의 주체를 국민에 둠으로써 그는 변법의 주체를 황제에 두었던 기존의 우리 개화파나 청나라의 변법파로부터 결정적으로 구분되는데, 이는 이미 대한제국의 멸망을 목전에 둔 시기에 국권회복을 위한 지구전을 준비해야 했던 당시 애국계몽운동의 현실적 요구에 기초하고 있는 것이다"[73]라고 해석

---

71) 『빈상설』(新小說·飜案(譯)小說 1).
72) 최원식, 앞의 책 80면.
73) 같은 책 52, 54면.

되기도 한다.

그런데 이해조는 봉건체제를 혹독하게 비판한 이인직과 대비되어 "통치계급의 정치부흥을 갈망하는 개명적 전제"의 입장을 취한 나머지 "근본적인 사회·정치 구조의 변화와 관련맺지 못하고 있어 반동화될 여지가"[74] 있었다고 평가되기도 한다. 말하자면 1910년 이후 이해조가 보수화되는데, 그것이 이미 그 절정에서 예비되고 있었던 셈이다.[75] 어쨌든 1910년 일본에 의해 식민화되면서 그의 신소설은 변질되어 통속소설로 몰락한다. 이와 더불어, 『소학령(巢鶴嶺)』(1913)에 그려진 청인에 대한 극도의 적대의식은 그 단적인 예이듯이, 그의 소설에도 일본인 '구원자'가 자주 출현하고 중국에 대한 반감이 부각된다. 그의 친청적 경향이 바뀌어 이인직처럼 반청친일로 선회하였다고 비판받을 만하다. 이런 변화는 그의 마지막 신소설 『우중행인(雨中行人)』(1913)에서 절정에 달한다.[76]

이처럼 신소설에 나타난 중국상은 3종의 일간지에서 추출한 중국인식과 꽤 일치한다. 신소설의 중국상에 당시 한국인이 공유한 중국상이 일정 정도 반영되었음은 물론이고 또 그것이 신소설 독자에게 확산되어 공유의 폭을 넓히는 데 기여하였을 것이라고 추정할 수 있다. 〈1997〉

---

74) 양문규, 앞의 글 50면.
75) 최원식, 앞의 책 58면.
76) 같은 책 145면.

1949년의 중국

동시대 한국인의 시각

1. 들어가며

작년은 중화인민공화국이 건국 오십 돌을 맞은 해였다. "봉건상태를 극복하고 20세기 강국으로 부상한" 중국을 자축하는 뻬이징정부의 성대한 행사는 중화인민공화국이 선포된 1949년의 중요성을 뚜렷이 부각시켰다.

1949년에 중국공산당이 '승리'했고 중국국민당이 '패퇴'한 것은 분명하다. 그래서 맑스주의자나 급진파측에서는 1949년을 공산당의 성공과 등치시키고 이것이 역사적 필연성의 소산이라고 주장한다. 반면에 보수주의 내지 반공주의측에서는 공산당의 승리를 정상적 역사에서의 이탈로 간주한다.[1] 전자의 경우 1949년은 역사의 전환점으로서 신해혁명으로 수립된 중화민국의 시기 곧 민국시기가 끝난 것이지만, 후자에서는 민국시기가 타이완에서 지속되는 것으로 본다. 이러한 이분법적 사고방식에 익숙한 사람에게는 1949년이 '승리'와 '패퇴'의 해로 기억될 것이다.

1949년에 있어 두 정치세력의 '패퇴'와 '승리'가 결정적으로 중요한 사건임은 누구도 부인할 수 없지만, 1949년을 승리와 패퇴의 해로 이해하

---

1) 황동연 「중국현대사 속의 중화인민공화국 50년」, 『창작과비평』 1999년 겨울호 354면. 그는 두 시각을 소개하면서 양자를 넘어서야 중국현대사를 제대로 볼 수 있다고 한다.

는 것은 오늘의 정치현실에 대한 결과론적인 설명에 다름아니다. 따라서 복잡하고 역동적인 중국현대사의 모습을 온전히 드러내는 것은 아니라고 할 수 있다. 1949년의 시점에서 중국인이 직면했던 시대적 과제와 그 해결을 위한 다양한 노력을 제대로 이해하기 위해서는 '승리'와 '패퇴'의 시각을 넘어서 '1949년의 중국'을 역사적 맥락 속에서 재조명할 필요가 있다.

1949년의 중국에서 전개된 역동적 현실에 다가가기 위한 방편으로 그 시대를 산 사람들의 실감에 착목하려고 한다. 물론 그들도 그 시대의 제약에 갇혀서 역사현장의 풍부한 사실을 있는 그대로 증언하지 못하고 굴절된 모습을 전달할 수밖에 없다. 그러나 그들의 실감은 굴절된 채로나마 당시의 실상을 직핍하게 반영하고 있을 터이므로 그것을 조심해서 활용하기만 한다면 우리가 그 시대를 이해하는 데 상당히 유용할 것이다.

이러한 문제의식에서 필자는 동시대인 가운데서도 당사자인 중국인이 아닌 그 이웃 한국인의 실감을 재현해보려고 한다. 이해당사자가 아닌 제 3자일 터인 한국인의 경험이 승리와 패배의 이분법적 시각을 극복하는 데 다소나마 도움이 되지 않을까 기대하기 때문이다.

사실 한국인의 실감이라 해도 하나로 규정할 성질의 것은 아니다. 당시 이미 한반도가 분단되었으니 실감 또한 적어도 둘로 구별될 수밖에 없지만, 여기서는 한반도 남쪽의 두 유력일간지였던 『경향신문』과 『조선일보』에 나타난 동시대 한국인의 시각을 비교·검토하는 방식을 택한다.[2] 특히 두 신문의 중국관이 직접 반영되어 있다 할 사설과 기획기사를 중점적으로 분석할 것이다.

이를 통해 직접적으로는 한국인의 중국인식 형성과정의 한 면이 해명

---

2) 두 신문을 택한 이유는 이렇다. 당시 가톨릭계의 『경향신문』(1946년 9월 창간)은 발행 부수 1위로서 중립노선을 취했고 유일하게 1949년에 중국특파원을 파견했다. 『조선일보』는 당시 발행부수 4위로 중립노선을 취했고 중국에 관한 사설과 기획기사가 비교적 많았다. 당시의 발행부수 및 노선은 『軍政廳調査月報』 제24호(1947.9) 등에 근거했다. 『경향신문 40년사』, 1986, 97면에서 재인용.

될 수 있겠지만, 우회적으로는 1949년 중국혁명에 대한 동아시아인의 반응이 밝혀짐으로써 중국혁명 자체를 오늘의 시각에서 새롭게 보는 데도 기여하는 바 있지 않을까 한다.

2. 정보입수경로

해방 직후 한반도의 일간지 지면을 분석해보면 당시 국제뉴스의 정보원으로 가장 크게 의존한 것이 지금이나 마찬가지로 해외통신사가 보내준 통신기사였음을 한눈에 알 수 있다. 따라서 외신을 수신해 각 일간지에 공급한 국내 통신사의 현황을 살펴보는 것이 우선이다.

우리 통신사의 연원은 불가피하게 일제 유산에서 출발하였다.[3] 일제하에는 일본 도오메이통신사(同盟通信社)의 경성(京城)지부가 1936년 1월 이후 존재했는데, 일제의 검열을 거친 '세계 주요 외신'을 토오꾜오지사와 후꾸오까(福岡)지사로부터 직통전화와 모르스전신기로 수신하여 공급하였다.[4] 그러니 한국인이 간행한 일간지라 해도 일본의 시각에서 걸러진 해외소식을 독자에게 전달하기 십상이었다.

해방 후 한국인은 도오메이통신의 설비를 인수해 독자적인 통신사를 설립하고 구미의 통신사와 계약을 체결하였다.[5] 통신사의 설립 현황이나

---

3) 이하의 한국통신사에 대한 정보는 洪一海 『韓國通信社史』, 일지사 1982에 크게 의존했다.

4) 合同通信三十年編纂委員會 『合同通信三十年』, 1975, 2면.

5) 도오메이통신을 인수해 설립된 것이 해방통신(解放通信)으로서, 8월 17일부터 통신을 발행했다. 그런데 이것은 곧 미군정에 접수되어 국제통신(國際通信)으로 개편되었으나 (1945년 11월 이후) 관영통신이란 이유로 AP와 외신공급계약을 맺을 수 없었다. 그런데 1945년 11월 30일 연합통신(聯合通信)이 설립되어 AP와 계약을 성사시켰고, 곧이어 국제통신과 연합통신이 합병해(1945년 12월 30일) 합동통신(K.P.P.)이 되었다. 합동통신은 1946년 5월 25일 미국의 INS와, 7월 15일에는 영국의 로이터와, 11월 20일에는 프랑스의 AFP와 각각 계약함으로써 해방공간의 대표적인 국내 통신사로 자리잡았다. 그밖에 다소 좌경적인 성격을 띤 (조선통신의 후신인) 고려통신은 UP와 독점계약을 맺고

주요 일간지 외신기사의 발신지 표시를 봐도 알 수 있듯이 1949년에는 합동통신(合同通信)과 고려통신(高麗通信)이 주도하면서 일부 일본발 외신을 공립통신(共立通信)이 전달하는 체계가 우리 신문이 중국관계 정보를 입수하는 주요 통로였다.[6]

이러한 통신사들이 구미의 저명한 통신사들과 직접 계약을 맺어 외신을 받아들임으로써 중국에 관한 다양한 정보를 신속히 입수하여 중국인식을 넓혀준 점은 인정할 만하다. 그러나 동시에 거의 압도적으로 구미의 정보원에 의존하였다는 한계도 지적하지 않을 수 없다.

이 한계를 보완하기 위해 일간지에서 활용하는 제도가 직접 특파원을 파견하는 것이다. 일제시대인 2,30년대에도 한국인이 운영하던 주요 일간지인 『동아일보』와 『조선일보』는 일본본위의 관점에서 벗어나 동아시아정세를 보기 원하는 독자의 욕구에 부응하기 위해 특파원을 일부 지역에나마 파견한 바 있었다.[7] 그렇다면 당시 주요 일간지가 직접 특파원을 파견해 중국 현실에 접근하려 한 적은 없는지 살펴볼 필요가 있다.

『경향신문』 1949년 4월 3일자에는 "본사에서는 중국의 사태를 정확히 보도하고자 중국정부의 정식승인을 얻어 본사 기자 김병도(金炳道)[8]를 2일 공로(空路)로 파견하였다"는 내용의 사고(社告)가 실려 있다. 특파원

주요 일간지에 기사를 공급하고 있었다. 또한 時事通信 등 일본통신사의 기사는 좌익의 공립통신이 기사를 공급하고 있었는데 구미 통신을 전달하는 위의 두 통신사에 비해 영향력이 미약했다고 볼 수 있다.

6) 洪一海, 앞의 책 22~30면 및 일간지 외신기사에 대한 필자의 분석 결과.

7) 특파원 파견 현황을 보면, 『동아일보』는 미국에 張德秀(1923.4~1937.1), 난징에 朱耀翰(1928.10~1929)과 申彦俊(1929.12~1935.10) 등을 보냈고, 『조선일보』는 미국에 李勳求(1926.9~1938.2), 중국에 李灌鎔(1928.10~?) 등을 보냈다. 『朝鮮日報八十年史』, 2000, 2204면; 『東亞日報社史』 권1(1920~45), 1975, 288~92, 415~16면.

8) 김병도(1913~56)는 평북 정주 출생으로 일본 죠오지(上智)대학 신문학과를 졸업했다. 일제시대부터 여러 신문의 기자를 거쳐 해방 후 『경향신문』 중국특파원이 되었다. 그의 이력에 대해서는 『新聞百年人物事典』, 코리어헤럴드 1988, 114면 참조. 이때의 견문을 정리해 『新聞記者가 본 中國』(서울문화사 1950.3)을 간행했다. 1949년 11월자의 서문이 달린 그의 저서는 그가 보낸 기사들의 내용과 미처 기사화되지 못한 견문으로 구성되었다.

파견은 이 신문이 지면쇄신, 연중무휴 발간 등과 더불어 야심적인 '일대 약진상'의 하나였다. 그 시절 다른 신문에서는 격동하는 중국 현지에 기 자를 파견한 사실이 확인되지 않는 점을 감안하면[9] 이채로운 기획으로서 이 신문으로 하여금 "이미 참신한 현지기사의 보도로 독자의 심금을 울 리고 있는 바이다"라고 자부하도록 할 만했다.[10] 그러나 『동아일보』와 『조 선일보』가 직접 파견한 특파원의 기사뿐만 아니라 중국체류 지식인들의 다양한 기고문을 실었던 일제시대에 비해 언론상황은 정보원이 줄어든 열악한 형편이었다 하겠다.[11]

당시 우리 일간지의 중국보도는 정보원의 한계에 영향받았을 뿐만 아 니라 정부의 보도정책으로부터도 제약이 가해졌다. 1948년 8월 남쪽에 대한민국정부가, 10월 북쪽에 조선인민공화국이 각각 수립되어 분단체제 가 가동된 후 한반도 남쪽정부에서는 언론기관의 중국보도 경향을 통제 하려 했던 것 같다. 말하자면 냉전적 진영 개념이 위세를 떨치기 시작한 것이다. 예를 들어 1948년 11월 25일 공보처 정부대변인은 "최근 모 통신 사에서는 국부군(國府軍)의 불리한 것만 보도하고 있으나 국·공(國共) 의 투쟁문제는 인접한 우방의 문제임으로 신중·정확히 사태를 보도치 않 으면 안될 것이니 각별 주의가 필요"하다는 내용의 담화를 발표한 바 있 다.[12] 물론 이같은 정부의 요구가 실제로 얼마나 언론사에 먹혀들어갔는 지는 자세히 알 길 없지만, 분단현실의 고착화가 진행되면서 남쪽의 중국 관계 기사, 바꿔 말해 남쪽주민의 중국인식 형성에 일정한 영향을 미쳤을 개연성은 충분히 예상할 수 있겠다.

---

9) 해방 직후 5년간 『동아일보』에서 워싱턴주재 특파원으로 林炳稷을 1946년 2월에 파견 한 것말고 『동아일보』와 『조선일보』에서 어떤 지역에든 특파원을 파견한 사실을 찾아볼 수 없다. 『東亞日報社史』 권2(1945~60), 1978, 371면; 『朝鮮日報八十年史』 참조.
10) 「社告: 本紙 一大 躍進相」, 『京鄉新聞』, 1949.4.23.
11) 주 7 참조.
12) 「仁川에 온 中國避難民」, 『朝鮮日報』 1948.11.26.

3. 모자이크로 이뤄진 중국

중국은 한국에게 무엇인가?

한국이 지리적으로 가깝고 많은 역사적 경험을 공유한 중국에 특별한 관심을 갖는 것은 자연스러운 일이었다. 그래서 한국인의 중국인식의 계보는 오랜 역사를 갖고 있다.[13] 그러나 시대적 상황의 변천에 따라 인식의 구체적 내용이 달라지는 경우가 많았다. 이는 해방 직후 5년간이라 해서 다를 바 없다. 이 글에서 주목하는 것은 당시의 구체적 상황에서 한국인들은 어떤 중국상(中國像)을 품게 되었을까 하는 점이다.

사실 해방 직후 중국에 대한 한국 일간지의 관심이 처음에는 그리 높지 않았다. 그리고 관심을 갖게 된 동기는, "우리는 유사 이래 4천년간 대륙세력의 소장(消長)에 가장 예민한 영향을 받아왔다"는 식의 것이나, 중국문제에 관심을 가져야 할 이유가 '세계적 중심성'과 '거대성'에 있다는 식으로 일반적인 것도 있었지만[4] "침략받은 중국의 지위를 강조한 것은 사십년 동안 왜란에 유린된 우리나라와 공통되는 바이요"[15]라든가, "중국문제는 전후 세계의 재정돈 문제에 있어 중대한 영향을 줄 것"[16]이라고 인식하였듯이 시대적 상황을 염두에 둔 것도 있었다. 그런 중국인식에서 국

---

13) 조선시대 학인들의 중국연구까지 거슬러올라갈 수 있겠지만, 여기서 지난 100년간의 우리 언론의 중국관에 관한 연구만 소개하겠다. 졸고「대한제국기 한국언론의 중국인식」, 이 책 166~98면; 田寅甲「1920年代 新聞.雜誌論說을 통해 본 韓國人의 中國認識의 성격: 5.30運動에 관한 東亞日報의 論說을 중심으로」,『서울大 東洋史學科論集』11집, 1987; 閔斗基「萬寶山事件(1931)과 韓國言論의 對應: 相異한 民族主義의 視覺」,『東洋史學研究』 제65집(1999.1); 민두기 편 『申彦俊現代中國關係(1927~1935)論說選』, 문학과지성사 2000(근간), 특히 편자 해설; 金世昊「1920年代 韓國言論의 中國國民革命에 대한 反應: 東亞日報 特派員 朱耀翰의 '新中國訪問記' 取材(1928.10~1929.1)를 中心으로」,『中國學報』40호(1999.12).

14)「중국의 앞길은」상,『朝鮮日報』1949.1.23.

15)「蔣介石演說과 우리의 參考」,『朝鮮日報』1948.5.25.

16)「국공화평」,『朝鮮日報』1949.3.4.

공합작이 자연스럽게 주목을 끌었다. 좌우 대립과 합작이 변전하던 한국 현실에 비춰 공감하는 바 컸기 때문이다. 그런데 아래와 같은 전후 중국의 위상에 대한 평가는 이채롭다.

"국제관계로서의 중국은 약소국이면서 대국의 행세를 하는 데에 고민이 있는 것이다. 중국은 지금 국련(國聯)에서 부인권까지 행사할 수 있는 오대국의 하나이니 그것은 중국 자체의 실력향상보다도 국제적 균형관계로 생긴 것이다.… 미국의 후원으로 국제장리(國際場裏)에 투표의 선수(選手)로서 뽑힌 점을 간과하지 못할 일이다."[17]

약소국이면서 대국 행세를 해야 하는 중국, 바꿔 말하면 전후 국제정치의 역학 속에서 만들어진 '강대국'으로서 중국이란 인식은 날카로운 현실통찰이 아닐 수 없다. 또한 당시 한국 일간지에서 국부(國府)의 천도문제와 관련해 타이완이 관심거리로 떠올랐는데, 『경향신문』의 김병도 기자는 더 나아가 시야를 중국대륙에만 한정하지 않고 다양한 지역적 구성에까지 넓혔다. 즉 그는 직접 현지취재를 하는 실감에 근거해, 타이완인의 독립운동이라든가 그 배경으로서 외성인(外省人)에 대한 심한 거부반응을 낳게 한 '2·28사건'에도 깊은 관심을 기울였을 뿐만 아니라 홍콩의 동향도 중시하였다.[18] 이처럼 당시의 실감에서 나온 사실적인 현실인식이 가능했다는 점에 근거하여, 중국에서 각축하는 두 정치실세인 국민당과 공산당에 대해서도 비교적 객관적인 접근을 할 수 있었을 것으로 추정해볼 수 있다. 이 점은 중국을 '국부(國府)'와 '중공(中共)'이란 두 개의 호칭으로 구별하는 이른바 '두 개의 중국'적인 방식을 채용했으면서도 동시대

---

17) 「蔣介石演說과 우리의 參考」, 『朝鮮日報』 1948.5.25.
18) 김병도 『신문기자가 본 중국』, 1950, 97∼165면. 당시 일간지에서 AP나 UP 등 외신에 근거한 '2·28사건'에 대한 사실보도는 즉각 있었다. 『경향신문』에 「臺北에 暴動」 (1947.3.4), 「自治權獲得까지 鬪爭」(3.12), 「事態收拾緊急」(3.16), 「타이완人民政府派 70餘名을 死刑」(3.28) 등이 실렸고, 『조선일보』에 「臺北市에 大騷擾 發生」(3.4), 「타이완은 아직 不安定」(3.15) 등이 실렸다. 그러나 이 사건의 의미를 심층분석한 기사로는 (좀 뒷시기이긴 하나) 현지취재에 근거한 김병도의 것이 돋보인다.

일본처럼 중공을 굳이 멸칭(蔑稱)으로 쓰지는[19] 않았다는 데서도 엿볼 수 있다.

그렇다면 '두 개의 중국'에 대한 구체적 평가는 각각 어떠하였고 중국 혁명에 대해 어떤 평가나 전망을 하였을지가 궁금해진다.

국부에 대한 평가: 패퇴의 이유 찾기

중국에서 내전이 격화되자 한국언론의 중국에 대한 관심이 높아졌는데 관심의 초점은 누가 결국 대륙에서 '헤게모니'를 장악할 것인가였다. 『조선일보』는 그 과업이 농민정책의 여하로 결정된다고 보았다. 이런 기준에서, 국민정부는 "져쟝(浙江) 재벌을 중심으로 비교적 부유한 이들을 근거로 하여 성립"되었으니 과연 그 목표가 달성될 수 있을지 지켜보겠다는 입장을 취하다가[20] 결국 "민중의 기대를 저버렸다"는 평가를 내렸다[21]

『경향신문』도 전쟁의 참화로 시달리는 민심을 수습하는 것이 승리의 결정적 요인이란 점을 중시하였다[22] 민중의 힘을 중시했다는 점에서 『조선일보』의 논조와 크게 다르지 않은 것 같다. 그리고 두 신문 모두 미국이 국민정부 패퇴의 이유를 규명하고 그것을 국민정부의 탓으로 돌리기 위한 목적으로 발표한 「중국백서」를 요약·게재하였다는 사실[23]에서 국민정부 패퇴에 대한 미국의 공식견해의 영향을 크게 받았으리라 짐작할 수 있다. 『경향신문』 특파원인 김병도는 국민정부 몰락의 주요 원인의 하나로

---

19) 당시 일본에서 '중공'이란 용어는 신중국에 대한 일종의 '별칭' 내지는 '멸칭'으로서 신문지상 등에서 사용된 것이니, 중화민국의 탄생 당초부터의 '멸칭'인 '지나(支那)'에 상당하는 용어로 전후에 '지나'의 사용이 꺼려지자 그를 대신했던 것이다(野澤豊 「卷頭の 辭: '1949年いう課題おめぐつて」, 『近きに在りて』 제36호, 1999.12, 5면).
20) 「蔣介石演說과 우리의 參考」, 『朝鮮日報』 1948.5.25.
21) 「중국의 운명」 상, 『朝鮮日報』 1949.8.31.
22) 「중국 다시 내란 전개」, 『京鄕新聞』 1949.4.24.
23) 「對中美白書槪要」(전6회), 『京鄕新聞』 1949.8.11~14, 18, 19; 「美對中白書槪要」 (전3회), 『朝鮮日報』 1949.7.25~28. 그 주요 내용이 남한에 다시 소개된 것은 훨씬 뒤이다. 李泳禧 편역 『中國白書』, 전예원 1982.

국민정부 내부의 부패상을 꼽되 그것을 더 깊이 파고들어 중국문화에서 그 근원을 찾았다.

그는 국민정부가 부패한 것이 아니라 중국 국민성이 오늘날 국민정부를 그렇게 만들었다고 주장하였다. 그 이유는 중국민족은 너무 개인주의와 자유주의 사상을 숭상해온 "암상(巖上)의 모래"같은 민족이므로 그들을 통치한다는 것은 지난한 일이라는 것이다.[24] 결국 "오늘의 국민정부의 부패상은 철저한 개인주의와 자유주의를 국가적 민족사회주의로 교정하지를 못한 데에 기인되어 있다고 하겠다."[25]는 것이 그의 주장의 핵심이었다.

이렇듯 중국인의 가족주의와 종족주의를 국민국가 건설의 장애로 보는[26] 해석은 쑨 원의 삼민주의의 한 대목을 연상시키고 더 나아가 근대성 추구의 장애요인을 중국 국민성에서 찾는, 20세기 중국인 사이에서 유행한 담론[27]에서도 쉽게 찾아볼 수 있는 것으로서 그리 낯설지 않다. 그러나 이같은 문화주의적 해석이 중국사 전개의 역동성을 단순화한 관점이고 중국(인)멸시론으로 쉽게 변질될 수도 있음을[28] 간과해서는 안된다.

중공에 대한 평가: 성공의 이유 찾기

중국공산당은 새로운 정치세력이었으므로 그 성격규명이 우선적 관심사였다. 『조선일보』는 처음에는 "중국공산당은 비록 공산당일지라도 국

---

24) 김병도가 『경향신문』에 보낸 기사와 그의 저서의 내용은 일치하는 부분이 많다. 이 글에서는 『경향신문』에 실리지 않은 내용의 경우 저서에서 인용했다.
25) 김병도, 앞의 책 44면.
26) 같은 책 12면.
27) 단적인 예로 Arthur H. Smith, *Chinese Characteristics*, 1890이 루 쉰(魯迅) 등 중국지식인들에게 영향을 미친 이래 중국인의 성격(국민성)은 오랜 논의의 주제가 되었다. 이 책은 지금도 대륙에서 새롭게 여러 종이 간행되어 있다. 필자가 본 것만도 『中國人的特性』, 光明日報出版社 1998; 『中國人的性格』, 學苑出版社 1998가 있다.
28) 이같은 견해는 1920~30년대 일본 중국학계에 지배적이었던 중국 국민국가결여론과 통하는 것이다. 이에 대해서는 李明 「日本的'中國論'的檢證: 1920~30年代的中國非國論」, 『社會科學研究』 제9권 2기(1988).

민주의적 색채가 강한 것이며" "소련으로 볼 때에는 우호적인 '포풀러 프런트'(인민전선—인용자)의 정부이므로 중국의 장래는 아무리 변환할지라도 국민주의에 토대를 둔 사회주의의 노선으로 갈 것"[29]이라는 논조를 폈으니, 말하자면 중공의 독자성을 인정하였던 셈이다. 그런데 내전이 끝날 즈음에는 중공을 토지개혁을 추구하는 단순한 사회주의로 보거나 마오쩌뚱을 '아주(亞洲)의 티토'로 보는 국내외의 일부 시각을 진상이 아니라고 비판하면서, "코민포름의 노선과 명령하에 움직일 수밖에 없을 것이다"[30]라고 보는 쪽으로 바뀌었다. 냉전시기 진영대립의 관점이 영향을 미친 것으로 볼 수 있겠다. 이처럼 중공의 독자성을 인정 않는 관점은『경향신문』에서도 그대로 나타났다.[31]

그런데 공산당의 성격을 뭐라 규정하든, 현실 속에서 국부군이 패퇴하는 반면에 공산당이 승리를 거듭하는 것은 누구에게나 역력했다.『조선일보』는 이 상황을 군사적인 측면으로 한정시킴으로써 "이러한 군사상의 승패가 곧 주의(主義)의 승패"라고 단정짓지 않으려 하면서, 전쟁의 향방이 인민의 반응에 달렸다는 시각을 취했다.[32]

민중의 동향을 중시한다는 점에선『경향신문』이 더 분명한 논조를 보였다. 김병도 특파원은 적어도 도시주민이 중공군을 적극 반기지 않는 체념적인 태도를 보이고 있음을 생생한 현지르포를 통해 한국 독자에게 전하고 있다.

"기자가 샹하이에 중공군이 육박(肉迫)해왔을 때에 다수의 민중들 사이에는 마지못해 중공군을 맞지 아니하면 안되겠다는 불가피의 사실로서

---

29)「중국은 어대로」,『朝鮮日報』1948.11.16.
30)「蘇聯의 中共政府 承認」상,『朝鮮日報』1949.10.6.
31) 김병도의 견해는 다음 인용문처럼 단호했다. "기자가 샹하이와 난징에서 체류하는 동안 각계각층의 인사들에게서 들은 여론을 종합하여본다면 어데까지나 중공은 소련 권하(圈下)에서 움지기지 결코 그 배하(配下)를 떠나서는 움지길 수 없다는 것이었다."(김병도, 앞의 책 215, 217면)
32)「중국의 앞길은」상,『朝鮮日報』1949.1.23.

어찌할 수가 없어서 맞이한다는 즉 '도리가 없다'는 표정을 가진 것을 발견할 수 있었으니 이 부류야말로 충실한 '몰유법자'종('沒有法子'宗, 어쩔 도리 없다는 부류—인용자)에 속하는 선남선녀들인 모양이다. '몰유법자,'이야말로 좋게 보면 대륙적 도량 넓고 단념성 풍부한 말이라고 선의로 해석할 수도 있고 다른 한편으로는 만만적(漫漫的)·소극적 자포자기의 망국적인 말이라고 악의로 해석할 수도 있는 것이다."[33]

따라서 "중국 5억 인민이 모두 공산주의를 환영은 안했"지만[34] 결국 중공이 헤게모니를 잡고만 원인이 "국민당 일당전제정치의 부패상과 미의 대중원조정책이 너무 애매하였다는 것"에 있다고 보게 된다.[35]

중국'혁명'의 의미와 전망

공산당의 승리——그 이면의 국민당의 패퇴——요인에 대한 이상과 같은 두 신문의 분석은 현재의 학계 연구성과에 비춰보면 부분적인 것임은 긴말이 필요없을 것이다.[36] 그러나 이 글에서 관심갖는 것은 분석의 정확성보다 두 신문이 독자들에게 전달한 중국상이 어떠한 것이었느냐이다. 이 점에서 그들이 1949년의 변혁을 어떻게 평가하였고, 향후의 중국정세

---

33) 같은 책 22면. 비슷한 내용이 그가 송고한 「動亂의 中國」(제3신), 『京鄕新聞』 1949.4.14에도 실려 있다.

34) 그의 기사는 상하이의 반응을 보도한 것이다. 그밖에 꽝저우의 피난민들이 중공이 입성하면 일자리를 줄 것이라고 기대한다는 대목도 있다(김병도, 앞의 책 170~71면). 사실 중공의 승리에 대한 중국인민의 반응은 아직도 논쟁적이다. 예를 들면 수전 페퍼는 도시 지식청년층이 유보적이었다고 보았지만(Suzanne Pepper, *Civil War in China: The Political Struggle, 1945~1949*, 1978. 그 일부가 민두기 편 『중국현대사의 구조』, 청람문화사 1983에 수록), 윌리엄 힌튼은 농민이 열렬히 환영하는 모습을 전해준다(『飜身』 1·2, 풀빛 1986). 그밖에 장 이머우(張藝謀) 감독의 영화 「인생」이나 그 원작인 위화 『살아간다는 것』, 푸른숲 1997의 관점차이 참조.

35) 김병도, 앞의 책 2면.

36) 공산당의 승리요인을 외인론과 내인론으로 대개 구별하는데 그에 대한 여러 학설의 간략한 정리는 서진영 『중국혁명사』, 한울 1993, 제10장 참조. 국민당 패퇴요인에 대한 집중연구로는 로이드 E. 이스트만, 민두기 역, 『蔣介石은 왜 敗했는가』, 지식산업사 1986 참조.

에 대해 어떤 전망을 품고 있었을까가 궁금해진다.

『조선일보』는 1949년의 변혁이 역사적으로 되풀이된 역성(易姓)혁명과는 다르다는 점을 분명히 인식했다. 중공은 정권획득을 성취하였을 뿐만 아니라 새로운 제도적 지향을 단계적 개혁을 통해 점진적으로 수행하려 하며 궁극적으로 사회주의화를 목표로 한다고 보았다. 또한 과거의 국내쟁패전과는 상이한 국제적 연관성을 가졌을 뿐만 아니라, 예전과 같은 한족과 이민족 간의 종족전쟁이 아닌 한족간의 계급투쟁의 형태를 취했다고 평가했다.[37] 그리고 중공의 승리는 분명하나, 그 "지배가 잠깐 계속하다가 민중의 배반을 당하거나 존속이 된다 해도 중공정권이라고 부를 가치가 없는 것으로 변질하거나 하는 운명을 보게 될 것"이라는 전망을 했다. 『조선일보』 자신도 인정하듯이 '다소 모험적인 예측'인 이 전망의 근거는 이러했다.

첫째 반공정권에 의한 해상교통의 차단은 식량, 공업원료 구입 등에 제약을 가함으로써 경제발전에 타격을 준다. 둘째 사회주의화를 추진할 조건이 국내적으로 성숙치 않고 국제적으로도 미약하다. 셋째 토지를 분배받은 농민을 조직화하는 데 필요한 인원상·정책상 준비가 부족하다. 넷째 소련과도 갈등을 빚을 가능성이 있고 그로 인해 당내 분파간 대립이 야기될 수도 있다. 다섯째 중국적 사고와 생활양식을 가진 민중은 끝내 중공의 엄정한 규율 그 자체를 귀찮게 생각할 것이다.[38]

그로부터 50년이 지난 지금의 시각에서 돌아볼 때 부분적으로는 적실성이 있어 뵈기도 한 근거인데, 그로부터 나온 전망이란 요컨대 "중공은 승리를 누려 잠깐 지배를 계속하나 영속은 곤란하며 영속한다고 하면 그것은 변질한 후의 일"이란 것이다.[39]

『조선일보』가 중공이 주도한 혁명의 단기적인 필연성은 인정하지만 장

---

37) 「중국의 운명」 상, 『朝鮮日報』 1949.8.31.
38) 「중국의 운명」 하, 『朝鮮日報』 1949.9.1.
39) 같은 글.

기적인 존립가능성에 회의를 품은 데 비해, 『경향신문』은 훨씬 더 비관적인 전망을 했다. 즉 "중공은 반드시 국내의 민심수습의 요체인 민생문제 해결을 못할 것이며 국부의 부패된 정치의 쇄신을 할 정치적 별다른 효과를 못 드러낼 것은 물론이고 중국통일 같은 대업은 끝까지 공상에 불과할 것"[40]이라고 내다보았다. 그리고 민국시기의 지배세력인 토호열신(土豪劣紳) 대신에 독재권력이 들어서 민중의 생활을 질곡에 몰아넣다가 "제3의 새로운 중국이 자연발생적으로 출현할 것으로" 예측했다. 여기서 말하는 '제3의 새로운 중국'이란 '제3세력'이 세울 '참된 국민의 정부'를 의미하며 마오 쩌뚱이나 쟝 졔스와도 무관한 이 세력의 대두를 미국도 기다린다는 것이었다.[41] 그렇다면 공산당이나 국민당도 아닌 그야말로 제3의 정치집단을 『경향신문』은 염두에 둔 것이었을까. 사실은 그렇지 않았다. 어디까지나 쟝 졔스가 빠진 국민정부의 새로운 세력을 가리켰던 것으로 보인다.[42]

이같은 전망은 『경향신문』의 중국현대사 인식과도 맥이 닿는 것이었다. 『경향신문』은 중화인민공화국이 선포된 시점에서도 당시 상황을 중공이 동북 일대에서 해안연변(海岸沿邊)지역을 장악한 내란상태로 진단하면서, 민중의 힘으로 달성한 국민혁명인 신해혁명의 지향이 굴절되어버린 이 사태가 곧 바로잡아져 "전중국에 다시 청천백일기(靑天白日旗)가 날릴" 수 있도록 중국인이 반공궐기를 할 것을 촉구하였다.[43] 결국 반공주의적인 시각에서 두 개의 중국이 하나로 합쳐질 것으로 바라보았던 것이다.

40) 「소위 중공정부선포를 보고」, 『京鄕新聞』 1949.9.24.
41) 「世界의 望遠鏡: 蔣政權은 再起할가?」, 『京鄕新聞』 1949.10.13.
42) 김병도, 앞의 책 3면.
43) 「中國政勢와 雙十節」, 『京鄕新聞』 1949.10.11.

4. 맺음말: 한국인이 인식한 1949년

이상에서 드러났듯이 내전기 중국정세에 대한 두 일간지의 주된 관심이 중공과 국부 가운데 누가 헤게모니를 장악할 것인가에 쏠렸지만, 두 신문 모두 1949년의 중공의 승리를 필연적인 것으로 보지 않았다는 사실은 승리와 패퇴의 관점에서 어느정도 벗어나 있었다는 점에서 한국인의 인식의 특징으로 주목할 가치가 있다.

1949년의 이러한 중국상을 아직 유동적인 정세에 대한 생생한 실감에 의존해 그날그날의 신문을 제작한 일간지의 속성상 불가피한 탓으로 돌릴 수도 있다. 그러나 필자는 두 신문 모두 그들 나름의 중국정세관이 있었기 때문에 그런 평가를 내렸다는 점을 강조하고 싶다. 중공의 집권에 비판적인 논조를 편 『경향신문』은 더 말할 나위 없지만, 중국혁명의 사회혁명으로서의 의의를 어느정도 인정한 『조선일보』도 중공이 주도한 혁명의 단기적 필연성은 인정하되 장기적인 전망에 대해서는 회의적이었기 때문이다. 그리하여 『경향신문』은 '국민정부 내의 제3세력'에 의한 '위대한 통일국가'가 수립되기를 기대했고, 『조선일보』는 "중공은 승리를 누려 잠깐 지배를 계속하나 영속은 곤란하며 영속한다고 하면 그것은 변질한 후의 일일 것"이라는 전망을 갖게 되었음은 위에서 본 대로이다.

여기서 그 당시의 한국 일간지의 예상이 지난 지금의 시점에서 과연 얼마나 들어맞았는가를 따지는 것도 부질없는 일만은 아니겠지만,[44] 그보다는 이처럼 민중의 동향을 중시한 시각에서 1949년의 정세를 고착된 상태

---

44) 이 쟁점을 여기서 길게 다룰 여유는 없지만, 딜릭의 다음과 같은 주장은 귀기울여봄직하다. 그는 중국 건국 50년 업적을 인정하면서도 "그것을 성취하기 위해 무엇을 잃었는가에 대한 반성적 사고가 없다는 점에서 동시에 실패이기도 하다"고 평가했다. 아울러 중국의 앞날에 대해 공산당주도의 점진적 변화가 추진될 것이나 "그 변화의 방향이 사회주의를 지향한 것일지는 예단할 수 없다"고 전망하고 있다. 아리프 딜릭 교수 인터뷰 「중국 건국 50년」, 『한겨레』 1999.10.1.

로 보질 않고 계속되는 혁명과정으로 보는 장기적 관점을 갖게 한 요인이 무엇이었는지를 규명하는 일이 더 중요할 것이다.

먼저 생각해볼 수 있는 것은 한국인이 동시대의 문제로서 중국정세를 바라보는 주체적 자세가 오랜 기간 이어져왔다는 점이다. 적어도 19세기 말 이래 한국지식층은 중국의 변혁과정을 한국의 운명과 직결된 것으로 보아왔고 그래서 중국의 사정에 대해 깊이있는 이해를 쌓아왔다. 특히 1930년대에 쟝 졔스의 난징정부에 비판적이어서 그 대안을 찾되 그렇다고 공산당을 지지하지도 않은 채 중국혁명은 민중의 힘을 바탕으로 해야 한다는 입장에서 중국혁명의 특질을 '객관적이고도 넓은 시야'로 보도한 한국언론의 유산[45]은 주목할 가치가 있다. 바로 이 축적에 기반해 해방 직후 정보공급이 열악함에도 불구하고 중국을 한국문제와 연결시켜[46] 비교적 장기적으로 바라볼 수 있었다고 할 수 있다.

그러나 바로 이렇게 한국문제의 연장에서 중국정세를 파악하는 자세가 동시에 한국인의 중국인식을 제약(또는 왜곡)하는 요인이 되기도 했다는 점을 간과해서는 안된다. 그것은 다름아니라 냉전적 진영논리가 이미 영향을 미치기 시작했다는 뜻이다. 『경향신문』이 중공의 승리를 아시아에서 대동아공영권과 같은 '대동아적색권'이 형성되는 조짐으로 보고 이에 대처할 '극동민주보루'로서의 남한의 위치를 강조한 것[47]은 그 단적인 예가 되겠다. 물론 냉전적 사고가 해방 직후부터 자리잡았던 것은 아니다. 위에서 보았듯이 가톨릭계의 일간지로 해방 직후 설립된 『경향신문』과 달리 일제시대부터 이어져온 『조선일보』는 처음에는 중공의 독자

---

45) 위의 주13의 동아일보 특파원 신언준에 관한 민두기의 연구 참조.
46) 당시 유일한 현지특파원이었던 『경향신문』의 김병도 기자의 다음과 같은 문장은 이 점을 극명하게 보여준다. "동족상쟁 국토분열이라는 점에서 오늘의 중국의 사태는 우리 한국과 너무나 흡사하다. 기자는 이러한 불명예스러운 것을 한국인 스스로가 반성하고 시정하는 동시에 현재의 중국사태를 정확히 파악함으로써 우리는 우리의 조국을 구출해낼 수 있다는 것을 확신하는 나머지 이 글을 초하는 바이다."(김병도, 앞의 책 6면)
47) 「中共全國制覇後에 올 것은?」, 『京鄕新聞』1949.6.28. 똑같은 내용을 김병도, 앞의 책 235~36면에서도 볼 수 있다.

성을 인정하였지만 점차 중공을 코민포름의 하수인으로 보는 쪽으로 입장을 바꾸어갔다. 이러한 일간지간의 차이는 분명 세심히 짚어봐야겠지만, 어쨌든 중화인민공화국이 성립될 즈음에는 중국정세를 냉전적 시각으로 전망하는 경향이 언론계 전반에서 위세를 떨쳤고, 그후 한국전쟁을 거치면서 더 강화되어 오랜 기간 남한의 중국인식을 지배하였다.[48]

사실 한국인의 중국인식 형성사는 중국에 대해 '알고 있는 것'과 중국에서 '알고 싶은 것'(또는 바라는 것)의 두 측면이 상호침투하는 동태적인 인식과정이라 할 수 있겠다.[49] 이 점을 인정한다면, 그해 6월 주한미군이 남한에서 철수하였고 남북간의 충돌이 잦아지던——바로 다음해 6월 한국전쟁이 발발했다——1949년에 중국정세를 냉전적 시각에서 본(또는 보고자 한) 것은 불가피했을지도 모른다.[50]

그러나 중국대륙의 개혁·개방과 남한과 중국의 국교수립이 초래한 탈냉전의 상황 속에서 한국인의 중국인식은 바뀌고 있다. 이제 지난 50년, 특히 그 시발점인 1949년의 중국은 우리가 새롭게 해석할 수 있는 공간으로 열려 있는 셈이다. 1949년의 사회변혁의 당사자가 아니면서도 자신의 문제의 연장에서 1949년의 이미지를 형성·전파하는 데 한몫을 맡은 동시대 한국인의 중국인식이 비록 냉전논리에 침윤된 바 있지만, 중국혁명의 단기적 의의를 인정하면서도 장기적 전망을 잃지 않고, 계속되는 혁

---

48) 중국대륙에 대한 냉전적 시각을 남한에서 반성하기 시작한 상징적 사건은 리영희 교수의 『전환시대의 논리』(창작과비평사 1974)와 『8억인과의 대화』(창작과비평사 1977)의 출간이었다 해도 과언이 아니다. 그러나 이 책들은 곧 판금되었고 저자는 한동안 투옥되었다. 바로 이런 사정 때문에 비판적 중국현대사연구의 출발점으로 간혹 거론되는데, 이러한 의의를 인정함과 동시에 그 한계도 인식하여야 한다. 이와 관련해 저자 스스로 자신의 업적을 비판적으로 회고한 발언에 귀기울일 필요가 있다. 백영서·정민 「전환시대의 이성 李泳禧선생의 삶과 사상」, 『李泳禧先生華甲記念文集』, 두레 1989, 586~96면 참조.
49) 필자는 앞의 졸고 108면에서 좀더 깊이있게 서술한 바 있다.
50) 동아시아에서 냉전적 진영질서가 형성되는 가운데 남한의 이승만정권과 쟝 제스 정부 및 필리핀이 지역연합체로 '태평양동맹'을 구성하려는 움직임이 있었다. 쟝 제스가 내한하여 진해에서 이를 의논한 내용은 『京鄕新聞』 1949.8.8~9의 1면 머릿기사 참조.

명의 과정으로서 1949년의 정세를 파악한 당시의 인식틀 자체는 우리가 중국현대사를 온전히 이해하려 할 때 활용할 수 있는 지적 자산이 아닐까.[51] 〈2000〉

---

51) 이 글에서 제대로 다루지 못했지만, 중공의 승리로 형성된 동아시아의 대립구도를 냉전적 진영에 역사적인 지역질서 즉 북방세력과 남방세력의 갈등이 포개져 있는 것으로 접근한 것도 눈길을 끈다. 중공은 소련과 더불어 북방세력으로, 국부와 남한을 남방세력으로 나누고 후자의 상호관계를 고려와 남송 관계에 비유하면서 역사적 연속성을 강조하였던 것이다. 이러한 지역질서관은, 탈냉전 이후에도 지속되는 한반도의 분단을 대륙세력과 해양세력의 역사적인 대립으로 파악하는 견해로 다시 나타나 흥미롭다. 강만길 『21세기의 서론을 어떻게 쓸 것인가』, 삼인 1999, 312~13면 참조.

3부

—

—

다시 근대성을 묻는다

홍콩반환과 그 이후

다시 근대성을 묻는다

홍콩의 두 이미지

우리나라에서도 호평받은 홍콩의 깔끔한 멜러영화 「톈미미(甜蜜蜜)」의 한 장면. 여주인공 이요는 꽝져우의 어머니에게 "드디어 홍콩인이 되었다!"고 전화로 말하고 싶어한다. 홍콩에서의 생활이 자리잡자 누군가에게 벅찬 감정을 알리고 싶었던 것이다. 그녀와 남자주인공 여소군이 그토록 필사적으로 꽝뚱어와 영어를 배워 '홍콩인'이 되려는 것은, 대륙 출신인 그들에게 그것이 '촌놈'에서 벗어나 호주나 캐나다 등지로 옮아갈 수 있는 표를 받는 계층상승이기 때문이다.

지난(1997년) 7월 1일 0시를 기해 홍콩이 중국에 귀속된 반환식, 그 세기적 구경거리를 열기가 식은 지금 되돌아보면서, 이 영화가 먼저 떠오른 것은 (요근래 즐긴 제목처럼 '감미로운' 애정물이어서이기도 하지만) 홍콩이 중국인에겐 가까운 근대성의 상징이란 생각이 들어서이다. 영화 속의 '현실'은 반환된 지금의 홍콩에서 가장 큰 사회문제가 불법이주란 점에서 리얼리티를 여실히 보장받고 있다.

이런 홍콩의 이미지는 거슬러올러가서도 찾을 수 있다. 홍콩이 영국에 넘겨진 지 30여년 뒤인 1879년 22세의 청년으로서 그곳을 여행한 (훗날의 개혁자) 캉 여우웨이(康有爲)는 "서양인들의 아름다운 건물과 깨끗한

도로, 엄밀한 치안유지"를 직접 체험하고 서양문명을 수용할 필요성을 느꼈다. 그뿐만 아니라 중국근대사의 개혁가·혁명가 상당수가 홍콩을 통해 서양문명의 구체적 보기를 접했다.

물론 홍콩에는 국치(國恥)의 상징이라는 또하나의 이미지가 있다. 반환식이 열리는 컨벤션쎈터 앞에서 빗속에 펼쳐진 불꽃놀이에 함께 띄워 올려진 중국인의 환희는 그와 표리를 이룬다.

중국대륙은 당연하게도 축하 분위기에 휩싸였다. 1842년 홍콩섬을 떼어주게 된 불평등조약의 기점인 난징조약을 맺은 바로 그 현장인 난징(南京)의 징하이사(靜海寺)에서는 국치를 잊지 말자는 뜻에서 이번에 세운 3.5톤의 '경고종〔警示鐘〕'을 각계 인사가 155년 만의 반환을 기려 155번 타종했다. '경고종'은 수도 뻬이징(北京)의 따중사(大鐘寺)에도 설치되었다.(무게 1842킬로그램, 높이 1.997미터로 두 연도를 상징한다.) 이렇듯 전국 곳곳에서 벌어지는 경축의 메씨지는 거리 담벼락마다 붙어 있는 "100년간의 굴욕을 씻고 홍콩 회귀를 환영함"이란 표어가 압축적으로 보여준다. 홍콩섬을 빼앗긴 155년을 기념하든, 홍콩섬 맞은편에 있는 홍콩 면적의 9할을 차지하는, 쥬룽반도 배후지 신계(新界)를 조차당한 1898년 으로부터의 100년을 기념하든, 어쨌든 대포와 철함으로 빼앗긴 영토를 평화리에 되찾은 국력을 뽐내는 민족주의가 큰 파도로 일렁이고 있다.

홍콩이 치욕의 증거이자 근대성의 모델이란 역설은 타율적으로 근대세계로 전환함에 따라 민족문제가 중첩된 중국인의 근대체험의 소산인데, 이 분열된 양상은 지금의 홍콩반환을 자기가 새로 산 메르체데스 벤츠 승용차까지 시어머니가 갖고 가버린 것으로 비유한 한 홍콩 실업가의 심정에 솔직히 표현되어 있다. 시어머니인 영국이 떠난 것은 반길 일지만 그녀가 타고 간 고급승용차 격인 홍콩의 성취——흔히 민주주의와 번영으로 일컬어지는——는 어찌 될 것인지 착잡한 것이다.

이러한 역설의 역사적 단초는 잘 알려져 있듯이 흔히 아편전쟁이라 불리는 중국과 영국의 전쟁이다. 그 직접 발단으로 아편문제를 강조하는 것이 영국의 잔혹함을 더 강조하는 데 효과적일지 모르겠으나, 전쟁의 의미는 아편 자체보다는 영국이 주도한 세계자본주의체제와 아시아지역체계의 갈등 끝에 후자가 전자에 포섭당하는 과정에서 벌어진 군사적 충돌이라는 데 무게를 둬야 옳을 것이다. 독자적인 교역권을 갖고 있던 중국에서 도자기·비단·차를 수입하던 영국은 모직물을 수출했지만 시원치 않아 수입이 초과되자 대금으로 은을 지불했다. 그런데 은이 너무 흘러나가자 인도산 아편을 팔아 대금 결제하는 방식으로 전환했는데, 이에 대응해 청조는 (아편재배를 자유화해 은 유출을 막으려는 경제주의적 관점이 관료사회에 우세했지만) 아편수입을 엄금하는 강경책을 채택했다. 그 선봉에 선 린 쩌쉬(林則徐)가 아편을 몰수해 폐기하자 영국이 공격을 가해 중영전쟁(1840~42)이 발발했고, 중국이 전투에서 져 굴욕적인 난징조약을 강요받았다. 이로써 홍콩섬 등 일부 영토의 할양과 영사재판권·관세자주권·치외법권·최혜국대우 조항으로 구성된 불평등조약의 첫 매듭이 지어졌던 것이다. 그러나 영국 모직물업계의 시장개방 확대요구는 그에 그치질 않아 두번째의 중영전쟁(1858~60)이 일어나고 말았다. 이후로 중국은 점점 더 깊이 포섭된 세계자본주의체제의 제약 속에서나마 근대적인 국민국가를 수립하여 부강을 이룩하려는 과제를 여러 방식으로 추구해왔다.

어떤 의미에서 중화인민공화국의 성립과 개혁·개방 정책으로의 전환도 그 시행착오의 최신판으로 볼 수 있다. 그리고 홍콩의 반환도 불평등조약체제의 마지막 흔적을 지워 국민국가의 충실을 기한 것으로 볼 수 있지만, 달리 보면 전지구적 규모로 확대된 세계자본주의체제에 더 깊이 편입하는 계기일지도 모른다. 155년 전에는 군사충돌을 거쳐 강제로 편입되었다면 이번에는 부드럽게 그것도 자발적으로 말이다.

이같은 점에 주목한다면 홍콩의 어제와 오늘, 그리고 내일을 세계사의 전개 속에서 좀더 구조적으로 바라볼 수 있는 시야가 열리지 않을까.

홍콩의 어제: 중영합작인가?

지금은 홍콩이 국제금융쎈터로서 번창하고 있지만, 중국대륙이 공산화되기 전까지만 해도 국제교역 중심으로서의 역할이 샹하이(上海)만은 못했다. 중국대륙이 공산화되면서 홍콩이 더욱더 주목되었지만 경제적으로 성장한 계기는 1960년대말과 70년대초 일본자본이 진출하면서부터이다. 특히 값싸고 탄력적인 노동력뿐만 아니라 미국 등 선진시장에 접근하는 데 용이한 가까운 지역을 물색하던 일본기업에 홍콩(과 싱가포르 같은 도시국가와 타이완·남한 같은 분단국)은 적절한 곳이었다. 그래서 홍콩은 시계·완구·의복 등 경공업 제품을 가공하는 일본의 하청기업들로 인해 활기를 띨 수 있었다. 70년대말 이후 대륙이 개방정책으로 전환하면서부터는 대륙과의 접점으로 부각되어 금융업·무역업·관광산업이 호황을 보였고 이를 기반으로 오늘과 같은 명성을 쌓게 된 것이다.

홍콩의 관할권을 갖고 있던 영국이 홍콩의 경제성장과 관련하여 이득을 보기 좋은 위치였던 것은 쉽게 짐작되지만, 뻬이징정부라 해서 전혀 무관했던 것은 아니라고 생각된다.

홍콩 같은 조차지들을 회수하는 등 전반적인 불평등조약을 철폐하는 것은 어떤 중국정부든 당연히 요구하게 마련인 역사적 과제였다. 그러나 그 실현은 시간이 걸렸다. 2차대전에 중국이 참전한 대가로 열강이 동의해줌으로써 불평등조약이 사실상 폐지되었지만 홍콩(및 마카오)의 반환만은 미해결이었다. 1943년 카이로회담에서 쟝 졔스(蔣介石)와 로우즈벨트는 홍콩을 종전 후 중국 관할하에 국제자유항으로 두기로 합의했으나 처칠의 강력한 반발로 그 회수가 유산되어버렸다. 그후 대륙이 공산화되면서 인민해방군의 무력'해방'이 시도될 수 있었겠지만, 미국중심의 중국봉쇄정책에 대응하기 위해 홍콩이란 국제창구가 필요했던 중국정부는 홍콩문제의 해결을 잠시 미뤄두었다. 이 점은 자력갱생을 추구하는 독자적 경제체제를 갖췄던 중국도 홍콩의 (나아가 세계시장의) 현실과 어떤 식으로든 연관될 수밖에 없었음을 말해준다. 그러나 이러한 의도된 조치보다 더 주목할 것은 중국의 정세변화가 간접적으로 홍콩의 경제성장에 기여한 점이다. 공산혁명은 다수의 자본가를 홍콩에 유출시켰고, 문화대혁명은 난민의 형태로 대량의 저임금노동자를 제공하였으며, 그후에도 지속적으로 불법이주민을 배출함으로써 홍콩을 '용'으로 키우는 데 한몫했다. 개혁·개방 정책 추진 이후 뻬이징정부가 홍콩을 자본과 시장 및 정보의 거점으로 얼마나 잘 활용했는지는 긴말이 필요없을 것이다.

이렇듯 민족주의를 한껏 드높이고 있는 중국도 그간의 홍콩을 있게 하는 데 (의도하든 않든) 적잖이 기여했고, 반환을 적극 요구하고 나선 것 역시 변화된 국내외 상황 속에서 국가이익을 조정한 결과이다. 그만큼 세계체제에 포섭되어 있다는 뜻이다. 그래서 반환을 일컬어, 중국이 장소를 제공하고 영국이 운영하다 이익을 올리자 중국이 거대한 자산을 장악한 큰 사업이란 풍자도 나올 법하다. 그렇다고 해서 영국이 일방적으로 손해만 보게 된 것은 아니고, 반환 후에도 다국적기업이 주도하는 세계시장 속에서 뻬이징정부와 일정한 타협만 하면 영국기업의 이익을 지킬 수 있다는 전망을 가진 것은 분명하다.

그렇다면 이번에 중국정부가 홍콩을 회수한 정세는 홍콩의 앞날에 어떤 영향을 미칠까. 여기서 꼭 짚고 넘어가고 싶은 것은, 중국과 영국은 물론이고 그밖의 여러 나라들도 홍콩반환 이후의 정세에 대응하기 위해 저마다의 관심사에 따른 전략 모색에 게으르지 않다는 점이다. 중국은 애국심을 한껏 고조시켜 '중국특색적' 사회주의체제의 정당화와 부강의 추구에 더욱더 박차를 가하고 그 일환으로 타이완에 대한 통일공세를 강화하고 있다. 구미에서는 홍콩주민의 인권문제와 앞으로 예상되는 중국의 지정학적 도전(즉 중국위협론)에 주목하며 동아시아정세를 계속 주도할 방도를 찾고 있다. 그러다 보니 중국에서는 민족주의의 시각에서, 구미에서는 민주주의와 공산주의를 대비하는 시각에서 정세를 파악하곤 한다. 그러나 앞에서 확인한 대로 홍콩이 중국인에게 양면성을 띠며 그 운명이 세계체제에 깊이 연관된 것임을 받아들인다면, 이런 식으로만 보는 것이 일면적임에 쉽게 동의할 것이다.

홍콩식 민주주의의 운명과 일국양제

먼저, 홍콩이 중국의 주권 아래 놓이게 되자 가장 주목받고 있는 분야인 정치적 민주화의 장래를 따져보자. 지금 영국이 홍콩에서 이룩한 번영과 민주적 조치가 공산당 지배체제와 대비되어 한창 주목되고 있지만 홍콩이 그간 걸어온 길은 그렇게 단순하지 않다. 홍콩 중원(中文)대학의 어떤 교수는 이 점을 이렇게 표현했다. 즉 이제까지 홍콩에는 두 개의 자유가 있었다. 하나는 영국의 식민정책의 일환으로서의 자유이다. 정치참여가 제한된 대신 불만을 발산시키기 위한 표현의 자유를 허용해 매스컴의 발달을 가져왔다는 뜻이다. 또하나는 경제정책으로서의 자유방임주의이다. 기업활동은 거의 간섭을 받지 않았으니 도산의 자유까지 있는 셈이다. 이런 특성 때문에 홍콩인은 경제적 이익에만 민감할 뿐 비판적 정치의식은 약하다고 흔히 얘기된다.

아닌게아니라 1960년대까지는 전형적인 식민통치였다고들 한다. 1963년과 66년에 발생한 대중봉기에 대해 경찰의 발포사태까지 빚어졌을 정도다. 정치참여만 해도 대의기구가 없었던 것은 물론이고 고위직은 영국인이 독점했다. 민주적 조치가 단계적으로 취해지기 시작한 것도 중국에의 반환이 결정된 1984년 12월의 중영공동선언이 있고 난 후였을 뿐이다. 홍콩당국은 뻬이징정부와 협의하면서 먼저 간접선거에 의해 민선입헌국을 세우고, 1991년에 직선을 한 뒤 95년, 99년에 각각 의석을 늘릴 작정이었다. 그리하여 1985년 제한적이나마 처음으로 선거가 실시되었다. 그런데 1989년의 천안문사태는 민주화과정에 영향을 끼쳤다. 뻬이징정부는 홍콩인들이 천안문사태 때 시위를 벌이고 대륙 민주화운동의 배후지 역할을 하자 홍콩인과 영국정부에 불만을 품었다. 그러나 마지막 총독 패턴(Patton)은 중국의 반발에도 불구하고 (그래서 영국 안에서도 이견이 있었지만) 1994년 정치개혁안을 제시하는 등 민주화를 밀고나갔다. 그 결과 1995년 직접선거가 이뤄져 4년 임기의 입법의회 의석 60개 중 19석을 마틴 리(Martin Lee)가 이끈 민주당이 차지해 제1당이 되었다. 그런데 뻬이징정부는 이를 무시하고 임시입법의회를 홍콩 아닌 션젼(深圳)에서 구성하고 지난 7월 1일 반환식에서 공식 출범시켰다. 이로써 민주당 의원 19명 전원을 포함한 27명의 의원이 임시입법의회에 끼지 못해 자격박탈되었다. 그래서 반환식을 전후한 시기에 마틴 리는 민주화의 상징으로 외신의 가장 많은 주목을 받았다.

이처럼 뻬이징정부가 홍콩의 정치민주화 일정에 제동을 걸게 된 탓을 영국에 돌리는 시각도 있다. 영국의 홍콩 민주화조치가 적어도 30년 전쯤 시행되어 이미 정착되었다면 중국도 어쩔 수 없었을 것이란 주장이다. 뿐만 아니라 반환 뒤 중국을 견제하기 위한 수단으로 민주화조치를 취했다고 보기도 한다. 요컨대 인권이니 민주주의니 하는 것이 모두 영국이 홍콩에 영향력을 유지하기 위한 방편이란 것이다.

홍콩의 운명을 점칠 때 늘 거론되는 것이 바로 1984년 중영공동성명의 기조인 일국양제(一國兩制)이다. 당시 영국수상 새처(Thatcher)가 '천재적 구상'으로 칭송했다는 일국양제를 50년간 지속시킨다는 떵 샤오핑(鄧小平)의 공약이 뻬이징지도부에 의해 되풀이되고 홍콩자치(港人治港)가 공언되었다. 그래서 '세기의 대실험'을 통해 평화적 체제수렴의 가능성마저 점쳐지고 있다. 그런데 중국 전통시대의 이민족 질서의 융합 경험까지 거슬러올라가지 않더라도 현대사에서 두 차례 있었던 국공합작이 공산당의 현실적이고 실용적 입장에서 나온 편의적 조치였음을 감안한다면, 일국양제에 대해서도 과도한 의미부여는 삼가야 할 것 같다.(여기서 떵의 지도자로서의 특성은 명확한 사회적 비전을 제시하는 이론가라기보다는 부강이란 목표를 위해 국내외의 현실상황에 대응해 여러 이해집단을 조절하는 데 수완을 발휘한 조직가란 사실을 떠올릴 필요가 있다.)

반환식이 거행된 지 얼마 안된 지금, 1991년에 제정된 홍콩기본법에 포함된, 집시법, 외국 정치단체와의 연대권, 사회단체법 등 일부 권리가 부정되고, 노동권의 일부도 제약될 처지에 놓여 있다. 민주당의 일부 인사를 비롯한 비판적 인사들의 정치활동에도 제한을 가하고 있다. 내년 (1998) 5월에 정식으로 선출될 입법의회선거에서 마틴 리를 포함한 일부 인사의 피선거권이 박탈될지 모른다는 우려도 나오고 민주당 일부 의원은 정치활동을 아예 포기한 실정이다. 이런 현실을 두고 일부에서는 50년이란 약속에 회의하기도 한다. 1949년 샹하이를 점령한 공산당이 자본주의제도를 유지시켜준다고 약속하고서도 얼마 안 가 이를 뒤집어버렸는데 이번이라고 믿을 수 있겠냐고 말하는 냉담한 샹하이인의 반응도 (비록 친타이완계 신문에서지만) 보도되고 있다.

그런데 "홍콩의 주권은 중국에 반환되었지만 그 운명에 대한 책임은 미국에 옮겨졌다"고 말하는 제씨 헬름즈(Jesse Helms) 미국 상원 외교위원장의 태도에서 단적으로 드러나듯이 앞으로 홍콩의 인권과 민주화 문제를 지렛대로 미국이 홍콩(및 중국)의 앞날에 영향을 미칠 가능성이 크다. 그리고 이런 대외요인과 홍콩인의 민주화운동이 상승작용한다면 일국양제의 성격에 적지않은 영향을 미칠 수 있다. 그러나 이보다 더 강하게 홍콩의 정치적 운명을 결정짓는 것은 홍콩에 대한 중국의 경제적 관심일 것이다. 흔히 홍콩을 '황금알을 낳는 닭'으로 비유하면서 어찌 그 닭을 해칠 수 있겠느냐고 관측하는 것은 타당하다. 지속적인 경제발전을 추진하는 데 홍콩의 역할은 여전히 귀중한 것이다. 홍콩의 경제번영을 해치는 요인이 대륙의 영향을 받은 부정부패나 지하 갱조직일 수는 있어도 뻬이징정부 자체이기 힘들다는 지적이 지배적인 것 같다. 결국 반환 이후 수립된 홍콩의 새로운 권력구조를 해칠 우려가 현저하다고 보이는 일부 정치적 권리와 활동은 집요하게 탄압하겠지만, 그것은 어디까지나 경제적 발전을 위축시키지 않는 범위 안에서 이뤄질 수밖에 없을 것이다. 사실 지금 홍콩은 '거대한 싸이버 공동체이자 해양국가의 거점'이다. 단시일 안에 그 어떤 다른 도시, 예컨대 샹하이조차 경쟁할 수 없는 여건을 이미 갖추고 있다. 만일 뻬이징정부가 일국양제의 틀을 깨려 든다면 어떤 외국정부가 제재를 가하기 전에 경제엘리뜨들이 간단한 전자장치 조작으로 투자한 거액을 빼돌릴 수 있다. 중국지도부의 평판은 홍콩 형성(恒生)주가지수에 연계되어 있다는 기묘한 역설이 나올 법하다.

이렇게 본다면 반환 이후 홍콩을 포함한 중국 전체가 급격한 변화를 겪으리라고는 예상되지 않는다. 중국이 개방정책을 추진하기 이전에도 홍콩과 연계가 있었거니와 그후로는 더욱 밀접한 관계를 맺어왔으니, 비유하자면 (경제적으로) 동거를 계속해온 남녀가 이제 반환식을 계기로 정식 (정치적으로) 결혼한 거나 다름없다고도 할 수 있다. 따라서 단기적으로는 '홍콩의 중국화'가 진행되면서 장기적으로는 '중국의 홍콩화'가 확산될 텐데 그 과정에서 이 두 지향이 병존하여 서로 길항하는 역동성을 보일 것이다.

그렇지만 그 과정에서 중국이 이질적인 두 체제의 융합을 통해 제3의 체제나 이념을 형성하리라고는 기대하기 힘들다. 비록 공산당의 독재가 유지되고 있다지만, 맑스-레닌-마오 사상이란 이른바 '원칙'이 힘을 잃고 있는데다가 정치지도층이나 일반 지식층도 맑스주의의 창조적 재해석에 별반 관심을 쏟지 않는 대신 국가통합의 상징으로 쉽사리 중화사상이나 애국심 같은 민족의 집단기억에 호소하는 현실이니, 오히려 홍콩반환으로 고조된 국가주의가 더욱 극성할 것이다. 그리고 그것은 경제발전을 위해 정치적 안정을 극도로 강조하는 개발독재의 명분과도 잘 합치된다.

이런 중국의 모습이 대외적으로는 '중국위협론'의 근거가 되곤 한다. 중국이 홍콩의 경제력을 흡수하면 세계 6위인 이딸리아와 맞먹는 경제대국으로 바뀐다. 여기에다 타이완과 동남아시아지역 등지에 뻗어나간 화교·화인의 경제력, 즉 '화인경제권'까지 합친다면 더 커질 것이다.

외줄 트랙을 경주하는 국가간의 경쟁에서 낙오하지 않고 앞서가려는 목표는 제1차 중영전쟁에 져 난징조약을 강요당한 이래 몇차례 전쟁에서 거푸 패배한 중국이 품은 비원이었다. 홍콩반환은 뻬이징정부가 근대사의 염원을 실현할 도약대를 마련했다는 상징인 듯이 보인다. 과연 중국의 근대는 완성된 것인가.

그러나 잘 따져보면, 중국이 가까운 장래에 초강대국이 되기는 쉽지 않을 것 같다. 연 10%의 높은 경제성장률과 미국에 대한 막대한 무역흑자로 주목되는 전반적인 경제력 총량의 증가 전망, 그리고 경제력신장에 힘입은 군사현대화 추진 및 최근 타이완에 대한 무력시위 등 몇차례의 대외적 군사행동은 국가주의의 물결을 타고 세계의 '위협'이 될 것으로 곧잘 거론된다. 그러나 그에 대한 반박 또한 중국 안팎에서 만만찮다. 한마디로 중국위협론은 '만들어진' 것이라고 본다. 위협론이 나오게 된 가장 중요한 이유는 오늘날 동아시아지역의 세력균형이 안정적이지 못한 데 있는 것 같다. 미국이 일본을 파트너로 중국을 봉쇄하던 냉전시기를 거쳐 구소련을 견제하기 위해 중국을 끌어들여 삼각동맹을 추구하던 단계를 지나 구소련이 해체되고 그 위협이 약화된 지금 미국(과 일본)에 새롭게 아시아지역에서 부상하는 중국은 낯선 존재일지도 모른다. 미국 의회와 언론계 일부의 중국체제에 대한 체질적 반감과 일본이 경제발전에 상응해 아시아에서의 제 역할을 찾는 과정에서 불거지는 중국과의 경쟁심을 굳이 들먹이지 않더라도, 중국의 지정학적 도전이 아시아에서의 기득권 세력에게 '위협론'을 부추기는 현실은 일단 주시해야 할 것이다.

그러나 우리가 무엇보다 심각한 위협으로 대처해야 할 것은 중국의 발전모델 자체가 아닌가 한다.

중국 발전모델의 '위협'과 동아시아

개혁·개방 노선으로 전환하면서 뻬이징지도층이 그들의 노선을 정당화한 방식은 문화대혁명의 '재앙'을 상기시켜 노선의 역전을 방지함과 동시에, 떵 샤오핑이 말한 '먼저 부자가 되자〔先富論〕'는 지침에 압축되어 있듯이 경쟁적인 부의 축적을 허용하는 것이었다. 그 결과 1978년에서 94년 사이에 개인소득이 농촌은 3배, 도시 국영부문은 2배로 증가했다. 생활 속의 변화를 보면, 혁명(또는 정치)에 대한 냉소적 풍조는 전지구적으로 확산되는 소비문화와 결합하여 소비주의를 만연시켰다. 6,70년대의 개인소유 4대 귀중품이 손목시계·라디오·자전거·재봉틀이었지만, 80년대에는 컬러TV·냉장고·세탁기·오디오였고, 90년대 들어서면 VCRs·비디오카메라·진공청소기·전자주방기기·가정용컴퓨터·에어컨 등의 품목이 추가된다. 심지어 국제적으로 유명한 브랜드, 실내장식이 잘된 집 및 자가용이 신분의 상징으로 선호되기도 한다. 대륙인들에게 이런 종류의 소비재 소유를 유인하는 것은 텔레비전 선전을 비롯한 광고물인데, 그 속에 묘사된 생활방식의 모델은 다름아닌 홍콩이다.(필자는 대륙여행중 도시에서 '홍콩멋' 또는 '타이완멋'을 선전하는 문구를 쉽게 접할 수 있었고, 심지어 후난성湖南省의 궁벽진 시골장터에서도 홍콩 가수의 테이프를 볼 수 있었다.) 중국의 홍콩화는 생활 속에서 이미 깊숙이 진행되어온 셈이다.

물론 이런 고도소비를 중국인 누구나가 누릴 수 있는 것은 아니고 소수의 전문직에 한정되어 있다. 특히 대도시 기차역 광장에서 볼 수 있는 엄청난 수의 남루한 차림의 떠돌이들[流氓]은 이런 소비와 거리가 멀다. 이 농민이 주된 구성원인 이 떠돌이들은 국영기업이 개혁실패로 도산함에 따라 양산된 실업자와 더불어 사회문제를 야기한다.(1억명에 달하는 국영기업 노동자 가운데 1천만명이 올 전반기 직장을 잃고 그 절반만이 다른 일자리를 얻게 되리란 것이 정부통계국 대변인의 추정이다.) 1990년대말엔 2억 5천만명이 실업자가 될 것이란 중국사회학자의 추정도 발표된 바 있다. 취업상태의 노동자라 해서 위와 같은 소비를 즐길 여유는 없다. 벌이가 좋다는 외국인투자 기업에 종사하는 노동자(미성년자를 포함해서 주로 여공)의 처우에 관한 보도는 우리의 70년대 노동현실을 떠올리게 한다. 영화 「아름다운 청년 전태일」의 배경 그대로의 급식·근무시간·여가생활·성적 학대 등이 재현되는 느낌이다.

관점에 따라서는 빠른 경제성장이 지금처럼 유지되면 현저한 계층간의 불평등도 어느정도 해소되리라 전망할 수 있다. 높은 자본축적이란 늘

희생당하는 후진지역이 있어야 가능한 법이라 할 때 광대한 영토의 후진지역이 아직 개발을 기다리고 있음은 물론이고 아프리카 같은 해외지역에의 투자도 한창인만큼 국민경제총량은 크게 늘어날 것이 분명하다. 게다가 '화인경제권'마저 거든다면 그 규모는 더욱더 크지 않겠는가.(개혁가 량 치챠오梁啓超는 금세기초 중국이 개혁에만 성공하면 부강한 나라가 되어 식민지경영에 나설 수 있는 잠재력이 있다고 자부했다. 남아메리카나 아프리카가 중국인 같은 황인종의 식민지가 될 것을 믿어 의심치 않았던 것이다. 그의 바람이 실현되는 걸까.) 그렇게만 되면 도시로 나가 돈 버는 모험을 감행하는 이른바 '하해(下海)'풍조의 가속화에 따라 고소득층이 분명히 증가할 것이다.

  그러나 현재 높은 수준의 소비를 즐길 수 있는 층이 전체 세계인구의 10~15%를 넘기 힘들다는 견해도 있고 보면 성급히 낙관하기는 힘들지 않을까. 이같은 중국발전에 대한 비판은 환경파괴란 점에선 더욱더 의미심장하다. 중국은 인구가 세계의 1/5을 웃돌지만 경작면적은 세계의 9%밖에 안되고 1인당 천연자원의 점유량은 세계 평균수준의 1/3에 불과하다. 인구와 자원의 모순은 역대 중국정권이 시달린 문제였기에 숱한 개간정책과 토지제도가 추구되었고, 개간마저 한계에 달한 청조 때는 해외이주를 방관하기도 했다. 하지만 자원을 수탈하는 개발방식을 전면적으로 택한 지금은 전에 없이 사태가 심각하다. 식량의 경우 인구증가도 증가려니와 식생활구조가 곡물중심에서 육류중심으로 바뀜에 따라 사료증가가 곡물증가를 앞설 뿐만 아니라 경작지가 도시화 바람으로 매년 40만 헥타르씩 줄어들어 2010년에는 1억 3600톤의 곡물이 부족하리라고 중국정부 산하 연구소가 추산할 정도이다. 급증하는 전력수요에 비해 공급은 늘 부족해 에너지위기도 심각하기에 환경보전에 아랑곳없이 발전소 설립이 한창이다. 더욱이 현재 800명당 1대인 차량보유율이 미국처럼 2인당 1대가 되면 5,6억대의 차가 대륙에서 굴러다닐 테니 그것이 초래할 에너지위기와 환경오염은 섬뜩하다.

베이징정부가 이런 위기에 무관심한 것만은 아니다. 인구를 제한하고 환경보전을 위해 일정한 예산을 할당할 계획을 갖고 있다고는 한다. 그렇지만 중국의 경제성장을 인류의 다가올 '재앙'으로 간주하며 막 분출된 중국인들의 소비욕구를 냉정하게 비난하는 서구의 일부 목소리에 대한 중국의 반발은 만만치 않다. 이제까지 자원을 독점적으로 소비해 자연을 훼손시켜놓고는 뒤늦게 끼여든 중국 같은 나라에 자연보호의 책임을 전가하는 것은 불공평하다는 것이다. 그 밑바닥에는 환경보호도 민주주의와 마찬가지로 경제성장이 어느정도 이루어진 뒤에야 가능하다는 발상이 짙게 깔려 있다. 지금과 같은 일직선적인 발전모델을 그대로 밀고나가는 한 중국 같은 방대한 규모의 나라에선 근본적인 해결책을 찾을 수 있을 성싶지 않다.

여기서 후발국인 중국이야말로 근대화를 하면서도 과학적으로 합리적이고 환경친화적인 기술을 활용할 수 있으니 '지속가능한 발전론'을 택해보도록 조언할 수는 있다. 그러나 이때도 설득력을 가지려면, 중국민중의 일상생활 속의 실감은 그대로 이해하면서 우리 자신이 고도소비를 절제하고 새로운 대안을 찾고 있다는 믿음직한 자세를 보여주어야만 한다. 달리 말하면 근대적응과 근대극복의 이중과제를 동시에 수행하는 힘겨운 자세를 견지해야 한다는 것이다.

근대에 갇혀 있는 중국이 가까운 장래에 그것이 초래하는 폐해에서 벗어날 전망은 어디에서도 희미하다. 물론 일부의 기대처럼, 홍콩에서 시행되는 일국양제가 근대성을 지탱하는 국민국가의 역할 변화(혹은 축소)를 예고하는 것이고, 앞으로는 베이징정부 같은 '중심'이 아닌 '변방'에서 새로운 중화문화공동체의 정체성을 형성할지도 모른다. 그러나 그렇게 되더라도 그것이 전지구적 자본주의의 대안일 수 있을지는 의심스럽다. 여기서 겨우 2,30년 전쯤에 같은 시행착오를 겪었고, 중국에 환경오염기업을 수출할 정도로 투자를 확대해, 발전모델의 지속에 가담함으로써 환경파괴의 가해자이기도 하고 (또 중국에 밀접해 있어) 그 피해자이기도 한 우리야말로 기존의 발전모델을 올바로 이해하고 극복해보자고 중국인을 포함한 아시아인에게 제의해볼 만하지 않은가. 벌써부터 노동·인권·여성·환경 분야에서는 동아시아 발전경험에 대한 밑으로부터의 재검토가 민간차원에서 진행되고 있다. 동아시아의 문명적 자산이 녹아든 우리의 경험이 이 작업을 수행하는 데 조금이라도 보탬이 된다면 어찌 마다하리요.〈1997〉

5·4의 미래는 무엇인가?

80주년기념학술행사 참관기를 겸함

1. 5·4라는 기호

지난(1999년) 4월말과 5월초 타이뻬이와 뻬이징에서 각각 열린 5·4운동 80주년 기념학술연토회(紀念學術研討會)에 참석하면서 갖게 된 강한 관심은, 20년 후 5·4운동이 100주년을 맞으면 어떤 모습을 띠게 될까 하는 것이었다. 5·4의 현재적 의미를 둘러싸고 견해들이 서로 부딪히는 현장을 목도하고서 앞으로 5·4가 어떤 모습이 될지 자못 궁금해졌기 때문이다.

먼저 타이뻬이로 가 4월 24일과 25일 이틀에 걸쳐 타이완의 중앙연구원에서 열린 국제학술대회에 참석했는데, 종합토론 때 근대사연구소 소장인 루 팡샹(呂芳上)의 발언은 나를 놀라게 했다. 5·4가 제기한 과제인 과학과 민주주의를 타이완은 이미 초월했으므로 5·4는 이미 지나갔다는 주장이었다. 나중에 따로 만나 이야기를 나누면서 확인한 바로는 이번이 5·4를 주제로 한 첫번째 국제학술대회인데 그 이유가 타이완에선 5·4에 별반 관심을 갖지 않기 때문이란 것이다. 타이완의 민주화 이전에는 5·4를 거론하는 것이 민주주의의 기억을 환기시킬뿐더러 5·4를 계승한 것으로 선전한 뻬이징당국에 동조하는 것으로 비쳐질까 봐 금기시되었을 것임은 짐작했지만, 민주화가 진전된 이후 타이완독립 분위기가 짙어지면서 5·4는 대륙인 '당신들의 역사'로 인식됐을 뿐만 아니라,[1] 5·4가 제기한 과제도 대륙에서와 달리 현재적 의미가 없다는 견해가 우세해졌다는 사실은 쉽게 예상하지 못한 것이었다.

그의 발언은 타이완 현실에 대한 자신감의 소산으로 느껴졌지만 논쟁적인 것이기도 했다. 실제 다른 자리에서 만난 진보적 문인인 천 잉전(陳映眞)은 이런 견해를 자유주의자들의 견해로 일축하면서, 5·4는 자유와 민중역량의 고조란 점에서 현실적인 의미가 있다고 주장했다.

그렇다면 타이완은 지금 왜 이런 회의를 연 것일까? 한 대륙 학자는 타이완독립 분위기를 완화시키려는 의도일 것으로 보았지만, 이와 더불어 대륙 학자와의 교류를 통해 민주주의라는 5·4 정신을 대륙에 확산시키려는 의지도 작용했을 것이란 게 필자의 추측이다.[2]

5월 1일부터 3일까지 열린 뻬이징대학 주최 학술토론회는 타이완의 학술대회보다 큰 규모였고, 5·4운동이 중국지식인에게 살아 있음을 물씬 느낄 수 있는 기회였다. 일부 비판적 지식인들은 제도권이 주도하는 행사라 거부했다는 설도 있었지만, 필자가 전에 참석했던 여느 중국 학술대회와 달리 격렬한 논쟁이 벌어져 관심을 끌었다.

5·4운동을 공산당이 지도한 반제·반봉건 민족해방투쟁의 시발 즉 현대사의 기점으로 잡고 그 역사적 과제가 1949년 중화인민공화국의 성립으로 완수되었다고 파악하는 것이 대륙의 정통학설이다. 토론회에서는 이 공식 견해를 되풀이하는 측도 당연히 있었지만, 이를 비판하는 목소리

---

1) 타이완인의 시각에서 제작된 초·중등생 교육용 만화로 국민당식 역사해석에 비판적이어서 화제가 된 『漫畵臺灣史』 제8권(일본시대 2), 月旦出版公司 1999에는 3·1운동의 영향으로 신문화운동이 전개된 듯이 묘사한 장면은 나오지만 대륙의 5·4에 대한 묘사는 없다.

2) 실제로 그 국제대회를 주관한 기관이 國立政治大學文學院과 中華發展基金管理委員會였는데, 대륙과의 문화교류를 중시하는 후자가 개최경비를 댔던 것이다. 그래서인지 뻬이징당국이 허가를 잘 안내줘 첫날 개막식에는 대륙 학자들 대부분이 참석할 수 없었다. 이 해프닝에 대한 타이완언론의 보도는 『聯合報』 1999.4.25 참조.

도 만만치 않았다. 특히 해외에서 온 중국계 학자들은 권력의 도구가 된 5·4의 신화를 깨려는 듯, 기회 있을 때마다 5·4의 비판정신과 자유주의를 부각시키려 애썼다.[3]

결국 웬신 예(Wen-hsin Yeh, 캘리포니아대, 버클리)가 종합토론에서 대륙의 5·4운동 연구는 "학술적인 것이 아니라 현실생활에 안주하는 것[安身立命]"이라고 주장하면서 파란이 벌어지고 말았다. 지지와 반대 발언이 오가다 급기야 주최측인 뻬이징대학 부교장인 허 팡촨(何芳川)이 나서서 5·4의 애국주의를 역설했던 것이다. 코소보사태에서 보듯이 강대국에 희생당하지 않으려면 부강한 나라가 돼야 하고 21세기에는 지식산업이 중요하니 5·4연구도 이와 연관돼야 한다는 식이었다. 이런 입장은 5월 4일 뻬이징 인민대회당에서 열린 공식기념행사에서 국가부주석 후 진타오(胡錦濤)가 발표한 강화(講話)에 잘 정리되었으니, 여기서 5·4의 전통은 '애국·진보·민주·과학'으로 규정되었다.(애국이 맨앞에 강조되어 있다!)

이렇듯 타이뻬이와 뻬이징에서 5·4의 의미에 대한 중국지식인들의 견해 차이를 살펴보면서, 5·4는 그 해석을 둘러싸고 다양한 세력들을 충돌케 하는 하나의 기호요 상징이란 평소 생각을 다시 한번 굳히게 되었다. 중국인의 집단기억 속에 깊이 뿌리내린 5·4에서 저마다 적절한 의미를 끄집어내기 위해 여러 주체들이 경쟁해온 것이다. 그리고 그에 따라 쑨푸위안(孫伏園)이 일찍이 지적했듯이 "5·4운동의 역사적 의의는 해마다 더 분명해졌지만 5·4운동의 구체적 인상은 오히려 해마다 희미해졌던"[4] 것이다. 따라서 5·4의 미래를 가늠하려면 그 의미부여의 궤적을 더듬어보는 데서부터 시작할 수밖에 없다.

---

3) 화교·화인학자들의 이러한 태도를 동행했던 민두기 교수는 '십자군' 같다고 비유했다 (민두기 「中 5·4운동 해석이 바뀐다」, 『조선일보』 1999.5.7). 그들의 중국인식과 영향력 그리고 그에 대한 대륙 학자들의 반응은 좀더 깊이있게 분석해야 할 복잡한 현상이라고 생각된다.
4) 孫伏園 「回憶五四當年」, 『人民文學』 1954년 제5기.

2. 역사에서 신화로

5·4의 역사적 의의가 부여되어온 과정의 절정은 마오 쩌뚱의 신민주주의혁명론에서 이뤄졌다고 할 수 있다. 이것이 그후 (약간의 손질이 가해졌지만) 중국대륙의 '통설'이 되었음은 물론이고 전후 일본에까지 영향을 끼쳐 교과서에 실릴 정도가 되었다. 그런데 마오 쩌뚱의 역사인식이 재평가되던 1980년대초 일본에서 5·4상(像)에 대한 논쟁이 벌어졌고, 이 논쟁은 신민주주의혁명론에 입각한 5·4의 신화를 해체하는 데 크게 작용하였다. 그 논쟁의 영향 속에서 카사하라 토꾸시(笠原十九司)는 5·4사상(史像)의 시기적 변천을 실증적으로 정리한 논문을 발표하였다.[5] 아래에서는 주로 그의 연구성과를 따라가면서 1919년에 발생한 5·4사건이 어떻게 신화로 바뀌어갔는지를 나름대로 정리해보겠다.

1919년 바로 그해의 사람들에게 5·4운동은 5월 4일 당일의 뻬이징 학생운동 즉 '5·4사건'이었다. 이때 학생들은 산뚱주권 회복과 매국관료 징계를 요구하였으며, 따라서 운동의 의의는 매국적인 세 관료를 파면시키고 베르싸이유조약 조인을 거부하도록 한 데 두어졌다. 1주년인 1920년에도 기본적인 평가는 1919년과 같았는데, 다른 점이라면 평민에게 접근하는 '사회복무'를 실행하는 등 학생들의 관심이 확대되었음에 주목한 것뿐이었다.

그런데 시간이 흐를수록 운동의 시기와 주도층 및 의의가 확대되었다. 1920년대 전반기에 민족운동의 전개과정에서 저마다 처한 정치적 위치에 따라 5·4운동을 달리 보는 조짐이 나타났다. 이미 5·4운동의 상징화가 촉진되었던 것이다.

예를 들어, 1923년 『쉬에셩짜즈(學生雜誌)』에 발표된 5·4운동론은[6] 5

---

5) 笠原十九司「五·四運動史像の史的檢討」, 中央大學人文科學研究所 편『五·四運動史像の再檢討』, 東京: 中央大學出版部 1986.

월 4일의 베이징 학생시위를 협의의 5·4운동이라 규정하고, 5월 4일부터 6월 28일까지의 각계 각지의 삼파투쟁(三罷鬪爭)을 광의의 5·4운동으로 파악했다. 따라서 지도층도 협의로 보면 베이징 학생이나 광의에서는 각지의 학생·노동자 등 각계가 된다. 또한 직접적으로는 국적(國賊)을 파면시키고 베르싸이유조약 조인을 거부하게 한 성과를 올렸지만 역사적으로는 '민주·민치·민본'을 위해 주권자의 힘을 과시한 의의를 갖는다고 보았다.

이와 달리, 탄생한 지 얼마 안된 중국공산당에서는 5·4운동을 신해혁명 이래의 '제2차 민족혁명'이라 규정하고, 그 경제적 토대인 자본주의발전과 연관시켜 부르주아지의 민족의식이 고양된 면을 중시했지만, 나중의 마오의 5·4운동관과는 달리 철저한 반제·반군벌운동으로는 보지 않았고 프롤레타리아트의 지도도 인정하지 않았다. 왜냐하면 당시는 1920년대 중반으로서 5·30운동을 혁명의 고조로 반긴 그들이었기에 5·4운동보다 1925년의 5·30운동을 변혁기로서 더 높이 평가했기 때문이었다.[7]

항일전을 효과적으로 수행하기 위한 명분으로 수립한 제2차 국공합작에 금이 가기 시작한 것은 1939년 세계대전이 발발하면서부터였다. 국민정부가 동요하는 가운데 대일타협 쪽으로 방향을 잡고 '한공(限共)' 내지 '반공(反共)' 정책을 취할 우려가 있다고 본 공산당은 이에 대응하기 위한 조처의 이론적 기반으로 신민주주의혁명론을 제기했다. "중국 무산계급·농민계급·지식분자 및 소자산계급이 중국공산당의 영도 아래 이미 하나의 위대한 독립적 정치역량을 형성했음"을 강조하되, 국민당과의 역량 대비에서 아직 열세에 있으므로 프롤레타리아트의 지도권을 전면에 내세우지 않은 비자본주의변혁론(제국주의와 봉건세력을 타도하고 '민주공화국'을 세우는 민족혁명)이 그 골자였음은 잘 알려진 대로이다.

---

6) 朱文淑 「五四運動史」, 『學生雜誌』 제10권 5호(1923.5). 그는 浙江 桐鄕人으로서 1921년 이후 上海中華書局 편집부에 근무했다. 그가 공산당에 입당한 것은 1956년이다.

7) 공산당 기관지 『嚮導週報』(1925.5.3)에 실린 瞿秋白의 5·4운동론.

여기에서 공산당에 예민하게 반응하는 국민당 내 반공적 지식인에게 공산당의 역사적 정당성을 설득하기 위해 특별히 마련된 것이 5·4운동론이었다. 즉 5·4운동은 공산당 창당 이전에 일어났지만 나중에 공산당에 연결될 '초보적 공산주의 지식을 갖춘 지식인'이 각계 민중을 이끈 '철저한 비타협적인 반제·반봉건' 투쟁이었다는 것이다. 여기에 러시아혁명을 획기로 하는 세계현대사의 개시가 공산당이 추진하는 중국혁명의 시발점인 5·4와 일치한다는 관점마저 도입되면 신민주주의혁명론에서 제시된 5·4상의 윤곽은 다 채워진 셈이다.

그런데 항일전쟁기에 발표된 원자료[8]에 나타난 5·4운동상은 '철저한 반제'가 사실상 '철저한 반일'을 가리키고, '철저한 반봉건'이 '철저한 매국 관료 타도'로 한정되며, 프롤레타리아트의 지도권도 아직 표면화되지 않았지만, 내전을 거쳐 중화인민공화국이 성립된 이후 '통설'화된 5·4운동상으로 바뀌었다. 이 변화의 선구는 화 깡(華崗)의 『5·4운동사(五四運動史)』(초판 1948, 수정판 1954)라 할 수 있다.

이제 5·4운동은 애국운동이자 신문화운동이라 규정되었다. '사상·문화혁명'인 신문화운동과 5·4운동이 의식적으로 동일시되는 변화가 생겼던 것이다.[9] 공산당이 5·4운동을 지도해서 신민주주의혁명을 착수한 것

---

8) 항일전기에 발표된 『論新民主主義』(1940)가 나중에 『毛澤東選集』(1964)에 실릴 때 일부 내용이 손질되었다. 그 차이는 『毛澤東集』 제7권, 東京: 蒼蒼社 1970에 잘 구별되어 있다.

9) 이와 달리 5·4운동과 신문화운동을 별개의 것으로 구별하는 관점도 있다. 예를 들면, 조셉 첸 「5·4운동의 성격」, 민두기 편 『중국현대사의 구조』, 청람 1983 참조. 5·4운동이 정치운동으로 광범위한 대중이 참여했고 제국주의와 군벌에 반대한 것이며 정치적 민족주의를 위해 전통을 긍정한 데 반해, 신문화운동은 비정치적인 사상운동으로 신지식인·학생이 참여했고 민주주의와 과학을 지향했으며 전통을 부정했다는 차이가 있다는 것이다. 그러나 공산당이 지도했다고 설명하려는 강박에서 벗어난다면, 신문화운동과 5·4운동의 결합은 충분히 논증될 수 있다. 예를 들면, 신문화운동을 주도한 학생들의 사단(社團)이 5·4사건을 주도했고 5·4사건을 거치면서 1919년초 위기에 처했던 신문화운동이 정당성을 확보하여 사회운동으로 발전할 수 있었다. 이런 논점은, Arif Dirlik, "Ideology and Organization in the May Fourth Movement: Some Problems in the Intellectual Historiography of the May Fourth Period," *Republican China*, xii-1 (Nov.

으로 설명해야 하는데, 아직은 창당되기 전이므로 나중에 창당의 주역이 될 '초보적 공산주의 지식인'이란 개념을 설정해 그들의 지도적 역할을 부각시킬 수밖에 없었다. 그런데 지금은 잘 알려진 바지만 그들이 실제로 5·4사건을 지도하진 않았으니 지도의 근거를 그들의 '사상의 질'에서 찾아야 했고 따라서 사상운동을 중시하면서 애국운동과의 결합을 내세웠던 것이다. 그에 따라 5·4운동은 철저한 반제·반봉건 투쟁이란 기본성격을 띠게 되고, 공산당 창당과 국공합작으로 진전되었다는 역사적 의의를 부여받았다. 그 시기도 신문화운동이 시작된 1915년에서부터 공산당이 창당한 1921년 아니면 제1차 국공합작이 선언된 1924년까지로 내려간 '광의의 5·4'상이 자리잡았다.

물론 1961년에서 63년 사이에 5·4운동 평가논쟁이 벌어진 적이 있고 그 과정에서 5·4운동을 '자연발생적 운동'으로 보고 5·4기에는 아직 신민주주의단계로 들어가지 않았다는 견해도 제기되었지만, 학술논쟁이 아닌 정치적 판단에 따라 '통설'이 그대로 지배하였다. 마오 사상의 권위가 유지되고 공산당 영도력이 인정되는 한 그 통설이 바뀌기는 힘든 상황이었다.

전후 일본에서도 중국대륙의 통설은 그대로 통용되어 교과서적 5·4상을 이룰 정도였다. 그렇게 된 데에는 패전 직후 일본지식인의 독특한 중국관이 작용했다. 근대화의 우등생으로서 열등생 격인 중국을 멸시하던 일본지식인들이 패전과 중화인민공화국의 성립을 겪으면서 종래의 우열관계가 뒤바뀌는 정신적 충격을 맛보았다. 이제 중국혁명은 모델이 되었다. 이같은 중국혁명 예찬의 분위기 속에서 그들은 중국침략에 대한 심한 죄책감에서 벗어날 수 있었을 뿐만 아니라 일본현실 비판의 거울까지 확보할 수 있었다. 그래서 중국연구자 사이에는 중국현실(의 노선)을 추종하는 (현실에의) '밀착사관(密着史觀)'[10]이라 불릴 만한 풍조가 형성되었

1986): 백영서 『중국현대대학문화연구』, 일조각 1994 참조.
10) 閔斗基 「80년대 일본에서의 중국사연구와 중국현실에의 대응」, 『東亞文化』 제22집

으니, 중국의 5·4 통설이 일본에서 자리잡는 것은 그리 어려운 일이 아니었다.

물론 일본 학계도 통설을 벗어나기 힘들었지만 그런 가운데서도 그 특유의 실증적 연구의 강점이 발휘되어 5·4연구에서 일정한 성과가 이뤄진 면은 주목해야 한다. 예를 들어 우리말로도 번역된 마루야마 마쯔유끼(丸山松幸)의 『5·4운동의 사상사(五四運動: その思想史)』(東京 1969, 국역본 1983)에서 저자는 서장에 마오의 5·4운동에 관한 발언을 인용한 뒤 "나는 여기에 아무것도 덧붙일 것이 없다"(13면)는 식으로 통설을 옹호하면서도, 문화대혁명을 추종한 나머지 홍위병(紅衛兵)의 의식과 행동을 5·4운동에 투영하여 5·4를 지도한 이념을 아나키즘으로 파악했다. 그런데 요즈음 '초보적 공산주의 지식인'의 이념이 맑스주의가 아닌 아나키즘임이 드러나고 있다. 뿐만 아니라 아나키즘이 당시 지식인 전반에 드리워진 이념이었음이 밝혀지고 있는 현실에 비춰보면 실증의 중요성이 실감된다.

그러나 이 실증적 방법이란 어디까지나 역사연구의 필수적 기초일 뿐 그 자체가 역사연구의 전체일 수 없다는 것은 당연한 얘기이다. 80년대초 5·4 통설이 흔들리자 하자마 나오끼(狹間直樹)는 『5·4운동연구서설(五四運動研究序說)』(京都 1982, 국역본 1985)을 공간해 통설의 올바름을 실증적으로 논증해내려고 했다. 즉 상하이의 삼파투쟁(특히 罷工)을 면밀히 검토해 프롤레타리아트——여기에 과격파도 포함됨——의 지도적 역할과 반제국주의 일반으로의 질적 전환을 실증하려고 했다. 이 지적 작업을 즉각 노자와 유따까(野澤豊)가 비판하고 나섬으로써 논쟁이 벌어졌다. 노자와 유따까 역시 실증적 방법으로 통설을 재검토하면서, 반일·반안휘파(安徽派)군벌 투쟁의 집적으로서의 5·4상을 제시하면서 본격적인 반제·반봉건 투쟁은 1922~23년 이래의 국민혁명기에 들어가서야 찾을 수 있다고 주장했다.[11] (이 절의 서술에서 주로 의존한 카사하라 토꾸시의

(1984. 12).

5·4운동관은 기본적으로 노자와 유따까의 그것과 일치한다.) 이 논쟁 이후 일본에서는 5·4의 성격 같은 것을 묻는 논의는 사라지고 세부 주제에 대한 실증연구가 주도하고 있는 것으로 보인다.

1980년대초 일본에서 벌어진 이 논쟁은 5·4의 신화가 균열되기 시작했음을 예시(豫示)한 것이나 다름없다. 말하자면 5·4를 신화에서 역사로 되돌리는 작업이 착수된 셈이다. 그런데 5·4의 현장을 재현하려는 새로운 연구자세에 힘입어 5·4는 반제·반군벌이 아니라 반일·반안휘파관료에 한정된 성격을 가진 것으로 규정되었지만, 이 역시 마오의 5·4상 비판에 집중하다 보니 오히려 같은 한계에 갇히고 만 것이 아닌가 하는 의문이 든다. 현장성에 치중한 나머지 다양한 조류와 세력의 동향을 고려한 전체적 이해에 소홀한 혐의가 느껴진다. 결국 역사로 돌아간다 해도 그 종착점이 어디인지는 여전히 문제로 남는다.

3. 신화에서 다시 역사로?

1980년대초 일본에서 시작된 5·4의 신화 해체 작업이 지금 중국대륙 지식인 사이에서도 진행되고 있음을 이번 연토회에서 감촉할 수 있었다.

천 핑위안(陳平原, 뻬이징대 중문과)이 타이뻬이에서 발표한 글 「역사 탐색과 5·4로의 진입(觸摸歷史與進入'五四')」[12]가 그러한 움직임을 아주 적절히 대변하고 있는 것 같다. 그는 '구호와 깃발'만 남은 5·4의 신화에서 벗어나 역사로 진입하기 위한 방편으로 '현장으로 돌아가자〔回到現場〕'고 제창하면서, 5월 4일 당일 하루의 뻬이징 학생들의 시위 장면을 생동감있는 필치로 재현해 주위의 관심을 모았다. 물론 단순한 현장묘사에

---

11) 狹間直樹와 野澤豊의 논쟁에 관한 자료는 『中國硏究』 제13호, 1988의 특집 참조.
12) 이 글과 뻬이징에서 발표된 글은 『觸摸歷史: 五四人物與現代中國』, 廣州出版社 1999의 總說과 餘論으로 각각 수록되어 있다.

그치는 것이 아니라, 애초 뻬이징대학 학생지도층의 의도대로 평화적 시위로 그쳤다면 그토록 파장을 미친 역사적 사건이 될 수 없었을 텐데 왜, 누가 차오 루린(曹汝霖) 집 방화라는 과격한 행동을 일으키도록 했는가 하는 물음이 해명되도록 배려한다. 그런데 사실 이 문제의 상당부분은 이미 일본인 학자에 의해 밝혀진 바 있다.[13] 양자를 비교한 필자에게는, 뻬이징의 5월 날씨를 여러 자료에 근거해 세밀히 설명하면서 그 더운 한낮에 장시간 외교관거리 입구에서 회답을 기다리던 학생군중이 아무런 성과가 없을 때 쉽게 과격한 요구에 동조하게 되었으리라고 주장하는 것 정도가 흥미로웠다.

그가 이런 연구방법을 택한 것이 사실 고증 자체에 목적이 있어서는 아니다. 뻬이징에서 발표한 또다른 글 「의회설립과 학교 개교(設議院與開學堂)」에서 잘 드러나듯이 그는 중국근대사의 특성을 지적하려고 했다. 의회라는 민주제도가 정착 안된 탓에 그것이 맡아야 할 민의대변의 역할이 학원에 떠맡겨졌으니, 그 대표적 사례가 5·4운동이다. 그 뒤로 학생의 애국적 열정을 호평하는 경향이 생겼지만, 이것은 '국가의 비애(悲哀)'라고 그는 주장한다. 왜냐하면 학원이 의회의 기능을 대신하는 것은 중국 민주제도에 결함이 있었음을 보여줄 뿐만 아니라 장기적으로는 대학이 중국문명을 이끌어나가야 할 사명을 제대로 감당할 수 없으리란 우려를 갖게 하기 때문이다. 여기에서 그가 다원사회의 한 구성요소인 학원(내지 학문)의 독립·자율을 강조하려는 의도를 가졌음을 엿볼 수 있다.

학생운동을 일방적으로 찬양하지 않고 그것의 이중성——권력을 견제하는 현대시민운동의 측면과 정객화(政客化)한 측면——을 지적한 그의 관점과 어느 면에서 비교될 수 있는 것이 필자가 타이뻬이에서 발표한 「축제에서 저항으로: 5·4기 천안문집회의 기원(從慶典到反抗: 五四時期天安門集會的由來)」이 아닐까 한다. 이 논문은 천안문집회의 의례가

---

13) 齋藤道彦 『五四運動の虛像と實像: 一九一九年五月四日 北京』, 東京: 中央大學 出版部 1992.

형성된 기원을 민간축제와 정부행사를 결합시킨 5·4기의 학생운동에서 찾고, 그것이 민의를 대변하는 (제도가 아닌) 관행으로서 정당성을 갖게 된 것은 1920년대에 그것을 둘러싼 여러 정치세력의 경쟁과 타협의 소산임을 밝혔다. 그때도 그랬지만 지금도 천안문광장은 경축의 장소이자 저항의 장소로서 이중성을 지닌다.

5·4의 통설을 비판하는 또다른 흐름으로 전통문화에 대한 재평가가 두드러져 보였다. 두 곳에서 되풀이 발표된 어우양 저성(歐陽哲生, 뻬이징대 사학과)의 「5·4신문화운동과 유교 관계 분석(五四'新文化運動與儒學關係辨析)」이 그 흐름을 대표한다고 볼 수 있는데, 1950년대 이래 '주류적 의식형태로 상승한' 관점에서 벗어나야 된다고 역설한다. 신문화운동을 반(反)유학 정도로 단순히 이해하는 종래의 태도는 전통문화에 반대한 당사자들의 '일종의 선전수단'에 얽매인 데 불과하다고 비판하면서, 신문화운동의 진정한 의의는 중국현대문화가 다원적 지향[思路]을 건설하고 중서고금의 참고자료 속에서 전방위적으로 중국문화의 위기를 해결할 효과적 방안을 생각하는 데 있었다고 본다. 따라서 반전통사상의 내원으로 비주류적 전통문화(예컨대 諸子學)가 부각되는 것은 자연스럽다.

사실 전통문화를 재평가하는 움직임은 결코 새로운 것이 아니다. 굳이 1980년대의 '문화열(文化熱)'까지 들먹이지 않고 5·4 논의와 직결된 반전통의 재평가에 한정하더라도——예를 들어 껑 윈즈(耿雲志, 전 근대사연구소 부소장)가 자신은 10년 전 신문화운동을 '전반적 반전통'으로 보는 견해를 비판했는데 찬반의 반응을 대한 적 있다고 이번에 발표했다——이미 일정한 흐름을 형성하고 있음이 분명했다. 그런데 이러한 재평가작업이 하나의 유행적 연구풍조에 그칠 위험도 엿보였다. 이와 관련해, 쑨 위스(孫玉石, 뻬이징대 중문과)[14]가 『신칭녠(新青年)』 지상의 반공사조(反孔思潮)를 세심히 읽고 그 안에 단일하지 않은 다원적인 '공학관(孔學觀)'이 존재했음을 지적하면서도, 그러나 이러한 재평가작업으로 잃는 것이

---

14) 「五四新文化運動與反孔問題」(北京).

무엇인지를 자문한 것이 눈에 들어왔다. 즉 급진주의를 편들다 온건한 문화보수주의를 간과해서도 안되지만 그렇다고 급진주의를 재평가하다가 문화보수주의를 긍정하는 것으로 변질되어도 안된다는 대목에서 그의 고민이랄까 혼란을 느낄 수 있었다.

베이징에서 필자가 발표한 논문[15]이 이 주제에 대한 나름의 의견을 제시한 것이다. 1920년대 청년학생의 일상생활에 나타난 숭양풍조(崇洋風潮)와 그에 대한 반발인 동양문명우월론을 분석하면서 모두 부강한 국민국가로서의 중국을 추구한 지적 작업이었고, 따라서 숭양풍조와 그에 대한 반작용은 이질적인 것의 모순된 병존이 아니라 문화적 정체성을 추구하는 과정에서 나타난 다양한 변주였을 뿐이라고 보았다. 따라서 5·4는 근대에 적응하면서 그 극복도 추구하는 이중과제를 수행하는 보수파·온건파·급진파의 역동적 작업 전체를 의미한다고 볼 수 있다.

새로운 해석은 중요한 쟁점인 5·4의 시기구분에 대해서도 이뤄졌다. 신해혁명을 제1차 공화혁명, 5·4운동을 제2차 공화혁명이라 하여 연속적인 공화혁명의 과정으로 보자는 민두기(閔斗基)의 발표[16]가 그에 해당한다. 이 견해를 주목하면서 류 꾸이셩(劉桂生, 淸華大)은 그동안 5·4의 해석에 대한 일종의 '도통(道統)' 내지 '법통(法統)'이 있어서 신해혁명의 의의가 경시되고 양자의 연결을 제대로 보지 못했는데 이 발표는 앞으로 적극 검토되어야 할 중요한 문제제기라는 요지의 토론을 했다.[17] 그리고 『신칭녠』에서 사용된 '과학'과 '상식'이란 어휘의 빈도수를 통계처리해 계량적 분석을 가함으로써 심층적 의식구조에 접근하거나(金觀濤·劉青峰),[18] 러시아문학의 오독이 미친 영향을 분석한 실증적 연구(林精華)도[19]

---

15) 「'自大'與'自棄'的二重變奏: 五四時期青年的文化認同性危機」(北京).

16) 「五四運動和辛亥革命: 試論'共和革命'」(北京).

17) 신해혁명과 5·4운동을 연결시켜보려는 시도가 최근 늘어나고 있어 주목된다. Timothy B. Weston, "The Formation and Positioning of the New Culture Community, 1913~1917," *Modern China*, Vol. 24, No. 3 (July 1998): 졸고 「共和에서 革命으로: 民初 論爭으로 본 中國 國民國家 形成」, 『東洋史學研究』 제59집(1997.7).

하나의 특징적 경향이 될 것이다.

그밖에 '사실로서의 5·4'를 복원하여 그 전체 모습에 다가가려는 연구 경향으로 연구대상이 인물, 집단 및 지역에서 다양해진 점을 중시하지 않을 수 없다. 장 원톈(張聞天), 첸 쉬안퉁(錢玄同), 슝 스리(熊十力), 량 슈밍(梁漱溟), 펑 여우란(馮友蘭), 까오 이한(高一涵), 옌 하이꽝(殷海光), 쥬 꽝첸(朱光潛), 왕 시톈(王希天) 등 종래 5·4의 통설과 연관이 비교적 적었던 인물들이 새롭게 부각되었고, 상인과 여성의 동향이야 근래 주목되어온 주제지만 이번에는 가톨릭과 이슬람의 5·4에 대한 관계가 발표되어 이채로웠다. 그리고 항져우(杭州)·샨뚱(山東)·타이완 등 지역의 관점에서 5·4를 다시 볼 필요성도 제기되었다.

특히 타이완과 5·4운동의 관계를 다룬 것은 타이완독립의 요구가 고조되는 타이완의 정세를 읽을 수 있는 자료로서 유용했다. 차이 위안셰(蔡淵契, 臺灣師大 사학과)[20]와 젠 즁런(簡炯仁, 高苑技術學院)[21]은 모두 대륙이나 일본에 유학중인 타이완인을 통해 신문화운동이 일본지배하의 타이완으로 도입되었지만 대륙의 그것과는 차이가 있었다는 점을 분명히했다. 타이완에서는 신문화운동이 타이완 본토화운동을 자극했는데, 반문언운동(反文言運動)과 반구문학운동(反舊文學運動)이 가장 중요한 흐름이었다는 것이다. 특히 젠 즁런은 중국백화문이 타이완에서 통용되는 언어가 아니라서 타이완 신문학가들이 타이완언어를 멸시하였는데 점차 민중과의 거리가 벌어지면서 그에 대한 반성 속에 '타이완 어문운동'이 일어나고 타이완 본토화운동이 촉진되었다고 설명했다.

---

18) 金觀濤·劉靑峰「新文化運動與中國知識分子常識理性的變遷」(臺北). 이 글의 일부는 『二十一世紀』1999년 제4기에「新文化運動與常識理性的變遷」이란 제목으로 실려 있다.
19) 林精華「"誤讀"的意義與陷穽:五四新靑年對俄國文化的接受」(北京).
20)「日據時期臺灣新文化運動中反傳統思想與五四運動之關係」(臺北).
21)「五四運動與臺灣本土化運動」(臺北).

4. 어떤 역사로 돌아갈 것인가

이렇듯 5·4의 신화에서 벗어나 그 현장의 다양한 모습이 속속 드러나는 것은 5·4연구의 진전임이 분명하다. 그런데 이 성취를 반기면서도 마음 한켠에 남는 의문이 있다. 5·4란 깨어진 여러 조각들을 모아 맞추다 보면 그 전체가 복원되는 거울 같은 것은 아니잖은가.

이 문제는 역사학의 근원적 주제인 사실과 해석의 관계에 대한 논란으로 비화될 수 있지만, 이 글의 범위 안에서 구체적으로 다루기 위해 어우양 져성이 예전 글[22]에서 5·4연구의 새로운 진전을 위해서는 '담론'〔話語〕이 바뀌어야 한다고 주장한 의도를 검토해보려고 한다. 그가 담론을 바뀌야 한다고 했을 때는 기본적으로 (위에서도 거론된) '주류적 의식형태' 즉 지배적 담론이랄까 '통설'을 겨냥한 것이다. 그렇지만 "이른바 '5·4' 담론과 '5·4'전통은 역사에 대한 서술일 뿐만 아니라 현실에 참여하는 실천이기도 하다"고 본 대목을 중시하고 싶다. 어떤 시각에서 5·4를 해석하든——급진주의든 자유주의든 보수주의든——'5·4'담론을 구성하다 보면 모두 현실의 사회정치투쟁이나 문화사상논쟁에 얽혀든다는 것이다.

담론의 중요성을 부각시킨 그의 문제의식은 내가 글머리에서 5·4란 하나의 기호라고 말한 것과 통하는 발상이지 싶다. 이렇게 생각하면 누가 5·4를 통해 무엇을 말하려고 하는가가 분석되어야 할 긴요한 과제가 되지 않을 수 없다. 여기서 5·4 통설처럼 정치적 실천의 의도가 너무나 뚜렷이 드러난 것은 굳이 따질 필요도 없지만, 역사연구에서 '현장으로 돌아가자'고 제의하고 정치의 영향으로부터 독립된 학술을 주장하는 천 핑위안의 5·4 이해에도 기호로서의 5·4의 기능이 작동하고 있는지 검토해볼 필요를 느낀다.

두 건의 발표문만을 놓고 보면 5·4의 신화를 해체함으로써 간접적으

---

22) 歐陽哲生「胡適在不同時期對'五四'的評價」,『二十一世紀』1996년 제4기.

로 공산당의 지배이념을 비판하고 학술의 자율을 요구하면서 근대적인
다원사회를 추구한다는 태도 이상의 것을 간취할 길이 없다. 여기에 필자
가 지난 5월초 뻬이징에서 그와 가진 대담[23]의 내용을 덧붙여보면, 그의
태도가 좀더 명료해진다. 그는 5·4의 성격이나 의의를 들먹이는 글, 말하
자면 거대담론을 학술적 가치가 없는 관변문장으로 깎아내리고 학술연구
의 대상으로 5·4를 대해야 한다고 역설한다. 그런 그에게 5·4의 의의를
굳이 물었더니 '비판정신(批判精神)과 대화정신(對話心態)'으로 요약하
였다.

　이같은 경향은——그 자신은 어떤 파로든 구별되기를 꺼렸지만——
1990년대의 '국학열(國學熱)'로 지칭되는 부류에 속한다고 볼 수 있겠다.
국학열은 순수하고 자율적인 학문을 최고가치로 삼는 뻬이징의 중년층
학자들로 구성된 일군의 지적 엘리뜨들의 자율적 활동을 가리킨다. 그들
은 1989년 천안문사태 이후 침묵의 기간을 거친 뒤, 비정치적이고 민족
적인 대안으로 국학을 회복시켜 민족문화의 정수를 지킴과 동시에 학문
자유의 기반으로 삼으려 한다. 그들은 외국 학계의 사정에도 비교적 밝을
뿐만 아니라 학문적 수준도 뛰어나 중국 안팎의 학자들로부터 주목받고
있다. 중국의 학문 발전에 촉매 역할을 할 것으로 보인다.[24]

　그렇다면 그들은 어떠한 정치적 입장과도 무관한 것인가. 그들이 중국
의 지적 전통의 주류를 '급진주의'라고 하여 부정적으로 규정할 뿐만 아
니라 천안문사태의 주도세력에 대해서도 비판적인 데서 일종의 정치적
입장을 엿볼 수 있다. 이 점은 필자와 한 대담에서 다음과 같은 천 펑위안
의 발언에서도 나타난다.

　필자　당신의 이런 학술작업을 일부에서는 정치로부터의 자각적인 후퇴로

---

23) 그 발췌는「두 개의 중국, 5·4운동은 어떤 의미일까」,『한겨레』1999.5.11.
24) 필자와 같은 평가를 내린 것으로, 그들이 학술연구 종사자로서의 자기정체성 확립과
　　근대적 학문방법론의 기초 확립에 기여했다고 본 이욱연의 글이 있다.「중국지식인사회
　　의 새로운 동향: '신좌파'를 중심으로」,『중국현대문학』제16호, 1999.6.

보기도 한다. 그러나 나는 우회적인 정치참여라고 보는데, 어떻게 생각하는가?

천 같은 생각이다. 1989년 천안문사태 이후 참여세력도 편협한 사상과 방법에 사로잡혀 있다는 것을 깨닫게 되어 많은 사람이 정치행동에서 떠났다. 나도 학문에 전념하게 되었다. 비록 매일매일의 문제에 직접적인 발언을 하는 것은 아니지만, 독립정신과 비판적 태도를 고취하는 것은 길게 보아 중요하다고 본다.

필자 그렇지만 그 영향이랄까 반응은 아주 제한된 범위 아닌가?

천 물론 그렇다. 그러나 내 견해를 이해하는 학생도 적지 않다.

그처럼 정치로부터 자유로운 학풍을 견지한다는 입장에서 민족전통을 옹호하는 국학그룹의 정치적 위치를 "결국 국내에서의 권력블록과 해외에서의 전지구적 자본주의 이데올로기 모두에 연루되어 있다"고까지 평가하는 류 캉(劉康)의 견해[25]도 있다. 그러나 나로서는 류 캉의 평가는 일단 접어두고 국학파의 학술사 작업에 국가주의적 경향이 있음을 우선 지적하고 싶다.[26] 예를 들면 학술사연구에 몰두하고 있는 쌍 삥(桑兵, 中山大 사학과)이 이번에 두 곳에서 모두 신문화운동의 국제적 반향을 일본과 조선의 현지 자료조사에 근거해 실증적으로 규명한 글[27]을 발표하였는데, 일본과 조선에 미친 영향을 찾아낼 뿐 왜 두 나라에서 신문화운동을 서로 다르게 수용하였는지에 대해선 관심을 보이지 않는다. 그러다 보니 "민족문화 갱

---

25) Liu Kang, "Is there an Alternative to (Capitalist) Globalization? The Debate about Modernity in China," F. Jameson & M. Miyoshi, *The Cultures of Globalization*, Duke University Press 1998, 176~77면. 국학을 추구하는 학자들이 비사회주의적·자유주의적 민족전통을 옹호하는 것은, 그들이 자본주의에 반대하지 않고 동맹자가 되는 한, 다문화적 대안을 제공함으로써 글로벌한 기업들의 이념적 네트워크에 효과적으로 봉사한다고 류 캉은 본다. 이같은 류 캉의 평가가 나온 지적 배경을 이해하기 위해서는, 그의 시각을 '신좌파'로 분류하고 신좌파의 주장을 중국 지식인사회의 지형도 안에서 정리한 이욱연, 앞의 글이 참조할 만하다.

26) 이것은 필자만의 주관적 인상은 아니다. 중국지식인 내부에서도 같은 평가가 나온 바 있다. 雷頤 「中國文化の新しい波」, 『中國21』(愛知大) 창간호(1997. 9) 참조.

27) 「五四新文化運動的國際關係」(臺北·北京).

신의 표징"이요 "세계가 중국에 대한 관심과 이해를 확대하는 것"을 찾는 것으로 귀결되었다. 천 핑위안은 국가주의적 경향을 지적하는 내 질문에 "나를 그들과 같은 파로 분류하는 시각을 받아들일 수 없다. 나는 국가주의 경향을 경계한다"고 답하고 있으니 개인적 차이도 마땅히 고려해야겠지만, 그들의 순수 학술연구가 얼마나 보편성을 향해 열려 있느냐가 문제이다.

순수한 학술연구를 표방할수록 보편성을 지향한다고 하게 마련인데, 과연 그들의 실제 연구성과에서 그렇게 하고 있는지 주의를 기울여야 한다. 5·4가 지리적 범위나 사회적 범위에서 보편적인 운동이었음은 흔히 인정된다. 그런데 최근의 5·4연구에서는 5·4의 어떤 측면은 부각시킴과 동시에 다른 어떤 측면은 가리는 경향이 있다. 예를 들면 대륙의 (특히 소장) 연구자들이 5·4의 사회적 범위에서 핵심적인 부분인 민중에 대해 관심을 덜 기울인다는 점을 지적할 수 있다. '통설'이 프롤레타리아트를 특권화한 데 대한 반동으로 이해할 수도 있겠다. 그러나 5·4가 학생이 민중과 연대해 정치참여에 성공한 첫경험이고 '민중 속으로[到民間去]'가 당시 호소력있는 구호였다는 점은 누구도 부인할 수 없을진대, 이 새로운 주체 형성에 대한 다각도의 접근은 중요하다. 따라서 지금 유행처럼 주목받는 5·4기 상인과 지식층여성 이외에 학생·도시빈민·공장노동자·하층여성·농민 등에 대해서도 관심이 기울여져야 한다. 물론 이에 대한 관심이 그들을 미화하는 데 그쳐서는 안되고 그들 각각의 구성과 상호관계 및 구조적 위치를 역사적 맥락에서 파악해야 마땅하다.[28] 이와 더불어 5·4가 중·일간의 갈등이었지만 근원적으로는 세계자본주의체제의 모순이 동아

---

28) 이와 관련해 민중에 대한 새로운 연구의 한 예로, 5·4기 이래 지식청년들이 '민중 속으로[到民間去]' 운동의 일환으로 민간문학연구운동을 전개한 것을 분석한 *Chang-tai Hung, Going to the People: Chinese Intellectuals and Folk Literature, 1918~1937*, Cambridge: Harvard University Press 1985를 참조할 만하다. 지식청년들이 왜 민중(주로 농민)에 대해 낭만적 태도를 취하게 되었는지를 사회적 상황과 연관시켜 분석하고, 그들이 민중의 중요성을 발견하고 궁극적으로는 그 자신을 발견한, 지식인의 정체성 형성과정에서 그 의미가 있었다고 평가한다.

시아지역을 매개로 하여 표출된 것이라는 시각이 도입되어야 한다. 앞서 거론한 쌍 뼁의 발표에서 엿보인 국가주의적 경향이 극복되려면 이 길을 거쳐야 할 것이다. 그런 점에서 같은 해에 발생한 중국의 5·4운동, 한국의 3·1운동 및 일본의 '쌀소동'[29]을 단순히 어디가 영향을 주었느냐를 주장하는 수준에서가 아니라 동아시아적 틀에서 상호관련의 양상으로서 재조명하는 것은 중요한 과제가 아닐 수 없다. 이런 관점에서 다시 볼 때, 5·4의 과제가 근대에의 적응에만 있었던 것이 아니라 근대(의 억압성)를 체험하고 그것을 극복하려 했던 것임이 좀더 잘 드러날 터이다.

5·4는 중국인에게, 심지어 순수 학술연구를 지향하는 그룹에게조차, 현실에 간여하는 기호로 작용하고 있다. 지난 100여년간 근대를 달성하기 위해 조급하게 "시간과 경쟁"해온[30] 중국인에게 5·4는 짧은 기간이나마 그 실현에 낙관적인 기대를 품었던 드문 기회였다. 그후 5·4가 제기한 그 보편적 과제가 현실 속에서 제대로 실현되지 못하는 쓰라린 경험이 거듭되면서 5·4의 기억은 점점 더 소중한 의미를 가진 것으로 자리잡았다. 그리고 그 과제의 해결이 조급하게 요구될 때마다 5·4란 기호는 현실적 의미를 갖고 되살아나곤 하였다. 어떤 의미에서 그들에게 5·4란 역사의 짐일지도 모른다. 민주화가 상당히 달성되었다고 보는 타이완에서는 5·4 운동이 지나간 일로 간주되기도 하듯이, 중국대륙에서 가까운 장래에 5·4란 짐을 벗을 날이 올 것인가. 5·4의 미래는 5·4란 기호를 둘러싸고 경쟁하는 여러 세력의 선택에 달렸다. 〈1999〉

---

29) 이런 점에서 野澤豊「米騷動と五四運動」, 『近きに在りて』 창간호(1981.8)는 시론적인 글이지만 중요한 문제제기를 하였다.

30) 이 표현은, 민두기「時間과의 競爭: 20세기 동아시아의 혁명과 '팽창'」, 제42회 전국역사학대회 발표문(1999.5.28)에서 가져왔다.

중국의 대학과 혁명

1920년대와 1990년대의 비교

1. 들어가며

'대학개혁'의 목소리가 요즈음 한창 높지만, 필자 개인의 체험만 돌아봐도 이번이 처음 겪는 일은 아니다. 1980년대에는 학생들이 중심이 되어 대학의 변혁을 격렬하게 요구한 적이 있다. 지금의 개혁은 학생보다는 학교당국, 더 정확하게 말하면 그에 압력을 가하는 정부의 교육부처와 사회 일각(주로 기업과 언론)이 주도하는 것이다. 이런 개혁의 소용돌이에 우리 대학인이 대처할 일이 여럿이겠지만 무엇보다 중요한 것은 대학이란 도대체 무엇인가 하는 근본적인 물음을 던져보는 일이 아닐까 싶다.

그렇다고 대학에 대한 추상적 관념이나 이상을 여기서 따지자는 것은 아니다. 역사학도인 필자로서는 실재하는 제도 내지 기관으로서 대학의 역할을 점검하려고 한다. 그것도 전공영역인 중국에 한정해 그 역사적 변천을 살펴봄으로써 위의 물음에 접근할 것이다.

대학의 역할을 체제유지에 필요한 고급인재 양성소로 규정한다면 중국처럼 일찍이 높은 수준의 문명을 발전시켜온 곳에 그런 기구가 없었을리 없다. 과거제도에 연관된 여러 국가교육기관, 특히 그 정점에 위치한 한림원(翰林院)이나 국자감(國子監)은 바로 이에 해당한다. 또 민간의 재원으로 저명한 학자 개인이 주도적으로 운영한 서원(書院)들도 포함시킬 만하다. 특히 서원은 비교적 자유로운 학풍을 형성하기 쉬웠고, 그래서 때로는 현실정치에서 권력을 주도한 세력에 대해 비판적인 의견을 개진하는 중심지로서 역할을 하기도 했다. 그러나 이 두 지향은 서로 구별되는 것이라기보다는 왕조를 초월한 중국(중화)이라는 문화체·역사체의 계승·발전이란 점에서 상호보완적인 역할을 했다.[1] 바로 이 점에서 서양 중세 대학과 달랐다. 서양에서는 교회와 정치가 대립하는 가운데 대학은 그 어느 쪽으로부터도, 심지어 도시민으로부터도 독자적인 공간을 확보할 수 있었던 것이다.[2] 중국에서 '근대적인 대학'의 출현은 신해혁명 이후를 기다려야 했다.

물론 근대적인 대학의 역할을 단순히 (서양에서 기원한) 새로운 지식의 수용과 전수에 한정한다면 청말에까지 그 기원을 올릴 수 있다. 청조가 자강운동의 일환으로 세운 동문관(同文館)을 비롯해 지방관료들이 설립한 양무사업(洋務事業)에 부속된 교육기관, 선교사들이 연 기독교계 학교, 개혁운동을 위해 개명한 신사(紳士)들이 세운 사립학교들의 세 유형이 그것이다. 이들 학교는 '부강'이란 당시 슬로건에 압축된 근대추구 요구에 부응한 지식체계를 갈망하였지만, 동시에 기존 정치질서 유지라는 한계 안에 머물러 있어야 했다. 따라서 양자 사이에는 갈등이랄까 긴장이 존재했다. 그러나 새로운 지식의 발견·축적 못지않게, 아니 그보다 더 중요한 것이 근대적 대학의 특성인 자율과 학문자유라고 한다면 이 기준에는 훨씬 미치지 못했음은 두말할 필요도 없다.

신해혁명 이후 대학의 자율과 학문자유를 추구하는 근대적인 대학이 넘이 제기되었지만 그런 방향으로 대학이 제도화하는 과정은 그리 순탄

---

1) 서원적 전통과 과거적 전통을 구별하면서 전자를 자유로운 학풍으로 평가하고 근대의 자율적인 대학 발전에 기초가 된 것으로 전망한 이는 Ruth Hayhoe이다. 그녀의 최근 저서인 *China's Universities 1895~1995: A Centuries of Cultural Conflict*, New York & London: Garland Publishing Inc. 1996에도 이 입장이 잘 드러나 있다.

2) 金榮漢 「서양의 大學: 역사와 理念」, 『韓國史市民講座』 제18집(1996).

하지 않았다. 이것을 두고 근대적인 대학으로부터의 이탈로 볼 수도 있을지 모르겠으나, 필자는 오히려 중국 대학 형성의 특성으로 파악하려고 한다. 이 글에서는 이같은 특징을 좀더 구체적으로 밝혀내기 위해, 근대적인 대학이 겨우 자리잡기 시작한 1920년대의 대학과 (국민)혁명의 관계 그리고 1980∼90년대의 대학과 시장논리 즉 '제2의 혁명[3]'의 관계를 비교하려고 한다. 제도의 변천 자체에 초점을 맞추질 않고 두 기간의 대학과 혁명의 관계가 학생생활에 미친 영향이란 시각[4]에서 이 주제를 다룰 것이다.

2. 1920년대의 국민혁명과 대학교육

중국에서 근대적인 고등교육기관이 체계를 갖추기 시작한 것은, 청조가 무너지고 중화민국 정부가 들어선 1912∼13년에 교육부장관 차이 위안페이(蔡元培)의 지휘 아래 만든 '임자·계축학제(壬子·癸丑學制)'가 반포되고부터이다.[5] 이 학제의 일환으로 민국 원년인 1912년 10월 교육부가 반포한 '대학령'이 규정한 대학이란 "심오한 학술을 가르치고 석학과 인재를 양성해 국가의 수요에 응"하는 것이었다. 학문체계로는 문·이·법·상·의·농·공의 7개 과로 나누고 설립시 문·이 두 부문을 위주로 하도록 하였다. 그리고 각 단과 학장 및 교수로 구성된 대학평의회가 대

---

3) 구미에서는 개혁·개방을 하나의 혁명으로 보는 견해가 강하다. 그 한 예만 들면, Hary Harding, *China's Second Revolution: Reform After Mao*, Washington D.C.: The Brookings Institution 1987.

4) 민국기 고등교육 연구에서 교수나 행정당국이 만든 제도적 기록에 의한 연구보다는 학생에 입각한 연구가 교육의 실상에 다가가는 데 요긴하다는 지적이 있다. E-Tu Zen Sun, "The Growth of the Academic Community 1912∼1949," *The Cambridge History of China*, Vol. 13, Part 2, Cambridge: Cambridge University Press 1986, 396면.

5) 이하 중국대학사 개관에 대한 좀더 상세한 설명은 졸저 『중국 현대 대학문화 연구』, 일조각 1994, 22∼27면 참조.

학의 일체 주요사항을 결정하도록 하였다. 이러한 규정은 기본적으로는 1922년의 학제개혁 때까지 유지되었다.(물론 여기에서 기독교학교나 등록되지 않은 사립학교는 배제되었다.)

이 학제, 특히 전문학교 아닌 대학, 그것도 문·이과란 기초학문을 중시한 것은 차이 위안페이의 대학이념에 기반한 것이고 (그가 유학한) 독일모델을 따른 것이다. 이같은 내용이 기존의 교육관을 전적으로 부정한 것은 아니었다. 청말에 일본모델을 따라 서구지식을 유교적 학원 개념 속에 포용한 '흠정교육종지(欽定教育宗旨)'에 있던 충군(忠君)·존공(尊孔)·상공(尚公)·상무(尚武)·상실(尚實)의 요소 가운데 앞의 두 가지를 폐지하고 나머지 세 가지를——상공의 폭이 훨씬 더 넓어졌지만——수용한 것이라고 그 자신은 주장했다. 그렇지만 부국강병을 추진할 국민국가의 수립에 쏠린 당시의 교육계에서는, 부국강병이라는 실제적·단기적 차원도 무시할 수 없지만 초월적·절대적인 실체세계를 추구하는 데 더 중점을 두어야 한다는, 그의 형이상학적이고 세계주의적인 대학론이 받아들여지기 어려웠다.

학생들 역시 근대적인 대학이념을 받아들일 여건에 있지 않았다. 청말 최초의 미국유학생 룽 홍(容宏)이 자신의 예일대학 학사학위를 '수재(秀才)'란 전통적 학위신분에 비견했듯이,[6] 당시 뻬이징대학(청말의 京師大學堂이 그 전신)의 학생 대다수는 그전과 마찬가지로 대학을 '출세의 사다리'로 여겼다. 학생 가운데는 나이도 많아 개중에는 과거시험의 경험이 있는 자도 있었다. 그들은 강의에 잘 빠질 뿐만 아니라 '쓸모없는 책〔死書〕'을 읽고 마작·포카 등 도박을 즐기며 연극배우나 쫓아다니고 사창가를 출입하는 풍조에 젖어 있었다. 더 심각한 문제는 그들이 대학을 '관료가 되어 돈 버는〔升官發財〕' 통로로밖에 생각지 않는 것이었다.

1917년 뻬이징대학 교장에 취임한 차이 위안페이는 바로 여기에 도전해 좌절된 교육부장관 시절의 이상을 실현하고자 했다. 그는 개혁의 첫째

6) 容閎, 權熙哲 역, 『西學東漸記』, 을유문화사 1974, 60면.

254

대상을 '학생의 관념'으로 명확히 설정했다. 그것은 교수의 자질과도 얽힌 구조적인 문제임을 인식하고 있었다. 그렇기 때문에 그는 취임연설에서 대학생의 천직은 관리가 되는 것이 아니라 학술연구라고 못박았다. 새로운 학풍의 조성을 위해 학생들의 자유로운 써클활동을 적극 장려하는 한편, 실력있고 열성적인 교수라면 정치적·학문적 입장을 가리지 않고 폭넓게 초빙하고 선택과목제를 도입하며 교수들에게 대학의 자율적 운영권을 대폭 부여하는 등 과감한 대학개혁을 추진해나갔다. 여기에 적극 호응한 천 뚜슈(陳獨秀)를 필두로 『신칭녠(新青年)』의 동인들이 교수로 참여해 뻬이징대학이 신문화운동의 요람이 된 것은 너무나 잘 알려진 사실이다.[7]

교육개혁 내지 학교에서의 신문화운동의 전개가 뻬이징대학에서만 이뤄졌던 것은 아니다. 뻬이징대학 학생들이 5·4운동을 주동했기 때문에 그간 집중적인 주목을 받아왔지만, 5·4운동을 거치면서 전국의 중등교육기관 이상의 학교로 그 물결이 번져 많은 학생들이 그 세례를 받게 되었다는 점을 놓쳐서는 안된다. 물론 1910년대 후반 뻬이징대학의 학생 수, 나아가 전체 대학생수를 고려하면 그 영향이 제한적이었을 것은 분명하다.[8] 그러나 중요한 것은 그들의 수가 아니라 그들이 형성한 새로운 학생문화이다.

학생문화는, 미국유학 출신들이 대학을 덜 엘리뜨적이고 좀더 실용적인 방향으로 개혁하기 위해 주도한 1922년의 학제개편에 따른 대학의 양적 팽창과[9] 더불어 대학의 성격에 커다란 영향을 주었다. 특히 5·4운동

---

7) 뻬이징대학의 개혁에 대해서는 앞의 졸저 97~105면 참조.

8) 1916년 당시 공립대학 7, 사립대학 3, 합쳐서 10개교가 있었고 그 학생수는 3609명(뻬이징대 1989명)이었으니, 중국 청년 전체의 극히 일부에 지나지 않았을 것이다. 여기에 중학생도 덧붙여 생각해볼 수 있다. 좀더 상세한 통계는 같은 책 24~25면.

9) 그 과정은 학제개편에서부터 살펴볼 수 있다. 1921년에 들어서자 위에서 본 '임자·계축학제'에 대한 비판의 여론이 일어났는데, 그 여론을 주도한 것은 1915년 5월에 성립한 민간교육자의 '전국교육회연합회'였다. 그들은 각 성 교육계의 의견을 수렴해 새로운 학제개혁안을 작성하여 교육부에 제시했다. 뻬이징정부의 교육부는 1922년 9월 '학제회의'

을 거치며 '심적(心的) 혁명'[10]이라 불리는 변화를 겪은 학생의 일상생활에는 기존질서에 대한 반발과 새로운 질서 추구라는 두 측면이 얽혀 있었다. 잦은 학원소요[學潮]는 당시 대학생활의 특징을 보여주는 지표라 할 수 있다.

5·4운동기부터 빈번했던 학원소요는 도시의 소수 특권세력인 대학생의 집단이기주의에 의한 '맹목적 행동'의 측면과 대안적 교육의 추구라는 양면성을 띠고 있었는데, 이 양면성이야말로 기존질서를 타파하려는 급진적 정치집단에게는 더없이 좋은 정치적 자원이었다. 1924년 1월 공산당과의 합작을 통해 조직을 갓 개편한 국민당은 학생을 동원하는 데 적극적이었으므로 학생의 현실참여를 고취시키고 국민당에 가입하도록 선전했다. 그러자 일부 학생들이 이에 대해 반발했다. 그해 5, 6월 상하이의 난양(南洋)대학 학생 사이에서 벌어진 학생의 정치운동과 입당문제를 둘러싼 논쟁은 학생들의 태도를 엿볼 수 있는 하나의 사례라 하겠다.

비국민당원인 학생과 개조된 국민당원 학생끼리 『난양저우빠오(南洋週報)』란 학생잡지에서 주고받은 논전[11]의 기본구도는 현실개혁을 위한

를 열어 그 안을 토론케 한 뒤, 최종적으로 '학제계통개혁안'을 제정해 1922년 11월 1일 대총통 명의로 공포하였다. 이 새로운 개혁안에서 고등교육에 직접 관련된 내용을 살펴보면, 대학에서 예과를 없애고 학년제 대신 학점제, 학급제 대신 과목선택제를 도입하도록 했다.(이것은 이미 뻬이징대학에서 자체적으로 대학개혁을 위해 도입한 바 있다.) 이보다 더 큰 변화를 가져온 것은 다름아니라 대학설립요건을 대폭 완화해 단 한개 과만으로도 대학이 될 수 있게 한 내용이다. 즉 한개 과만 설치해도 '모(某)과대학'으로 칭할 수 있으니 단과대학이 가능했던 것이다. 그래서 전문학교와 고등사범학교들이 모두 대학이나 사범대학으로 승격할 수 있었다. 이 조치는, 5·4운동 이후 대학진학열이 높아진 풍조 및 이것을 노려 우후죽순처럼 대학을 설립한 상업적 이익과 맞물려, 1920년대초 대학의 양적 팽창을 초래했다.

10) 교육학자 쟝 멍린(蔣夢麟)은 이 '심적 혁명'의 세부적 특징을, 하나의 의문부호가 전국 청년의 머릿속을 사로잡고 있고 자기가 주체가 되어 생각하고 말하려 하며 새로운 인생관을 요구하는 것이라고 지적했다. 그에 따라 사회습관 전체에 회의를 품게 되고 사회문제가 발생하게 된다. 蔣夢麟「學潮後青年心理的態度及利導方法」, 『新教育』제2권 2기(1919) 특히 114~15면.

11) 이에 대한 상세한 소개는 鄭文祥「국민혁명기 상해지역 학생운동 연구」, 연세대 박사학위논문, 1997, 95~102면.

정치운동의 필요성 자체는 양측 모두 인정하지만 학생신분으로 학업(주로 전공공부)을 미루고서까지 당장 현실참여를 할 것인가, 또 개혁에 나서더라도 국민당 입당만이 과연 주어진 유일한 길인가 하는 점에서 대립했던 것이라 하겠다. 이 논쟁의 귀결이나 쟁점에 대한 일반 학생들의 반응을 잘 알 수 없지만, 학생운동이 점차 급진화하고 있었고 국민당이 이 논쟁을 학생을 동원하기 위한 선전에 적극 활용했다는 점만은 분명히 짚어낼 수 있다.[12]

급진적 정당과 달리 량 치챠오(梁啓超)가 이끄는 연구계(硏究系)처럼 학생의 현실참여에 비판적인 정치집단도 있었지만, 그것이 교육에 미칠 파장을 우려하는 소리는 5·4운동기초부터 교육계 자체에서 높았다. 대체로 여론을 이끌 세력으로서 학생의 독특한 역할을 중국적 상황에서 인정하지 않을 수 없지만 그렇다고 해서 학업을 방기할 정도에 이르러서는 안 된다는, 말하자면 학업과 구국운동의 병행론이 우세했던 것으로 보인다.[13] 그런데 학생의 현실참여가 절정을 이룬 5·30운동(1925년에 발생한 전국적 규모의 반제운동)을 겪으면서 급진화하는 학생운동이 일부 (자유주의적) 교육자들에게는 교육의 위기로 비쳤다. 그들은 학생의 정치참여가 대학기능의 마비를 초래한다고 비판하고 나섰다. 당연하지만 이에 대한 반론도 제기되었다. 이것이 바로 1925년 하반기에 혁명[救國]이냐 학문[求學]이냐의 갈림길에 놓인 대학의 진로를 둘러싸고 자유주의 지식인이 운영하던 『셴따이핑룬(現代評論)』 지상에서 주로 벌어진 논쟁이었다.[14]

교육학자 타오 멍허(陶孟和)는 곧 다가올 신학기가 또다시 민족운동으

---

12) 국민당은 이 논쟁자료를 엮어 『學生與政黨』(上海: 世界書局 1927) 등을 간행했다.
13) 1920년대 학생운동에 대한 여러 세력의 입장 차이는 呂芳上 『從學生運動到運動學生』, 中央硏究院近代史硏究所 1994, 155~87면에 상세히 나타나 있다. 그는 구국운동과 학업의 병행 내지 절충 즉 당시 용어로 "讀書不忘救國 救國不忘讀書"가 당시 교육계의 주류적 시각이었다고 파악하고 있고 그 자신도 교육을 황폐케 하지 않는 절충론에 동조적인 편이었다.
14) 이하 이 논쟁의 서술 부분은 앞의 졸저 286~94면에서 발췌한 것이다.

로 황폐화될까 우려하여 「구국(救國)과 구학(求學)」이란 어찌 보면 도발적으로 보일 수도 있는 글을 『센따이평론』(제2권 37기, 1925.8)에 발표했다. 요지는 학생의 민족운동 참여는 "교육적 견지에서 보면 최대의 손실이"란 것이다. 물론 그도 학생이 구국운동의 수단으로 동맹수업거부를 통해 실제 정치의 경험을 쌓고 선전활동을 통해 일반인의 애국심을 고취한 정도의 의의는 인정한다. 그러나 이런 이익에 비하면 손해가 너무 커, "학생이 장기적으로 수업거부를 한다면 그것은 죽음의 길로 치닫는 꼴이다"라고 보았다. 그가 이런 판단을 내린 근거는 "중국이 현재 처한 극히 비참한 지위는 본디 여러 종류의 원인이 있지만 그중 가장 중요한 것은 정부와 일반 인민 모두에게 지식과 능력이 상당히 결핍되어 있다는 점이라 말하지 않을 수 없다"는 현실인식에 있다. 따라서 "일반 인민이 모두 상당한 지식과 능력을 갖추면 족히 그들의 국가의 독립을 유지할 수 있다"는 전망을 갖게 되고, 학생이 애국을 하더라도 "식견, 능력 및 지식으로 구국하는 학생"이 되기를 권고하였다. 결론적으로 "중국을 구하는 필수적인 길은 구학"이며, "아주 가까운 장래에 구국운동 속에서 다시 기초적인 구국운동 곧 구학이 일어나기를 희망"했다.

그의 글에는 이른바 '구국'보다 '구학'을 더 중시하는, 아니 정확히 그의 의도대로 옮긴다면 '구학'이야말로 참다운 '구국'의 요체라는 주장들이 가질 수 있는 논리의 기본구조가 다 밝혀져 있다. 단지 사람에 따라 조금씩 변용되거나 강조점이 다를 뿐이다.

타오 멍허가 글을 발표한 보름 후에 철학자 후 스(胡適)가 같은 지면(제2권 39기, 1925.9)에서 기본적으로 동질의 주장을 전개했다. 단 그의 강조점은 "구국사업은 결코 단시간에 해결될 수 있는 것이 아니"므로 "진정한 구국의 준비는 자기자신을 하나의 유용한 인재로 만드는 데 있다"고 하여 개인의 주체적 자각을 부각시키려 했다. 여기서 그가 비판하고자 한 것은 거리에서 함성을 지르는 시위 같은 구국의 방법이었고, 그래서 오히려 도서관에서 장래를 대비해 실력을 쌓는 개인을 더 중시했던 것이다.

그는 독일이 나뽈레옹에게 유린당했을 때도 저술에 몰두하던 괴테와 패망한 독일에서 대학을 세운 피히테를 모범으로 제시하면서, "하나의 혼란스러운 시대에 남들을 따라 야단스럽게 뛰고 고함지르는 것으로는 애국의 책임을 다했다고 할 수 없으니, 그밖에 더 힘들고 더 귀중한 임무가 있다. 혼란스런 함성 속에서 굳건히 서 주의(主義)를 정하고 너 자신을 구하여 너라는 이 재료를 유용한 물건으로 주조하도록 노력하는 일이다"라고 결론을 맺었다.

이에 대해 학생운동을 지지하는 측이 반발하였을 것은 당연하다. 그래서 논란이 끊이지 않았는데, 양측이 서로에게 품은 불신은 단순히 학문과 구국의 경중(輕重)을 논리적으로 따져서 해소될 수 있는 것이 아니었다. 이것은 근본적으로 학생, 더 나아가 지식인의 사회적 기능에 대한 이해의 차이에서 말미암은 것이었다고 생각된다. 달리 말하면, 학생의 현실참여를 제한하자는 쪽은 대학과 정치를 분리시켜보기를 주장한 반면, 그 반대쪽은 양자를 분리할 수 없다고 본 것이다.

후자를 전통시대 사대부의 경세적(經世的) 구세의식이 그대로 재현된 것으로 볼 수 있을지도 모른다. 그러나 그들이 지향하던 정치는 전통시대의 그것처럼 좁은 의미의 정치(官場)가 아니라 민중(의 자발성)을 매개로 새롭게 정당성이 부여된 넓은 의미의 정치, 바꿔 말하면 혁명이었다는 데도 눈길을 줄 필요가 있다. 학생의 현실참여를 지원하는 측은 국민혁명을 이끌던 세력, 좀더 구체적으로 말하면 개조된 국민당(공산당계 포함된) 인사 및 그에 동조적인 세력이었던 것이다.

그런데 이 새로움이 대학이념과 관련해 뭔가 의미를 가지려면 그들의 주장에서 지식체계에 대한 혁명적인 발상의 신선함이 있어야 한다고 볼 때 그 실체는 찾아보기 힘들다. 당시 공산당의 청년교육문제 전문가였던 윈 따이잉(惲代英)조차 기본적으로 혁명을 위한 현실사회 분석도구로서의 사회과학의 필요성을 강조하는 데 그쳤고, 국민당 '좌파'가 주도했던 『꽝져우민꿔르빠오(廣州民國日報)』의 부간(副刊)인 『신스따이(新時

代)』나 『셴따이칭녠(現代靑年)』에 실린 글들도 교육제도 개혁과 교무에의 학생참여를 주장한 데서 크게 벗어나지 못했다. 모두 혁명과 학문은 하나로 통일된다는 원론을 당위적으로 반복할 뿐, 비판의 초점인 '혁명'의 이름을 빌려 학문을 황폐케 하는 교육현실의 혼란에 대해서는 무감각했다. 아니, (국민)혁명이 달성되면 저절로 해소될 것으로 단순히 낙관했다.

바로 이같은 취약성을 후 스와 같은 『셴따이핑룬』 동인이나 차이 위안페이는 설득력있게 비판했던 것이다. 그런데 그들이 제시한 대안은 중국현실과의 관련성이 약했다. 그들의 비판의 준거는 서구근대의 다원적 사회였고 그것이 당시의 중국상황에서는 실현가능성이 적었다는 데 문제가 있다. 학생이 정치에 참여하게 된 가장 중요한 동기가 바로 민족적 위기를 심각하게 느꼈다는 것이었다. 학생들을 누르던 이 민족적 위기는 대부분의 학생들에게는 급속히 해소되어야만 할 것이었다. 이 강렬한 실감 앞에서 후 스와 같은 입장은 매우 초라했다.

1920년대의 분권적인 군벌지배와 조계(租界)의 존재로 인해 중앙정부의 권력이 제약당한 것이 역설적으로 다양한 수준에서 대학교육의 새로운 모색을 추구할 실험적 기회를 제공했다고도 볼 수 있다.[15] (일부) 학생의 혁명참여를 통해 '직업혁명가'를 배출해 국민당과 공산당 양쪽의 간부로 충원된 고급인재 배출이란 점에서 대학이 긍정적 역할을 했다고 평가하는 것 역시 가능할 것이다. 하지만 이것은 대학이 단기적으로 현실의 요구에 대응한 결과라 하겠다. 물론 '구국'론의 한 형태로 출발하여, 중국 사회현실에 부응한 새로운 지식체계를 주장한 급진적인 교육관이 불거지고, 그와 더불어 안정된 교육환경 확보를 국가권력에 요구하는 교육독립의 움직임이 대두됨으로써 그 이후의 대학이념에 강한 영향을 미치기도 했다.[16]

---

15) R. Hayhoe, 앞의 책 42면.
16) 교육독립론에 대해서는 졸고 「교육독립론자 蔡元培: 중국의 대학과 혁명」, 『한국사시민강좌』 제18집(1996).

그러나 길게 보아 공리성을 초월한 지식을 탐구하기 위해서는 대학의 자율적인 영역이 요구될 수밖에 없는데 그것을 제도화하지는 못했다. 그 결과, 당시 중국 대학은 교육의 질을 평가하는 사회적 기준인 '숭양풍조'에서 벗어날 수 없었고,[17] 1928년 난징정부 수립 이후 교육의 질적 제고를 위해 중앙집중화되고 표준화된 유럽모델이 채택되면서 국가의 통제가 강화되는 것을 피할 수 없었다.[18]

3. '제2혁명'과 대학교육

사회주의체제가 성립한 이후 고등교육체계는[19] 사회주의 관료제와 강한 연계를 갖고 사회주의 방식으로 부강을 달성하는 데 필요한 고급인력 배출이란 주된 목표를 지향했다. 이 점에서 보면 1930년대에 국민당정권이 1920년대 대학교육의 파행을 극복하기 위해 한층 중앙집중적이고 표준화된 유럽모델에 기초해 정치통제를 추구한 흐름을 계승한 것이다. 단지 종래의 유럽적 모델에 쏘비에뜨러시아의 영향을 가미했다는 점에서 변화를 보였다.

---

17) 청말 이래 고등교육에 대한 평가에는 '숭양풍조'가 주도적 영향을 끼쳤다. 1909년만 해도 내무부에서는 직원들의 등급을 매길 때 1등급은 외국 대학원 졸업생, 2등급은 외국 대학 학부 졸업생, 3등급은 중국 학교 졸업생, 그리고 4등급은 기타로 정할 정도로 해외 유학생에게 특혜를 부여했다. 이런 풍조는 재무부, 외무부, 교통부 등 다른 관료사회에도 일반화되었다. 그뿐만 아니라 교육계에서도 북방의 유명 대학이나 전문대학 교수의 봉급을 첫째가 외국인, 둘째가 유학생, 그리고 마지막이 중국에서 공부한 사람의 순으로 정하는 관행이 있었고, 문화계의 상무인서관(商務印書館) 같은 데서도 사정은 마찬가지여서 구미 대학 출신이 1등급, 일본 대학 출신이 2등급, 그리고 맨 밑이 중국 대학 출신으로 월급과 직책에서 차이가 있었다. 심지어 이미 공부가 끝난 뒤 귀국해 더이상 학생의 신분이 아닌데도 계속 '유학생'이란 특수명칭으로 불리곤 했다. 좀더 상세한 논의는 앞의 졸고 제2부 4장 참조.
18) R. Hayhoe, 앞의 책 제2장.
19) 이에 관한 개관은 같은 책 제3장.

모든 고등교육기구는 당연히 국가예산에 의해 운영되며 개별 학교가 사회생활 기본조직인 '딴웨이(單位)'로 각각 편성되었다. 공산당 지부〔黨團〕의 통제 아래 학교구성원 모두가 동일한 학교구역에서 생활하는 공동체(이자 상호감시체계)였다. 특히 학생의 등록과 직업배당을 국가가 통제함으로써 인력관리의 효율성을 올릴 수 있었다.

　그 결과 1950년대 산업화의 성과가 보여주듯이 대학은 일정한 공헌을 했다. 중국 대학의 해묵은 문제점으로 거론된 지역적 불균등도 어느정도 해소되었고, 대학교육의 수혜층도 급증하는 발전을 보였다.(1950년대초 193개소 13만 7천명에서 1988년 1075개소 本專科生 206만명으로 약 14배 증가.) 그러나 장기적으로는 고등교육기구에서 획득한 지식이 변화하는 사회·경제의 요구에 창조적으로 적응하는 데 필요한 기초이론의 깊이를 획득하지 못했다. 고등교육의 지식체계와 조직이 체제 전체에 기여했지만 동시에 어느정도 경직성도 드러냈다.

　그래서 문화대혁명기에 교육개혁이 주된 목표로 부각되었지만, 결과적으로는 교육의 황폐화를 초래했다. 지식체계의 변혁이 제기되기만 했을 뿐 대안적 체계가 제도화되지 못하고 정치적 무질서를 수반했던 것이다.[20] 그 취약성이 개혁·개방으로 방향을 전환한 1980년대 이후의 상황에서는 더 한층 노출되었을 뿐이다. 1985년 대학개혁은 이 문제를 타개하는 데 목적이 있었다. 그 방향은 크게 보아 대학생의 등록과 직업배당 및 교과목편성에 대한 대학의 재량권을 어느정도 인정하고, 재정적 자율성을 상당부분 허용함과 동시에 학문적 질에 대한 책임도 부과하는 것이었다.

　한마디로 말해, 사회주의적 교육체계에 시장논리를 도입함으로써 조성된 이 새로운 교육환경은 중국 대학을 변혁의 소용돌이로 몰아넣고 있다. 그 변화의 전모나 전망은 다각적인 분석이 필요할 터인데 이 글의 범위를

---

20) 이 점에서 1920년대의 대학교육과 문화대혁명기의 그것이 유사하다는 지적은 Ruth Hayhoe, *China's Universities and the Open Door*, New York: M.E. Sharpe 1989, 27면.

넘으므로 여기서도 (1920년대에 대해서와 마찬가지로) 학생생활을 통해 그것을 짚어보려고 한다.

1980년대 후반 이래의 학생생활의 특징을 보여주는 것은 이른바 '염학풍조(厭學風潮)'가 아닐까 싶다. 필자가 1987년 이래의 고등교육전문지들[21]을 분석해보니 대학생의 정서나 의식의 특징으로 가장 많이 거론된 것이 바로 수업에 대한 무관심이다.

그 원인은 당연히 여러가지가 지목되나 가장 두드러진 것은 '신독서무용론(新讀書無用論)'이라 지칭되는 경향이다. 문화대혁명기에 외부의 정치적 압력에 의해 공부할 수 없었다는 '구독서무용론(舊讀書無用論)'과 대비되어 학생들 스스로 자각해 공부하지 않으려고 하는 것을 가리킨다.[22] 개혁이 초래한 변화가 그렇게 조장하고 있음은 쉽게 짐작된다. 특히 경제개혁이 진행되면 될수록 지식층의 경제적 지위는 상대적으로 하락되니 학업동기가 형성되기 어렵겠다. 게다가 그간 유지되어온 직업할당정책은 대학만 들어오면 취업을 보장해주는〔一進大學門 就是國家人〕것이었다. 학생뿐만 아니라 교수, 더 나아가 대학 자체가 말하자면 국가가 제공하는 '거대한 철밥통〔大鐵飯〕'에 기대고 있었던 것이다.[23] 그러니 교수의 교육방법이 새로워질 리 없고, 학업동기가 낮은 학생들은 강의를 빼먹거나 출석한다 해도 수강태도가 태만하기 짝이 없다. 그러다보니 학점은 '60점이면 만세'고 '책벌레'는 환영 못 받는 대신 '돈벌이열기〔經商熱〕'와 '연애열기〔社交熱〕'가 학생생활을 휘감았다.[24]

21) 주로 『復印報刊 高等教育』에 실린 자료에 근거했다. 이하 중국측 잡지명을 밝히겠지만 실제로는 모두 이 자료에서 이용했다.
22) 陳樹强「當前大學生課堂學習'疲軟'探析」,『中國靑年政治學院學報』(京) 1991년 제3기.
23) 張虹海「關于高校學生學風問題的調查與認識」,『齊齊哈你師範學院學報』1987년 제3기.
24) 宋斌「大學生"厭學風"透視」,『人民日報』1988.8.27; 鄒先定「當前大學生的困惑及其成因」,『探索』(杭州) 1989년 제2기. 학생들이 학업보다 돈벌이에 나서길 좋아하는 현실에 대한 사례조사 보고는 江華·若谷·求峰「關于大學生經商熱的調查與思考」,

대학에서 개혁이 진행되었지만 이같은 풍조가 쉽게 수그러들기는커녕 더 악화되는 감이 있다. 이런 사정을 극명하게 보여주는 것이 자비생(自費生)의 출현과 그 여파이다. 1985년의 대학개혁 이래 대학재정에 충당하기 위해 학생 개인이 학비를 납부하는 '자비생'[25]이 허용되어 1988년 현재 정부통계상 5만명(실제는 10만명 이상)이 파악되었다. 같은 해 정부가 선발한 대학생 60만명의 1/6이다. 적지 않은 학비를 지불하면서도 대학에 진학한 그들이 몰리는 전공은 당연히 '인기학과〔熱門專業〕'인 재경·외국무역·외국어 및 공과의 인기분야 등이다. 그들은 졸업 후 정부의 직업할당을 받지 않고 자유로이 직업을 선택할 수 있으므로 부모가 일종의 투자로 여기고 학비를 부담하는 것이다. 그들의 부모가 반드시 경제적으로 여유있는 층은 아니라고 한다. 오히려 여유가 많지 않은 지식분자와 간부로서 지식의 가치를 믿는 사람들이라는 것이다. 이쯤 되면 지식을 '출세의 사다리'로 여기는 것이 분명하다.[26]

자비생의 학습동기가 높을 것으로 일단 짐작되는데 여기에 천안문사태에 그들이 소극적이었던 점까지 상승작용해 정부는 서서히 학비를 징수하는 쪽으로 방향을 잡았다.[27] 그래서 자비생의 수가 점차 증가했을 뿐만 아니라 1994년의 신입생부터는 원칙적으로 모든 학생이 학비를 납부하도록 정해져 당분간 공비생(公費生)과 자비생이 병존하는 상황이 벌어졌다. 그러나 중국 실정에서 적지 않은 학비를 부담하는 자비생의 비중이 커질수록 그들의 침체된 학교생활태도는 대학문제로 부각되었다. 공비생에 비해 상대적으로 낮은 학업성적 때문에 자비로 원하는 대학(전공)에 입학했지만 그로 인해 입학 이후 자괴감에 시달리고 불안정한 취업 전망 등으로 졸업장 따기만 겨우 바라는 실정이란 조사보고도 있다.[28] 뿐만 아

『石油敎育』(京) 1994년 제3기.

25) 정확히 말하면 '자비생'말고 해당 학생을 고용한(할) 직장이 대신 학비를 내는 위탁생(委培生)도 있지만 여기서는 일단 자비생에 한정해 서술한다.

26) 徐穎「苦樂參半的自費大學生」, 『光明日報』 1989.2.3.

27) 焦季才「談對高校學生收繳學雜費問題」, 『中國敎育報』(京) 1989년 제8기.

니라 학교생활에 잘 적응하지 못한 나머지 자비생 가운데 결석·부정시험·도박 등으로 학칙을 위반하는 사례조차 지적되는 실정이다.[29]

또한 직업할당제도의 개혁도 추진되고 있지만, 반드시 학생의 학업의욕을 고취시키는 결과를 가져오는 것 같지는 않다. 인력시장이 아직 제대로 형성 안된 중국에서는 과도기적으로 '쌍향선택(雙向選擇)'이 주로 이뤄진다. 어느정도 경쟁메커니즘을 도입해 학생의 학업동기를 유발하려는 정책으로서 종래와 달리 수요자(用人單位)와 공급자(학생)가 모두 발언권을 갖는다. 이 개혁이 가속화해 일정 범위 안에서는 학생의 자율선택이 허용되고 2000년이 되면 자율선택이 완전히 자리잡게 되리라는 전망도 있다.[30]

이러한 새로운 취업정책을 대체로 학생들이 반기는 것으로 보고되지만 문제점 또한 없지 않다. 제대로 된 인력시장이 형성 안된 탓에 정보도 부족하고 졸업생과 취업기관 모두 이 제도에 대한 의구심을 떨치기 어려운 것 같다. 게다가 개혁이 추진될수록 명문 종합대 졸업생을 선호하고 전문대나 일반 지방대 출신은 홀대하는 경향이 강해진다. 자비생의 수가 늘면서 그들의 수준이 낮은 것으로 간주되는 분위기도 없지 않다. 그러나 무엇보다 학생들은 사회적 연줄망[關系]이 더 중요한 요인으로 작용하기에 공정한 경쟁을 위한 환경이 보장되지 않는 현실에 불만을 갖는다. 여학생이 곧잘 배제되는 것도 문제고, 성적대로 좋은 직장이 결정되지 않는다는 것이 치명적인 한계이다.[31] 이러니 취업제도 개혁이 즉각 학업동기를 유인하기는 쉽지 않은 것 같다. 따라서 염학풍조는 여전히 지속된다고

---

28) 鄧文珍「高校自費生心態調査分析及德育對策」,『四川師範學院學報』1995년 제2기. 이 글에 따르면, 1993년 현재 문과생 2300元, 이과생 2700元, 예체능계생 3700元씩 납부해야 했는데 그 액수는 해마다 증가했다.

29) 封貴平「高校自費生違紀犯罪探析」,『貴州民族學院學報』1995년 제3기.

30) R. Hayhoe, "Student Enrolment and Job Assignment Issues in China," *China News Analysis*, No. 1481 (March 15, 1993).

31) 饒迪崗·熊保春「大學生畢業生分配制度改革初探」,『高等敎育硏究』(武漢) 1989년 제4기.

볼 수 있다.

염학풍조를 해소하는 방안으로 교육전문지에 제시된 것이 여러가지이나 그 가운데 늘 거론되는 정치사상교육의 강화나 학교 내 당조직의 활성화가 효과적이리라고는 생각되지 않는다. 사상교육 시간에 소설을 보거나 신문·잡지 아니면 전공서적·외국서적을 들여다보고 심지어 졸거나 잡담하고, 그도 아니면 뺑소니치거나 아예 빠진다는 사실도 보고되고 있기 때문이다.[32] 천안문사태 이후 잠시 학생에게 중국의 실정을 이해시키기 위해 사회 기층에 보내는 운동이 전개되었지만, 이 또한 정부의 '억압'이고 "기층이 대학생의 앞길을 죽일 수 있다"는 식으로 적어도 일부 학생은 정부의 '기층만능' 주장에 반발했다.[33] 염학풍조 해소는 전반적인 개혁의 성과에 달린 문제일 수밖에 없다.

그런데 그 방향이 경쟁을 강화하고 시장논리에 맡기는 식으로 치닫는 것이라면 지식의 공리성을 더욱 부추길 따름이다. 사실 중국의 전통문화도 공리성이 짙지만, 청말 이래 위기의식에 쫓겨 부강을 달성케 할 지식체계를 갈망한 나머지 강렬한 현실지향성을 띠고 구체적인 문제에 대응하는 공리성이 증폭되었다.[34] 사실, 염학풍조 속에서도 실용성을 추구하는 공부는 활기를 띠고, 인기학과 여럿에 걸쳐서 자기가 듣고 싶은 강의를 듣는 학생들도 적지 않다. 개혁에 활기를 띠는 대학들은 지식을 상품으로 취급하며 국내외 기업 내지 해외기관들과 연계하여 돈벌이하려고 한창이다.[35]

---

32) 宋丕儉·王貴文「大學生逆反心理淺析」, 『瀋陽師範學院學報』(社科版) 1991년 제2기.

33) 王中民「一份大學生基層意識的問卷及分析」, 『高校與人才』(武漢) 1991년 제1기.

34) 청말 서구 국력의 비결을 교육에서 찾고, 교육을 개인이 국민국가를 건설할 수 있도록 만드는 지적·도덕적 형성의 도구로 인식했다는 견해는 M. Bastid, "Servitude or Liberation? The Instruction of Foreign Educational Practices and Systems to China from 1849 to the Present," M. Bastid & R. Hayhoe, eds., *China's Education and the Industrialized World*, New York: M.E. Sharpe 1987.

35) 1996년에 발표되자 게재지가 회수될 정도로 물의를 빚은 뻬이징대학 소장 교수——당

이런 현실은 시장논리에 입각한 대학개혁을 가속시킨다. 요즈음 새로운 전공영역 신설, 학과통폐합 등이 추진되고 이중전공제도 논의되고 있는 것 같다. 1997년에 이미 1400여종의 전공이 600여종으로 줄었고, 21세기를 대비해 전공통합뿐만 아니라 문·이·공과의 상호결합까지 주장되고 있다.[36] 이런 추세가 대학생의 급증현상(1990년대초 이 연령층의 3.5%에서 2000년에는 8%로 재학률 증가)과[37] 상승작용하면서 학문체계에 커다란 변혁이 일어날 것으로 예상된다.

4. 맺음말

이상에서 확인했듯이 1920년대와 1990년대의 대학은 (학생생활의 시각에서 볼 때) 정규적인 교육을, 수혜자들이 자발적으로 수용할 수 있도록 자율적으로 운영되지 못했다. 1920년대식 혁명(또는 정치권력)이든 1990년대식 혁명(또는 시장논리)이든 모두 단기적인 지식의 효용성을 요구하며 대학의 자율과 학문자유를 제약했다고(하고 있다고) 볼 수 있다. 그렇다 해서 이같은 중국 대학의 형성을 '보편적인' 서구의 대학이념으로부터 이탈된 예외적인 변형으로 보는 것은 적절하지 않을 듯하다. 따지고 보면, 대학이 배타적·절대적으로 자율과 학문자유를 누린 적은 어디에서도 없었던 것이다. 흔히 상아탑의 전형으로 일컬어지는 베를린대

시 필명으로 발표한 중문과 부교수 韓毓海——의 충격적인「北大: 魂兮歸來」,『中國青年』1996년 제4기에서 그런 분위기를 실감할 수 있다. 심각하게 연구의욕이 저하되다 보니 해외로 직장을 찾아나서는[洋打工] 학자들이 많아지고 또한 교외에서 겸직하는 학자들이 대다수를 이루게 된다.

36) 張若峰·王孫禺「迎接21世紀: 我國高等教育人才培養與體制改革研究現狀綜述」,『淸華大學敎育硏究』(京) 1996년 제2기.

37) Ruth Hayhoe & Ningsha Zhong, "University Autonomy and Civil Society," Timothy Brook & B. Michael Frolic, ed., *Civil Society in China*, New York: M.E. Sharpe 1997, 114면.

학도 이원구조를 갖고 있어 대학의 자유란 어디까지나 학문의 자유일 뿐 대학운영은 국가가 장악하였다. 강력한 국가의 비호 속에 학문의 자유를 추구해 국가가 요구하는 인재 양성에 크게 기여했다는 사실도[38] 염두에 둘 필요가 있다. 결국 대학의 안정성을 유지하기 위해서는 국가나 자본의 적절한 지원이 불가피하다는 현실을 무시할 수 없는 것이다. 문제는 대학이 단기적으로 사회현실의 요구에 대응하면서도 어떻게 동시에 이것을 장기적 전망과 효과적으로 결합시켜낼 수 있는가에 달려 있다. 이런 맥락에서 볼 때, 경제성장을 추구하고 있는 1990년대의 중국현실은 중국 대학에 위기와 기회를 동시에 부여하고 있다. 여기서 근대대학의 형성과정의 특성이 어떤 작용을 미칠 것인지 마지막으로 짚어보고 싶다.

먼저, 학생수의 급증과 학생 학비부담률의 증가가 직업할당제의 붕괴와 결합하고 동시에 사립대학이 출현하는 추세는 국가나 당의 통제를 약화시키면서 대학의 자율성을 확대시킬 것으로 전망된다. 그렇다면 '시민사회'의 형성이라고까지는 보지 않더라도 민국기 사립대학의 진보적·비판적 기능이 되살아날 공간이 마련될 여지가 분명히 있다.[39] 그러나 자비생의 증가가 초래하는 문제점에서 확인했듯이 대학 안에서의 사적 영역의 확대가 반드시 대학교육의 질적 발전의 확대로 이어지리란 보장은 없다. 오히려 국가가 대학에 대한 재정부담을 줄이기 위해 학비 납부로 정책을 전환한 후 대학생사회에서 빈부격차가 벌어지고 '빈곤학생'의 존재는 심각한 문제로 인식되고 있다.[40] 또한 인기있는 일부 학문영역에 한정된 상업적인 전문학원 형태 위주인 사립대학의 존재 역시 쉽게 대학의 자

---

38) 金榮漢, 앞의 글 183~84면.

39) 대학의 자율성 확대를 '시민사회 형성의 중요한 통로'로 파악하는 견해도 있다. Ruth Hayhoe & Ningsha Zhong, 앞의 글.

40) 하루 세끼 식사도 제대로 못하는 학생들조차 존재하는 반면 유명 브랜드 상품을 구입하는 학생들도 있는 형편이다. 韓明儒·梅新華·薛瑞豊「關于高校貧困生問題的思考」,『機械工業高敎硏究』(長沙) 1996년 제1기; 李志剛·鄒維忠·王喆「繳費上學後大學生經濟狀況調査分析及特困生解困措施探討」,『石油敎育』(京) 1996년 제12기.

율과 학문자유에 활력을 불러일으킬 성싶지 않다.[41]

여기서 1920년대 이래 대학형성의 주요한 특징인 '급진적 흐름'이 대학이념에 일정하게 미치는 영향도 무시할 수 없다. 일찍부터 서구모델에 대한 비판, 즉 외국모델을 피상적으로 모방한 대학교육이 중국현실에 적합치 않다는 시각에서 도시에 집중한 엘리뜨를 양성하는 고등교육이 농촌에 거주하는 다수 민중의 관심이나 전통으로부터 고립되었다는 점을 주로 공격하는 견해가 있어왔다. 이 조류를 '급진주의'라 부른다면,[42] 거기에는 다양한 갈래가 존재했으나 1930년대 이래 공산주의운동이 수용해 집약시켰다고 볼 수 있다. 이것이 주로 사회주의적 제도로 현실화되었고, 그래서 아직 대학의 대부분이 기본적으로 공적 소유의 틀 안에서 운영되고 있다. 개혁·개방 정책(의 부작용)에 대한 비판의 소리가 커질수록 급진주의적 경험을 새롭게 해석할 가능성이 없지 않은만큼 그것이 대학의 이념 추구와 무관하지 않을 것이다

아직은 학생사회 내부에서 대학의 이념을 새롭게 구상하려는 움직임을 찾아보기 힘들다. 단지 대학 밖으로 관심을 옮기면 '인문정신'을 제창하는 노력이 눈에 띈다. 샹하이 문인 일부가 제기한 이 논의는, 금욕적인 문화대혁명을 거쳐 갑자기 해방된 세속의 욕망을 인정하면서도 인간의 욕구를 이에만 치우치지 않는 다면적인 것으로 파악하여 인간의 가치·정체성·신앙 등에 주목하자는 내용으로서 곧 일정한 반향을 불러일으켜 문화계에서 '인문정신'이 유행어로 떠오르기까지 했다(1993~96년). 물론 이에 대한 공격도 만만치 않았는데, 그 가운데 인문정신을 주장하는 것이 '지적 허영'이며 '현실도피적'인 엘리뜨 우월주의의 소산이란 비판이 주목

---

41) Ruth Hayhoe & Ningsha Zhong, 앞의 글 118면에서는 한국 등 아시아 사립대학의 비판적 사고와 행동에 크게 기대를 걸지만, 필자는 쉽게 동의할 수 없다. 중국 사립대학의 규모와 성격에 대한 개관은 胡建華「中國における私立高等教育機關の復興」,『中國研究月報』1997년 제7기 참조.
42) Suzanne Pepper, *Radicalism and Education Reform in 20th-century China*, Cambridge: Cambridge University Press 1996 참조.

된다.[43]

그런데 '인문정신'의 추구가 새로운 대학이념의 구상과 그 제도화에까지 영향을 미칠 수 있을지는 아직 알 수 없다. 공리성을 초월한 지식탐구야말로 길게 볼 때 실용적인 지식 생산의 가장 효과적인 방법이라면 그것을 온전히 수행할 대학의 독자적 공간이 필요한 법인데, 경제성장은 그것을 위한 물적 기반으로 작용할 수 있을 것인가. 더 나아가 그 지식이 인간다움에 반드시 기여하는지에 대한 물음까지 제기할 수 있을까. 이같은 요구를 중국 대학이 감당한다면 거기서 새로운 대학이념이 창출될지도 모른다. 그러나 이에 대한 관심이 없다면 지식의 효용성은 기존의 사회체제나 담론체계에 의해 규정될 수밖에 없을 것이다. 이미 대학가를 포함한 사회현실 속에서 재현된 숭미풍조(崇美風潮)[44]가 말해주듯이 세계시장에 종속된 기존 학문체계의 위계질서 속에서 앞자리를 차지하기 위해 모든 대학이 줄서기하고 있다는 감이 든다. 21세기에 들어서면 일부 경쟁력 있는 대학만 지원하겠다는 중국정부의 구상은, 이미 국내 대학간에도 서열화·계층화가 생기고 있는 현실을 웅변한다. 전지구적 규모로 팽창한 세계시장의 영향 아래 서로 닮아가는 아시아 대학들이 인간다움을 추구할 길은 어디에 있는가. 〈1999〉

---

43) 심혜영 「중국의 90년대 人文精神 논의에 관한 고찰」, 『중국문학』 제29집(1998.4). (추기: 인문정신 토론에 관한 자료를 엮은 것으로는 백원담 편역 『인문학의 위기』, 푸른숲 1999가 있다.)

44) 한가지 예를 들면, 중국 젊은이들 사이에 경영학석사(MBA) 열기가 뜨거운데, 물론 그 이유는 높은 임금 때문이다. 외국에서 이 학위를 받은 직원은 한달에 1만 6천원까지 월급을 받을 수 있는 반면, 국내에서 학위를 받은 자는 8천원 이상의 월급을 받고 있다. 이는 일반근로자가 1천원 미만의 월급을 받는 것에 비해 파격적인 대우이다. 그밖에 중국인의 '미국식 하루 생활'에 대한 보도도 심심치 않게 전해진다. 「중국의 '미국바람'」, 『조선일보』 1997.10.23.

중국 인권문제를 보는 시각

동아시아적 상황과 관련하여

1. 머리말

　동·서양이란 두 세계의 문화적 거리를 메우는 일이 도대체 가능한 것일까. 1991년 1월 미국 케임브리지에서 열린 중국 여성문제를 다룬 학술회의장에서 본 장면은 그 일이 얼마나 어려운 것인지를 말해주는 증거로 필자에겐 떠오른다. 미국인 여성학자가 중국여성의 권리를 침해하는 중국정부의 산아제한 정책의 '잔인한' 사례들을 소개하자, 방청석에 있던 중국대표 중 한 여성은 그것이 국외자의 피상적인 견해라고 카랑카랑한 목소리로 반박했다. 산아제한을 위한 여러 조치야말로 중국여성의 권리를 보장한다는 요지였다. 그런데 통역을 사이에 둔 두 사람의 논란은 언어소통의 어려움만큼이나 그 평행선을 좁히기가 쉽지 않았다. 처음에 필자는 그런 갈등이 주로 정치체제나 이념의 차이에서 빚어진 것으로 받아들였지만 점차 그 밑바닥에는 문화적 차이가 깔려 있음을 알게 되었다. 아니 좀더 정확하게 말한다면, 정치체제와 문화가 서로를 필요로 한 결과라고 생각하게 되었다.

　이러한 생각은, 올봄(1994년 봄)에 미국이 중국에 대한 무역상의 최혜국

대우 연장 시기를 맞아 인권문제를 놓고 중국과 벌인 인권논쟁과 그에 대한 아시아지역 여러 나라의 반응을 지켜보면서 더욱 굳어졌다. 공교롭게도 비슷한 시기에 싱가포르정부가 싱가포르에 살고 있는 한 미국인 청년(Michael Fay)이 수십 대의 차에 페인트를 뿌리고 계란을 던지는 범법행위를 했다고 해서 벌금과 더불어 6대의 곤장〔笞刑〕을 맞도록 선고, 확정하였는데 그 벌이 집행되기까지의 과정에서 미국 등 여러 나라가 보여준 대응방식의 차이도 같은 시각에서 파악될 수 있다.[1] 이것은 '페이사건'에 대한 『뉴욕타임즈』의 사설 제목 「미국적 가치를 강조할 때」[2]가 웅변하는 바 동서간의 가치관·문화관의 차이로만 환원될 수 없는, 근대사에 대한 체험 그 자체에서 기인한 심각한 쟁점이 아닐 수 없다. 인권문제는 한층 더 깊이있는 성찰을 요구하는 것이다.

그런데 인권문제를 진지하게 다루려 할 때 출발부터 부딪치는 난점은 인권 개념의 모호함이다. 인권운동가들에겐 일차적으로 개인의 정치적 권리의 억압을 제거하는 실질적이고 절박한 과제가 자명한 인권 개념으로 부각되겠지만, 그것이 서구인들의 경험에서 연원한 편협한 관점이란 지적이 아시아 여러 나라에서 제기되고 있는 실정이다. 결국 인권 개념은 '좋은' 정부의 조건이나 인간다운 삶의 질 같은 추상적 주제와 연결되게 마련이고 그러다 보니 논의당사자간에 문화적·제도적 차이를 이유로 견해가 엇갈려 인권의 보편성과 특수성에 대한 논란으로 귀결되고 만다. 따라서 인권운동가의 실천적 과제만 부각시키는 것으로는 인권 개념에 대한 해명이 충분치 않고 그에 대한 이론적 논의가 결합될 필요가 절실하다.

인권문제에서도 보편성 대 특수성이란 낡은 논쟁을 넘어서는 것이 긴요함은 지난(1994년) 여름 우리 언론에서 벌어진 북한의 인권문제 공방의 비생산성을 보면서 더욱 절감했다. 그 극복은 인권 개념의 확장을 통해

---

1) 싱가포르는 물론이고 그밖에 한국을 포함한 아시아국가들도 대체로 미국의 대응에 비판적이다. 「미-싱가포르 '태형싸움'」, 『조선일보』 1994.4.15; 「미 소년 '태형' 과장」, 『조선일보』 1994.5.13; 「미국의 아시아정책」, 『한겨레신문』 1994.5.19 참조.
2) "Time to Assert American Values," *The New York Times*, 1994.4.13.

이해당사자 어느 쪽도 "쉽사리 외면하지 못하고 그렇다고 이용하지도 못하는 독자성을 확보"함으로써 가능해질 터인데,[3] 그 구체적인 방법으로 인권의 세부항목들을 늘리는 것만으로는 충분치 않다. 보기에 따라서는 국제적 규범(예컨대 UN의 여러 인권관계 문서)과 해당국의 규범(예컨대 헌법) 및 경험적 실제 삼자간의 역동적인 관계에 접근하는 것이 구체적인 방법일 수도 있다.[4] 이 경우 경험적 실제에 대한 접근과 평가의 어려움이 따르겠지만 연구자라면 시도해볼 만하다. 그러나 어떤 방식이든, 인권문제를 다룸에 있어 위의 '독자성'을 찾는 일이 어느정도 가능해진다면 보편성과 특수성의 논란을 넘어 평행선을 달리는 이해당사자들의 주장을 동일한 수준에서 따져볼 수 있는 길이 그만큼 열릴 것이요, 따라서 그들 각각이 처한 현실에 대한 객관적 인식도 가능해질 것이다. 그런데 그 단서란 주어진 현실에서 찾을 수밖에 없을 것이니 중국의 인권문제를 둘러싼 논쟁을 꼼꼼히, 특히 그들의 설명방식에 유의하여 재구성하는 일부터 착수하고 싶다.

2. 중국 인권논쟁의 경과와 주요 쟁점

공산당정권 출범 이후 헌법이나 법률에서 광범위한 공민권을 규정하기는 했지만 '인권'이란 용어가 새삼 출현한 것은 중국이 개혁·개방으로 정책전환의 방향을 잡은 1978년의 11기 3중전회 이후였다. 문화대혁명의 폐해를 겪은 지식인들이 공산당의 정치적 경직성을 비판하면서 당의 4개 현대화 정책에 더하여 '제5의 현대화'를 요구하면서 그 주요내용으로 인

3) 백낙청 「분단체제의 인식을 위하여」, 『분단체제 변혁의 공부길』, 창작과비평사 1994, 39면.
4) 이러한 방법론에 입각한 연구로는 Ann Kent, "Waiting for Rights: China's Human Rights and China's Constitutions, 1949~1989," *Human Right Quarterly*, 13 (1991)가 있다.

권의 보호를 거론하자 공식적인 매체에서도 인권논의를 벌임으로써 '인권'이 공식적인 지위를 얻게 되었다. 그러나 아직 주된 논의는 인권이 자산계급의 구호라고 비난하는 데 모아져 있었다. 1988년 '세계인권선언' 통과 40주년과 프랑스대혁명 승리 및 '인권선언' 발표 200주년을 맞이해 또다시 인권논의가 있었지만, 여전히 기존의 틀을 벗어나지 못했다. 그렇지만 1989년을 거쳐 90년대에 들어서면서는 인권논의의 범위와 내용이 바뀌었다. 그 배경에는 쉽게 짐작가듯이 천안문사태 이후 미국 등 서방세계로부터 인권문제를 앞세운 압력이 들어왔고 더불어 동구권 사회주의가 몰락함으로 인해 인권문제에 대해 종래처럼 소극적 자세로 임할 수 없다는 당의 방침이 있었던 것이다.[5]

체제옹호를 위한 이론무장을 강조한 쟝 쩌민(江澤民) 총서기가 '인권문제의 연구를 심화시키는 것에 관한 지시'를 내린 것을 계기로 여러 매체와 학술기관에서 인권에 대한 논의가 활발해졌는데, 그 절정은 『런민르빠오(人民日報)』 1991년 11월 2일자에 발표된 이른바 「인권백서」(이하 백서로 줄임)이다.[6] 백서의 기본시각을 담고 있는 '전문〔前言〕'을 보면, "중국은 발전도상에 있는 국가로서 인권을 지키고 발전시키는 데 있어 일찍이 여러가지 좌절을 겪었다. 현재 인권을 유지하고 촉진시키는 데 거대한 성취를 이룩했지만 아직 완전하지 못한 것이 많이 존재한다"라고 현상황을 규정한다. 또한 "인권문제는 국제적인 성격도 띠지만 주요하게는 국가주권의 범위 안의 문제이다"라고 주장한다. 종전과 달리 인권문제를 야기한 현실을 부분적이나마 인정하면서 그것을 적극적으로 방어하려는 것으로서, 그 초점은 "중국인민은 자기의 역사와 국가형편〔國情〕으로부터 출발한 장기적인 실천경험에서 인권문제에 대한 자신의 관점을 형성했다"는 데 있다.

'자신의 관점'에서 쌓아올린 성취를 상세한 통계숫자를 들어가면서 부

---

5) 中國社會科學院法學硏究所 『當代人權』, 中國社會科學出版社 1992, 375~78면.
6) 원제목은 「中國的人權狀況」, 『人民日報』 1991.11.2.

문별로 나열한 것이 '전문' 이하의 10개 절인데, 지나칠 정도로 많은 통계 숫자가 오히려 설득력을 해치는 백서를 통해서는 중국의 인권상황의 실상이 느껴진다기보다 그들이 인권문제를 설명하는 틀이 더 흥미를 끈다. 첫번째 절인 '생존권이 중국인민이 장기간 싸워 얻은 가장 중요한 인권이다'라는 대목은 반제·반봉건 투쟁을 전개해온 중국공산당사의 요약판인 셈인데, 보기에 따라 의미심장할지도 모르나 판에 박힌 정치선전으로 비쳐 건너뛰어 읽기 십상이다.

그런데 바로 이 생존권이야말로 인권 개념을 둘러싸고 벌인 동서간 논쟁의 핵심요소로서 개인의 인권과 구별되는 '집체인권'을 뜻하며, "인민의 먹고사는 문제〔溫飽問題〕가 기본적으로 해결되었으니 인민의 생존권 문제 또한 기본적으로 해결되었다"는 것이 백서의 주장이다.

이것은 다 알다시피 일차적으로 맑스주의를 이론적 무기로 삼고 있다. 서구의 자유민주주의적 인권이란 시민권이고 그 실제적인 적용은 사적 소유자에 한정된 자산계급의 자유권에 불과한 '기만성'을 갖는 데 비해 사회주의적 인권은 무산계급의 사회경제적 권리를 보장한 '절대다수인이 향유하는 진정한 인권'이라는 것이다.[7] 인권의 주체를 계급집단으로 파악하는 이와같은 중국의 견해가 서방세계 지식인에 의해 공격당하는 것은 불가피하다. 예를 들어 백서가 내세우는 생존권의 의의를 인정하면서도 그 핵심인 노동권이 오히려 직업선택과 거주이전의 자유라는 개인의 기본권을 제약하는 측면을 비판한다.[8]

각각 (법적·정치적 차원의) 자유와 (사회적·경제적 차원의) 평등을 지향하는 것으로 보이는 두 견해 사이의 거리는 좁혀질 수 없는 것인가. 백서에서는 그같은 이론적 배려가 보이지 않는다. 중국의 인권론은 자유가 본질적으로 개인적이고 형식적이라면 평등은 전적으로 집단적이고 실

---

7) 喬偉「論人權」, 『文史哲』1989년 제6기.

8) James D. Seymour, "Human Rights in China," *Current History*, Vol. 93, No. 584 (Sep. 1994) 258면.

질적인 것이라는 귀에 익은 논리에서 벗어나질 못한다.

그런데 백서를 좀더 꼼꼼히 읽어보면, 개방 이후 나타난 새로운 사회현상이 생존권을 보장한다는 주장과 이미 모순을 일으키고 있음에도 불구하고 적당히 얼버무려져 있는 것을 발견할 수 있다. 중공정권 성립 이후 도시의 취업희망자는 정부알선에 의해 전부 안정적인 직업을 가질 수 있었지만 1979년 이후 '공유제를 주체로 한 다종의 소유제경제' 아래에서는 국가의 조정과 개인의 자유선택이 결합되었다는 주장에도 불구하고, 그 변화과정에서 출현하게 된 실업자는 그 결합이 행복하지만은 않음을 말해준다.[9] 대학졸업생들의 경우, 국가가 각지의 수요와 당사자의 희망을 고려하여 모든 개인에게 적합한 직장을 안배하여 실업문제가 존재하지 않는다고 강조하지만, 쉽게 수긍하기 어렵다. 정확한 실업자수에 관한 정보 등은 알기 어렵지만, 취업했다 해도 그에 만족하는지도 문제이다. 더욱이 날로 높아가는 소비추세에 따라 '제2의 직업'을 갖는 개인이 늘고 있으며, 자신이 소속한 기초작업조직인 '딴웨이(單位)'를 벗어나 자유로이 직업을 찾는 과정에서 (원)딴웨이에서 가져온 '신상명세문서[檔案]'를 어딘가의 딴웨이에 맡겨야 하는데 당장 맡길 곳이 없는 사람들을 위해 대신 맡아주는 '인재교류중심(人才交流中心)'이란 기구가 출현한 현상은 경제변화와 정치통제의 어중간한 절충이 이뤄지는 과도기적 단계를 말해준다.

중국이 자랑하는 생존권이 새로운 사회현상에 의해 도전받고 있다면, 자유와 평등의 관계에 대한 새로운 이론적 모색도 필요함직한데, 중국에서는 그러한 이론적 작업이 아직은 눈에 잘 띄지 않는다. 여기서 서구 맑스주의의 새로운 해석 가운데서 양자의 거리를 좁히려는 지적 노력이 주목된다. 필자의 제한된 시야에 들어온 것은 자유와 평등을 상호배타적인 제한적 권리로 보는 관점에서 벗어나 상호증식적인 확장적 권리의 관점

---

9) Kent는 앞의 글 201면에서, 1982년의 헌법이 사회복지를 실업자에까지 확대하는 문제를 암시한다고 지적한다.

으로 옮아감으로써 자유와 평등을 접합시키려는 시도이다.[10] 적어도 이같은 이론적 쇄신을 위한 노력과 이에 촉발된 정책적 개혁이 수반될 때만이 격변하는 내외 정세 속에서 중국의 인권관이 한결 설득력을 갖게 되지 않을까.

맑스주의의 새로운 시도를 굳이 거론하지 않더라도 국제적으로 인정되는 일련의 인권관계 규약들은 양자가 분리되어서는 안된다는 것을 적어도 선언적으로는 주장한다는 데도 주목할 필요가 있다. 유엔에서는 「자유권규약」(시민적 및 정치적 권리에 관한 국제규약, 이른바 B규약)과 더불어 개발도상국의 의사를 반영하여 집단의 생존권을 옹호한 「사회권규약」(경제적·사회적·문화적 권리에 관한 국제규약, A규약, 1966년 채택)과 「발전선언」(1986년 채택)을 채택해 이미 발효된 상태이다. 물론 개별 회원국들이 이들 규약에 다 가입해 준수하지 않는 한 국제적으로 구속력을 갖기는 어렵고 남북의 국가들간에는 각기 강조점의 차이가 있어 갈등의 소지는 있지만, 인권의 '보편적인' 기준을 선언한 의의는 결코 경시될 수 없다. 현재 어느 국가도 이 기준을 원칙적으로 부정하지는 않는다.

중국 역시, 비록 이들 규약에 가입하지 않았지만, 백서에 밝혀져 있듯이 국제규약에 긍정적이다. 특히 「사회권규약」은 중국의 인권상황을 비판하는 서방의 압력을 막는 방패로 잘 활용된다. 이같은 입장은 (뒤에 상세히 언급되듯이) 체제를 달리하는 아시아의 다른 나라들에 의해 종종 옹호된다. 여기에서 중국이 주장하는 생존권 또는 집체인권에는 계급적 성격 이외에 민족주의가 관련되어 있음을 알 수 있다.

생존권 다음으로 중국의 인권론에서 주목할 요소는 주권에 대한 강조이다. 겉보기엔 큰 차이가 없지만 백서 공포를 계기로 중국의 인권상황을 정당화하는 이론적 강조점이 계급보다는 주권으로 미묘하게 옮아가고 있

---

10) 에티엔 발리바르 「"인간의 권리"와 "시민의 권리": 평등과 자유의 근대적 변증법」, 윤소영 편 『맑스주의의 역사』, 민맥 1991. 월러스틴도 평등과 자유가 경쟁관계에 있지 않고 밀접히 연관되어 있음을 주장한다. 이매뉴얼 월러스틴 『사회과학으로부터의 탈피』, 창작과비평사 1994, 특히 제7장.

는 것 같다.[11]

그런데 중국이 인권과 관련해 주권을 강조하는 것은, 미국이 주도하는 서방의 인권공세가 사실은 동구권 몰락 이후에도 여전히 건재하는 사회주의체제 중국을 평화적으로 전복시키려는 이른바 '화평연변(和平演變)'의 음모라는 의구심에서 비롯되었다. 백서에서 미국 등 서방을 꼬집어 비난하지는 않지만 "세계에는 중국의 정황을 진정으로 이해 못하는 편견이 있는 인사"가 있다는 구절 같은 것은 그러한 정서가 완곡하게 표현된 것이다.

사실 그러한 의구심에 근거가 없는 것은 아니다. 크리스토퍼(Warren Christopher) 미국무장관은 자신의 인준을 위한 청문회 연설에서 동구권의 몰락이란 새로운 국제환경에 대응하는 미국의 세 가지 외교정책의 기조의 하나로 민주주의와 시장경제의 전파를 역설하였다. 특히 중국에 대해서는 군사기술 수출과 인권침해 및 무역불균형을 방관할 수 없다고 밝히면서 "공산주의에서 민주주의로의 폭넓고 평화적인 혁명이 중국에서 일어나도록 촉진할" 것임을 분명히했다.[12] 그리고 1993년 6월에 중국에 대한 최혜국대우[13]를 1년 더 연장해주면서 1994년의 연장조건으로 7개항에 걸친 인권문제의 개선을 내걸고 대통령의 행정명령으로 국무부가 점검·보고하도록 하였다. 이로써 정부 차원의 공식적인 인권외교를 전개한 셈이다.

---

11) 喬偉의 앞의 글과 그로부터 3년 뒤에 그 자신이 발표한 「再論人權」, 『文史哲』 1992년 제4기를 대조하면 그 차이가 분명하다.

12) Christopher의 1993년 1월 13일자 증언 속기록.

13) 무역최혜국(most favored nations) 지위는 미국정부가 GATT협정에 따라 교역상대국에 자동으로 부여하는 특권 아닌 특권이지만 북한·베트남·꾸바 등 공산권국가들은 예외로 취급했다. 중국의 경우, GATT회원국이 아니지만 미국과의 쌍무협정에 따라 양국 국교정상화 다음해인 1980년부터 최혜국 지위를 누려온 특별케이스라 할 수 있다. 단 미국 국내법에 따라 해마다 이를 갱신해왔는데, 지난 1989년 중국의 천안문사태 이후 미국은 그 연장에 인권개선문제를 연계해왔다.

＊추기: 그런데 2000년 5월 25일 미국의회가 항구적 정상무역관계(PNTR) 지위를 중국에 부여하는 법안을 통과시킴으로써 더이상 인권과 연관지을 수 없게 되었다.

중국측은 이것을 '패권주의적 내정간섭'이라고 반발하고 있다. 그 주요한 방패는 역시 주권이다. "국권 없이 인권 없다"는 말에 압축되어 있듯이, 주권은 반제투쟁의 성과로서 대외적 독립자주와 대내적 최고권력을 행사하는 능력이니 중국인의 생존권과 직결되며 무엇에 의해서든 제약될 수 없다는 것이다. 따라서 주권은 국제인권규약보다 우위에 서며, 인권은 자국의 헌법과 각종 입법조치에 의해 보호될 따름이라는 것이다.

주권에 대한 강조말고도 미국의 인권정책을 비판하기 위한 근거로서 미국이 자신의 인권침해에 대해 함구한다든가 이른바 우방이나 맹우(예컨대 이스라엘 등)에 대해서는 간섭하지 않는다는 점 등 일관성 결여 문제가 추가적으로 제시되기도 한다.[14]

미국의 인권외교가 위의 크리스토퍼 발언에서도 엿볼 수 있듯이 동구권몰락 이후 세계질서를 미국주도 아래 새롭게 짜보려는 자신감을 바탕에 깔고 있는 것은 분명하다. 그러니 미국 인권외교의 적용대상국들, 예컨대 중국을 비롯한 몇몇 아시아국가들로부터 미국적 가치관을 강요한다는 비판의 목소리가 커지는 것도 일리가 없지는 않다. 이 때문에, 1993년 6월 빈 세계인권대회에 참석한 한 한국인 민간대표는 인권문제가 "블록간 외교전술로 사용된다는 인상"을 받았다고 말하기도 했다.[15] 미국 내부에서도 클린턴정부가 표방하는 인권정책의 방법에 대해서는 이견이 많다. 서울과 뻬이징의 주재대사를 지낸 릴리(James Lilley)는 인권문제만 배타적으로 강조하다 보면 다른 아시아국가가 중국에 동조하게 되어 미국이 오히려 고립될 우려가 있으니만큼, 무역·무기확산·문화교류처럼 중요한 문제와 연계해 중국정책을 추진해야 한다고 주장한다. 그는 특히 무역의 확대를 통한 중국인의 생활수준의 향상만큼 효과적인 중국에 대한 인권 압력이 없다고 강조한다.[16] 정치가인 릴리보다 폭넓게 사고하는

---

14) 이상은 劉文宗 「論美國的 "人權外交 "」, 『國際問題硏究』 1993년 제3기.
15) 이대훈 「비엔나 세계인권대회의 성과와 교훈」, 『민주법학』 7호(1994) 15면.
16) James Lilley, "Freedom Through Trade", *Foreign Policy*, No. 94 (Spring 1994).

중국정치학자 바네트(Doak Barnet)도 "조용한 외교"야말로 중국의 인권
신장의 관건임을 역설한다. 미국적 가치관을 전파하는 데는——역사적으
로 미국의 선교정책이 직접적인 전도보다는 교육·의료 등 문화적 교류를
통해 효과를 올렸듯이——민간교류가 더 긍정적일 수 있다고 본다. 경제
성장을 통해 강국으로 부상하는 중국을 제외하고 어떻게 아시아에서의
안정을 유지하겠느냐는 우려가 그의 주장의 밑바탕에 깔려 있다.[17]

이같은 비판과 인권개선을 강조한 자신의 선거공약 사이에서 고민하
던 끝에 클린턴 대통령은 1994년 5월 26일 중국에 대한 최혜국대우를 연
장하는 한편 중국의 인권문제와 무역문제를 연계하는 정책을 철회하겠다
고 발표했다. 중국을 고립시키는 것이 중국의 인권신장에 도움이 되지 않
으며, 인권문제와 최혜국대우를 연계하지 않고도 다양한 방법으로 인권
을 추구할 수 있다는 것이 클린턴의 기자회견에서의 설명이었다.[18]

이상과 같은 미국의 인권외교의 추이를 보면, 중국이 미국의 인권외교
를 비판하는 것이 현실적으로 설득력있어 보인다. 그러나 그렇다고 해서
미국과 중국의 외교관계의 진전에 따라 중국의 인권문제 자체가 저절로
해소되리라고는 생각되지 않는다. 예를 들어 미국 인권외교의 가장 첨예
한 관심사인 '정치범' 문제는 여전히 해소되지 않고 있다. 물론 이에 대한
중국정부의 방어도 주권을 앞세우고 있다. 백서는 "중국에는 '정치범'이
없다"는 항목에서 이렇게 주장한다. "중국에는 단지 사상만 소지할 뿐 형
법에 저촉되지 않는 행위는 범죄를 구성하지 않는다. 누구도 다른 정치관
점을 가졌다는 이유만으로 처벌되지 않는다. 중국에는 이른바 정치범이
존재하지 않는다. 중국형법이 규정한 '반혁명죄'는 국가의 안전을 위해한
범죄로서 국가정권과 사회주의제도를 전복할 뿐만 아니라" 폭동·간첩행
위 등 형법조항을 위반한 행위를 말하며, 이러한 행위는 어느 국가나 처

---

17) Doak Barnett, "Quiet Diplomacy Key to China Rights Progress," Johns Hopkins
    School of Advanced International Studies에서 행한 1994년 4월 14일자 강연 텍스트.
18) 『한겨레신문』 1994.5.28.

벌하는 것이라고 항변한다.

중국의 주권이란 한계선을, 3300명의 '반혁명분자'의 신상을 밝히고 교도소에 국제적십자 대표가 접근할 수 있게 하라는 등의 인권운동단체의 요구[19]가 넘어설 수는 없는 것일까. 물론 백서가 말하는 '혁명'의 정당성 즉 현존하는 국가정권과 사회주의제도의 정당성을 인정하지 않는다면 그들을 양심수로서 파악하고 인권을 거론할 수 있을 것이다. 서구의 일부 지식인 및 중국인 민주화운동단체가 바로 이러한 시각을 견지하고 있다.[20] 그러나 이것은 중국정부와의 정치적 대립을 전제한다. 아니, 중공체제의 몰락을 희구하고 있다는 것이 한층 더 정확하겠다. 그렇다면 공산당 정권이 무너지기 전까지 인권문제는 그 체제의 정당성을 부인하고 몰락을 재촉하는 도구로 쓰일 가능성이 높다.

이것이 공산당이 지배하는 현실을 무시한 관점이지만, 그러나 변화하는 현실 그것은 인권이 주권이라는 장벽을 넘을 수 있는 객관적 여건을 조성하는 중이라고 볼 수 있다. 개방 이후 인적·물적·지적 교류가 확산됨에 따라 중국이 국제사회에 긴밀히 얽혀들수록 (또는 적어도 그것을 지향하는 한) 종래와 같은 인권문제를 둘러싼 내정불간섭론을 재검토하지 않을 수 없을 것이다. 2000년에 열릴 올림픽을 뻬이징에 유치하려는 과정에서 인권문제가 연계된 결과 끝내 그 국가적 열망이 좌절된 사실은 그 점을 중국인에게 상징적으로 일깨워주었을 것이다. 더욱이 중국인의 일상생활이 날로 변화한다는 누구도 부인하지 못할 현상——도시뿐만 아니라 농촌에서도 '타이완멋' 또는 '홍콩멋'이 선망의 대상이 되어 있는 요

---

19) Robert L. Bernstein & Richard Dicker, "Human Rights First," *Foreign Policy*, No. 94 (Spring 1994) 46면.

20) 이와는 정반대로 혁명의 역사적 정당성을 믿는다면 인권문제는 존재할 수 없다. 1989년의 천안문사태에 대한 우리 사회의 평가의 한극단에는 학생의 '반혁명적 시도, 자본주의로의 복귀'로 규정하면서 중국정부의 유혈진압을 불가피한 조처란 관점에서 신뢰하는 경향도 있었다. '노동자해방을 위해 투쟁하는 노동자 일동(R.S.)' 「천안문의 대투쟁」, 1989.6.27(미공간팜플렛).

즈음이다[21] ── 은 개인의 욕구를 주권의 범위 안에 가둬둘 수만은 없다는 충분한 증거가 된다. 위의 백서에서 인권의 보편성 자체를 적어도 선언적이나마 인정하는 것은 그러한 객관적 여건의 반영이라 하겠다.

중국의 주권론이 새로운 사회현상에 의해 도전받는 것 못지않게 주권에 대한 국제법의 새로운 접근에 의해서도 그 설득력이 약화될 수 있다. 최근의 국제법에서는 적어도 인권과 관련해 주권의 상대화가 부분적이나마 이뤄지고 있다. 극히 제한된 경우 ── 종교적·인종적·언어적 소수자의 보호 같은 ── 이지만 내정불간섭 원칙을 대신해 '인도적 간섭'이 허용되는데다 국제사회에서 인권'불간섭의 시대'가 지나고 있다는 말까지 나오는 실정이다. 중국이 국제사회와 긴밀한 관계를 맺은 지금으로서는 천안문사태나 그에 대한 뒤처리가 인권을 심각하게 침해한 '국제적 범죄'로 간주되어 국제사회의 공동노력으로 제지하자는 주장이 나오지 말란 법이 없다.(실제로 경제제재에 서방 여러 나라가 동조하지 않았던가.) 더욱이 중국이 일련의 인권규약에 가입한다면 그 압력은 더욱 커질 것이다. 또한 국제사회에서 주권이 기본원칙이고 국가의 역할도 여전히 크지만 국제법의 주체를 국가 즉 주권과 관련해서만 보지 않고 국내적·국제적으로 보장된 인권의 개인주체성을 부각시키려는 노력도 있다. 인권의 주체는 국가가 아닌 인간이라는 시각을 새삼 확인해두자는 것이다. 이 점에서 보면 중국이 생존권 내지 발전권을 중시하는 것도 인권 일반을 존중한다는 논거가 될 수 없고 오히려 개인적 인권의 보장이 취약하다는 방증이 될 수도 있다.[22]

주권의 상대화는 국민국가의 위상이 변화되고 있는 현실에 비춰보면 한층 더 실감이 난다. 초국적자본에 의한 개별 국가기구의 통제력 약화, 지역별 경제통합에서 정치통합으로까지의 진행, 각종 국제기구들의 영향

---

21) 민두기 「개혁중국의 뒤안 ①」, 『한겨레신문』 1994.2.18. 민교수와 동행했던 필자는 후난성 시골의 장례식 행렬에서 망자에 바치는 예물의 하나가 홍콩제 이불인 것을 그 포장봉투로 알 수 있었다.
22) 土屋英雄 「中國の人權と主權」, 『中國硏究月報』 1993년 3월호.

력 증대, 정보통신분야의 발전, 반체제운동들의 초국가적 연대관계의 증진 등 (좀더 나열할 수도 있을) 추세는 "국민국가를 사회구성의 기본단위이자 표본으로 삼는 발상이 당연시되던 시대는 확실히 지나갔다"는 주장을 가능케 한다.[23] 물론 이런 주장이 현시점에서 국민국가 무용론이나 국가기능의 무조건적 약화를 말하는 극단적으로 단순한 발상에서 나왔다면 무모하지만, 기존의 "국가형태의 변화와 이에 따른 국가기구의 민중장악력의 약화"를 통해 세계체제의 변화의 요구에 부응하는 내용을 담은 새로운 정치공동체를 구상하자는 제의[24]라면 적극 수용할 가치가 있다.

실제로 일부 인권학자들은 현재의 국민국가가 세부적인 인권문제를 다루기에는 너무 비대하고 탈냉전의 갈등사태를 다루기에는 너무 왜소하다고 평가하기도 한다.[25] 국내적으로나 대외적으로나 배타적인 의식과 행동을 강요하는 국민국가의 모습이 아니라 의의가 약화된 국경선 안의 다양한 요소의 공존과 국가의 틀을 넘어서 한층 넓은 범위의 공동성을 함께 추구해나갈 정치공동체의 구상은 중국의 현실도 요구하고 있는 것 같다. 티벳의 반발 같은 소수민족의 권리 주장, 지역권의 경제 및 사회의 활성화, 당-국가 주도에 비판적인 자율적 사회세력의 대두 가능성, 대륙 밖의 중국인·중국계인(특히 타이완과 홍콩 주민들)의 동향, 그리고 무엇보다 세계체제 자체의 구조변화 등은 국민국가의 틀을 넘어서도록 압력을 가하고 있다. 이런 상황에 대응하기 위해 중국에 연방제를 도입하자는 안이 일각에서 거론되어 흥미롭다.[26]

이같은 조짐은 인권과 주권을 서로 배타적인 것으로 간주하는 상투적인 논의를 넘어서 인간 개인에 가장 절실한 인권을 축으로 한 새로운 국가체제, 더 나아가 새로운 세계질서를 열도록 촉구하는 자극이 될 수 있다.

---

23) 백낙청, 앞의 글 35면.
24) 백낙청, 앞의 글 및 「분단시대의 최근 정세와 분단체제론」, 『창작과비평』 1994년 가을호 특히 256면.
25) 이대훈, 앞의 글 21면.
26) 더 상세한 논의는 이 책의 「중국의 국민국가와 민족문제: 형성과 변형」 참조.

3. 중국의 인권론과 아시아적 상황

중국의 인권론에 대한 검토가 인권 개념을 폭넓게 이해하는 데 조금이라도 보탬이 되려면 백서의 문면을 통해 논쟁을 재구성하는 작업에 만족해서는 안될 것이다. 여기서 근대사에 대한 그들의 체험의 몇가지 특징으로 관심을 넓힐 필요가 있다. 물론 이것들은 백서의 인권론의 밑바탕에 드리워져 있기에 이미 어느정도 드러난 상태이긴 하다.

무엇보다 먼저, 중국인들이 반제·반봉건을 과제로 싸워온 근대사에서 중국민족의 생존권을 확보하는 일이 가장 중요한 인권이 될 수밖에 없다는 관점에서 경제발전을 우선시하는 설명틀을 검토해야 한다. 이것은 그들이 UN이 채택한 「발전권선언」을 높이 평가하면서 저개발국 또는 개발도상국의 저개발의 원인을 남쪽에 불리하게 형성된 국제질서의 책임으로 돌리는 데서도 드러난다. 그러다 보니 개인의 정치적 권리를 포함한 민주주의의 신장 역시 경제발전이 어느정도 이룩된 다음에 달성할 과제로 설정된다.

그런데 경제발전이 인권신장, 나아가 민주주의의 발전과 직접적인 인과관계가 있다는 설명은, 중국당국과 정반대의 정치적 위치에 선, 미국의 이른바 보수적 인사들도 공유하고 있다는 것은 퍽 흥미로운 사실이다. 전 미국대통령 닉슨이, 유럽에서 부르주아의 발전만이 인권의 유지를 담보하듯이 중국의 개방적인 교역을 지속시켜야 번영의 추진력과 중산층의 성립을 가져올 수 있다는 식의 경제결정론적인 견해를 가졌다는 것은 그 단적인 증거가 아닐 수 없다.[27]

위에서 언급한 바 있는 릴리는 인권외교를 비판하면서 이 점을 좀더 명확히 제시한다. "중국경제에 대한 미국의 광범위한 개입을 촉구함으로써

---

27) Samuel P. Huntington, "The Islamic-Confucian Connection," *New Perspective Quarterly* (Summer 1993) 22면.

미국은 민주주의세력을 강화하고 인권을 신장시킨다. 급속한 경제성장과 합작기업이야말로 수도 없는 협박과 조처 및 일방적으로 강요된 조건들보다 남부중국의 인권상황을 개선시키는 데 더 많은 기여를 해왔다. 예컨대 중국의 번영하는 남부에서는 공산주의가 통제하는 '딴웨이'가 실질적으로 사라지고 있으며, 위성텔레비전·전자통신·활자매체에 의해 가능해진 정보혁명이 급속히 진행되고 있다."[28]

'부르주아지 없이 민주주의 없다'는 배링턴 무어(Barrington Moore)의 유명한 명제를 연상케 하는, 경제발전이 민주주의발전의 선결조건이라는 이러한 견해는 중국뿐만 아니라 아시아 여러 나라에서 공감을 얻고 있는 것처럼 보인다. 예를 들면, 싱가포르의 한 관리는 경제발전에 우선순위를 두지 않고 어설프게 정치적 권리를 강조하다 보면 사회혼란만 초래한다면서, 마르코스 이후 필리핀의 민주화가 실상은 경제적 악화를 가져왔다고 평가한다.[29] 따라서 인권문제에 관한 한 미국에 비판적이고 중국에 동조적인 태도를 취한다. 즉 탈냉전 이후 친소진영으로 몰아넣을 위험이 없는 상태에서 미국이 좀더 과감하게 다른 나라에 개입하고자 할 때 비용이 덜 들면서도 훨씬 손쉽고 인기있는 방법으로 채택된 것이 인권정책이라는 것이다. 인권이 도구로 쓰이는 이같은 사례는 특히 중국과의 관계에서 잘 드러나는데, 미국이 중국의 인권정책을 최혜국대우와 연결시킨 것은 경제적 경쟁의 도구로서 인권을 활용한 단적인 증거라는 것이다.

이같은 입장에 서면, 필리핀의 사례뿐만 아니라 구소련도 뻬레스뜨로이까라는 민주화조치를 선행하다 결국 경제적 궁핍과 정치적·사회적 혼란을 야기한 것으로, 모두 아시아의 발전모델의 유효성을 역으로 확인시켜주는 실증적 자료가 될 수 있다.[30] 결국 개인의 정치적 권리는 일정한 경제성장이 이뤄진 뒤에만 즐길 수 있는 '사치품'이 되는 것이다.

---

28) James Lilley, 앞의 글 40면.
29) Bilahari Kausikan, "Asia's Different Standard," *Foreign Policy*, No. 92 (Fall 1993) 35면.
30) 田中義晧「人權に國境はあるのか」,『世界』1994년 9월호 243면.

사실 이러한 관점은, 최근 우리 사회 일각에서 박정희정권에 대한 재평가——정확히 말하면 경제성장을 중시한 개발독재긍정론——가 고개를 드는 것과도 연관이 있어 본격적인 논의를 요하지만 여기서는 중국상황에 관련된 두 측면에만 주목하고 싶다. 첫째는 중국이 누리는 오늘날의 경제성장의 대가로 치러진 막대한 희생에 관심을 가질 필요가 있겠다. 예를 들어, 1958~61년간의 대약진운동기에 1500에서 3천만명 가량이 기근으로 목숨을 잃었는데, 개인의 정치적 권리가 보장되지 않았기 때문에 이에 대한 비판이 불가능했을 뿐만 아니라 그에 대한 중앙보고조차 거짓된 것이었다. 나중에야 그 사실을 중앙이 알았지만 마오 쩌뚱의 정책을 비판할 수 없어 구호사업을 펼 수 없었다는 것이다. 이 점을 중시한다면 개인의 정치적 권리가 '사치품'이 될 수 없는 게 당연하다.[31]

둘째는 경제성장이 과연 중국에 인권신장을 가져다줄 것인가에 대한 의문이다. 물론 경제개혁에 의해 제도화되고 있는 시장경제가 좀더 자유로운 정치과정을 이끌어갈 것이므로 인권문제를 뒤로 돌리는 것이 낫다는 의견이 중국 안팎의 중국인들 사이에 존재하는 것이 분명하지만, 그에 대한 비판적인 견해도 제시되고 있는 게 사실이다. "자유시장이 주도하고 중산층이 출현한다 할지라도 민주주의와 자유가 자동적으로 실현되지는 않는다. 그 성취는 좀더 힘든 과업을 요구할 것이다"라고 한 중국인 민주화운동가는 말한다.[32]

그가 말하는 민주주의와 자유가 가치판단을 수반하는 논쟁적인 개념이므로 중국의 경제성장의 결과를 따지는 기준이 되기에 적절치 않다면, 경제성장이 상업주의를 초래한 것은 누구도 부인 못할 분명한 현상이므로 이것이 인권신장에 기여할 것인가라고 바꿔 물어볼 수 있다. 중국에서 (적어도 주요 도시에서는) 쉽게 눈에 띄는 풍부한 소비재의 범람이 '소비

---

31) Aryeh Neier, "Asia's Unacceptable Standard," *Foreign Policy*, No. 92 (Fall 1993) 45면.
32) Wu Jiang의 발언. James D. Seymour, 앞의 글 259면에서 재인용.

자로서의 개인'을 만들어내고 있다. "쇼핑한다, 고로 존재한다"는 새로운 명언이 가능하다고나 할까.[33] 특히 텔레비전의 상품광고는 홍콩이나 타이완 등지의 영향이 역력한데 그 광고에 제시된 세계는 대개 이상적 가정이나 개인을 소비자 단위로 설정하고 있다. 생활양식 자체가 공산당의 공식적인 이념과는 거리가 멀다. 엄청난 '반체제'적 언사가 광고의 소비풍조 속에 담겨 있는 셈이다. 당국에서 아무리 사회주의 정신문명을 주입하려고 해도 세대간·이념간의 격차는 돌이키기 힘든 상황으로 보인다. 그럴수록 아이러니와 냉소주의가 번지기 쉬운데, 이것들은 실제로 1990년대 초 문화계에서 유행하는 풍조가 되어 있다.

그런데 이같은 상업주의의 번창을 일부 지식인들이 심각하게 우려하고 있는 것도 또한 분명한 사실이다. 이 글을 쓰던 도중 필자가 꽝져우(廣州)에 들를 일이 있었는데, 경제선진지구인 그곳의 지식인들은 캠퍼스에서 삐삐를 차고 다니며 장사에 몰두하는 대학생들이 많아질 정도로 돈벌이풍조가 그들에게 필요한 '비판정신'과 '진리전파의 책임'을 앗아간다고 개탄하고 있었다.[34] 중국 전역에서 간행되는 잡지들에서 다루는 근래의 주요 쟁점의 하나가 '인문정신의 위기'란 점도 그런 우려가 한 지역에만 한정된 것이 아님을 잘 말해준다.[35] 심지어 한때의 민주화운동가가 이제는 사업가로 변신한 사례도 적지 않다.

미국에 망명중인 저명한 반체제운동가 류 삔옌(劉賓雁)은 이런 풍조가 오늘의 중국사회에서 "가장 가공스럽고 비극적인 양상"이라고 지적한다. 중국문화에 스며 있던 도덕과 윤리에 대한 전통적 감각이 쇠퇴한데다 외적 통제력(공정한 법집행, 신뢰할 만한 정치적 권위, 건강한 사회환경)이

---

33) 이 표현은 Geremie Barmé, "Soft Porn, Packaged Dissent, and Nationalism: Notes on Chinese Culture in the 1990s," *Current History*, Vol. 93, No. 584 (Sep. 1994) 272면의 "I shop, therefore I am"에서 빌려왔다.

34) 활자화된 견해는 「大學生可以做什麽」, 『嶺南文化時報』 제26기(1994.9.28) 참조.

35) 대표적인 예로는 뻬이징에서 간행되는 월간지 『讀書』에서 올해 3월부터 '人文精神尋思錄'을 연속기획물로 싣고 있다.

결여되어 상업주의와 쾌락주의가 만연해 있으며 정직과 신용 대신 사기와 폭력이 일상화되었다는 것이다.[36] 그러나 그는 천안문사태에 참여한 민중들이 보여주었던 각성된 의식 즉 '정신적 순화'에 힘입어 또다시 정치개혁을 이끌어갈 수 있으리라는 기대를 버리지 않고 있다. 그러한 그의 심정을 필자는 충분히 이해할 수 있지만, 동시에 그것이 지난한 길이란 느낌을 떨칠 수 없다.

그런 느낌은 일차적으로 상업주의의 폐단이 쉽게 극복되기 어렵다는 전망 때문이기도 하지만 또한 그가 구상하는 정치개혁의 성격에 대한 의문에서 비롯된다. 그는 서구식 의회주의도, 싱가포르식의 권위주의체제도 아닌,[37] 구체적인 프로그램을 제시하지는 않았지만, 일종의 직접민주주의를 추구하고 있다는 인상이 든다. 그런데 현실적으로 이 두 정치체제 말고 제3의 길을 걷는다는 것은, 구상이야 가능하겠지만, 대단히 비현실적으로 보이기 십상이다. 사실상 아시아지역의 정권들이 가장 많이 선호하는 정치체제는 바로 싱가포르식 권위주의체제가 아닌가 싶다. 중국에서는 벌써부터 아시아의 '네 마리 용'을 따르려는 분위기가 강하고, 이른바 개혁적 지식인이 '신권위주의론'을 제기하기도 했다. 바로 이것을 중국인, 더 나아가 아시아인의 근대사 체험의 특징인 (집단의 생존권 중시에서 나온) 경제발전우선론과 직결된 또하나의 특징으로 규정할 수 있다.

최근 일부 학자들은 이 특징을 '탄력적 권위주의'(soft authoritarianism)라고 표현한다.[38] 이것으로 NIEs의 경제성장에 고무되어 자신들의 정치

---

36) Liu Binyan, "Tiananmen and the Future of China," *Current History* (Sep. 1994) 246면. 중국에 음란소설이 유행하는 것을 쾌락주의의 한 증거로 볼 수 있다. 중국의 큰 도시는 물론이고 중소규모의 도시에서조차 조잡하게 인쇄된 음란도서를 판매하는 노점을 외국인인 필자도 쉽게 접할 수 있었다. 이에 대한 간략한 소개는 이욱연 「중국대륙에 부는 음란출판물 바람」, 『말』 1993년 8월호 참조. 음란소설이란 이유로 판매금지 처분을 받은 베스트셀러로서 가장 화제에 많이 오른 것은 賈平凹의 『廢都』인데 우리말 번역본도 나와 있다.

37) Liu Binyan, 앞의 글 246면.

38) Robert Scalapino의 모델에 기원을 두는 이 개념에 대한 논의는 Denny Roy,

288

적 윤리의 독특함을 포착할 수 있는 정치적 언어를 요구하는 아시아인들의 열망이 표출된 것이다. 서구, 특히 미국이 주도하는 '자유주의적이고 시장경제적인' 헤게모니적 담론에 눌려 자신감을 표현할 언어나 심리를 갖지 못하던 아시아인들이 대안적 언어와 이데올로기를 추구하는 과정에서 나타난 하나의 산물로 볼 수도 있다.

『역사의 종언』으로 유명해진 푸쿠야마는 '탄력적 권위주의'가 서구적 자유민주주의의 경쟁자가 될 가능성이 커지고 있다고 보면서 그 구체적인 내용을 이렇게 설명한다. 그것은 시장경제가 억압보다는 설득에 의존하는 일종의 온정주의와 결합됨으로써 경제적으로는 자유로우나 정치적으로는 유사권위주의체제이다. 그런데 그것은 경제적 성공에 의해 정당화되고, 근본주의적 이슬람이나 공산주의와 달리 철저히 근대적이고 기술적인 기반을 가지지만, 경제보다는 도덕에 더 근거하고 있다. 그래서 개인보다는 집단의 이익에 동조할 것을 강조하는 공동체주의이다.[39]

이러한 체제를 가장 열심히 선전하는 국가는 싱가포르인데 그들은 이것이 바로 '아시아적 민주주의'로서 서구와 아시아의 정치전통의 장점을 결합한 것이며 그 현실적인 모델은 아시아의 신흥공업국가라고 강조한다. 그들이 말하는 아시아적 민주주의는 정기적으로 치러지는 자유선거라는 절차를 통해 권력의 남용을 막고 민생을 보증하는 '좋은 정부'를 뜻한다. 아시아에서는 인권이나 민주주의보다는 '효율적이고 정직한' 정부가 필요한데, 민주주의가 반드시 좋은 정부를 낳는 것은 아니라는 것이다. 위에서 본 필리핀의 민주화와 사회적·경제적 침체와의 관계에 대한 언급이라든가, 중국농민이 문제삼는 것이 민주주의라기보다는 인플레·부패·부정의 해소이므로 민주주의라는 이슈 자체는 오히려 농민의 민생문제를 가릴 수 있다는 주장은 '탄력적 권위주의'를 옹호하기 위한 설명

"Singapore, China and the 'Soft Authoritarian' Challenge," *Asian Survey* (March 1994) 참조.

39) Francis Fukuyama, "Asia's Soft-authoritarian Alternative," *New Perspective Quarterly* (Spring 1992) 60면.

틀이다.

그들은 경제발전에 고무되어 문화적 자긍심을 품게 되었고 그러한 문명의 자각과 경제성장의 원천을 자신의 고유한 전통과 제도에서 찾으려한다. 여기에서 그들이 유교적 가치관에 크게 의존한다는 것을 쉽게 알아차릴 수 있다. 따라서 유교문화권 즉 동아시아가 일단 그 주축이 된다. 이런 문화적 측면은 바로 뒤에서 따로 검토될 터이니 잠시 제쳐둔다면, 과연 '탄력적 권위주의'가 그들이 기대하는 대로 동아시아인들의 '대안적인 정치적 언어와 이데올로기'로서 존속하고, 더 나아가 보편성을 획득할 수 있을지 의문을 품지 않을 수 없다.

만일 아시아지역이 세계권력의 새로운 중심이 된다면, 아마도 '탄력적 권위주의'가 그 일부가 될 아시아적 담론이 헤게모니적 담론으로 위세를 갖지 못하리란 법이 없다. 그러나 현존하는 세계자본주의체제의 위계질서 안에서 그 나름의 '근대화위계'를 성립시킨 아시아가 정상에 오를 전망에 대해서는 비관적인 견해도 만만치 않다.[40] 또한 아시아지역 내에서 같은 권위주의라 해도 '탄력적 권위주의'와 '경직된 권위주의'의 구별이 필요할 뿐만 아니라 정치적 다원주의로 옮아가는 과정에 있는 국가도 있을 정도로 차이가 심한 형편이다. 결국 '탄력적 권위주의'는 '경직된 권위주의'로 물러앉든가 아니면 정치적 다원주의로 나아갈 과도기적 성격이기 쉽다 하겠다.

이같은 성격은 이 글의 주제인 인권이란 시각에서 볼 때 더욱 뚜렷해진다. 아시아 내부에서도 "아시아의 독특한 인권철학을 강조하는 것은 특정 지배엘리뜨가 기존의 통치수단을 온존시키기 위한 완전한 정치적 책략이다"라고 반발하는 목소리가 들린다.[41] 이에 대해 재야가 인권을 들먹이는

---

40) 정장연 「NIEs 현상'과 한국자본주의」, 『창작과비평』 1992년 가을호. 딜릭은 "전지구적 자본주의 속에서 아시아·태평양적인 정체성을 강조하려는 시도들은 게임규칙에 새겨져 있는 구미의 헤게모니를 더욱 부각시키는 역할을 할 뿐이다"라고 본다. 아리프 딜릭 「아시아·태평양권이라는 개념」, 『창작과비평』 1993년 봄호 특히 314면.

41) 익명을 요구한 필리핀 관리와의 인터뷰. Michael Vatikiotis and Robert Delfs,

것은 정치투쟁의 과정에서 그들의 정치적 신조를 달성하기 위한 수사(修辭)일 뿐 그들도 일단 정권을 잡으면 통치의 현실에 부딪쳐 그러한 수사의 필요를 느끼지 않게 된다는 맞공격도 가능하다.[42] 물론 인권을 정치화하는 경우가 전혀 없지는 않지만, 그렇다고 해서 그런 사례가 '탄력적 권위주의'의 정당성을 옹호하는 증거가 되지는 않는다. 오히려 그것을 뒷받침해주는 경제성장에도 불구하고 약간의 인권주장이나 정치적 민주화 요구도 허용하지 않고 만일 허용하면 자칫 국가안보가 위협받을 수 있다고 경고하기 일쑤이니 그 경제성장의 업적 자체도 취약한 것일지도 모른다. 그렇다면 경제성장이 보장한다고 자부한 생존권 즉 집단적 인권 자체도 그리 견고한 것이 못된다.

실제로 1990년대에 들어서 중국농민들은 경제성장의 뒤안에서 희생당하여 반란을 일으키기 직전이라는 지적까지 나올 정도이다. 재정이 부족한 지방당국이 과중한 조세부담을 떠맡기는데다 계속 뛰는 공산품가격에 비해 낮은 농산품가격 때문에 소득을 올리기 힘든 농민은 경작을 포기하기에 이른다. 그들 중 도시에서 새로운 일자리를 기대하고 전국을 떠도는 수가 100만명이나 된다고 한다. 그들이 분노를 표출할 제도적 장치를 갖지 못함으로써 앞으로 제2의 천안문사태가 발생한다면 그때는 학생이 아니라 빈부격차에 분노한 노동자와 연맹한 농민이 주도할 것이라는 전망도 있다.[43] 따라서 과연 경제성장을 위해서 권위주의체제가 요구되는지, 그리고 인권의 신장은 정말로 성장을 훼손시키는지 따져볼 필요가 있다. 여기서 바로 개인의 정치적 권리와 집단의 생존권을 분리할 수 없다는 인권 개념의 인식이 요구되는 것이 아닐까.

이제 마지막으로 중국인권론에 깊이 영향을 미치고 있는 동서문화간의 차이란 설명틀에 대해 검토할 차례가 되었다. 이것은 방금 살펴본 '탄

"Cultural Divide," *Far Eastern Economic Review* (June 17) 1993, 20면.
42) Bilahari Kausikan, 앞의 글 36~37면.
43) Liu Binyan, 앞의 글 243~44면.

력적 권위주의'가 대안적 정치언어로서의 보편성을 가질 수 있을까 하는 전망뿐만 아니라 인권의 보편성과 특수성이라는 쟁점을 위해서도 필수적인 과제가 아닐 수 없다. 그 핵심은 서양의 전통은 개인을 중시하나 중국과 같은 동양은 집단을 소중히 여긴다는 설명이다. 말하자면 개인주의와 공동체주의가 서로 대립적으로 이해되는 것이다. 중국처럼 유교적 전통문화에 뿌리를 둔 사회에서는 개인보다는 공동체의 조화를 중시하는 데 익숙하므로 개인의 정치적 권리보다는 민족(국가)공동체의 생존권이 우선시되고, 자유보다는 책임을 앞세우는 것이 자연스럽다. 이렇듯 인권관에는 동서간의 문화전통의 차이가 엄존한다.[44]

이러한 동서문화 양분법은 아주 낯익은 발상인데, 낯익은 만큼 상투적이고 거친 이야기다. 서구의 한 인권운동가가 적절히 지적하듯이 서구 정치사상의 전통에도 공동체적 흐름이 분명히 있을[45] 뿐만 아니라 중국의 전통사상에도 개인주의로 포착될 수 있는 요소가 없을 리 없다.[46] 더 근본적인 문제는 동과 서라는 구별이 애당초 객관적인 지리 개념이라기보다는 문명론적인 의미를 함축한 것으로서 근대 이래 서구로부터 강요된 '근대'를 수용·극복하려는 역사적 상황의 필요에 따라 아시아인들이 고안해낸 지역 개념이라는 것이다.[47] 따라서 누가 어떻게 인권관과 관련된 동서간의 차이를 설명하는가에 일차적으로 주목할 필요가 있다.

방금 거론한 서방의 인권운동가는 아시아인이 조화를 추구한다지만 그것은 그 사회가 합의를 얻을 수 있는 제도적 장치를 만들어놓았을 때 가능하지 그렇지 못할 경우 대개는 정부가 오히려 자연스런 '조화를 방해'

---

44) 楊適「人權觀和中西文化傳統差異」,『北京大學學報』(哲學社會科學版) 1992년 제3기.
45) Aryeh Neier, 앞의 글 43면.
46) 장자나 선종불교의 사상에서 개인주의적 요소를 찾는 연구들이 있다. 물론 이것이 서구적인 의미의 개인주의 그대로는 아니다. 李澤厚, 김형종 역,『중국현대사상사의 굴절』, 지식산업사 1992, 57면.
47) 아리프 딜릭, 앞의 글 참조.

하고 '합의를 강요'한 것에 불과하다고 주장한다.[48] 따라서 인권에 관한 한 문화적 차이란 것도 개인의 정치적 권리를 억압하는 권위주의정권이 조장하는 것이므로 인권운동단체와 정부 간의 쟁점이 아니라 정부와 그 국민 간의 쟁점이라 하겠다.[49]

여기서 필자가 여러 문명간에 존재하는 차이 자체를 부정하자는 것은 결코 아니다. 양자의 차이를 사회적으로 차별화하는 태도를 문제삼자는 것이다. 이런 관점에서 보면 요근래 비상한 관심을 모으는 쌔뮤얼 헌팅턴 (Samuel P. Huntington)의 '문명충돌'론이 지닌 한계의 일면은 인권의 문화적 차이에 대한 설명에도 적용될 수 있다. 양극을 축으로 한 냉전질서가 붕괴된 이후 형성되고 있는 국제질서를 새롭게 해명하기 위해 문명권을 축으로 한 세계질서를 전망하는 그의 발상이 일견 다원적인 중심을 인정한다는 점에서, 특히 유교문명권과 이슬람문명권의 결합을 서구문명에 가장 위협적인 세력으로 봄으로써 유교문명권의 잠재력을 중시한다는 점에서 우리의 관심을 끌 만하다. 하지만 그것이 냉전시대의 유산인 '힘의 갈등이란 패러다임'을 여전히 벗어나지 못한 채 미국우위의 세계질서를 추구하는 것이란 한계는 이미 충분히 비판된 바 있다.[50] 이 글에 직접 관련된 문제점만을 잠깐 언급한다면, 문명의 특수성을 강조하는 것은 권위주의국가의 지배엘리뜨이지 그곳의 전체 인민과 다수 지식분자가 아닌데도 양자를 혼동해 문명의 충돌을 말하고 있다는 중국인의 비판은 귀담아들을 만하다.[51] 더욱이 헌팅턴은 문명을 주어진 전통적 가치에 엄격히 묶여진 것으로 파악함으로써, "각 문명이 독자적 전통의 산물(및 포로)이라

---

48) Aryeh Neier, 앞의 글 43면.

49) Pierre Sane, "Human Rights and the Clash of Culture," *New Perspective Quarterly* (Spring 1992).

50) Samuel P. Huntington, "The Clash of Civilizations?" *Foreign Affairs*, Vol. 72, No. 3 (July-Aug. 1993) 및 이에 대한 5편의 논평문이 실린 같은 잡지의 Vol. 72, No. 4 (Sep.-Oct. 1993) 참조.

51) 劉軍寧 「特別價値與普世價値之間: 文明衝突的另一面」, 『二十一世紀』 1994년 제2기 130면.

면 초문화적 판단이나 행동의 기반은 존재할 수 없”게 되고 만다.[52]

전통문화가 현실에 영향을 미치지만 동시에 전통문화 속에 담겨진 생생한 원초적 자료가 (국지적·전지구적 환경에 둘러싸인) 현실적 요구에 따라 활용되는 쌍방통행을 인정한다면, 우리가 인권관을 새롭게 구상하는 데 도움이 될 레퍼토리들을 부각시킬 필요가 있다. 이때 그중 어떤 요소를 미화(내지 특권화)하면서 서구의 근대를 극복한다고 주장하고픈 유혹에 빠질 수 있는데,[53] 아시아인에게 요구되는 것은 근대적응과 근대극복의 이중과제를 결합시키려는 진지한 자세이다.

예를 들어, 개인과 (민족)국가라는 양분법적인 설명틀에 가려져온 ‘직능집단의 자율적 결집’의 전통은 주목할 가치가 있다. 적어도 청말 이래 대두되어 1920년대 전반기까지 활력을 더해갔던 그같은 흐름이 1930년대 이래 굴절되었지만 그것은 개인과 국가의 이분법적 설명틀을 극복하기 위한 중간항으로서 충분한 의의를 갖는다. 자율적 결집의 흐름 가운데 학생·여성·상인·농민·노동자 등의 집단으로서의 권리는 개인의 정치적 권리가 아닌 이른바 ‘집체인권’의 틀 속에서 얼마든지 논의될 수 있으며, 진전에 따라서는 그 틀 자체까지 변형시킬 수 있는 잠재력을 가지고 있었다고 생각된다.[54]

이와 더불어, 1930년대초 중국현대사에서 제기되었던 ‘인권논쟁’의 전통도 비록 현실 속에서 억압된 역사적 가능성이지만 이를 다시 포착하는 것이 현실에 대한 비판적 관점을 제공한다. 국민당의 일당독재〔訓政〕를 비판하면서 서구로부터 수용한 개인의 정치적 권리 즉 ‘인권’을 보편적

---

52) Richard E. Rubenstein & Jarle Crocker, “Challenging Huntington,” *Foreign Policy* (Fall 1994) 120면.

53) 대표적인 예로 가족윤리를 유난히 강조하는 李光耀를 들 수 있다. 그는 문화를 ‘운명’처럼 대하는 것 같다. Fareed Zakaria, “Culture is Destiny: A Conversation with Lee Kuan Yew,” *Foreign Affairs*, Vol. 73, No. 2 (March-April 1994) 참조.

54) 이에 대한 더 상세한 논의는 이 책 1부에 실린 「중국에 시민사회가 형성되었나?: 역사적 관점에서 본 민간사회의 궤적」 참조.

차원에서 옹호한 후 스(胡適)[55] 등의 노력은 '중국특색적 인권'을 주창하는 오늘날의 중국인에 의해 "중국 혁명투쟁의 비법(非法)상태에서" 제도화되지 못한 중요한 유산으로서 상기되고 있다.[56]

4. 맺음말

인권의 개념 규정을 비롯한 인권에 관한 논의가 때때로 정치화되었으며, 그것이 어떤 설명틀을 빌리든 근대사에 대한 체험의 특징에서 비롯된 것임을 이해할 수 있었다. 그리고 그러한 체험의 차이를 포괄한 인권의 보편적 기준이 적어도 선언적으로는 어디서나 받아들여지고 있음도 확인할 수 있었다. 그것은 아주 넓은 의미에서 인간답게 살 수 있는 권리──정치적·경제적·사회적·문화적으로 행복해질 수 있는 권리──를 적극적으로 옹호하는 개념이 되었다. 따라서 주체도 개인·집단·국가 모두를 포괄한다. 이러한 확장된 인권 개념은 자본·노동·지식정보의 교류에 의한 지구화현상에 힘입어 확산될 전망이다.

그러나 동시에 '역사적 자본주의'가 존속하는 한 인권문제가 원천적으로 해소되기 어렵다는 주장도 들린다. 인권준수가 고르지 못한 상황은 "역사적 자본주의의 산물로서 이 체제 안에서는 인권이라는 것이 어떤 보편적 가치가 아니라 바로 특권에 대한 보상에 지나지 않는 것"이다. 따라서 개인이든 집단이든 (민족)국가든 저마다 능력을 발휘해 자본주의체제 안에서 상승하여 인권을 향유할 수 있는 기회가 보편적으로 주어지는 것처럼 천명되지만, 그것은 자본주의문명의 '신화'일 따름이라고 한다.[57] 중국을 비롯한 아시아국가들만 해도 근대사에 편입된 당초부터 상당수

---

55) 閔斗基「中共에서의 胡適思想 비판운동(1954~55)」,『現代中國과 中國現代史』, 지식산업사 1981 참조.

56) 沈其之「中國現代化與人權」,『社會科學戰線』1993년 제2기.

57) 이매뉴얼 월러스틴『역사적 자본주의/자본주의문명』, 창작과비평사 1993, 139~42면.

엘리뜨들은 부강한 국민국가를 모델로 삼아 그를 향한 경주에 전력을 다했다. 이 과정에서 제국주의와의 전쟁(또는 그 '국내대리인')이나 그 연장인 (동서)진영간의 대립이란 위기상황은 국가가 주도한 자원동원을 꽤 효율적이게 했다. 그러나 탈냉전의 시기인 지금은 예전처럼 인권을 소홀히 다룰 수는 없게 되었다. 어쩌면 국가경쟁력이 자원동원을 효율적으로 하는 기능을 어느정도는 대신할 수 있을지도 모른다. 하지만 어떤 식으로든 한 국가가 '역사적 자본주의' 안의 경쟁에서 그들 나름의 방법으로 앞서간다 해도 그 '발전'은 국내적 불평등을 야기하고 다른 나라의 희생 위에서 이뤄진 것이기 쉽다.

이와같이 국가를 축으로 한 이해관계의 상충이 여전히 존재하는 한 포괄적인 인권 개념의 구성요소에 대한 강조의 차이에 따라 보편과 특수의 논란도 존속할 것이고, 그때 (아주 느리게 변화하며 구성원들 대부분의 초자아의 일부가 되어온 바로 그) 문화의 차이가 양자를 가르는 기준으로 손쉽게 이용될 가능성이 있다. 이 글의 앞에서 이뤄진 분석은 그에 대한 비판적 이해를 어느정도 돕겠지만, 좀더 심층적인 이해를 위해서는 보편과 특수의 대립을 넘어설 수 있는 실천적 기준을 추구할 필요가 있다. 특히 인권문제와 관련해서는 보편과 특수라는 낡은 발상이 문화(또는 문명)에 근거하고 있는만큼 같은 유교문화권에 속하는 동아시아가 적절한 분석단위라고 여겨진다. 동아시아에 대한 구조적 분석을 통해서 세계체제적인 시각과 국지적 시각 간의 팽팽한 긴장을 유지하자는 것인데, 이것을 필자는 '동아시아적 전망'으로 이름붙여보고 싶다. 한반도 남쪽에 사는 우리의 일상생활에서도 동아시아의 상호연관성이 날로 긴밀해지고 있음을 느낄 수 있다. 유럽이 그렇듯이, 세계체제의 지역적 구현체인 동아시아도 다양한 국가와 사회로 구성된 동아시아지역체계로 파악하는 발상이 필요하다.[58] 지금 필자로선 더이상의 체계화는 벅찬 일로, 위의 본문은 어

---

58) 우리 사회에서 (불법)취업한 연변동포와 동남아인 및 중국을 비롯한 아시아지역에 진출한 한국기업의 현지 노동자의 인권 문제, 중국의 환경오염이 한반도에 미치는 영향 및

설프나마 그런 발상에서 씌어진 것이라 하겠다.

같은 문화권에 속하면서 서로 다른 현실적 여건에서 어떻게 인권을 해석하는지를 따져보는 일은 분단된 한반도의 인권문제를 이해하는 데도 도움이 될 것으로 기대한다. 현재 중국을 비롯한 동아시아 여러 나라에서 진행되는 인권논의는 서양의 '보편'에 대해 방어적 자세를 보이고 그것을 배제하는 면이 없지 않지만 방금 위에서 말한 넓은 의미의 인권을 보편적 기준으로 받아들이고 그것을 실현할 의지가 있다면 보편적 인권을 실현하되 거기에 어떤 특수성이 덧붙여져 보편성을 더욱 풍성하게 하는지가 제시되어야 한다.(이 글 말미에 덧붙인 '추기' 참조.)

한반도의 상황에 동아시아적 전망을 적용하자면, 남한의 인권관과 북한의 인권관을 서로를 배타적인 것으로 이해하기보다는 공통된 인권관에 비춰 어떤 특색을 통해 보편적 인권을 더 잘 살리고 있는지, 또는 결여된 점은 무엇인지 파악해야 할 것이다. 말하자면 **남한** 특색의 인권이나 **북한** 특색의 인권이 아니라 남한 특색의 **인권**이나 북한 특색의 **인권**이어야 한다. 사실 어떤 통일이든 진정한 의미의 통일이려면 한반도 주민 전체의 (물론 넓은 의미의) 인권 신장으로 가는 길이어야 한다. 이렇게 볼 때 그간 북한의 인권에 대한 우리의 대응은 소극적이었다. 북한의 인권문제를 유별나게 정치화하려는 세력은 물론이거니와 진보진영 역시 편협한 인권관을 지닌 게 아닌가 싶다.[59] 남한의 인권운동이 다시 활력을 얻기 위해서

원진레이온의 중국진출 시도 같은 공해산업 수출이 야기할 수 있는 환경파괴는 '동아시적 전망'을 갖고 대처해야 할 영역이다. '동아시아적 전망'은 이같은 실천을 이끌겠지만 동시에 이를 통해 좀더 구체적인 내용을 갖게 될 것이다.

59) 북한의 인권문제를 보는 기왕의 시각은 '지옥'으로 보는 것이 한 극단이라면 다른 극단은 항일과 자주의 민족정통성을 지닌 집체적 인권으로 보는 것이 아닐까 싶다. 아니면 아예 실체에 접근할 자료가 없다거나 내정문제란 이유로 소극적으로 보는 시각도 없지 않다. 비교적 온건한 시각은 '바람이 아닌 햇빛'을 통한 인권개선을 추구하자는 것인데, 구체적으로는 남한이 평화와 군축의 방향으로 나아가 북한의 복지와 경제발전을 도우면 인권개선이 이뤄질 것으로 전망한다. 그런데 이같은 주장에 대해서도 조건 없이 경제협력을 해주면 억압적인 북한체제의 유지에 도움밖에 안된다는 반론도 가능하다.

라도 분단을 하나의 '체제'로 파악하면서 남·북한 인권을 보는 민족민주
운동진영의 독자성이 필요하다는 통찰에 귀기울여봄직하다.[60] 여기서 이
에 대해 길게 거론할 여유는 없겠고 다만 북한(당국)과 남한(당국) 간의
인권논쟁이 본격화되면 양측의 설명틀은 미국과 중국 간의 그것을 크게
벗어나지 않으리라는 점에서 이 글에서는 그에 대한 평가에 한반도의 인
권문제에 대한 암시를 담고자 했다. 다만 중국은 국제무대에 이미 들어와
있어 인권논쟁이 사회적 영향을 미친다는 게 다르다 하겠다. 북한당국을
'악마'로 보고 빨리 무너뜨리는 길만을 추구한다면 모를까 협상의 현실적
인 파트너로 인정한다면 방금 진전을 본 북미협상은 (넓게 규정된) 인권
문제의 거론을 위해서도 좋은 환경을 조성할 것으로 기대된다. 이제 인간
개개인에 가장 절실한 인권의 잣대로 현재의 한반도 상황을 가늠하고 그
것을 통해 한반도, 나아가 동아시아의 새로운 질서를 구상하는 일을 시작
하기에 적절한 시점이 아니겠는가. 〈1994〉

추기

인권의 보편성과 특수성이란 낡은 쟁점을 해결하기 위해 동아시아적
시각을 제시했는데, 이 글을 다시 내놓으면서 단상을 덧붙여 좀더 구체화
하려고 한다.

오늘날 인권관은 보통 국가권력으로부터의 개인의 자유를 강조하는
자유권중심주의와 집단의 생존권을 옹호한 사회권중심주의로 나눌 수 있
다. 그리고 전자가 '보편적인' 구미문명을 배경으로 한 것이라면 그에 대
항하여 후자를 내세우는 개발도상국은 '특수한' 개별 문화를 그 근거로
삼는다. 그런데 '특수성'을 앞세워 선진국의 '인권제국주의'를 비판하는
발상이 이미 구미의 인권관 내지 문명을 '보편적인' 것으로 보는 관점을
암묵적으로 전제하고 그것을 재확인하는 꼴이 되기 쉽다.

60) 백낙청 「분단체제의 인식을 위하여」 39면.

이러한 함정으로부터 벗어나기 위해 자유를 소극적(내지 부정적) 자유와 적극적(내지 긍정적) 자유로 나누고 양자를 결합한 '총체적 자유'를 설정해보는 것도 유용할 수 있다. 즉 한 개인이 타인의 자유와 이익을 침범하지 않는 한 어느 누구도 개인의 자유로운 활동을 방해해서는 안된다는 관점과, 인간의 참된 자유는 개인이 자신의 내면을 통찰하고 자신의 욕망을 잘 통제함으로써 내면의 도덕감이 객관적 윤리규범과 합치될 때 얻어지는 합일의 상태라는 관점을 결합하자는 것이다. 이렇게 양자를 포괄함으로써 외부로부터의 간섭뿐만 아니라 내면으로부터의 속박에서도 벗어나 자기의 의사와 행위를 자율적으로 결정할 수 있는 진정한 의미의 자유인 '총체적 자유'에 도달할 수 있게 된다.[1] 여기서 동아시아의 문명적 유산 특히 유교적 자유관이 적극적 자유관에 강하게 영향을 미침으로써 총체적 자유관을 가능케 한다는 데 주목해야 한다. 이처럼 불교 등 다른 유산도 인권관을 풍부하게 하는 데 기여할 수 있을 것이다.

물론 동아시아문명을 강조하는 것이 자칫하면 문화상대주의를 남용하는 폐단을 낳기 쉽다. 그렇지만 문화적 차이가 인권을 제한하거나 침해하는 쪽으로 작용하는 데는 한계를 설정하면서 서로 다른 방식으로 인권을 보장하고 풍성하게 하는 것은 얼마든지 권장하는 쪽으로 방향을 잡는다면 문제될 것이 없을 것이다.

이와 관련해 인권과 문명의 관계를 적극 고려한 '문제적(文際的) 시각'이 돋보인다. 문명이 복수적인 것이라는 데 착안하여 현재 지배적 문명인 구미문명이 인권관에 지나친 영향력을 행사하는 것을 제약하기 위해 마련된 관점이다. 요컨대 "국가간이나 민족간의 시각(국제적 시각)만으로는 충분치 않고 국가와 민족을 넘는 일정한 지역적 넓이를 갖지만 반드시 전지구적 규모에는 이르지 않는 사고·행동양식——이것이 '문명'의 가장 일반적인 용어법이다——의 복수 존재를 인정하고 그들의 상호관계 속에

---

1) 이승환 「유가는 '자유주의'와 양립가능한가?」, 『유가 사상의 사회철학적 재조명』, 고려대출판부 1998 참조.

서, 나아가 그들의 역량·전파·변용·성쇠라는 장기적인 역사적 시각에서" 인권을 봐야 한다는 것이다.[2] 이를 활용할 경우, 동아시아에 공통하는 문화·종교·규범으로 인권관을 보완한다는 한정적 의미에서 문명의 일정한 유용성이 인정된다.

이런 관점은 이미 인권운동가들의 실천과정에서 확인된 바 있다. "아시아문화가 갖는 다양성은 인권의 보편성과 대립되지 않는다. 오히려 인권을 존중하는 문화적 표현의 다양성처럼 인간의 보편적 규범을 풍부하게 해준다. 동시에 우리 아시아인들은 인권이라고 하는 보편적 윤리에 위배되는 문화적 특징들을 없애나가야 한다."[3] 〈신고〉

---

2) 大沼保昭 『人權, 國家, 文明: 普遍主義的人權觀から文際的人權觀へ』, 東京: 筑摩書房 1998, 특히 28면.

3) 5·18광주민주항쟁기념 『아시아인권헌장 선언대회 자료집』(1998.5.14~17)에 실린 「아시아인권헌장」 127면.

원문출처

20세기형 동아시아문명과 국민국가를 넘어서 『창작과비평』 1999년 겨울호에 실린 것인데 그때 지면 관계로 삭제했던 것을 일부 다시 살렸다.

중국에 '아시아'가 있는가? 서남재단 주최 국제학술대회 '두 세기의 갈림길에서 다시 보는 동아시아'(서울, 1999.9.30~10.1)에서 발표한 것을 증보하여, 정문길 외 편『발견으로서의 동아시아』, 문학과지성사 2000에 실었는데 이번에 수정하였다. 이 중국어본은 「在中國有亞洲嗎?: 韓國人的視覺」 『東方文化』 2000년 제4기이다.

중국의 국민국가와 민족문제 제36회 전국역사학대회(1993.5.21)에서 공동주제 '근대 국민국가와 민족문제'의 일부로 발표한 것을 증보하여, 한국사연구회 편『근대 국민국가와 민족의식』, 지식산업사 1995에 실었다.

중국에 시민사회가 형성되었나? 『아시아문화』 제10호(1994)에 실린 것을 이번에 수정하였다.

한국에서의 중국현대사연구의 의미 창립 1주년을 맞는 중국현대사연구회 제9회 담화회(1992.12.5)에서 발표한 것을 『中國現代史硏究會會報』 창간호(1993.12)에 실었다.

한국인의 역사적 경험 속의 '동양' 第11次 韓日·日韓合同學術會議 '韓國のアジア認識, 日本のアジア認識'(東京, 1998.10.16~18)에서 발표한 것의 한글본을 증보하여 『동방학지』 제106호, 1999에 실었는데 이번에 수정하였다.

대한제국기 한국언론의 중국인식 제3회 韋庵 張志淵 기념 학술세미나 (1996.11.1)에서 발표한 것을 증보하여 『歷史學報』 제153집(1997.3)에 실었다.

1949년의 중국 『중국현대사연구』 제9집(2000.6). 중국어본인 「1949年的中國: 同時代韓國人的認識」이 第4次 中華民國史國際學術硏討會(南京: 2000.9.22~24)에서 발표되었다.

홍콩반환과 그 이후 『창작과비평』 1997년 가을호.

5·4의 미래는 무엇인가? 中國現代文學學會 1999년 제2차 정기발표회 (1999. 6.12)에서 발표한 것을 『中國現代文學』 제16호(1999. 6)에 실었다. 그 중국어 축약문이 「'五四'如何面臨未來?」, 『近代中國史硏究通訊』 제28기 (1999.9)이다.

중국의 대학과 혁명 한림대 아시아문화연구소 주최 제15회 학술발표회 '아시아의 근대화와 대학의 역할'(1997.11.28~29)에서 발표한 것을 증보해 서울대 동양사연구실 편 『중국근현대사의 재조명』 1, 지식산업사 1999에 실었다.

중국 인권문제를 보는 시각 『창작과비평』 1994년 가을호.

찾아보기

동아시아의 귀환
중국의 근대성을 묻는다

초판 1쇄 발행 / 2000년 11월 20일
초판 4쇄 발행 / 2009년 6월 30일

지은이 / 백영서
펴낸이 / 고세현
편집 / 김정혜·김미정·김민경
펴낸곳 / (주)창비
등록 / 1986년 8월 5일 제85호
주소 / 413-756 경기도 파주시 교하읍 문발리 513-11
전화 / 031-955-3333
팩시밀리 / 영업 031-955-3399 편집 031-955-3400
홈페이지 / www.changbi.com
전자우편 / human@changbi.com

ⓒ 백영서 2000
ISBN 978-89-364-8218-3 03910